21世纪法学系列教材

诉讼法系列

律师法学

主　编　马宏俊
副主编　袁　钢

图书在版编目(CIP)数据

律师法学/马宏俊主编. —北京:北京大学出版社,2013.4
(21世纪法学系列教材·诉讼法系列)
ISBN 978-7-301-22299-7

Ⅰ.①律… Ⅱ.①马… Ⅲ.①律师法-法的理论-中国-高等学校-教材 Ⅳ.①D926.5

中国版本图书馆 CIP 数据核字(2013)第 051481 号

书　　　名:	律师法学
著作责任者:	马宏俊　主编
责 任 编 辑:	郭薇薇
标 准 书 号:	ISBN 978-7-301-22299-7/D·3295
出 版 发 行:	北京大学出版社
地　　　址:	北京市海淀区成府路 205 号　100871
网　　　址:	http://www.pup.cn
新 浪 微 博:	@北京大学出版社
电子信箱:	law@ pup. pku. edu. cn
电　　　话:	邮购部 62752015　发行部 62750672　编辑部 62752027
	出版部 62754962
印 刷 者:	北京鑫海金澳胶印有限公司
经 销 者:	新华书店
	730 毫米×980 毫米　16 开本　23 印张　443 千字
	2013 年 4 月第 1 版　2013 年 4 月第 1 次印刷
定　　　价:	40.00 元

未经许可,不得以任何方式复制或抄袭本书之部分或全部内容。
版权所有,侵权必究
举报电话: 010-62752024　电子信箱: fd@ pup. pku. edu. cn

前　言

2012年3月28日,一颗平凡而又伟大的心脏停止了跳动,我国民事诉讼法学界的泰斗、中国政法大学著名学者杨荣馨教授驾鹤西去。杨老师一生致力于民事诉讼法学、民事执行法学和公证律师制度的教学和研究,三年前就和我商量共同出版一套民事程序法系列丛书,其中的《公证法学》和《律师法学》委托我来担任主编,邀请业内的有识之士共同撰写,力求体例新颖,视角独特,既反映学科的特点和司法实务的脉搏,又荟萃专业人士的智慧,表达业内的呼声,并且高瞻远瞩地按照社会发展规律预测未来的发展走向,既是理论联系实际的力作,也是在校生训练法律人职业思维和技巧的良好教材。在杨老师的精心策划和组织领导下,我约请了业内的一些年轻才俊,完成了初稿。正在和杨老师共同审稿中,他老人家走完了平静而光辉的一生。当我在重症监护病房探望他时,尽管他已经无法和我说话了,通过师母的解读和他的点头示意,我看到了他对未竟事业的希冀和遗憾。我就默默地下决心,一定要尽快出版这两本书,以告慰老师的在天之灵!

三年来,国家的法治建设和司法改革发生了很大的变化,继《律师法》进行较大幅度修正之后,《刑事诉讼法》《民事诉讼法》都进行了修改,律师制度的改革也成为司法体制改革的排头兵,在"尊重和保障人权"的宪法原则倡导下,律师制度日益发展成为保障权利,限制权力的有效机制。律师行业也正探索中国特色的发展之路,队伍建设、业务发展和社会关注都有很大的提升。尽管律师制度发展过程中还存在着若干亟待解决的问题,但是现代社会和当代中国,律师制度已经成为中国法治建设不可或缺的重要组成部分,社会对于律师、律师行业和律师制度的认知也不断加强,在借鉴他国经验和结合本土资源的基础上,律师行业正在形成内部分工细致、高度自治自律的专门职业。

在具有中国特色的社会主义法律体系中,律师制度和公证制度都是不可或缺的重要组成部分,法科院校中的很多学生都将充实到律师队伍中去,但是,在现有的诸多院校中,很多学生根本就没有上过《律师法学》和《公证法学》的课程,在校期间,也缺乏实际操作的训练,对职业法律人的基本思维方式和职业技巧几乎都不了解,对法律职业道德的修养和训练更是知之甚少,院校教育和实际需求出现了严重的脱节。有鉴于此,我们邀请从事律师制度研究的学者以及从事律师实务的专家,进行系统、比较研究并形成本书,作为法科学生的教材来弥补以上的缺憾。

我们专门邀请了中国政法大学的程滔副教授(负责第一、二、三、十四章)、袁钢副教授(负责第四、五、十、十二、十三章)、鲁杨副教授(负责第六、七、八、十一章)对全书进行了审读,其中袁钢副教授负责书稿的主要编辑和修订工作。我们还邀请在京的一些人士专门开会修改书稿,个别章节也做了补充甚至是重写,后经本人最终审阅定稿。可能还有很多不尽人意之处,甚至是错误也在所难免,敬请读者批评指正。本书的体例是杨荣馨教授策划的,全书的纲要由我提出,作者文责自负,观点基本上是学界和业内的共识,作者的写作风格和创新之处做了必要的保留。各章节的分工如下:

马宏俊　中国政法大学教授,中国法律文书学研究会会长(第一章)
范开花　北京市昌平区小汤山镇行政社区居委会、法学硕士(第二章)
钱丽鑫　辽宁省本溪市中级人民法院法官、法学硕士(第三章)
程　滔　中国政法大学副教授(第四章、第五章)
袁　钢　中国政法大学副教授(第六章)
鲁　杨　中国政法大学副教授(第七章、第八章)
许身健　中国政法大学教授,法律职业伦理教研室主任(第九章、第十章)
尚西国　北京中洲律师事务所律师(第十一章、第十二章)
肖云峰　中国社会科学院研究生(第十三章、第十四章)

马宏俊
2012 年冬于北京

目　　录

第一章　律师 ·· 1
- 第一节　基本理论 ·· 1
- 第二节　立法背景 ·· 12
- 第三节　热点前沿问题 ·· 17
- 第四节　法律实践 ·· 24
- 第五节　案例评析 ·· 29
- 第六节　问题与建议 ·· 32

第二章　律师事务所 ··· 34
- 第一节　基本理论 ·· 34
- 第二节　立法背景 ·· 39
- 第三节　热点前沿问题 ·· 42
- 第四节　法律实践 ·· 43
- 第五节　案例分析 ·· 46
- 第六节　问题与建议 ·· 49

第三章　律师协会 ·· 51
- 第一节　基本理论 ·· 51
- 第二节　立法背景 ·· 56
- 第三节　热点前沿问题 ·· 59
- 第四节　法律实践 ·· 67
- 第五节　案例评析 ·· 68
- 第六节　问题与建议 ·· 72

第四章　律师的业务和权利义务 ································· 76
- 第一节　基本理论 ·· 76
- 第二节　立法背景 ·· 85
- 第三节　热点前沿问题 ·· 88
- 第四节　法律实践 ·· 98
- 第五节　案例评析 ·· 102
- 第六节　问题与建议 ·· 106

第五章 律师的职业道德与惩戒 ······ 114
第一节 基本理论 ······ 114
第二节 立法背景 ······ 128
第三节 热点前沿问题 ······ 130
第四节 法律实践 ······ 136
第五节 案例评析 ······ 140
第六节 问题与建议 ······ 144

第六章 律师收费 ······ 149
第一节 基本理论 ······ 149
第二节 立法背景 ······ 153
第三节 热点前沿问题 ······ 155
第四节 法律实践 ······ 161
第五节 案例评析 ······ 163
第六节 问题与建议 ······ 166

第七章 律师法律援助 ······ 172
第一节 基本理论 ······ 172
第二节 立法背景 ······ 176
第三节 热点前沿问题 ······ 185
第四节 法律实践 ······ 188
第五节 案例评析 ······ 192
第六节 问题与建议 ······ 195

第八章 刑事诉讼中的辩护与代理 ······ 199
第一节 基本理论 ······ 199
第二节 立法背景 ······ 203
第三节 热点前沿问题 ······ 206
第四节 法律实践 ······ 210
第五节 案例评析 ······ 213
第六节 问题与建议 ······ 217

第九章 民事诉讼中的律师代理 ······ 221
第一节 基本理论 ······ 221
第二节 立法背景 ······ 228
第三节 热点前沿问题 ······ 230

  第四节 法律实践 …………………………………………… 234
  第五节 案例评析 …………………………………………… 241
  第六节 问题与建议 ………………………………………… 245

第十章 行政诉讼中的律师代理 ……………………………… 247
  第一节 基本理论 …………………………………………… 247
  第二节 立法背景 …………………………………………… 250
  第三节 热点前沿问题 ……………………………………… 251
  第四节 法律实践 …………………………………………… 254
  第五节 案例分析 …………………………………………… 260
  第六节 问题与建议 ………………………………………… 262

第十一章 申诉和再审中的律师代理 ………………………… 265
  第一节 基本理论 …………………………………………… 265
  第二节 立法背景 …………………………………………… 268
  第三节 热点前沿问题 ……………………………………… 270
  第四节 法律实践 …………………………………………… 273
  第五节 案例评析 …………………………………………… 281
  第六节 问题与建议 ………………………………………… 283

第十二章 仲裁中的律师代理 ………………………………… 285
  第一节 基本理论 …………………………………………… 285
  第二节 立法背景 …………………………………………… 287
  第三节 热点前沿问题 ……………………………………… 293
  第四节 法律实践 …………………………………………… 297
  第五节 案例评析 …………………………………………… 306
  第六节 问题与建议 ………………………………………… 309

第十三章 律师的非诉讼法律事务 …………………………… 313
  第一节 基本理论 …………………………………………… 313
  第二节 立法背景 …………………………………………… 316
  第三节 热点前沿问题 ……………………………………… 319
  第四节 法律实践 …………………………………………… 323
  第五节 案例评析 …………………………………………… 326
  第六节 问题与建议 ………………………………………… 333

第十四章　律师的调解业务……………………………………… 335
　第一节　基本理论…………………………………………………… 335
　第二节　立法背景…………………………………………………… 338
　第三节　热点前沿问题……………………………………………… 342
　第四节　法律实践…………………………………………………… 345
　第五节　案例评析…………………………………………………… 349
　第六节　问题与建议………………………………………………… 352

第一章 律　　师

【本章内容提要】

本章重点介绍律师、律师制度、律师法学的基本概念，展示中外律师制度的发展，阐述律师的任务和属性，分析我国律师制度的法律沿革、律师制度的热点前沿问题并提出建议。

【关键词】 律师　律师制度　律师职业

第一节　基本理论

一、基本概念及其特征

（一）律师的概念与特征

几乎每一本关于律师职业的著作都以较大的篇幅来探讨"律师是什么"的问题，然而由于概念都具有内涵和外延，并且随着主、客观世界的发展而变化，迄今国内外对"律师"尚没有一个统一的界定。

2007年《中华人民共和国律师法》（以下简称"《律师法》"）①第2条明确规定："本法所称律师，是指依法取得律师执业证书，接受委托或指定，为当事人提供法律服务的执业人员。"从《律师法》对律师的界定，可以看出律师的以下几个特点：

（1）不再沿用"社会"一词，以往的概念，强调律师是为社会提供法律服务的执业人员，但早在2002年，司法部就分别颁布了开展公职律师和公司律师试点工作的意见，由于此两类律师执业主体特殊，和现行法律冲突，使得公职律师、公司律师的试点工作缺少了法律上的依据，并因此成为建立公职律师制度和公司律师制度的障碍。为了涵盖所有执业律师的形态，新的概念不再沿用"社会"一词。

（2）强调律师提供法律服务的前提是接受委托或指定，这就明确了律师执业权利的来源，澄明律师提供法律服务的行为不具有任何国家公权力的色彩，其最直接的目的是为了维护当事人的合法权益。

---

① 本书中，除特别提及外，《律师法》均指2007年修订后的《中华人民共和国律师法》。

(二)律师制度与律师实务

1. 律师制度的概念与特征

律师制度仅指我国现行《律师法》中经国家制定和认可的,规定律师的资格、律师的性质、任务、业务范围和管理体制、律师的权利和义务,组织活动原则以及律师如何向社会提供法律服务的法律制度的总称。

不同国家由于国家的政治经济制度、历史传统、文化背景的不同,律师制度的内容和性质都存在着差异。但是,异中有同,各国的律师制度还是存在着共同的特征。

(1)律师制度以国家的确认为前提

国家法律的确认是律师制度存在的前提条件,没有国家法律的确认就没有律师制度。这是因为,律师的主要职责是提供法律服务,但是否需要和允许提供法律服务,如何提供法律服务,直接关系到统治阶级的利益和统治秩序的稳定,必须由国家来决定,由法律来确认。没有法律的确认,律师提供法律服务就没有合法的地位;没有法律的保障,律师制度就不可能存在。

(2)律师制度以促进民主和法治建设为目的

律师制度是在17、18世纪资产阶级同封建等级制度和司法专横的斗争中逐步形成的,它是资产阶级革命和资产阶级民主制度的产物,并随着资产阶级革命的胜利和民主制度的发展而不断完善。律师制度的发展反映了律师制度由专制到民主的进化,标志着法制建设达到了一个新的高度和水准。同时,它又反过来促进国家的民主和法制建设。在各国民主与法治的进程中,都发挥了重要的作用。现在,律师制度已成为各国民主政治制度的组成部分,律师通过提供法律服务,对司法机关和政府机关的司法行为和行政行为形成制衡,防范了公共权力的滥用。

(3)律师制度以提供法律服务为核心内容

律师制度同审判制度、检察制度一样,是司法制度的组成部分,但律师与法官、检察官在各自的任务和工作角度有很大的差别。法官和检察官代表国家行使审判权和检察权,而律师既不代表国家,也不行使某种国家权力,律师只是接受当事人的委托,用自己的法律知识为当事人提供法律服务。由于社会政治、经济活动复杂,立法纷繁众多,普通人无法精通法律,处理法律事务必须有律师参与。律师的法律服务已成为社会生活不可缺少的重要部分。

(4)律师制度以维护国家的司法制度和保障人权为宗旨

现代社会,司法制度是一国法律制度的重要内容,它代表国家和社会在司法领域的意志和利益。律师制度作为司法制度的重要组成部分,是按照司法制度的要求建立起来并为之服务的。而律师参与司法的主要目的,在于维护当事人的合法权益,协助国家司法机关客观、公正的实现司法职能。

2. 律师实务的概念与特征

律师实务是指律师在其执业范围内,根据有关的实体法和程序法规定,运用自己的法律专业知识和技能,所从事的法律实践活动。《律师法》第28条原则性地规定了我国律师的业务范围,概括而言,律师的业务范围被分成两个大类,即诉讼业务和非诉讼业务。诉讼业务包括刑事、民事、行政案件的辩护和代理,非诉讼业务包括担任法律顾问及其他各种法律服务。律师实务具有应用性和实用性的特点:

(1) 应用性

律师实务主要探究律师在法定执业范围内,根据有关的程序法和实体法的规定开展业务方式、程序、技巧和注意事项等。这些内容正是对《律师法》的具体运用,所以说律师实务具有很强的应用性。

(2) 实践性

律师实务是律师利用自己的专业技术和技能,从事实践活动的过程。社会需求永远是律师业务发展的导向和目标,而国家经济的发展程度、法治建设环境、公民的文化教育程度及法律意识、观念等都影响着社会需求。社会需求量越大,律师的业务范围就越广。近年来迅速发展的金融、证券、房地产、海事商事、产权交易、知识产权及涉外法律服务等新业务,就是随着实践的需要不断深入而拓展出来的。可以这样说,律师实务是随着实践的发展而不断发展的,实践性又是其另一特征。

(三) 律师学与律师法学的概念及特征

1. 律师学与律师法学的概念

"律师学"这一概念是由我国著名的法学家徐静村教授所创立,他于1980年代末编写了我国第一部《律师学》教材,并对其进行了定义:从广义上说,律师学是关于律师这一社会分工产生、发展、存在条件及其功能的学科。从狭义上说,律师学是以律师制度、律师实务、律师职业道德、律师执业艺术和律师作用为研究对象的科学。[①]

"律师法学"这一概念最早出现在谭世贵教授所著的《律师法学》一书中,是《律师法》制定和颁布后才正式提出的概念。其书中认为,律师法学是一门以律师法及相关问题为研究对象的学科。具体来说就是研究律师制度与律师实务的科学,随着我国律师制度和律师实务的不断发展而逐步建立起来的。[②]

"律师学"与"律师法学"虽然只有一字之差,但是二者存在着根本的区别。"律师学"以律师和律师职业为研究对象,而"律师法学"以律师制度和律师实务

---

① 谭世贵:《律师法学》,法律出版社1997年版,第11页。
② 石峰主编:《律师法学》,上海大学出版社2007年版,第6页。

为研究对象。"律师学"是一个很大的概念,因为,要研究律师职业,除了研究律师的概念、特征、职能、业务、权利义务和法律责任等问题外,还要研究律师进行业务活动的手段、依据等问题,还应当研究刑法、民法、行政法、经济法等实体法和刑事诉讼法、民事诉讼法、行政诉讼法等程序法,而律师法学主要研究律师法,以律师法为探究对象。所以,相较于"律师法学","律师学"更适合作为一个专业,而不适合作为一门课程。在《律师法》颁布以后,"律师法学"的概念比"律师学"更为妥帖、准确和名副其实。

2. 律师法学的特征

律师法学因研究律师法及相关问题而成为法学体系中一个重要的分支。作为一门独立的法学分支,律师法学具有与其他学科不同的特定性。它具有下面几个方面的特点:

(1) 律师法学是一门应用性的法学学科

律师法学作为一门应用性学科,主要在于它的研究目的是为律师实践服务,其理论研究材料也来源于实践。律师法学的研究对象之一就是律师实务。可以说,律师法学的研究离开了律师的工作实践,就会变成无源之水、无本之木,也就失去了实际意义,因此,律师法学的研究永远离不开律师实务。

(2) 律师法学是一门综合性的法学学科

法律是社会关系的调整器,现代社会各个领域无不涉及法律调整,而只要有法律调整的地方,就必然涉及律师业务,无一不与律师的职业活动有关。律师法学与其他部门法学包括实体法学、程序法学都有着不可分割的联系,除此之外,律师法学还与其他社会科学及自然科学交叉,在律师实务中,经常需要运用哲学、逻辑学、心理学、社会学和自然科学知识。可见,综合性强是律师法学这门学科的一个显著特征。

(3) 律师法学是一门职业法学学科

职业法学是以研究某一特定的职业部门在司法活动中的规律性的专门学科,是近几年来新兴的学科。如审判学、检察学、侦查学、预审学、劳改劳教学、公证学、人民调解学等都是职业法学。律师法学是从刑事诉讼法学、民事诉讼法学、行政诉讼法学、人民调解学等学科中分化而来,专以律师为研究主体,以律师的活动为研究客体,以律师法和律师实务为研究对象的专门性学科,因此,职业性是律师法学的又一特征。[①]

二、中外律师制度的历史发展

律师制度是国家的一项法律制度,与其他法律制度既有相同之处,又有不同

---

① 林绍庭:《当前律师法学和律师制度状况综述》,载《法律文献信息和研究》1995年第2期。

的地方。相同之处是，它们都不是自古就有的，而是社会发展到一定历史阶段的产物。不同之处是，作为一项法律制度，律师制度并不是与国家和法律同时产生的，而是在国家和法律出现之后，经历了相当长的时期，才逐渐形成和发展起来的。在世界范围内，国家和法律的产生已有六千余年，但作为法律从业人员的律师的出现仅有两千余年的历史。律师制度产生以后，不断发展，已成为法治社会不可缺少的一部分。它在保护当事人的合法权益，保障民主与法制，促进公民法律素质的提高和法律意识的增强等方面都发挥着重要作用。因此，研究古今中外的律师制度，也是律师法学的重要任务之一。

1. 外国律师制度的演进

西方国家的律师制度最早起源于古希腊、罗马。当时，古希腊雅典的航海业和工商业相当发达，商业和贸易繁荣。与此相适应，人们在彼此贸易和交往中纠纷随之增加。当时解决纠纷的途径是诉讼，所以能否在诉讼中获胜，对商人来说关系重大。但是，商人忙于商务，又无暇顾及，于是便委托他人在法庭上代言或者代为诉讼。一些熟悉法律、娴于辞令的演说家便接受委托出庭辩护，代理诉讼。于是便产生了"代言人"和"代理人"。

古罗马的商品经济比雅典更为繁荣。罗马统治者制定了许多的法律、法令和规定来维护商品经济的秩序，保护私有财产权利和财产关系。法律形式的完备促成了一些专门研究法律的阶层。这些人为平民百姓解答法律问题，并且提供法律意见。在罗马帝政时期，出现了律师这一称呼，当时法律规定，担任律师者必须是法学家，并且品行端正，善于辞令。到公元5世纪末，法律规定，充当辩护人的人要求必须在主要城市学过法律，取得资格；这些人逐渐形成了一个行业，建立起辩护人团体。他们分属于各地区法庭，收取报酬，执行辩护职务，受执政官监督。这种叫做"阿多克梯斯"（Advocates）的辩护人制度成为西方律师制度的雏形。

公元476年，西罗马帝国灭亡。从此，西方进入封建社会。在封建社会，政治上长期军事割据，经济上，实行自给自足的农奴庄园经济，财产上是农奴主占有绝大部分财产及不完全占有农奴人身的简单关系。此外，中世纪采取纠问式诉讼模式，法官主导案件的进程。刑事案件盛行刑讯逼供，律师制度基本上失去了应有的作用。有的国家，如中世纪的法国，虽然保留了律师制度，却规定只有僧侣才能执行律师职务，且主要是在宗教法院执行律师职务。公元12至13世纪，随着国王势力的上升和教会势力的下降，僧侣参与世俗法院诉讼活动被禁止，律师制度才得以恢复和发展，各国相继成立了自己的律师组织。

近代律师制度是17、18世纪资产阶级反对封建主义，要求民主和自由革命胜利的产物。当时一批著名的资产阶级启蒙思想家，如洛克、伏尔泰、卢梭等人，在提出反对封建专制制度，建立民主、平等、自由的资产阶级政治制度的理论与口号的同时,主张在司法制度上建立公平的诉讼制度,实行公开审判和辩论原则,并且极力主张废除中世纪纠问式的野蛮审判。这些要求适应了当时资本主义经济发展的需要,许多建议和主张被资产阶级采纳,资产阶级律师制度从此得到发展。17世纪英国资产阶级革命以后,沿用历史上形成的所谓二元主义律师制度:巴律师(Barrister)即辩护律师、法庭律师或者大律师,其业务是出庭辩护,在高等法院诉讼中,必须有这种资格的律师才能出庭;沙律师(Solicitor)即事务律师、庭外律师或者小律师,其业务是撰写诉状、拟制合同,对当事人进行法律指导,在下级法院进行辩护等。美国1791年《宪法修正案》第6条规定:被告人在一切刑事诉讼中"享有法庭律师为其辩护的协助",各州立法也对律师的资格、职责、组织机构作出相应的规定。与此同时,法国宪法也确立了自己的律师制度。1808年的法国《刑事诉讼法典》将律师制度更加系统化、法律化。其后,德国、奥地利、日本等国相继仿效法国建立了自己的律师制度。随着资本主义的发展,资产阶级国家律师的业务范围也日臻广泛,分工越来越细,律师间的联合、合作也越来越普遍。律师除了参与民事诉讼、刑事诉讼外,更多的是直接为企业家办理经济法律事务。而且,律师业务日益渗透到国家的政治、经济管理之中,许多律师成为政治、经济方面的颇具影响力的人物,律师的队伍也有了突飞猛进的发展。

2. 我国律师制度的演进

在我国春秋时期,出现了律师的萌芽。公元前632年(鲁僖公二十八年)冬,卫侯与卫国大夫发生诉讼,卫侯因不便与其臣下同堂辩论,委派大士(即司法官)士荣代理出庭,而自己不出庭。在法庭上,经过一场唇枪舌剑的激烈辩论,士荣败诉,被杀。当然,这种辩护体现的是奴隶主贵族在诉讼过程中所享有的特权。而到了公元前6世纪郑国大夫邓析,不仅广招弟子,聚众讲学,传授法律知识和诉讼方法,还在法庭内外帮助新兴地主和平民进行诉讼。邓析是我国古代历史上第一个为私人代理诉讼的法律家。元明清时期也曾出现过诉讼代理制度的某些规定。此外,在中国的封建社会中,还有一些私下帮人写诉状、打官司的人,即民间的讼师,又称刀笔先生,其活动形式类似于现代律师的代书,但他们的法律地位一直未得到当政者的承认。但是,古老的中华法系始终未能孕育出律师和律师制度,究其原因,主要有以下几个方面:

第一,我国古代长久以来处于农业社会,商品经济不发达,不具备律师制度产生的经济基础。在自给自足的小农经济条件下,社会结构简单,资源流动性小,而封建社会又实行家长制,许多纠纷依家规或者地方惯例均可解决,相比之下国家法遥不可及,故无须专职司法人员贯彻、执行。

第二,另一个重要原因是我国一直实行高度中央集权的专治统治,缺乏民主传统。律师制度的出现,要以民主的"辩论式"诉讼为前提。中国古代历史文献中尽管也有一些家臣、家奴代理诉讼的记载,但这通常只反映了贵族在诉讼中的特权,而不具有普遍意义。而在古罗马,情形则大不相同。古罗马有共和制的传统,人数众多的自由民在政治上不断抗争导致其权利逐步扩大,市民法和万民法调整主体日益广泛,这些都使平等、民主的诉讼在古罗马逐渐得以普遍化和制度化,这些都为古罗马律师产生提供了制度上的基础。

第三,"重刑轻民,重实体轻程序"的思想是律师制度未能产生的又一个原因。在这种思想的指引下,制度上使司法权和行政权合二为一,行政长官同时兼为各级法官,法官与当事人之间形成了直接的管制与被管制关系,因此即使有"讼师"帮助诉讼,作用也必然是有限的。

第四,我国古代法律知识不受重视,没有形成学科意义上的"法学"和作为一个阶层的"法律家"群体。自汉朝以后的几千年中,儒术在知识界占统治地位,法律方面的知识为文人所不屑,即使是在统治阶级内部,法律知识也从未受到过应有的重视。出于制定和解释律例的需要,中国古代士大夫中也曾出现过一些精通法律的人,他们的目的仅在于强化封建统治,却没能形成"法学"。这样,律师制度成了无源之水,百呼而无一应。古罗马私法程序的发达掀起了学习、研究法律知识的热潮,这在古代中国是从未出现过的。

我国近代律师制度初萌于清末变法。鸦片战争以后,随着帝国主义的武装入侵和势力扩张,封建中国逐步沦为半殖民地、半封建社会,固有的旧法已难以适应急剧变化的社会关系,为了缓和国内矛盾,清政府不得不变法修律。至此,律师制度才如同其他司法制度一样在中国得以引进和发展。1906年,清政府起草了《大清刑事、民事诉讼法》;1910年,清政府再度拟定《刑事诉讼律草案》和《民事诉讼律草案》,其中作出了有关律师参与刑事、民事诉讼的规定,但由于辛亥革命的爆发,这些法律未及颁布执行,清王朝即告覆灭。

1911年辛亥革命之后,南京临时政府仿照西方确立全新的法律制度,其中包括律师辩护制度。1912年9月16日,民国政府公布实施《律师暂行章程》,标志着律师制度在近代中国正式确立。1940年制定、颁布的《律师法》基本确定了民国律师制度,即以司法监督与行业监督双重管理体制为核心,包括律师准入资格条件、考试、甄拔、职责、义务、惩戒等的律师制度体系。民国法律制度实际上是在清末变法的基础上进一步引入近代西方律师制度。

新中国成立后,人民政权在废除了国民党《六法全书》,确定了解放区司法原则的基础上,取消了国民党的律师制度,解散了旧律师组织,取缔了黑律师活动,建立了新中国的人民律师制度。1950年7月,中央人民政府政务院公布的《人民法庭组织通则》规定,人民法庭"应保障被告有辩护及请人辩护的权利"。从1949年12月开始,在最高人民法院和上海市等地方法院陆续建立"公设律师室"。1954年7月,司法部在北京、天津、上海等大城市开始试办律师工作机构。同年9月,我国第一部宪法将"被告人有权获得辩护"作为宪法原则加以规定。1956年1月,国务院批准了司法部《关于建立律师工作的请示报告》,到1957年6月,全国已有19个律师协会筹备会,八百多个法律顾问处,兼职律师三百多人,刚刚建立的社会主义律师制度显示了重要作用,受到了广泛欢迎。

1957年,反右斗争的扩大化使律师制度受到了极大破坏,十年动乱期间,律师制度更是荡然无存,我国历史上出现了长达二十余年没有律师的空白时期。

党的十一届三中全会以后,随着社会主义民主的建设法制的加强,律师制度得到了恢复和重建。1980年8月,第五届全国人大常委会第十五次会议讨论通过了《中华人民共和国律师暂行条例》(以下简称"《暂行条例》"),新中国第一个律师立法的颁布实施,使我国社会主义的律师制度跨出了崭新而富有建设性意义的一步。

党的十四大提出建立社会主义市场经济体制的目标后,进一步加强我国社会主义民主与法制建设,对发展律师事业提出了更多的要求。1992年8月,司法部颁布了《关于律师工作进一步改革的意见》;1993年12月26日,国务院批准了《司法部关于深化律师工作改革的方案》;同年12月27日,司法部又发布了《律师职业道德和执业纪律规范》。1996年6月25日第八届全国人大常委会第十五次会议通过的《中华人民共和国律师法》更被称为我国律师制度发展史上的里程碑。2001年12月29日第九届全国人民代表大会常务委员会第二十五次会议通过《全国人民代表大会常务委员会关于修改〈中华人民共和国律师法〉的决定》,修订了律师执业资格的规定:"取得律师资格应当经过国家统一的司法考试。具有高等院校法律专业本科以上学历,或者高等院校其他专业本科以上学历具有法律专业知识的人员,经国家司法考试合格的,取得资格。适用前款规定的学历条件确有困难的地方,经国务院司法行政部门审核确定,在一定期限内,可以将学历条件放宽为高等院校法律专业专科学历。"2007年10月28日,第十届全国人民代表大会常务委员会第三十次会议修订《律师法》,该次修订是为适应新时期我国律师工作改革和发展的需要,对原律师法作了较大调整、补充和修改。新增、修订条款四十余条,分7章60条,从律师执业许可、律师事务所组织形式、律师执业权利和义务、律师业务和律师执业监督管理、法律责任等诸多方面进一步改革和完善了我国律师制度。随着律师制度的不断健全,我国律师和律师事务所的数量也迅速增长起来,律师制度也在不断地完善。

三、律师的任务

律师的任务是指法律规定的,律师通过其执业活动所要达到的目的。律师在具体的执业活动中,充分利用自己所掌握的法律知识和专业技能,以为当事人提供法律服务为基本使命。我国《律师法》第 2 条在对律师的性质作出规定后,紧接着规定"律师应当维护当事人合法权益,维护法律正确实施,维护社会公平和正义"。

(一)维护当事人的合法权益

为当事人提供法律服务是律师职业得以产生、发展的最基本的条件。从律师制度发展的历史来看,当社会分工和社会关系变得日益复杂,国家的法律也越来越多,越来越细,要让所有人知悉和掌握每一种法律规定是不可能的,一旦出现法律问题,人们就希望有专门研究法律的人为他们提供帮助,于是,社会对于法律服务的需求导致律师职业的产生。因此,为当事人提供法律帮助,维护当事人的合法权益就成了律师执业最直接,也是最根本的任务。

(二)维护法律的正确实施

在我们强调依法治国的今天,法律将在社会生活的调整中处于主导地位,但"徒法不足以自行","如果包含在法律规则部分中的'应然'内容仍停留在纸上,而并不对人的行为产生影响,那么法律只是一种神话,而非现实"[①]。因此,法律的正确实施成为法的作用与价值实现的必由之路。人们一般认为,法律的实施是执法机关和司法机关的事,与律师没有直接的关系,这种看法是不正确的,因为除了执法和司法,法的实施还包括守法和法律监督两种形式,其主体更是包括任何组织和个人。作为法律职业者,对于维护法律的正确实施,律师具有其他社会成员不可比拟的优势,主要表现在:(1)作为守法的主体,律师掌握深厚的法律知识,具备良好的法律品质以及良好的法律意识,因此,在现实社会生活中,律师具有守法的积极性和自觉性。(2)作为法律监督的主体,一方面,律师在具体的执业活动中,通过为当事人提供法律服务,可以发现和纠正执法机关、司法机关的错误,监督他们依法履行自己的职责,从而实现法律的正确实施;另一方面,律师的社会性决定了律师的业务活动涉及社会生活的各个方面,其专业性养成律师从法律角度进行思考的能力,通过这种能力,律师能够把眼前具体的案件与法律规范恰当的联系起来[②],这不仅能够帮助人们正确地理解和应用法律,还能够及时地发现法律的滞后和空白,促进法律制度的不断完善,进而实现法律的正确实施。

(三)维护社会公平和正义

维护社会的公平和正义被许多国家和地区看作是律师的任务或使命,如日本《律师法》第 1 条规定:"律师以维护基本人权,实现社会正义为使命。"我国台

---

① 〔美〕E.博登海默:《法理学——法律哲学与法律方法》,邓正来译,中国政法大学出版社 2004 年版,第 255 页。

② 谢佑平:《社会秩序与律师职业——律师职业角色的社会定位》,法律出版社 1998 年版,第 12—21 页。

湾地区1992年修订的"律师法"第1条规定:"律师以保障人权,实现社会正义及促进民主法治为使命。"①我们以为,在我国,维护社会公平和正义,可以看作律师维护当事人合法权益、维护法律正确实施的进一步升华,也是前二者的终极目标。

在当代中国,强调律师维护社会公平和正义的使命具有重要的现实意义。虽然随着全社会法治意识的提高,律师制度的价值逐渐得到认同,也有赖于律师自身的定位。如果律师以维护社会公平正义为己任,就会在社会上树立起良好的职业形象,为律师广泛、全面地参与国家的经济、社会和政治生活创造条件,从而促进律师职业健康地发展;同时也有利于律师在市场经济条件下明确职业的价值取向,在依法治国、建设社会主义法治国家中发挥重要作用。

四、律师的职业属性

所谓属性,一般是指事物本身所固有的性质、特点。具体到律师职业的属性,也就是将律师职业这一整体作为考察对象,来探究它固有的、不同于其他法律职业的性质。作为法治社会必然存在的专业群体,其蓬勃发展的现状和前景也必然引来学界和实务界越来越多的关注和研究,对于律师职业属性的界定也有着不同的观点和看法。有学者曾把我国律师制度恢复以来对律师职业性质的学术认识做了一个梳理、归纳,总结出以下几种学说,具体有:律师职业二性说、三性说、四性说、五性说、六性说和八性说。② 可以肯定的是,上述界定都各有道理,但也有失之偏颇之处,本书认为,可以从以下几个方面来界定和分析律师职业的属性。

（一）法律性

法律性是律师职业存在的前提和基础,离开法律,律师职业将成为无源之水,无本之木。这主要表现在以下几个方面:首先,社会对于法律服务的需求催生了律师这一职业,律师以自己掌握的法律知识和技能为当事人提供帮助从而获得报酬,对于法律专业知识的掌握不仅是从事律师职业的必备条件也是律师工作的内容,律师是依靠法律而展开工作的;其次,法律是律师职业得以生存的保障,无论是律师职业和执业资格的获得,还是律师权利义务的规定,或是律师的管理和惩戒都需要国家以法律的形式确定下来;最后,强调法律性是将律师职业置于和法官、检察官职业相同地位的同时,也把它和社会其他职业区别开来。所以,法律性是律师职业最基本的属性。

---

① 司莉:《律师职业属性论》,中国政法大学出版社2006年版,第231页。
② 同上书,第114—123页。

(二) 社会性①

首先，律师职业的主体具有社会性，也就是律师不具有国家工作人员的身份，不隶属于任何机构和组织；其次，社会需求的广泛性决定了律师的执业活动涉及社会生活的各个方面，服务对象包含社会的各阶层；最后，律师执业活动方式具有社会性，一方面，律师的业务来源是社会需求的自然表现，是社会主体的自主选择；另一方面，律师的执业活动不具有强制性，这一点完全不同于法官、检察官行使国家公权力的职务行为。

律师职业的社会性也决定了它的服务性和有偿性，律师的执业活动源于当事人的授权，他们之间是平等的契约关系，律师利用其掌握的法律知识和技能满足委托人对于法律服务的需求，委托人则必须支付获得帮助的对价。所以，服务性和有偿性是律师职业社会性的应有之义。

(三) 独立性

独立性是律师职业最本质的属性，也是西方大多数国家将其定性为自由职业者的原因，同时，制衡功能也必然要求律师职业保持其自身的独立性。律师的执业活动基于当事人的信任，律师只有独立于其他任何机关、团体和个人的时候才能够不受任何外界的干扰，才能够独立地作出判断，从而才能够真正代表和维护当事人的合法权益。在我国，律师职业的独立性是随着律师业的不断发展而逐步获得认可的。律师制度恢复之初，《暂行条例》将律师定位为"国家的法律工作者"，这一定性的错位导致律师不能获得社会主体的信任，影响律师作用的发挥，从而阻碍了律师业的健康发展。

律师职业的独立性主要表现在以下几个方面：首先，律师独立于国家公权力。国家公权力被认为是公民权利最有力的保障，但同时，也是最容易危害公民权利的，因为权力都具有无限扩张的本性，而律师的功能就是要利用自己的力量来抑制公权力的膨胀，在公权力与私权利之间寻求平衡。因此，律师在执业的过程中就必须与公权力划清界限，以保证职业的独立性，当国家权力和公民权利发生冲突时，才能通过独立的判断来维护当事人的合法权益。其次，律师独立于法官、检察官。虽然律师和法官、检察官同属于法律职业共同体的组成部分，但由于分工不同，他们承担着不同的职责。律师以维护当事人的合法权益为中心；法官承担着居中裁判者的角色，以实现公平、公正的司法权为己任；而检察官则承担着维护公共利益、国家利益的重任。所以，为了履行各自的职责，它们三者必须要保持相互的独立。最后，律师独立于当事人。尽管律师执业活动的权利来源于当事人的授权，执业活动的目的在于维护当事人的合法权益，律师执业活动

---

① 有观点将社会性、服务性、和有偿性作为律师职业同一层次的属性加以论述，但笔者以为，这三种属性并非处于同一个层面，服务性、有偿性可以看作是社会性的派生属性。

应该以当事人为中心,但是律师必须不从属于任何意志,始终以独立的人格履行职责。当事人出于对自身利益的考量,有时候可能要求律师利用法律的漏洞、对方的疏忽和错误来为自己赢得利益,甚至要求律师通过规避法律的方法来维护其非法的利益,此时,律师就要对当事人的需求作出独立的判断,对其错误的想法施以正确的引导和纠正,而不能为了一己私利和当事人串通一气,或者对当事人作出虚假的承诺。

律师职业的自治性和自律性也是律师职业独立性的必然要求,也是律师职业独立性的内涵之一。[1] 自治性就是"律师脱离行政机关的领导,由律师协会管理,律师协会是由律师组成的具有法人资格的自治团体。律师自治是现代法治国家普遍采取的律师管理形式,它极大地促进了西方国家律师制度的繁荣和社会的进步,使律师群体在社会中起着日益重要的作用"。[2] 尽管律师执业活动受到律师协会的监督和管理,但是由于律师肩负着三重重任,严格的自我约束、自我管理、自我监督和自我教育还是必不可少的,这不仅有利于律师职业素质的提高和职业形象的改变,更有利于法律秩序的维护以及律师制度的发展。

(四) 专业性

律师职业的专业性是律师得以生存的保障。由于律师提供法律服务的方式是运用其掌握的法律知识和专业技能维护当事人的合法权益,其服务的内容关系到国家法律的正确实施,关系到政治、经济、和社会生活各领域的法律秩序,这也就必然要求律师职业具有高度的专业性。同时,这也意味着,律师职业并非是每个人都能从事的,只有具备专门的法律知识、相应的职业资格、必要的执业能力以及职业素养的人才可以从事这一职业。从现实性来讲,法律已经成为社会正常运转的组成部分,而法律规范的日益复杂和庞大决定了不可能每一社会成员都精通法律,因此,就需要有一专门的社会群体来研究法律、运用法律,这就是律师。

第二节 立法背景

一、《中华人民共和国律师暂行条例》

(一) 立法背景

1978年12月,党的十一届三中全会召开,确立了解放思想,实事求是的思想路线,作出了党的工作重点向经济建设转移的战略决策,并提出了发展社会主

---

[1] 司莉:《律师职业属性论》,中国政法大学出版社2006年版,第167页。
[2] 谢佑平、闫自明:《律师角色的理论定位与实证分析》,载《中国司法》第1期。

义民主、健全社会主义法制的历史任务;会议强调:为了保障民主,必须加强社会主义法制,使民主制度化、法律化,使这种制度和法律具有稳定性、连续性和极大的权威性,做到有法可依,有法必依,执法必严,违法必究。从此,社会主义法制建设逐步展开。

1979年7月,第五届全国人民代表大会第二次会议通过了第一批七个重要法律,其中《刑事诉讼法》和《人民法院组织法》都明确规定被告人享有辩护权,并可以委托律师辩护。这两部法律的颁布,为律师制度的恢复拉开了序幕。与此同时,鉴于律师制度与发扬社会主义民主、加强社会主义法制关系紧密,恢复、建立人民律师制度也提到了议事议程。在此情况下,制定一部律师条例把律师的性质、任务、活动原则、资格条件、组织体制等用法律的形式定下来,使各地有所依据,就成了迫切需要。[①]

1980年8月26日,第五届全国人大常委会第15次会议通过了《中华人民共和国律师暂行条例》,为我国律师制度的恢复提供了法律上的依据。作为我国第一部关于律师制度的法律,标志着我国律师制度的建设进入了新的阶段。

(二) 内容

第一章"律师的任务和权利":主要规定律师的性质和任务,《暂行条例》第1条把我国律师的性质明确规定为"国家的法律工作者",明确规定我国律师负有维护法律正确实施的职责,律师进行业务活动,必须以事实为根据,以法律为准绳,忠实于社会主义事业和人民的利益。律师从事业务活动的原则以及权利。第二章"律师资格":对律师资格的取得规定了较低的条件。第三章"律师的工作机构":明确规定律师执行职务的工作机构是法律顾问处。法律顾问处是事业单位,受国家司法行政机关的组织领导和业务监督。第四章"附则"。

《暂行条例》的确立有利于律师制度的建立和律师工作的开展,符合当时的实际情况。但是,《暂行条例》具有明显的过渡性。之所以叫暂行条例也就是因为当时条件还不够成熟,立法者考虑等条件成熟以后再进一步制定法典化的法律文件。因此,《暂行条例》不可避免地带有时代的局限性。

二、《中华人民共和国律师法》

(一) 立法目的

《暂行条例》实施以来,对我国律师事业的发展起了巨大的推动作用。但是,一方面,由于《暂行条例》是在当时社会背景下制定的,随着改革开放的深入,我国的政治、经济和文化生活已经发生了巨大的变化。原有《暂行条例》中

---

① 李运昌:《关于〈中华人民共和国律师暂行条例(草案)〉的说明》,载《中华人民共和国国务院公报》1980年第10期。

的一些内容已经不能适应形势的发展,甚至在某些方面已经滞后于律师事业现实发展的局面。另一方面,制定《暂行条例》时,律师制度刚刚恢复,律师事业处于起步阶段,尚未积累起丰富的经验,加上受当时社会条件的限制,律师工作中的许多重要的问题难以一下子暴露出来,因此作为"暂行条例",在许多问题上只能作原则规定,也不宜过于详尽。律师事业发展过程中,出现了一些新问题。但是,这些新问题尚未有法律依据。为完善律师制度,规范律师的执业行为,迫切需要制定一部新的律师法律。

(二) 1996年《律师法》与《暂行条例》的比较

1996年《律师法》对律师的性质、律师的执业条件、律师的执业机构、执业律师、律师的权利义务、律师协会、法律援助以及律师的惩戒和法律责任都做了明确的规定,在许多方面实现了对《暂行条例》的突破。

1. 律师的性质和律师执业活动的基本原则

1996年《律师法》增设了总则作为第一章。总则包括四条:第1条明确了1996年《律师法》的立法宗旨,这是《暂行条例》不具备的内容。对于律师的性质,《暂行条例》第1条将其界定为"国家的法律工作者",即律师所从事的业务活动视为国家的管理活动。实际上,律师既不是国家执法人员,又不是国家管理人员。1996年《律师法》第2条规定,律师是为"社会提供法律服务的专业人员";第3条规定了律师执业的基本原则,要求律师依法执业,恪守职业道德和执业纪律,接受国家、社会和当事人的监督,并规定律师依法执业受法律保护。与《暂行条例》相比,这部分更具体。

2. 关于律师的执业条件

1996年《律师法》第2章第5到14条对律师的执业条件作了明确的规定,确立了律师资格全国统一考试制度。它取代了《暂行条例》第8条规定,符合条件的公民"经考核合格取得律师资格,担任律师的规定"。1996年《律师法》还在学历上,排除了非法律专业和法律大专以下学历的人员取得了律师资格的可能性。

1996年《律师法》较《暂行条例》的重要突破还在于其规定了取得律师资格仅是作为申请律师执业的前提条件,从而消除了《暂行条例》中相关规定的模糊与滞后性。同时,它规定了律师只有在泄露国家秘密的;向法官、检察官、仲裁员以及其他有关工作人员行贿或者指使、诱导当事人行贿的提供虚假证据,隐瞒重要事实或者威胁、利诱他人提供虚假证据,隐瞒重要事实的情况下,省、自治区、直辖市人民政府司法行政部门可以吊销律师执业证书;构成犯罪的,依法追究刑事责任,这摒弃了《暂行条例》规定:律师严重不称职的,得经省、自治区、直辖市司法厅(局)决定,报司法部批准,取消其律师资格。对《暂行条例》规定人民法院、人民检察院、人民公安机关的现职人员不得兼做律师工作,1996年《律师法》

扩大为国家机关的现职工作人员不得兼任执业律师。

3. 关于律师执业机构和律师协会

1996年《律师法》第15条规定"律师事务所是律师的执业机构"从而明文废止了《暂行条例》所确立的"法律顾问处"这一机构名称。1996年《律师法》舍弃了《暂行条例》中对律师管理体制的这一界定，确立了司法行政部门对律师、律师事务所及律师协会的监督和指导职能。

1996年《律师法》第五章对律师行业的自律性组织——律师协会进行了专章规定，克服了《暂行条例》对律师协会规定过于简单的缺陷，确认律师协会为社会团体法人，明确了律协的成立程序、各项职责及活动原则等，肯定了司法行政机关的管理同律师协会管理相结合，并逐步向行业管理过渡的律师管理体制。

4. 关于执业律师的业务范围和权利义务

《暂行条例》对律师业务及权利义务的规定主要见于第一章"律师的任务和权利"，1996年《律师法》在《暂行条例》基础上作了一些修改，增加了律师代理行政诉讼、代理各类诉讼案件的申诉等项业务，以单列方式突出了律师办理非诉讼法律事务的重要性，符合在市场经济体制下律师非诉业务日益增多的现实要求，并与"律师接受当事人的委托，参加调解、仲裁活动等"过去所称的非诉业务相互独立开来；进一步明确，增加了律师"接受刑事案件犯罪嫌疑人的聘请，为其提供法律咨询，代理申诉、控告，申请取保候审"等业务内容。

1996年《律师法》第32条增加了律师在执业活动中的人身权利不受侵犯的规定。另外，第36条增加了对"曾担任法官、检察官的律师，从人民法院、人民检察院离任后两年内，不得担任诉讼代理人和辩护人"的规定。

5. 关于法律援助

这是1996年《律师法》从我国实际情况出发，并且在借鉴国外律师立法的有益经验的基础上增加的新内容，规定"公民在赡养、工伤、刑事诉讼、请求国家赔偿和请求发给抚恤金等方面需要获得律师帮助，但是无力支付律师费用的，可以按照国家规定获得法律援助"。律师必须尽职尽责，为受援人提供法律服务，体现了国家对公民权利的充分重视和切实保障。

（三）2007年《律师法》的新变化

1. 重新定义律师职业性质

2007年《律师法》将律师明确定位为"依法取得律师执业证书，接受委托或者指定，为当事人提供法律服务的执业人员"，这更加符合律师的专业属性，有助于增强律师的职业责任感、使命感，有助于提高社会对律师社会角色的认识和尊重。

2. 增加特殊的普通合伙形式的律师事务所和个人律师事务所

1996年《律师法》规定，我国律师事务所的组织形式包括合伙、合作、国资三种,但是随着律师事业的发展,这一规定已经不能完全符合实际。因此,2007年《律师法》规定了特殊的普通合伙形式律师事务所和个人可以设立律师事务所。

3. 证明犯罪嫌疑人、被告人有罪的责任由控方承担,辩方不承担相关的责任

2007年《律师法》规定的律师担任辩护人的职责,仅是"根据事实和法律,提出犯罪嫌疑人、被告人无罪、罪轻或者减轻、免除其刑事责任的材料和意见,维护犯罪嫌疑人、被告人的合法权益",删除了"证明"二字,明确了辩护律师的职责并不是一种证明责任,证明责任只能由控方承担。

4. 改善律师执业环境

律师执业中会见难、阅卷难、调查取证难问题由来已久。2007年《律师法》在推动"三难"问题的解决方面取得了实质性进展。首先,保障了律师会见权:2007年《律师法》规定"犯罪嫌疑人被侦查机关第一次讯问或者采取强制措施之日起,受委托的律师凭律师执业证书、律师事务所证明和委托书或者法律援助公函,有权会见犯罪嫌疑人、被告人并了解有关案件情况"外,还特别强调了"律师会见犯罪嫌疑人、被告人,不被监听";其次,保障了律师阅卷权:2007年《律师法》规定,"辩护律师自人民检察院审查起诉之日起,可以查阅、摘抄、复制与案件有关的诉讼文书及案卷材料";最后,保障了律师调查取证权:2007年《律师法》规定,受委托的律师根据案情的需要,可以申请人民检察院、人民法院收集、调取证据或者申请人民法院通知证人出庭作证。律师自行调查取证的,凭律师执业证书和律师事务所证明可以向有关单位或者个人调查与承办法律事务有关的情况。

5. 保障律师辩论、辩护权

2007年《律师法》保证了律师在法庭上发表的合法的代理、辩护意见不受法律追究。同时还规定了律师在参与诉讼活动中涉嫌犯罪被依法拘留、逮捕的,拘留、逮捕机关应当在拘留、逮捕实施后的24小时内通知该律师的家属、所在的律师事务所以及所属的律师协会,切实地保障了律师的人身权利。

6. 扩大律师保密义务

由于律师具有知悉委托人有关情况的执业便利,对此2007年《律师法》除规定"律师应当保守在执业活动中知悉的国家秘密、商业秘密,不得泄露当事人的隐私"外,还特别规定:"律师对在执业活动中知悉的委托人和其他人不愿泄露的情况和信息,应当予以保密。但是,委托人或者其他人准备或者正在实施的危害国家安全、公共安全以及其他严重危害他人人身、财产安全的犯罪事实和信息除外。"

7. 律师特许执业制度被保留

2007年《律师法》第8条规定,律师特许执业除要"具有高等院校本科以上

学历""具有高级职称或者同等专业水平并具有相应的专业法律知识"等限制条件外,还特别限定了要"在法律服务人员紧缺领域从事专业工作满15年""经国务院司法行政部门考核合格"等,才能"准予执业"。①

第三节 热点前沿问题

律师执业条件的确定以及律师职业素质的培养与提高是律师执业活动不可缺少的内容,不仅关系到如何成为一名律师并且符合律师的职业要求,更关系到怎样更加有利于维护当事人的合法权益从而获得社会公众的认可。因此,本节着重对该部分内容进行介绍和探讨。

一、律师执业条件

律师执业条件的满足,是成为一名律师的必要前提。由于律师的执业活动不仅关乎个人的合法权益是否得以保障、一国法律是否得以正确实施,并且涉及社会的公平、正义是否得以实现。因此,严格的行业准入制度,是构建完备的律师制度以及保障社会主义法治建设顺利进行的必然要求。我国目前实行律师资格和律师执业相分离的制度,即从事律师职业必须经过两个法定步骤:一是取得律师资格②;二是申请、领取律师执业证书。

(一)律师资格

1. 国外律师资格制度现状

(1)大多数国家经考试授予律师资格

根据现有资料,在有律师制度的国家里,除了马来西亚、新加坡、印度、韩国、斯里兰卡、阿尔及利亚和泰国之外,均采用考试方式授予律师资格。③

在律师制度发达的美国,每个州都有自己独立的律师资格取得制度,考试是取得律师资格的根本途径。美国的法律规定,只有法学院的毕业生才有资格参加由各州律师协会举办的律师资格考试。在实行二元制律师制度的英国,无论是大律师还是小律师都需要经过两次考试合格才能获得律师资格,获得大律师资格之前,还必须在四大律师学院之一学习3年,而小律师则需要先到律师协会实习2至5年。在法国,要想取得律师资格,首先必须取得"见习律师"资格才有可能取得正式律师资格,申请"见习律师"资格要进行为期1年的"准备考试"的教育并获得"律师职业适合证书"。德国律师资格的取得也需要经过两次考试,第一

---

① 许灿:《新〈律师法〉,新在何处?》,载《中国律师》2008年1月。
② 即法律职业资格,本节中为行文需要,仍称为律师资格。
③ 马宏俊:《〈律师法〉修改中的重大理论问题研究》,法律出版社2006年版,第179页。

次的"实习文官"考试在大学法律专业学习3年后进行,之后,经过两年半的实习和约10个月的准备,参加第二次"候补文官"考试合格才能取得律师资格。

由此可见,虽然各国律师资格制度的具体安排不尽相同,但至少都需要经过严格考试这一点是相同的。

(2)律师资格取得的其他要件

除了通过严格考试的方式授予律师资格之外,各国还对申请人的国籍、学历、年龄、品行以及实习等方面作出规定,即使是实行考核制度的国家也是从以上几个方面进行审核的。

2. 我国律师资格制度现状

我国自从恢复律师制度以来,律师资格制度经历了三个发展阶段。

(1)考核取得律师资格阶段(1980—1986年)

这一阶段正处于我国律师制度恢复重建,法律人才缺乏的时期,为了保障相关工作的顺利进行,《暂行条例》第8条规定了较为宽松的考核取得律师资格的制度:对取得律师资格的学历要求比较低,甚至不要求具有高等院校的文化水平,受过法律专业训练即可,但由于律师工作开展的迫切性,这一阶段比较重视实践上的能力要求。

(2)律师资格考试阶段(1986—2000年)

鉴于考核制度主观随意性较大,难以保证律师队伍的质量和建设,1986年,司法部在吸收区域性考试经验的基础上,发布了《关于全国律师资格统一考试的通知》,截至2000年全国律师资格考试共进行了12次,110余万人次参加了考试,其中18余万人取得了律师资格。这一阶段,考核制度成为考试制度的补充。[①]

(3)统一司法考试阶段(2002年至今)

2001年7月12日,司法部根据全国人大常委会的决定发布了《关于〈废止律师资格考试办法〉的决定》,废止了司法部于2000年7月26日颁布施行的《律师资格考试办法》。2001年12月29日,第九届全国人大常委会第25次会议通过了对《律师法》的修改,修订的《律师法》将律师资格考试改为全国统一司法考试,并制定了相关的法规——《国家司法考试实施办法》(试行),同时将报考的学历提高到本科,但也作出了例外规定,在适用本科学历条件确有困难的地方,经国务院司法行政部门审核确定,在一定期限内,可以将学历条件放宽为高等院校法律专业专科学历。考核制度作为补充依然被沿袭下来。

3. 我国律师资格制度的缺陷和完善

借鉴国外律师制度发达国家的经验,反观我国律师制度的现状,虽然总的来看,我国律师资格制度是朝着高学历、高素质的方向发展,但仍然存在以下的不足:

---

① 马宏俊:《〈律师法〉修改中的重大理论问题研究》,法律出版社2006年版,第175页。

(1) 学历要求不统一

我国《律师法》对取得律师资格的学历没有做出直接的规定,但 2008 年 8 月 14 日司法部公布的《国家司法考试实施办法》,对司法考试报名条件做出明确规定,"高等院校法律专业本科毕业或者高等院校非法律专业本科毕业并具有法律专业知识的人员,可以报名参加国家司法考试",取代了之前"符合《法官法》、《检察官法》和《律师法》规定的学历、专业条件"的规定。同时,该办法又规定:"国家司法考试的实施,可以在一定时期内,对民族自治地方和经济欠发达地区的考生,在报名学历条件、考试合格标准等方面采取适当的优惠措施。"

采取优惠措施的目的在于保证少数民族地区和经济贫困地区的法律职业工作者的队伍建设,但这种做法不仅承认、甚至造成了我国不同地区的法律人才的水平差异,而且也违背了法律面前人人平等的原则。法律资源的配置是与经济发展水平相适应的,并不是均匀地分布在各地区。同时,一个地区律师队伍的建设与当地经济状况的发展、对法律服务的需求等诸多因素有着密切的联系,通过降低门槛的方式无法从根本上实现律师队伍建设的目的。

(2) 对专业的要求过宽

《国家司法考试实施办法》规定,高等院校非法律专业本科毕业并具有法律专业知识的人员,可以报名参加国家司法考试,这一规定在很大程度上降低了我国对律师从业人员的要求,同世界上大多数国家的做法是相悖而行的。律师职业作为支撑现代司法制度大厦的基石之一,对于民主、法治化进程的影响日益深远,为了保障律师职责的充分发挥,必须赋予律师从业人员以严格的条件限制。[①] 此外,"法律家是经过专门训练的职业化的专门人士,他们的语言、知识、思维、技能以及伦理都与普通人不同,总之,他们是具备了一定职业资质的人。"[②]律师作为其中之一,也必须具备不同于普通人的律师素质,即:渊博的法学知识,运用法律的技能以及职业的道德素养,而没有经过规范的、系统的法学教育的人很难达到这样的水平,因此,有必要对非法律专业者报考国家司法考试作出限制。

(3) 对律师资格申请者国籍和执业年龄的规定

取得律师资格是否必具有本国国籍,各国的规定不一,但现今大部分的国家的做法是在采取限制主义的同时也实行互惠原则和对等原则。对于我国来讲,正处于深入改革开放的时期,如果绝对限制外国公民取得中国律师资格,将不利于国际间的经贸往来,不利于法律文化的交流和国际律师界的合作,同时也不符合世界发展的潮流和趋势。

---

① 陈卫东:《中国律师学》,中国人民大学出版社 2000 年版,第 92 页。
② 孙笑侠:《法律家的技能与伦理》,载《法学研究》2001 年第 4 期。

我国《法官法》和《检察官法》对担任法官和检察官的人都规定最低年龄为23岁,而现行《律师法》却没有对律师执业最低年龄作出规定。在实行法律职业一体化的司法体制下,律师和法官、检察官一样是法律职业共同体的组成人员,对律师执业最低年龄作出限制,不仅有利于法律职业共同体的形成,也有利于提升律师的社会形象和地位。[①]

（二）律师执业证书

由于我国实行律师资格与律师执业相分离的制度,取得律师资格仅是律师执业的前提,要想以律师名义执业,必须依法取得律师执业证书,律师执业证书是律师执业的法定证件。

1. 我国取得律师执业证书的条件

我国现行《律师法》第5条规定:"申请律师执业,应当具备下列条件:（一）拥护中华人民共和国宪法;（二）通过国家统一司法考试;（三）在律师事务所实习满一年;（四）品行良好。"因此,在我国如果想要以律师名义执业,必须具备四个方面的条件:

（1）政治条件。我国的律师是社会主义法制建设的重要力量,担负维护法律正确实施的重任,拥有坚定的政治立场和法律信仰是必不可少的,只有积极地尊重与维护宪法的尊严,在具体的执业活动中才能把握正确的方向,才能最终保障社会主义法律的正确实施。

（2）素质条件。通过国家统一司法考试是律师执业的前提条件,也是作为法律职业者的根本要求。

（3）业务条件。由于律师职业的实践性很强,仅有深厚的理论知识是不够的,还需要娴熟的专业技能和丰富的经验积累。律师在执业前必须要实习一年以满足业务上的要求。

（4）品德条件。将品行良好作为一项律师执业条件的要求是为了确保律师恪守职业道德。律师职业具有较强的社会性,律师的执业活动深入社会生活的各个方面,难免会遇到形形色色的诱惑,尤其是处于市场经济快速发展的时期,律师职业呈现商业性倾向,只能从品德操行方面严加要求,律师的社会责任才能够得以真正的体现。

2. 我国取得律师执业证书的限制

（1）不予颁发律师执业证书的条件。我国《律师法》第7条规定了三种不予颁发律师执业证书的情形,包括:无民事行为能力或者限制民事行为能力的;受过刑事处罚的,但过失犯罪的除外;被开除公职或者被吊销律师执业证书的。这几种情况从律师的执业能力和职业道德方面对律师执业证书的授予作出限

---

① 马宏俊:《〈律师法〉修改中的重大理论问题研究》,法律出版社2006年版,第325页。

制,有利于律师维护当事人的合法权益。

(2) 律师只能在一个律师事务所执业。《律师法》第 10 条规定:"律师只能在一个律师事务所执业。律师变更执业机构的,应当申请换发律师执业证书。"在我国,律师不得以个人名义独立执业,律师承办业务需要经过其所在的律师事务所统一接受委托。禁止律师同时在两个以上律师事务所执业,一方面便于对律师进行管理和监督,另一方面也可避免律师同时代理产生的利益冲突。

(3) 公务员不得兼任律师。《律师法》第 11 条规定:"公务员不得兼任律师。律师担任各级人民代表大会常务委员会组成人员的,在职期间不得从事诉讼代理或者辩护业务。"公务员的职责是代表国家行使公权力,这与律师维护私权的任务是存在冲突的,该条的禁止性规定既能保障公务员的本职工作不受影响,又防止了公权力介入律师执业活动,导致司法腐败发生的可能性。同时,该条第 2 款的规定,改变了以往对律师担任人大常委会组成人员期间不得执业的绝对性规定,将其禁止的业务局限在诉讼代理和辩护业务,这一规定极大地鼓励了律师参加政治生活的积极性,有利于法治社会的进程。

(4) 非律师执业的禁止。《律师法》第 13 条规定:"没有取得律师执业证书的人员,不得以律师的名义从事法律服务业务;除法律另有规定外,不得从事诉讼代理或者辩护业务。"该规定并未完全排除非律师的执业活动,仅是不得以律师名义提供法律服务,以及非法从事诉讼代理和辩护业务。因为在我国,还没有实行律师业务法定化的制度,一方面,这与《民事诉讼法》《刑事诉讼法》的相关规定是一致的;另一方面,目前在我国,还存在着大量的法律服务所等,尽管他们的从业人员可能没有取得律师执业证书,但他们在满足社会法律服务需求方面发挥着重要的作用,绝对禁止他们从事法律服务业务是不合理的。

3. 国外律师执业条件的现状

国外对于律师执业条件的要求主要表现在以下几个方面:

(1) 业务实习。由于律师工作较强的实务性和操作性,大多国家把业务实习作为从事律师职业的必经阶段,都有关于业务实习的具体规定,从各国的规定来看,有以下几个共同点:实习是正式律师执业的前提条件;对实习的内容有具体的规定,对经过实习所要达到的目标有具体的要求;实习的期限有明确的规定;实习管理机构一般为律师协会。

(2) 品德修养。律师的职业价值要求从业者不仅要具有丰富的专业知识和业务能力,还应具有为维持律师职业道德标准所要求的道德品质。各国都把法律视为正义的最后一道防线,自然不容品行不端者成为吞噬这道防线的"白蚁"。[①] 因此,对报考律师资格和律师执业证书申请者的品行进行严格的要求,

---

① 转引自马宏俊:《〈律师法〉修改中的重大理论问题研究》,法律出版社 2006 年版,第 199 页。

以确定其是否具备正确从事律师职业所必备的品质。

（3）入职宣誓。有些国家将宣誓作为取得律师资格或正式执业的必要条件或必经程序。律师宣誓制度体现了律师工作的严肃性和神圣性。实行这一制度，有利于从业律师形成一种使命感和责任感，对其尽职尽责，恪尽职守会产生一种心理上的拘束力。所以，律师宣誓制度不仅仅是一种形式上的意义。①

（4）律师登录。申请从事律师执业的人在具备各种实体要件后，还需要经过律师登录程序才能从事业务活动，即在律师协会或法院置备的律师名簿上登记。

4. 我国律师执业条件的完善

（1）实习制度的完善

虽然我国《律师法》将实习作为律师执业的必备条件，但就目前的实际执行情况来看，由于缺乏严格的管理和制度上的保障，实习所起的作用是极为有限的，因为实习单位对学生的实际工作能力心存顾虑以及自身业务上的压力，对学生的实习疏于指导，学生们在实习中是法律事务的观看者而非操作者，通常获得的只是作为文档管理员及秘书的工作经验，现行实习对于律师执业证书申请者来说，已不再是培养律师技能的有效途径。结果是许多人在取得律师执业证书后，仍不能胜任律师工作。鉴于实习对于律师执业的重要性，迫切需要对其进行制度上的完善。我们可以借鉴日本的司法研修所制度，在不改变由律师事务所承担实习任务的条件下，建立律师岗前培训制度，将岗前培训和实习结合起来。获得律师执业资格的人，如果选择从事律师职业，首先要经过一个阶段的岗前培训，然后进入律师事务所实习，实习期满后再回到岗前培训机构，进行经验总结和交流，并参加由全国律师协会组织的统一考试，合格后才能领取执业证书。这一制度设计不仅在理论上符合人类认识的一般规律，实践中也会使律师执业证书申请者认识问题、分析问题和解决问题的能力在这一过程中不断地得到训练和提高。②

（2）品行考察制度的完善

我国目前的品行考察制度缺乏可操作性，《律师法》第 9 条的规定过于笼统，为落实《律师法》的规定，以确保进入律师队伍的执业人员具有良好的职业道德素养，我们有必要对品行考察的执行机构、考察标准、考察内容和考察方式作出明确的规定。基于我国目前对律师实行"两结合"的管理体制③，可以由中央司法行政机关制定和颁布全国统一的考察标准，由律师协会在司法行政机关

---

① 陈卫东：《中国律师学》，中国人民大学出版社 2000 年版，第 104 页。
② 马宏俊：《〈律师法〉修改中的重大理论问题研究》，法律出版社 2006 年版，第 202 页。
③ 见本书第三章。

的指导和监督下具体负责考察,并出具考察结论。考察的内容包括被考察者在校期间、工作期间以及在律所实习期间的表现,这些表现分别由相关单位出具书面材料予以证明,然后由律师协会进行书面审查和必要的事实调查。

二、律师职业素质的培养和提高

律师要称职地处理法律事务,必须具有一定的素质,这是不同于普通人的"职业资质",一般而言,律师的职业素质包括两个方面的内容,一是律师的法律知识和技能,二是律师的职业道德。[①] 律师职业素质的培养是一个系统的工程,并非是一蹴而就的,因此,可以将这一过程分为两个阶段,即:法学教育对律师职业素质的培养和从事律师职业过程中对职业素质的提高。

(一) 第一阶段:法学教育对律师职业素质的培养

1. 我国法学教育对律师执业素质培养的现状

律师职业素质的培养与法学教育休戚相关,法学教育是法律职业的必经之路。但我国传统的法学教育长期与法律职业脱节,使法律人才培养的全过程难以得到整体优化,也就难以保障法律人才培养的质量。传统的法学教育过于重视知识的灌输和纯理论的探讨,忽视了对学生分析及处理实际法律案件和纠纷能力的培养。通过这种教学方法,学生学到的更多地是从概念到概念,从理论到理论的金字塔式的知识结构,其学习的主动性和创造性受到极大的压制。对于一个法科学生不可或缺的职业技能在传统的教学模式中很难得以锻炼和提升,这与法学学科本身之实践性质很难相容,更别说对于法律职业素质的培养。

2. 我国法学教育对律师职业素质培养的意义

面对上述现状,中国法学教育也在反省和改进,以提高对于法律人职业素质的提高,例如,自 2000 年开始中国法学教育引入了美国的实践性教学模式"法律诊所教育",其最本质的价值在于:学生通过实际体验,不仅学到法学理论知识、掌握了实际操作技能,而且培养了学生分析和批判的思辨能力,同时,由于增加了学生对社会的接触和了解,让他们真正地领会了应当具备的法律职业素养以及应当承担的社会责任。这正是律师职业所需要的。

法律诊所教育独特的教育理念反映着法学教育之宗旨:以真实的案件作为背景材料,突出了实践性的特点;注重培养学生学习和运用法律的方法;有助于培养学生的职业道德和社会责任感。

(二) 第二个阶段:从事律师职业过程中对职业素质的提高

由于目前我国法学教育与实践严重脱节,致使大量的法律专业学生集中在普通的法律基础知识教育层面而缺乏法律实践技能,尤其是缺乏律师职业实践

---

① 王建东、罗思荣:《律师学:制度与实务》,浙江大学出版社 2004 年版,第 75 页。

教育,因此,在从事律师职业过程中对职业素质的提高显得尤为重要。律师职业素质的提高存在以下两种途径:

1. 通过律师自身的努力提高职业素质

作为市场经济的主体,律师必然会置身于激烈的市场竞争中,而市场经济"优胜劣汰"的规律迫使律师必须以高效、优质的服务求得生存,尤其是面临世界经济一体化所带来的法律服务市场国际化竞争的趋势。如果律师不能在从事这一职业的过程中严格地要求自己,不注重提高自身的职业素质,就不能够适应市场经济的发展以及社会对于法律服务的需求,那么,律师将很难在激烈的竞争中立于不败之地。

2. 通过律师事务所组织的专业培训提高律师职业素质

在这个以人力资源为竞争决胜因素的时代,人们正认识到人力资本对经济发展的决定性作用。法律服务业的竞争特点与一般的企业相比,人力资源所起的作用更加突出。作为提供专业服务的律师事务所,没有高素质的人才,就无法提供优质的服务,也就不可能招揽和留住客户。所以,律师事务所之间的竞争,与其说是市场和客户的竞争,不如说是人才的竞争更为贴切。[①]"竞争最本质的特点是你必须想方设法地培养人才、留住人才、合理配置人才、'材'尽其用。"[②]所以,相比律师自己的努力来说,律师事务所组织的专业培训对于提高律师的职业素质更加重要。有些律师事务所认为组织专业培训会耗费巨大的人力、财力,不愿投资在人才的培养上,而是把希望寄托在律师协会。但是律师协会举办的培训主要集中在律师职业道德和基本专业知识方面,无论是内容还是深度都不足以培养律师职业所需的基本知识和技能。所以,律师事务所应该以发展的眼光来看待律师职业素质的培养,不仅有利于本所的长远发展,而且对于律师职业整体的健康发展也具有重要的意义。

第四节 法律实践

一、律师定位

(一) 存在的问题

我国《律师法》第 2 条规定了律师的任务,它应当维护当事人合法权益,维护法律正确实施,维护社会公平和正义。维护当事人合法权益是律师的直接任务,维护法律的正确实施,进而维护社会的公平正义则是律师的最终任务。这一规定基本符合对律师任务的定位。但是,正确定位并不一定能带来理想结果,中

---

① 高云:《通向成功律师事务所之路》,法律出版社 2003 年版,第 145 页。
② 转引自:高云:《通向成功律师事务所之路》,法律出版社 2003 年版,第 145 页。

国律师业现状并没有像人们预想的那样健康,被定位为挣钱的职业。部分律师唯利是图,有时无所不用其极,不惜冒违法犯罪的风险。社会公众对律师业的认同度越来越低,社会上很多人认为他们是"一帮指黑为白,熟悉了辩护技巧的家伙"。还有一部分人认为律师只会对当事人坑蒙拐骗,对法官行贿,除此之外,一无是处,是司法腐败的推动者。这一切都影响着民众对法律的信仰、对法律尊严的捍卫、正义的最终实现,不能不引起高度重视。

(二)原因

导致中国律师业出现以上状况主要原因有:

1. 市场经济条件下金钱追逐观念的影响

当认为金钱越多,个人就越成功的思想占据大多数人的头脑时候,想让在名利场摸爬滚打的律师出污泥而不染,的确不容易。在这一社会时尚与律师本身的营利性要求的双重合奏下,越来越多的律师认为,好律师必须有更多的业务,更高的收入。追逐优裕的物质生活才是他们执业的目标,这种情况下,挣钱多的律师更容易被认为是成功的律师,也更受到人们的尊敬。同时,不少律师认为,只有积聚更多的财富,心里才踏实,才有安全感,正是这种拜金主义思潮导致律师道德下滑。

2. 政治体制方面的原因

我国律师参政的机会不多,律师很难被选任为法官、检察官或公安人员,但经常见到法官、检察官、公安人员辞职成为律师。律师到政府部门出任要职更是少之又少。因此,当律师从政之路几乎被堵死之后,在艰苦卓绝的讼战的磨蚀下,律师逐渐丧失社会责任感,缺乏人文关怀的精神,缺乏天下为己任的正义感,他们整体被边缘化,自认为是弱者。法官、检察官、公安人员嫉妒他们的高收入,但对他们的地位、作用又不屑一顾。为了证明自己,找回逐渐失落的自信,律师似乎只有通过优裕的生活来平衡自己失衡的心态,这又加剧了律师的逐利之心。

3. 缺乏自律与监督

我国虽然制定了《律师法》、《律师执业管理办法》、《律师事务所管理办法》、《律师和律师事务所违法行为处罚办法》、《律师和律师事务所执业证书管理办法》、《律师事务所收费程序规则》、《律师事务所年度检查考核办法》、《律师事务所名称管理办法》等法律、法规、规章等规范性文件,成立了中华全国律师协会。各省、自治区、直辖市也成立了律师协会,作为律师的自我管理机构。但律师行业从整体上说是一个缺乏自律的行业。由于律师职业具有准入的开放性,只要符合一定的资格条件都可以通过参加司法考试圆自己的律师梦,因而律师的职业道德难免存在良莠不齐的现象。不少律师的时间主要用在社交,周旋于老板和法官之间。有的律师为了挣钱,成为"三包律师",包胜诉、包放人、包无罪和"三陪律师",陪酒、陪赌、陪开心。这些人不见得对法律有多精通,却能很好地满足当事人的需要——专办关系案、人情案。有的律师公然向法官行贿,参与或指使当事人作伪证,甚至是帮助委托人雇凶杀人。这对律师行业的健康发展非常不利。

(三)采取的对策

1. 改变律师过于逐利的观念

律师行业可以取得较高的收入,也可以使律师过上体面、有尊严的生活,这是对他们维护当事人的合法权益、维护法律正确实施的褒奖,是律师完成任务后的一种报酬,但它本身不是律师的任务。律师要改变把律师作为赚钱职业的观念,在实现社会正义面前决不能仅仅是袖手旁观,而应是积极地参与。只有改变单纯逐利的观念,才能改变律师业的整体形象,使其成为不仅是受人们羡慕的职业,而且是受人们尊敬的职业。如果做不到这一点,他们将失去人们的信任,也会影响律师业务的扩大和收入的增加。

2. 拓宽律师参政的渠道与路径

律师作为法律的专才,在参与社会政治生活上,更具有得天独厚的优势。只有让优秀的律师被选任为法官、检察官,让优秀的律师有机会成为政府的要员,让优秀的律师成为各级立法机构的工作人员,律师们才会发现在挣钱之外还有更重要的事情等待他们去做。参政议政是个大舞台,如果将律师拒于舞台之外,那将是对社会法治资源的浪费。律师完成自己的任务,除挣取优裕的生活条件之外,他们还可以在很多领域走得更远,允许律师参政议政会使律师对自己职业产生自豪感,并能够牢记自己的任务和使命,把正义感放在心目中重要的位置。

二、律师营销

在市场经济日益繁荣和市场竞争日益激烈的今天,营销作为一种策略,甚或一门艺术,越来越多地引起市场主体的高度重视。它给一切尊重它的人带来财富,给蔑视它的人带来悲哀,他成了掌握人们命运的神。[①] 而目前在我国,律师业是否需要营销还存在一定的争议,律师营销的正当性以及律师营销的进步意义和促进法治进程的积极作用还没有获得普遍的认同,而这也很可能会影响我国律师业整体向前推进的速度。

(一)律师营销的概念

营销是以人的需要为基石的,由于人们的需要总是无限的,而支付能力却是有限的,这一矛盾决定了人们总是根据其支付能力来选择最能满足其需要的产品或服务,当然也包括对法律服务的需求。然而,当顾客面对众多可以满足其

---

① 李俊凯:《商场关键词·营销是什么》,人民日报出版社2004年版,第1页。

需要的产品或服务时,一般来说,他们会根据自己对产品或服务是否满意来做出选择,所以,营销就是通过赢得顾客的满意而达到扩大市场份额占有量的目的。至于律师营销,爱德华·普尔(Edward Poll)所做的简明扼要的表述是:"律师市场营销意味着赢得和保持顾客或者客户。"①

(二)律师营销的争议——律师的职业价值与律师的商业性

在激烈的市场竞争中,营销无疑是把法律产品推广到客户的最佳途径。那为什么最佳的选择却被置于争议的漩涡中呢?这一问题可以归结为律师的职业价值和律师的商业性之间的矛盾。

1. 律师的职业价值

作为民主政治和法治社会的产物,律师制度创设的过程,也就是人们认识到公权力侵害公民权利的可能性和现实性的过程,创设律师制度的本意就是能够通过律师的维权活动来制约公共权力的滥用。因此,律师不仅肩负着维权的责任,还是权力制约的重要力量。这一点也在大多数国家的律师法中得以体现,比如日本《律师法》第1条规定:"律师以维护基本人权,实现社会正义为使命。"我国台湾地区"律师法"第1条第1项规定:"律师以保障人权、实现社会正义及促进民主法治为使命。"我国《律师法》第2条对此也作出规定。可见,律师正是在执业的过程中,通过对公民权利的维护而实际地参与了国家权力的分配,尤其是实质地参与了司法权力的分配。也就是在这一过程中,律师对国家权力的运行起到了制衡的作用。② 因此,我们说,在现代任何一个法治社会,都离不开一个完善的律师制度和一个相当数量的律师群体,这也是律师职业价值的体现。

2. 律师的商业性

不管我们是否承认或认可,律师职业的商业化倾向已然是客观存在的事实。但是关于律师职业是否应当具有商业性的争论在学界和实务界却一直存在。在传统的观念中,律师职业无疑是不具有商业性的,并且,许多国家的法律也明确规定律师不得以营利为目的,如:德国律师法就规定,律师的活动不具有经营的性质。③ 但是,我们必须注意到的是,近二十年来,情况在悄然起着变化,无论是在律师业高度发达的美国,还是律师地位较低的德国,在世界范围内,律师业都表现出越来越多的商业倾向。④ 在我国,随着我国经济体制的改革以及市场经济的不断发展,我国律师也从"国家的法律工作者"转变为"为当事人提供法律服务的执业人员",这种身份的改变将律师抛向了竞争激烈的市场经济浪潮中。作为市场的主体,律师首先面对的就是生存的压力,律师的执业活动不可避免地

---

① Edward Poll, "Attorney and Law Firm Guide to the Business of Law", 1994, ABA, Chicago.
② 司莉:《律师职业属性论》,中国政法大学出版社2006年版,第222—231页。
③ 季卫东:《中国律师学》,中国人民大学出版社2000年版,第27页。
④ 司莉:《律师职业属性论》,中国政法大学出版社2006年版,第170页。

构成经济活动的组成部分。如果我们再一味地否认律师职业具有商业性特点,反而会因为缺少相应的规制而不利于律师业的发展。并且,依照《服务贸易总协定》的规定,法律服务作为商业服务中的专业服务,已经是国际公认的法律界定,在此前提下,我们必须承认律师职业的商业性。

3. 寻求二者的平衡

律师该如何在职业价值与商业利益之间寻找平衡呢？关键在于律师应该将自身职业的商业性与传统的商品市场或服务领域的经营性相区别。一方面,律师是法律职业的组成部分,在民主政治和法治社会的进程中发挥着不可替代的作用,这一职业特性决定了:律师始终应该以维护当事人的合法权益、维护法律的正确实施以及维护社会的公平和正义作为价值取向;另一方面,律师职业的商业性应该保持在一定的限度内。尽管作为市场的主体,律师职业像其他职业一样需要经济收入,以便从经济的压力中解放出来,更好地从事公业,但是高收入毕竟不是首要目的而只是附带的结果,对于从事律师职业的人来说,最根本的价值是为公众服务的精神。① 过度的商业化将会成为律师业发展的一大障碍。

(三) 律师营销的方式

前面我们已经谈到,由于律师的商业性不同于传统消费市场的经营性,因此,律师营销的方式也应考虑到律师职业的特殊性,在借鉴一般商业营销的方法和理念时进行必要的调整。据调查发现,实践中律师营销采取的方式主要涉及关系营销、口碑营销、知识营销、广告营销和客户关系管理营销,但这些营销方式的运用仍处于比较低级的阶段。② 有律师总结律师营销的大致路径为发现目标市场与目标客户的服务需求——提供具有比较优势的专业服务,为客户创造价值——获取合理回报。该路径看似简单,实际操作起来却很难。③ 还有一种观点把律师营销方式归结为四种路径,即:事件营销、产品营销、顾问营销和官司营销。④ 关于律师营销方式的选择,很难归结出哪种方式是最好的。实践中,无论是律师还是律师事务所,相互之间都是存在差异的,所以,只有选择符合自身特点的营销方式,才能够赢得和保持客户,才能够在激烈的市场竞争中立于不败之地。

---

① 季卫东:《法治秩序的建构》,中国政法大学出版社 1999 年版,第 235—240 页。
② 中国政法大学律师学研究中心:《律师新角色——律师营销调查问卷分析报告》,载《法人》2007 年第 11 期。
③ 吕冰心:《律师营销风生水起》,载《法人》2007 年第 8 期。
④ 王方剑:《律师营销的四种路径》,中国律师执业法律网,http://www.china-lawyering.com,2012 年 11 月 24 日访问。

第五节 案例评析

一、律师为"四人帮"反革命集团辩护案

【案情】

1980年下半年特别法庭审判"林彪、江青反革命集团案"主犯时,根据中央决定,十几位律师参加了我国特大案件的诉讼活动,最后10位律师担任5名被告人的辩护人,出现在特别法庭上。这10名律师分别是韩学章、张中、甘雨霈、傅志人、马克昌、周亨元、张思之、苏惠渔、王舜华、周奎正。

在开庭前,10名律师多次会见了被告人,研究起诉书,群策群力准备辩护词,律师们主要从四个方面提出辩护意见:第一,从被告人的行为同犯罪事实有无因果关系;第二,从被告人主观上有无故意来分析;第三,被告人在反革命集团中的地位、作用和参与实施犯罪的程度;第四,被告人悔罪、交代罪行的情况。在这场特别辩护中,他们共为5个被告辩掉了7条大罪。

在后来的庭审中,韩学章和张中为姚文元辩掉了一条大罪。起诉书第46条指控姚文元策动上海武装叛乱。证据是姚于1976年5月7日对上海写作组成员陈冀德说:"文化大革命是暴力,天安门事件是暴力,将来的斗争也还是暴力解决问题。"起诉书认定,这是为上海武装叛乱进行舆论准备。辩护律师认为,1976年5月,正是"四人帮"猖狂一时,得意忘形的时候,不可能预料到5个月后他们的覆灭,因此他的话与策动上海武装叛乱没有必然的因果关系。在最后判决中,这一条罪名未成立。姚文元最终获刑20年,原本他很可能是无期徒刑。

马克昌为吴法宪做了认真的辩护。第一,起诉书中指控吴法宪私自把空军的指挥大权交给林立果,使林凭借吴给予的特权,在空军大肆进行反革命活动。在辩护中马克昌指出当时吴法宪并不知道林利用他交给的权力,组织"联合舰队",进行反革命武装政变的准备活动。第二,起诉书指控林彪、叶群阴谋带领吴法宪等"南逃广州,另立中央,分裂国家"的反革命活动。马克昌指出吴法宪对此同样并不知情。检察员冯长义发言说,律师的辩护轻视了吴法宪在林彪反革命集团中的作用和造成的严重后果。庭审现场出现了一次小小的争辩,而此时的吴法宪已经感动得哭了。庭审下来,他就表示要感谢律师,"十年来没有人为我说好话了"![1]

【评析】

律师出庭为林彪、江青反革命集团主犯辩护,律师的辩护不是走过场,而是

---

[1] 参见马克昌主编:《特别辩护——为林彪、江青反革命集团案主犯辩护纪实》,中国长安出版社2007年4月。

讲事实、讲证据、讲法律,具有说服力,取得好的社会效果。可以说是我国律师事业发展的里程碑,起到了以下作用:

(1) 宣告了我国律师制度的恢复。我国的律师制度始建于 1954 年,至 1956 年有了初步发展。可是到了 1957 年,由于反右斗争严重扩大化,大批律师被打成"右派分子",已经建立起来的律师制度"无疾而终"。十年"文化大革命"期间,法律被指责为资产阶级的货色,律师更没有存在的余地,这种情况直到粉碎"四人帮"两年以后都没有改变。1978 年党的十一届三中全会强调社会主义法制建设,1979 年开始恢复律师制度。1980 年 11 月 20 日开始审判林彪、江青反革命集团案,根据中央决定,律师要在审判中发挥作用。于是刚刚恢复工作不久的律师,作为被告人委托或者法庭代为指定的辩护人,参与了特别法庭审判活动。林、江反革命集团案举世瞩目,律师能作为辩护人参与审判,表明了律师工作开始受到重视。

(2) 宣传了律师制度。20 世纪 50 年代后期,由于"左"的思想的影响,自上而下地把律师为刑事被告人辩护,说成是"丧失立场"、"为罪犯开脱"、"为反革命分子说话",这种观念长期影响着人们对我国律师的看法。为林彪、江青反革命集团案主犯辩护的律师,"以事实为根据,以法律为准绳"地为被告人作了辩护,群众对律师辩护给予了肯定,这就促进群众对我国的律师制度的了解。

(3) 树立了刑事被告人有权获得辩护的范例。1979 年的《刑事诉讼法》第 26 条规定,被告人除自己行使辩护权外,还可以委托律师辩护。林、江反革命集团案是全国性的特别重大的案件,被告人还有律师为之辩护,这就树立了一个范例:所有刑事案件都应依照《刑事诉讼法》的规定,让被告人有权获得辩护,包括律师辩护。律师为林、江反革命集团案主犯辩护起到了范例的作用。

二、中国房号诈骗第一案

【案情】

李峥是台球界的成功人士,2008 年其涉嫌倒卖经济适用房房号案成为轰动一时的重要案件,被媒体称为"中国房号诈骗第一案",最终,被法院终审判处 15 年有期徒刑。

起初,李峥利用政策和执行中的漏洞及私人关系,的确帮人搞到了经济适用房的房号,每套可以为当事人节省数万乃至十数万元,但当他从中发现的商机之后,就不再是单纯的帮忙,他对前来托他"拿号"人说:需要先交 5 万块钱,等房子办好后再交 3 万,如果办不成,算是我借的钱,到时候一定还。他的想法是,一是等房子办成后再拿 3 万元好处费显得自己很有诚信,二是即使办不成只能算借款,他给买房者打借条也是为了规避法律风险。后来在明知拿不到号的情况下依然收受请托人的钱,既没有房号也没有还钱,甚至还给其中一位买房人的支票在银行兑换时被告知已经作废。到2007年6月22日以后,被债主追上门的李峥再也不敢开手机了。三十多人因为再也找不到他,纷纷报案,7月2日,李峥被两位买房人约去饭馆,席间一人借机到门外报警,李峥被抓获。根据公诉机关的指控,2006年3月至5月期间,李峥以帮助办理天通苑小区经济适用房房号为名,先后骗取35人共计人民币225.3万元。李峥在法庭上坚称:"我的行为算不上犯罪,就是欠了别人的钱没还上,应该是民事经济纠纷。在买房人催款的过程中,我从未逃避过。在警方找到我之前,我至少给10个买房人打过电话,告诉他们钱会尽快还。我没有诈骗!"李峥认为以自己的方式帮别人购买经济适用房号并不违法。因为媒体曾经报道过,2006年前,开发商发放经济适用房房号时,数百名农民工排队等候。当他们拿到房号后,便以4—5万元的高价转手。"我这样做的性质和他们一样,为什么不起诉农民工诈骗?"公诉人当庭表示:从2006年3月至今,李峥从未还过别人钱。庭上,李峥也拒绝供认出他的能够拿到房号的朋友。

庭审中,李峥的律师语出惊人:我不为他做无罪辩护,我认为李峥一案侵犯的客体是社会管理制度,客观上给受害人造成了损失,但至于他侵害的是什么社会秩序,我才疏学浅,应该由法庭来判定。但我认为,他的罪名不是诈骗这么简单,深究起来会涉及合同诈骗、非法集资等。李峥当场提出律师"回避",即拒绝该律师为其辩护。而事后,该律师辩解说自己不是"倒戈",即使被告人真有罪,我也不会倒戈,说出那句话只是"技术失误"。律师在辩护中否定了检察机关的诈骗罪指控,法官打断了他的话问:那你认为李峥应该构成什么罪?律师就顺嘴说出"合同诈骗或者非法集资",而根据我国刑法规定,合同诈骗或者非法集资无论罪名还是刑罚幅度均高于普通诈骗。进而,在后续的庭审中,律师要求向法院提交李峥曾因两位买房人起诉李峥拖欠"借款"不还以证明彼此是借贷而非诈骗,但因为案件是李峥的公司败诉,在客观上恰恰证明了李峥以帮助购买经济适用房为名,诈骗买房人(尽管法院的终审判决只是将民事、刑事诉讼做了区别而没有以此为证)。最后,律师还说:李峥之所以不认罪,原因之一是公诉机关的证据不充分,证据链不完善,公诉机关应该积极加大证据的搜集,好让李峥在完善、充分的证据链面前低头。①

【评析】

律师在刑事诉讼中担任辩护人的地位是独立的,并不以当事人的意志为转移,并不意味着律师可以成为"第二公诉人",不能从成就控诉的角度指出控方的失误,而且,《律师法》明确规定了辩护律师的职责,即根据事实和法律,提出犯罪嫌疑人、被告人无罪、罪轻或者减轻、免除其刑事责任的材料和意见,维护犯

---

① 参见一鹤、宏玉、崔亮:《中国房号诈骗第一案》,载《法庭内外》2009年第6期。

罪嫌疑人、被告人的合法权益。本案中,仅就辩护律师的作为而言,没有很好履行律师的应有任务,也没有起到辩护作用,应该承认是一个有深刻教训,值得反思的例证。

第六节　问题与建议

一、准确的律师界定

2007年《律师法》规定,律师是指依法取得律师执业证书,接受委托或者指定,为当事人提供法律服务的执业人员。该条较1996年《律师法》已有进步,但是该规定还是存在着缺陷。

首先,律师本身既包括在律师事务所执业的律师,也包括试点的公职律师、公司律师以及军队律师。对于这些律师,律师的定义都应当适用。但是,公职律师和公司律师都未再予以规定,军队律师仍规定在了附则中。这种规定没有考虑到律师业未来10年的发展和资源配置,是不符合科学发展观的。

其次,律师身份的取得和律师执业权没有进行分离。在律师管理中事实上存在律师身份和执业权的分离问题,如被暂停执业的律师,身份仍然是律师,只不过被限制了执业权。对于这一问题,法律没有作出规定。

最后,律师的职能界定为"为当事人提供法律服务",忽视了公职律师的作用。从西方一些国家来看公职律师在政府中的作用并不局限于提供法律咨询,还具有一定的决策职权。如果仅将公职律师的作用限定为服务,是不利于公职律师队伍发展和法治政府的构建的。

建议将第2条修改如下:

本法所称的律师,是指依法取得律师执业证书的法律职业人员。

律师应经司法行政机关注册,并且没有被处停止执业的处罚,方得在律师执业机构执业。

律师可以在律师事务所、政府职能部门或行使政府职能的部门、企事业单位内部法律部门等机构以及军队法律部门执业。

在政府职能部门或行使政府职能的部门、企事业单位内部法律部门等机构执业的律师的管理办法,由国务院制定;在军队法律部门执业的律师的管理办法,由国务院和中央军事委员会制定。

二、明确律师的分类管理

(一)我国律师分类执业的现状和规定

《律师法》第2条对律师的界定由以前的"为社会提供法律服务的执业人

员"改为"接受委托或指定,为当事人提供法律服务的执业人员"。之所以做这样的修改,很大程度上是由于以往的表述不能涵盖所有的律师形态。目前,我国的执业律师并非都是为社会提供法律服务的社会律师,还包括政府律师、军队律师以及公司律师。

与政府律师和公司律师制度相比,军队律师制度因1996年《律师法》第50条的规定而得以正式确立,现行《律师法》沿袭了这一规定,即"为军队提供法律服务的军队律师,其律师资格的取得和权利、义务及行为准则,适用本法规定。军队律师的具体管理办法,由国务院和中央军事委员会制定"。

政府律师和公司律师制度于2002年开始在全国推行试点工作,经过多年的尝试,已经积累了大量的经验,也取得了一定的成绩。但是我国《律师法》对此却没有任何的表述和规定。即便说《律师法》对律师的定义已经涵盖了所有的律师形态(社会律师、军队律师、公职律师、公司律师),但是由于除社会律师以外的律师形态均存在不同程度的特殊性,因此,应该在《律师法》中对其进行明确的规定。

(二)对我国律师分类管理的立法建议

首先,应建立我国的律师分类管理体制。在《律师法》中明确将律师划分为社会律师、政府律师、军队律师以及公司律师四种类型,规定统一的资格取得方式和履行律师职责的权利义务等有关律师制度的根本问题,成为有关律师工作的基本法。

其次,由于各类律师的服务领域和主体不同,势必决定了他们执业的权利、义务、行为规范和执业管理等的不同,因此,有必要建立《律师法》下位层次的法规,规定各类型律师具体的业务范围、执业工作场所,以及与其类型特点相应的执业中的特殊权利、义务等内容,以此重新架构我国的律师体制。

【问题与思考】

1. 律师、律师制度、律师实务、律师法学的概念
2. 律师的任务
3. 律师的属性
4. 律师的执业条件
5. 律师的分类

第二章 律师事务所

【本章内容提要】

本章介绍律师事务所的概念和任务,设立、终止和变更的基本程序,重点分析和研究律师事务所的组织形式:国资所、合作所、合伙所和个人所。

【关键词】 执业机构 合伙所 个人所

第一节 基本理论

一、律师事务所的概念和任务

(一) 律师事务所的概念

《律师法》第14条规定,律师事务所是律师的执业机构。律师事务所是依法设立,组织律师开展业务活动,具有独立财产并且能够承担民事责任的机构。律师事务所是律师执业的组织形式之一。律师必须是某律师事务所的成员,才能接受当事人的委托,开展律师业务活动。

1979年律师制度恢复之初,律师执行职务的工作机构称作法律顾问处。但这一名称与国际上律师事务所的统称不一致,不利于律师开展对外活动和对外交往。为了适应改革开放的需要,1983年深圳等地的律师工作机构开始更名为律师事务所。1984年8月,全国行政司法工作会议确定的法律顾问处改为律师事务所。[①]

(二) 律师事务所的任务

律师事务所的任务是按照章程组织律师开展业务工作,学习法律和国家政策,总结和交流工作经验。

1. 领导本所律师开展业务活动

这是律师事务所的基本职责,也是律师事务所赖以生存的根本。律师事务所领导律师开展业务活动,主要体现在律师事务所对外统一接受委托并指派律师承办法律事务,办理律师承办法律事务所需的各项手续,按规定统一向当事人收费并如实入账。管理本所经费开支,管理律师业务档案,检查监督律师承办业务情况和遵守职业道德,执业纪律情况并负责定期向律师协会和司法行政机关

---

① 谭世贵主编:《律师法学》,法律出版社2005年版,第54页。

报告业务工作、财务收支和其他方面的情况。

2. 组织本所律师学习法律和国家政策

律师事务所必须定期组织律师学习党和国家的方针政策,保证律师依法办案,更好地为社会主义经济建设和社会主义民主与法制建设的发展提供法律服务。为了维护法律的正确实施和维护当事人的合法权益,律师事务所还应当定期组织律师学习法学理论和律师专业知识,不断提高律师的专业素质和法律服务水平。

3. 总结、交流律师工作经验

律师职业是一个实践性很强的职业,在实践中不断出现新的问题,律师事务所经常组织本所律师进行工作经验的交流和总结,有利于律师之间取长补短、相互学习、相互借鉴,提高法律服务能力。①

根据有关规定和律师工作实践,律师事务所的任务还包括以下几项:

(1) 统一接受委托并指派律师开展业务活动;

(2) 管理本所财务,按照国家规定向当事人统一收取费用并如实入账;

(3) 向司法行政机关定期报告业务工作、财务收支和其他情况;

(4) 聘任和辞退工作人员;

(5) 向有关部门反映律师的意见和建议。

二、律师事务所的设立

(一) 设立条件

设立律师事务所应当具备一定的条件,并经省、自治区、直辖市以上司法行政机关审核登记。《律师法》第14条规定,律师事务所应当具备下列条件:

1. 有自己的名称、住所和章程

律师事务所的名称,是指经过批准设立的、在执业活动中供公众识别的称谓。律师事务所的名称中,不得含有下列内容和文字:(1) 有损于国家和社会公共利益的;(2) 外国国家名称和国际组织名称;(3) 政党名称、党政、军机关名称、群众组织名称、社会团体名称、国际组织名称;(4) 汉语拼音字母;(5) 数字;(6) "中国"、"中华"、"国际"等字样;(7) 可能对公众造成误解的名称;(8) 表明特定律师业务范围,如"涉外"、"金融"等字样。

律师事务所的住所是指律师事务所的执业场所,律师事务所的登记住所只能有一个。通常律师事务所的住所与其场所是一致的。

律师事务所的章程是指律师事务所依法制定的,其活动应当遵循的准则,申请设立律师事务所必须要有章程。章程应当包括以下内容:(1) 律师事务所的

---

① 石峰主编:《律师法学》,上海大学出版社2007年版,第80页。

名称和住所;(2)律师事务所的宗旨;(3)律师事务所的组织形式;(4)设立资产的数额和来源;(5)律师事务所负责人的职责以及产生、变更程序;(6)律师事务所决策、管理机构的设置、职责;(7)本所律师的权利与义务;(8)律师事务所有关执业、收费、财务、分配等主要管理制度;(9)律师事务所解散的事由、程序以及清算办法;(10)律师事务所章程的解释、修改程序;(11)其他需要载明的事项。对律师事务所章程需要注意的是:设立合伙所的,其章程还应当载明合伙人的姓名、出资额及出资方式;律师事务所章程的内容不得与有关法律、法规、规章相抵触;律师事务所章程自省、自治区、直辖市司法局作出准予设立律师事务所决定之日起生效;律师事务所章程落款要求全体合伙人签字并注明日期。

2. 有符合本法规定的律师

《律师法》对律师事务所的设立人数不再做出严格限制,从某种意义上允许了个人律师事务所的成立。这对于降低法律服务成本无疑具有重要意义。

3. 有符合国务院司法行政部门规定数额的资产

申请设立律师事务所,必须拥有法定数额的资产,包括流动资产和固定资产。因为律师事务所作为一个独立的法人,拥有一定的资产是其开展业务活动的基础,也是其承担民事责任,取信社会的必要条件。1996年《律师法》规定了律师事务所必须具有10万元以上的人民币的资产,2007年《律师法》尽管没有规定律师事务所具体的资产数额,但也强调了律师事务所应当具备相应的资产。

4. 设立人应当是具有一定的执业经历,且3年内未受过停止执业处罚的律师

《律师法》规定,设立合伙律师事务所,除了满足上述条件外,还必须有3名以上的合伙人,设立人还应当是具有3年以上执业经历的律师。设立个人律师事务所,除了满足上述条件外,设立人还应当是具有5年以上执业经历的律师。

(二) 设立程序

申请设立律师事务所,应当向律师事务所所在地设区的市级或者直辖市的区人民政府司法行政部门提出申请,受理申请的部门应当在自受理之日起20日内予以审查,并将审查意见和全部申请材料报送省、自治区、直辖市人民政府司法行政部门。省、自治区、直辖市人民政府司法行政部门自收到报送材料之日起10日内予以审核,作出是否准予设立的决定。准予设立的,向申请人颁发律师事务所执业证书;不准予设立的,向申请人说明理由。

《律师法》第17条规定,申请设立律师事务所,应当提交下列材料:(1)申请书;(2)律师事务所的名称、章程;(3)律师的名单、简历、身份证明、律师执业证书;(4)住所证明;(5)资产证明。设立合伙律师事务所,还应当提交合伙协议。

三、律师事务所的变更和终止

（一）律师事务所的变更

律师事务所在执业过程中，变更名称、负责人、章程、合伙协议的，应当报原审核部门批准。律师事务所变更住所、合伙人的，应当自变更之日起15日内报原审核部门备案。

（二）律师事务所的终止

律师事务所有下列情形之一的，应当终止：(1) 不能保持法定设立条件，经限期整改仍不符合条件的；(2) 律师事务所执业证书被依法吊销的；(3) 自行决定解散的；(4) 法律、行政法规规定应当终止的其他情形。律师事务所终止的，由颁发执业证书的部门注销该律师事务所的执业证书。

四、律师事务所的类型

根据《律师法》的规定，我国的律师事务所的类型分为国资所、个人所和合伙所。其中合伙所是律师事务所最重要的组织形式。

（一）合伙制律师事务所

合伙律师事务所是指由律师自愿组合，财产归合伙人所有的律师事务所，是法定的律师执业机构之一。《律师法》第15条规定，合伙律师事务所可以采用普通合伙或者特殊的普通合伙形式设立。合伙律师事务所的合伙人按照合伙形式对该律师事务所的债务依法承担责任。所谓的特殊的普通合伙是指由两个或者两个以上的普通合伙人组成，依法注册的实体。当一个合伙人或者数个合伙人在执业活动中因故意或者重大过失造成合伙企业债务时，应当承担无限责任或者无限连带责任。合伙人在执业活动中非因故意或者重大过失造成的合伙企业债务以及合伙企业的其他债务，由全体合伙人承担无限连带责任。特殊的普通合伙属于普通合伙的一种特殊类型，主要是部分的改变传统的普通合伙中合伙人对合伙债务负有无限连带责任的机制。

合伙人必须是专职律师，有3年以上律师执业经历，品行良好。合伙律师事务所实行民主管理，由全体合伙人建立合伙人会议，合伙人会议相当于律师事务所的权力机构，所有重要事项必须由合伙人会议通过，如决定律师事务所的发展规划；决定事务所分配方案；合伙人入伙、退伙；修改合伙协议或章程；决定律师的终止等。合伙所主任由合伙人选举产生，主任是律师事务所的法定代表人，负责律师事务所的日常工作。

（二）个人律师事务所

个人律师事务所是指有一名律师开办的律师事务所。设立人对律师事务所的债务承担无限责任。设立个人律师事务所是国外比较通行的一种做法。

1996年的《律师法》只规定了国家出资、合作、合伙三种律师事务所的组织形式。2001年开始在一些省市开展个人律师事务所试点工作,探索和完善律师执业的组织形式,让法律服务更贴近社区,更好地满足普通百姓对法律服务的需求。2007年《律师法》将个人律师事务所列为法定的律师执业组织形式。根据《律师法》第14条、第16条的规定,设立个人律师事务所应当具备下列条件:(1)有自己的名称、住所和章程;(2)设立人是具有五年以上执业经历的律师,且3年内未受过停止执业处罚;(3)10万元以上的注册资本;(4)设立人对律师事务所的债务承担无限责任。

个人律师事务所有如下特征:(1)个人律师事务所是由个人出资、个人进行经营管理,自负盈亏、独担风险、自负责任;(2)个人律师事务所的财产是个人独有,并且是完全的所有权关系;(3)在经营管理上,实行自主决策;(4)以个人财产对律师事务所债务承担无限责任。①

(三) 国家出资设立的律师事务所

国资所是我国较早出现的一种律师事务所的组织形式。所谓国资所,是指司法行政机关根据国家需要设立的,以其全部资产承担法律责任的律师事务所。《律师法》第20条规定,国家出资设立的律师事务所,依法自主开展律师业务,以该律师事务所的全部资产对其债务承担责任。该条规定了国资律师事务所的出资者、开展业务的方式以及责任承担方式。国资律师事务所是我国较早出现的一种律师事务所形式,由国家提供经费和编制。

国资所特征有以下几点:(1)国资所在性质上属国家事业单位,人员属司法局行政事业编制,经费列入国家预算,收费上交国家。国资所的资产归国家所有,债务以国资所的全部资产承担,律师个人既不能分配节余资产,也不承担事务所债务。按照《国家出资设立的律师事务所管理办法》的规定,设立时应当由国家一次性投入开办资金。此外根据情况,可以同时核拨经费、核拨编制;也可以不拨编制和经费,但开办时律师事务所的资产由司法行政机关代表国家投入,律师事务所资产归国家所有。(2)国资所在管理上有其特色。有权对国资所内部事务进行管理的是设立它的司法行政机关、律师会议和律师事务所主任。国资所的主任是律师事务所的法定代表人,对设立该所的司法行政机关负责,并向其报告工作。②

由于国资所固有的经费和编制上的限制,实践中国资所的数量相对较少,随着我所市场经济的发展和律师人数的增加,国资所呈现衰退之势。在其发展的过程中,绝大部分改成了合伙所,小部分改为了合作所作为过渡形式。但是为了

---

① 石峰主编:《律师法学》,上海大学出版社2007年版,第85页。
② 马宏俊主编:《〈律师法〉修改中的重大理论问题研究》,法律出版社2006年版,第278页。

满足"老、少、边、穷"地区法律服务的需求,2007 年的《律师法》仍然将国资所作为律师事务所组织形式之一。

第二节 立 法 背 景

一、《暂行条例》

1949 年新中国成立之后,我国律师制度进入初创时期,借鉴苏联的做法,称作"法律顾问处"。截止到 1957 年 6 月,全国已有法律顾问处 817 个,专兼职律师 2800 多人。30 万人口以上的城市和中级法院所在地一般都设有法律顾问处。"文化大革命"期间,"砸烂公检法",实行"群众专政",律师制度荡然无存,当然也就不存在律师执业机构。

1979 年我国开始重建、恢复律师制度。在当时,律师执业机构仍然称为法律顾问处,而组织形式以"国资所"("占编所")为主。各地先后组建了一批占有国家行政编制的"占编所",同时,也允许一些部委、省、市(经司法主管部门批准),组织成立属于部门管理的律师事务所。1980 年《暂行条例》明确规定了律师执行职务的工作机构是法律顾问处。但是,这一时期的律师执业机构——国资所,由于是国家投资建立,既加重了国家负担,又使律师事务所缺乏财务方面的自主权。律师事务所在分配制度上实行工资制,使律师缺乏积极性。从 1983 年开始,国家逐步尝试对国资所进行改革,1984 年决定实行"自收自支,结余留用或分成"或"收支单核算"、"承包责任制"等。律师事务所的收入除按规定上交外,其余可以自主决定。1989 年开始,在人事上,除了律师事务所主任要报司法厅批准外,其余人员可以由律师事务所自行决定。但这些改革都没有从根本上解决国资所存在的问题,不能使国资所走出困境。

1988 年,司法部开始举行合作制律师事务所的试点工作。司法部下发了《合作制律师事务所试点方案》。合作制律师事务所不占国家编制、不要国家经费,由合作律师共同集资,自愿组合,民主管理,独立核算,自负盈亏,接受司法行政机关的监督管理。自此,我国出现了一种新型的律师事务所——合作制律师事务所。

二、1996 年《律师法》

随着改革开放的深入发展和社会主义市场经济的确立,"占编所"、"合作所"以及部门管理的律师事务所,各自都暴露出一些弊端,都不同程度地阻碍了律师业的发展。因此,有必要认真总结经验,并借鉴国外有益的经验,采取措施,加大律师工作改革力度,积极探索律师事务所组建的新形式。

1993年12月,国务院批准了司法部《关于深化律师工作改革的方案》,这一改革方案提出了律师工作改革的指导思想是进一步解放思想,放手发展律师队伍,大胆突破以生产资料所有制模式以及行政级别制度套用律师机构的束缚,使律师数量迅速增长,律师素质明显提高。1996年10月,司法部颁布了《合伙律师事务所管理办法》,规定合伙律师事务所必须具备的各种条件。1996年《律师法》规定了律师事务所的三种组织形式,即国家出资设立的律师事务所、合作律师事务所和合伙律师事务所。至此,合伙律师事务所正式在法律上确立起来,标志着其进入一个新的发展阶段。合伙制律师事务所的出现,打破了国办律师事务所一元模式,是改变国家包办律师事务体制的重要一步。由于合伙制律师事务所更能调动律师和合伙人的工作积极性,且设立简便、形式灵活可大可小,很快它便成为律师事务所的主流和主要组织形式。

1996年《律师法》第16至18条规定了三种形式的律师事务所,这本身就是针对过去国办律师事务所单一形式无法满足社会法律服务需求的问题而进行的一次重要调整。例如,从合作所的设立思想来看,尽管仍然没有摆脱公与私的思想藩篱。但是在当时的历史背景下,合作所与国办所相比,在人、财、物等管理制度上具有显著的比较优势:

第一,律师事务所具有高度的自主权。在管理上实行律师会议制,重大问题须经集体讨论决定,充分体现了事务所内部的民主管理原则,彻底改变了行政化管理的旧模式;

第二,实行全员合同制。优胜劣汰,来去自由,改变了占国家编制进人出人都受限制的人事体制,便于实现人员的优化组合;

第三,实行效益浮动工资制。真正体现按劳分配,多劳多得,克服了干和不干一个样,平均主义大锅饭的弊端,可充分调动律师的积极性。①

总之,合作所在我国律师业发展中发挥了承前启后的作用,尽管它必将会被合伙所、个人所等组织形式所取代,但是其历史作用是不能否定的。

三、2007年《律师法》

随着市场经济体制的逐步建立和改革开放的深化,尤其是加入WTO以后,我国律师业面临着与国际同行的激烈竞争,律师制度也必须与国际接轨,原有法律规定的部分内容在相当程度上已不能适应、亦无法满足我国律师业发展的需要。就执业机构组织形式的规定而言,律师事务所"该大的不能做大,该小的不能做小"是对其弊端的高度概括。司法部从2004年6月起正式开始了

---

① 蔡东方:《律师与公证制度讲义》,www.doc88.com/p-41878923084.html,访问日期:2012年4月30日。

对《律师法》的修订工作,2007 年《律师法》对律师事务所组织形式作出了如下修改。

1. 增设承担有限责任的特殊的普通合伙形式的律师事务所

2007 年《律师法》第 14 条既规定了普通合伙,也规定了特殊的普通合伙形式设立,并且规定"合伙人按照合伙形式对该律师事务所的债务依法承担责任",这为那些想承担有限责任的律师加入合伙律师事务所提供了便利。特殊的普通合伙是在 2006 年 8 月《合伙企业法》修订时增加的一种合伙形式,其实质就是有限责任合伙。有限责任合伙律师事务所按债务形成的原因将债务承担方式分为两类:其一,一个或数个合伙人因为故意或重大过失造成的事务所债务,由造成债务的合伙人承担无限连带责任,而其他合伙人仅以其在事务所中的财产份额承担有限责任;其二,合伙人非因故意或重大过失造成的事务所债务,由全体合伙人承担无限连带责任。

2. 增设个人律师事务所

2007 年《律师法》增设了个人律师事务所。个人所兴起于近十年,2002 年 10 月,北京成立了首批 5 家个人开业律师事务所。同年 11 月,上海成立了第一家个人开业律所;随后广东等省份也相继开始了个人开业律师事务所的试点工作,并以地方政府的规范性文件规范个人开业所,如北京的《个人开业律师事务所试点方案》和上海的《上海市司法局关于个人开业律师事务所管理的规定(试行)》。作为律师个人出资且以个人全部资产对律师事务所的债务承担无限责任的律师执业机构,个人所既符合律师行业的实际状况和业务活动特点,也因其责任明确,运行成本低,而有利于促进律师提供更好的法律服务。

3. 保留国家出资设立的律师事务所

国资所由于所有权缺位等弊端,在市场竞争中呈现出明显弱势,时至今日,其数目已经屈指可数。许多学者建议取消这种律师事务所组织形式,但修订后的《律师法》仍对其进行了保留,而且除了放开注册资本的要求外并未作出任何新的规定。①

4. 取消合作制律师事务所

2007 年《律师法》取消了合作所。合作所是特定历史时期的产物,不可避免地带有历史的印记,如产权不明晰、财产不分割等等问题,限制了合作所的进一步发展。所以,合作所在这三种组织形式中数量最少、规模较小且发展缓慢。合作所从 1988 年出现之后不久,就纷纷开始转制为合伙所。合作所向合伙所转制,使得其本身成为一种历史的过渡,成为律师事务所组织形式由国资所到合伙所的中间形态,淡出市场是其最终的归宿。

---

① 谢蓉、周之翔:《律师执业机构组织形式的变革与完善》,载《社会科学研究》2007 年第 6 期。

第三节 热点前沿问题

一、对国资所存废的思考

2007年的《律师法》保留了国资所,对此,有些学者提出异议,认为修订后《律师法》不应当再保留国资所,应当用法律援助来取代。持有该观点的人认为:(1)在市场经济条件下,国资所已经失去存在的理论依据,它并不能实现"自主开展业务,以其全部资产对债务承担责任",理应退出这一竞争性服务领域;(2)国际上,一般都没有由国家设立律师事务所这一组织形式;(3)国家出资设立的律师事务所,是律师制度恢复阶段的一种组织形式,实践中,国资所已普遍被改制为合伙所。目前的国资所数量有限,仅有少数边远落后地区尚有保留,取消国资所已是大势所趋。

但是,我们认为,国资所应当保留,"一刀切"的做法与我国的国情不相适应,因为在我国,各地经济和社会发展很不平衡,在"老、少、边、穷"等欠发达地区,律师业缺乏自我发展的环境和条件。目前中西部地区很多县没有一名律师。要提供当地社会和群众最低限度的法律。

总之,对国资所的存废不能以西方国家的标准来衡量,而应当从我国现实的国情来思考。在一些欠发达地区,由于落后,其他类型的律师事务所根本不愿意来此投资。但是,这些落后地区的纠纷又是层出不穷,如果没有政府出资设立律师事务所,当事人的辩护权得不到很好的实现,这样,很可能引发社会动荡,不符合我国社会主义的性质。我国法律服务市场发展的不平衡,决定了国资所在一定范围和程度上还有存在的必要性。

二、有限责任合伙的必要性探讨

(一)有限责任合伙的界定

《律师法》第15条规定,合伙所可以采用普通合伙或者特殊的普通合伙形式设立。合伙所的合伙人按照合伙形式对该律师事务所的债务依法承担责任。据此,《律师法》中确立了特殊的普通合伙制度。

按照学界对特殊普通合伙的界定(特殊的普通合伙是指由两个或两个以上的合伙人组成,当一个合伙人或者数个合伙人在执业活动中因故意或者重大过失造成合伙企业债务时,应当承担无限责任或者无限连带责任,其他合伙人以其在合伙企业中的财产份额为限承担责任。合伙人在执业活动中非因故意或者重大过失造成的合伙企业债务以及合伙企业的其他债务,由全体合伙人承担无限连带责任),我国的特殊普通合伙不过是美国等西方国家的有限责任合伙。有学者提出,同时出现"有限合伙"和"有限责任合伙",容易混淆,公众难以区分。因此,将"有限责任合伙"改为"特殊的普通合伙",会给公众更为清晰的认识。但是,英文仍然使用 Limited Liability Partnership(简称 LLP,缩写 L. L. P),即有限责任合伙。①

（二）有限责任合伙的必要性

有限责任合伙与普通合伙最大的区别在于全体合伙人不再对合伙的所有债务均承担无限和连带的责任。因合伙人过错行为造成的债务由该合伙人自己承担,其他合伙人仅在一定程度上负有限责任。所以,有限责任合伙可以降低合伙人的风险。在2007年《律师法》颁布之前,1996年《律师法》规定,律师违法执业或者过错给当事人造成损失的,由其所在的律师事务所承担赔偿责任。也就是说,假如合伙律师事务所的一名合伙人因违法执业或者过错给当事人造成损失时,先由其所在的律师事务所承担赔偿责任。若律师事务所的财产不足以赔偿当事人的损失时,每个合伙人都负有以自己的财产清偿全部合伙债务的责任,不受合伙人按照出资比例或者协议规定的债务承担比例的限制。② 这样对合伙人来说风险较大,很多人因此而放弃投资律师事务所。但是有限责任合伙出现后,大大降低了合伙人的风险,因为其承担的责任由严格的无限责任转变为有限责任。

第四节 法律实践

一、公司制律师事务所的尝试

（一）公司制律师事务所的界定

律师事务所是律师的执业机构,不同国家规定了不同的执业组织。例如,美国律师事务所的组织形式就规定了7类,有个人开业、普通合伙、普通公司、专业公司、有限合伙、有限责任公司和有限责任合伙,其中,有限责任公司就是一种公司制的律师事务所。所谓的公司制的律师事务所就是由律师股东和其他股东共同出资,股东以其出资额为限对公司承担责任,公司以其全部资产对公司的债务承担责任的从事法律服务经营的法人实体。它是根据公司的模式,建立符合公司制要求的组织机制、责任机制、管理机制、经营机制和分配机制的一种法人实体。

（二）特征

1. 公司制的律师事务所是以追求高额利润为其经营目标

正是因为公司制的经营方式能带给资本家巨大的利润,所以资本主义的企

---

① 白晓红:《特殊的普通合伙解读》,载《中国注册会计师》2007年第2期。
② 马宏俊主编:《〈律师法〉修改中的重大理论问题研究》,法律出版社2006年版,第285页。

业普遍采取公司制度。以公司形式建立的律师事务所,其所有制度和管理方法都会围绕追求高额利润这一目标,因为没有利润,公司在市场上就没有竞争力,在激烈的市场竞争中,很可能被淘汰。为了追逐高额利润,律师就会像其他行业的资本家一样,以商业性来衡量一切业务,如此,律师就成为纯正的商人。

2. 投资主体来源多元化,非律师参与律师事务所的投资

为了扩大规模,提高劳动生产力,公司将需要大量的资金注入。因此,公司化管理模式下的律师事务所,肯定会打破原来合伙条件下对投资人条件的限制,其将不仅限于原有的执业律师才能作为出资人,国家、组织和个人即任何所有制性质的主体均能够成为公司制律所的出资者或股东。因为,只有这样,律师事务所才可能吸收多元化的投资,扩大自己的规模。

(三) 实践难题

1. 律师业务的不平衡性

律师业务可以分为诉讼业务和非诉讼业务。所谓的非诉讼业务就是律师接受公民、法人或其他组织的委托,在其职权范围内依照国家有关法律、法规的规定,不进入诉讼程序的,直接为委托人办理某种法律事务的业务活动。诉讼业务与非诉讼业务有不同的运行模式,非诉讼业务主要依靠团队运作,客户倾向于"认所不认人","业务跟着所走",所以,非诉讼业务主要需要专业性强、规模较大的公司制律师事务所,但是我国目前80%—90%的律师事务所,以传统的诉讼业务为主。可见,非诉讼业务尚未成为律师事务所主要开拓的领域,大部分的律师事务所把主要精力放在传统的诉讼业务领域,这是限制我国目前推行律师事务所公司化的问题之一。

2. 公司制律师事务所的双重纳税问题

公司制下,律师事务所是依照公司法组建并登记的以营利为目的的企业法人。它具有独立的人格,是独立的纳税单位,在盈利时,律师事务所要缴纳所得税,而作为律师事务所股东的投资者,还要缴纳个人所得税。所以,公司制不能避免双重征税。如此,律师事务所将会加重律师的负担。我国目前的律师事务所很多,但是真正能走出国门,在世界建立分所的机构,却不多。这说明我国律师事务所与世界大所的差距还是很大。如果,合伙所转制成公司所,试问有多少律师事务所和律师有实力承担起双重税收?践行公司制律师事务所,不得不考虑这个问题。

3. 高端市场的不成熟性

按照市场客户的特征,可以把法律市场分为三个层次:传统市场、中端市场和高端市场。传统市场的法律服务层次较低,绝对量较大,并且标的额不高,所需要的法律服务技巧并不复杂,只要考取律师资格或法律职业资格,或者干脆从事过法律工作的人,甚至是经历过几次诉讼的人,都可以从事传统市场的法律服

务工作。中端市场的法律服务对象主要是市场经济中的大量的中小企业。一般是规模较小的律师事务所占据中低端市场。高端市场的服务对象主要是一些规模比较大的集团企业、股份公司。公司制律师事务所,由于成本和利润的问题,其主要服务于高端市场。在我国,80%以上是中低端法律服务市场,20%左右是高端法律服务市场。可见,我国高端市场的市场份额低,尚未发育成熟。如果允许公司制律师事务所大量存在,难保不会产生供过于求的后果,如此,这反而制约了律师事务所的发展。我们始终认为,规模化并不等于于公司制律师事务所,有限责任合伙完全可以发展成跨国大所。

二、个人律师事务所的探讨

(一) 个人律师事务所的优势

第一,个人开业具有成本低,效率高等特点,能够适应个人服务的发展,方便快捷地提供法律服务。因为个人所运行成本低,所以它可以以较低的收费为普通百姓提供法律服务。这有利于解决某些并不复杂的法律服务收费较高且不灵活的弊端。个人所的出现也有利于净化法律市场,在一定程度上遏制了黑律师的活动。

第二,个人所有助于律师进入社区、深入基层,促进县域律所的发展。2005年全国人大常委会执法检查组在检查《律师法》实施情况时指出,我国西部12省区市的律师总数不过2.4万人,全国还有206个县没有1名律师。这一状况在今天仍未得到缓解,且同一城市中,城区与郊区的律师服务业的差别也很大。北京市80%的律所集中在东城、西城、朝阳、海淀四个区,十个远郊区县的律所只占全市律师所总数的5%。2002年北京市个人所试点时的定位即是服务于社区,要求在郊区设立。广东省中山市约30个律师事务所设在城区,镇区仅小榄、古镇和黄圃设有律师事务所。① 个人所的开设可以让很多县域消除没有或只有一家律师事务所的困境。

第三,个人所的存在符合法律服务市场专门化的需求,随着市场对律师服务专门化要求的不断提高,很多大型律师事务所都注重培养自己提供某类法律服务的品牌,但是由于其人员众多,服务领域广阔,在这个专门化过程中,要经历一个过程,而在这个漫长的过程中,个人所正好具备专门化的条件,其发展有助于满足市场的这一要求,易于打造品牌。

第四,发展个人所符合律师执业的特点,有利于提高律师的执业水平,正如前面所说,个人所在打造自己品牌的同时,必然努力提高自己在某个领域的业务

---

① 《中山首家个人律师事务所领牌》,参见"中国法律信息网",http://www.law-star.com/cacnew/200812/225027813.htm,访问日期:2012年4月30日。

水平,这样不仅提高了自身的素质,而且将会提高更高质量的法律服务。①

(二) 个人律师事务所的弊端

首先,个人经营力量有限,无法涉足复杂性的高端法律业务(如证券、公司重组等)。个人所难以建立强大的律师团队承办大型的法律事务,人员、业务范围、抗风险能力的局限性,使得个人所无法与较大的合伙制事务所抗衡。

其次,管理不足与高风险的矛盾。主要的法律业务与内部管理事务,往往由律师事务所负责人一人包办,负责人甚至无暇顾及管理,有些负责人认为个人所的一个优势就是管理的低成本,不用把大量金钱和精力投入到管理中。而管理不善往往成为律师违规收费,私自接案,遭到投诉甚至承担赔偿的一大原因。个人所负责人承担的是无限责任,这对规范化管理提出了更高的要求。

最后,个人所的零散化、小规模分化,不利于律所做大做强。2007年《律师法》颁布后,个人所纷纷成立,有业内人士对律师业的零散化、小型化发展产生担忧。

总之,个人律师事务所在我国才刚刚发展,其本身具有一定的优势和存在的必要性,发挥着补充律师执业组织形式,提供面向基层的法律服务,带动专业化发展模式,促进合伙所进一步完善的作用。所以,我们应当充分发挥个人所的优势,配合其他组织形式,促进法律服务市场的发展。

第五节 案例分析

一、燕化公司诉北京市嘉华律师事务所不尽职责案

【案情】

2001年7月,河北三河燕化公司准备与北京金晟房地产开发有限公司合作开发紫宸苑住宅小区项目。为查清对方底细,燕化公司聘请北京市嘉华律师事务所作为法律顾问展开调查。经过一番审查,嘉华的律师认为该项目确实在金晟公司名下,燕化公司这才放心地向金晟公司支付了1亿元项目转让费,同时向嘉华律师事务所支付了100万元的高额律师费。可到了2002年5月,燕化公司竟然发现在紫宸苑住宅小区项目的土地上,另一家公司已开始施工建设。紧急调查的结果让他们震惊不已:金晟公司根本不是紫宸苑项目的真正所有人,他们交的那1亿元已被人凭空骗走!

随着警方的侦查逐渐深入,骗局的真相终于被揭开。原来金晟公司的一个股东确实签订过紫宸苑项目的转让协议,还私自上报立项申请,骗取了北京市计

---

① 马宏俊主编:《〈律师法〉修改中的重大理论问题研究》,法律出版社2006年版,第327页。

委对该项目的批复。但因为一直没有支付转让款,金晟公司的3个股东最终退出了项目,紫宸苑项目被转让给了别人。可在此情况下,金晟公司的刘某等人还打着紫宸苑项目的名义,凭借失效的规划文件,与蒙在鼓里的燕化公司签订继续开发紫宸苑项目的协议,诈骗燕化公司人民币1亿元。目前,刘某等人因涉嫌合同诈骗罪,已被北京市公安局立案侦查。警方已发还了三河燕化公司2140多万元人民币,但仍有8000万元投资没有追回。

受骗的燕化公司认为嘉华律师事务所的律师在法律服务工作中敷衍了事,造成巨额损失,已构成严重违约。由于嘉华律师事务所在2002年3月向北京市司法局主动申请注销,燕化公司一纸诉状将原嘉华律师事务所的3名合伙人告上法庭,要求返还律师费100万元并赔偿经济损失900万元。法庭上,3名坐在被告席上的律师坚持认为自己没有过错,他们称受委托后到金晟公司了解情况、审查大量的文件,做了大量艰苦的工作,已经履行了《委托协议》。

法院最终支持了原告三河燕化公司的诉求,认定嘉华律师事务所提供法律服务时存在重大过错,履行《委托协议》义务不符合约定,对燕化公司支付1000万元定金的经济损失应承担赔偿的违约责任。考虑到燕化公司自身也有失察之责,法院判决3名合伙人共同赔偿燕化公司800万元,并返还100万元律师费。①

【评析】

律师在办理有关的法律事务过程中,由于自身的故意或者过失致使委托人(或称当事人)的合法利益受到损害时,必然面临委托人提出索赔的风险。执业风险发生后,律师事务所的损失很大,包括退还律师费、赔偿委托人经济损失等等。在本案中,嘉华律师事务所就是承担退还全部律师费的损失。对律师事务所而言,其执业风险发生的原因在于律师的过错,即律师在执业过程中存在故意违反委托合同或法律,或过失导致委托人损失。本案中,嘉华律师事务所提供法律服务时存在重大过错,没有履行审慎调查义务,草率的出具调查意见,导致调查意见存在错误,为律师事务所招来巨大的风险,被法院判赔800万元。像本案这样被法院判处天价赔偿的案件,不得不给其他的律师事务所敲醒警钟。

案例中,嘉华律师事务所产生的风险是因为律师的不勤勉尽职、疏忽大意等过错行为引起的。这是律师事务所执业风险产生的原因之一。该类原因还包括如不慎将委托人提交的重要材料遗失,错过了委托人的上诉期、举证期、申请执行期、申诉期等法定期间等。由此,律师事务所的对策包括:第一,加强对律师的管理,建立严格的律师惩戒制度,杜绝该类风险的产生。第二,建立案件跟踪制度。律师经常同时处理多项法律业务,如果对各项业务的进程没有一个良好的

---

① 程婕:《失职律师被判赔偿800万元》,载《北京青年报》2004年12月22日。

控制,很可能导致律师未能及时处理相关业务或者处置不当,损害了委托人的合法权益。因此,律师事务所可以要求律师在一定的事项发生后或者按照一定时限将执业活动的进展情况向律师事务所汇报,由有关的行政人员对律师进行提醒或者催促,从而避免风险的发生。

二、恒积大厦诉建玮律师事务所案

【案情】

1994年5月20日,上海恒积大厦委托上海市建玮律师事务所为恒积大厦整个项目经营开发提供全过程的专项法律服务,双方签订专项法律服务合同,约定由上海市建玮律师事务所指派熟知房地产行业和工程建设行业专业知识及专业法律的律师,担任恒积大厦的经济、法律顾问,以确保和维护恒积大厦在整个建设过程中的所有行为的合法性及其合法权益。

上海市建玮律师事务所在服务过程中,为上海恒积大厦制作了《上海恒积大厦赚钱时代办公房(商场)租赁预定合同》和《上海恒积大厦赚钱时代办公房(商场)约定包租合同》。但由于上述合同内容违法,被法院认定为无效合同。

上海恒积大厦以上海市建玮律师事务所在前述预包租合同订立过程中没有提供正确的法律服务,致使其经营及名誉遭受很大损失为由,起诉至法院,要求上海市建玮律师事务所返还律师服务费240万元,并赔偿其经济损失2000万元。法院最终判决上海市建玮律师事务所返还恒积大厦全部服务费和奖励共240万元。①

【评析】

这是一起因为经办律师对预包租合同性质认识不清,导致制作的预包租合同无效而引起委托人对本律师事务所索赔的案件。在该案中,经办律师缺乏律师最基本的职业道德,其为了能更多的收取律师费,把"协助甲方审查工程分部分项质量验收资料"、"协助甲方控制工程造价、审查工程量增减的支付依据"、"参加甲方对工程施工的验收工作"等原本属于工程监理、审计、会计事务所的工作范畴的工作都写到了专项法律服务合同中,向客户承诺自己根本无法完成的工作,结果导致律师事务所蒙受了损失。这两起案件都是因为律师执业水平低下导致律师事务所承担因此而产生的执业风险。

律师的执业水平低是律师事务所执业风险产生的一个基本原因。律师的执业水平体现在法律理论素养、专业知识、实践经验和道德水准四个方面。近年来,我国的经济迅速发展,社会处于不断变化中,一些新的问题和新的情况不断

---

① 姜威:《通过案例看律师事务所风险控制》,载《第七届北京市律师协会专业委员会论文集》,法律出版社2009年版,第1467页。

出现,法律也在不断地更新与完善。很多律师以没有时间为由,不能主动地学习各种新的知识,这样在一定程度上,阻碍了律师执业水平的提高。这样,很多律师在办理非诉讼业务时,由于对新业务不熟悉,缺乏经验从而导致委托人决策失误造成严重的损失。对于该类风险,律师事务所应当采取的对策包括:建立业务学习交流制度,组织专业知识强的律师对全体律师进行培训,安排专人追踪法律、法规、政策变化并及时提示全体律师进行学习,或者律师事务所可以安排专人设计、总结各种业务的操作流程、要点,形成实用的业务操作手册指导律师执业。

第六节 问题与建议

一、关于律师事务所的组织形式

《律师法》(送审稿)对律师事务所的组织形式采取了开放式规定:"律师事务所可以采取合伙、个人开业、国家出资的方式设立。以其他方式设立的,由国务院司法行政部门另行规定。"但是2007年《律师法》在增加了特殊的普通合伙形式之后仍沿袭1996年《律师法》,对律师事务所组织形式作出封闭性规定。当前国际上的律师执业机构组织形式有个人开业、合伙执业、公司制、有限责任合伙和有限责任有限合伙等。同时,与我国律师事务所同属"社会中介组织"的会计师事务所已经有合伙所、合作所、有限责任所、个人所和集团所等组织形式,这些都从一定程度上预示着组织形式多样化是我国律师事务所发展的趋势。但是2007年《律师法》,仍将律师事务所的组织形式封闭式地规定为三种。[①] 对此,我们建议应当对律师事务所的可能的组织形式作出富有一定弹性的"兜底性"规定,如送审稿中的规定。这样,可以为将来进一步创新律师事务所的组织形式,发展更具规模的律师事务所留有余地。

二、关于特殊的普通合伙

2007年《律师法》将特殊的普通合伙——有限责任合伙正式规定为律师事务所的组织形式之一。《律师法》第15条规定,合伙律师事务所可以采用普通合伙或者特殊的普通合伙形式设立。合伙律师事务所的合伙人按照合伙形式对该律师事务所的债务依法承担责任。仅仅六十余字,对特殊的普通合伙作出了规定。

---

① 谢蓉、周之翔:《律师执业机构组织形式的变革与完善——以〈律师法〉的修改为视点》,载《社会科学研究》2007年第6期。

尽管 2008 年的《律师事务所管理办法》第 38 条对其有了进一步的规定，特殊的普通合伙律师事务所一个合伙人或者数个合伙人在执业活动中因故意或者重大过失造成律师事务所债务的，应当承担无限责任或者无限连带责任，其他合伙人以其在律师事务所中的财产份额为限承担责任；合伙人在执业活动中非因故意或者重大过失造成的律师事务所债务，由全体合伙人承担无限连带责任，但是也对债权人保护的具体措施和操作的诸多技术性问题均未涉及。因此，这是 2007 年《律师法》存在的缺陷之一，对特殊的普通合伙缺乏配套性规定。

【问题与思考】

1. 律师事务所的概念和任务
2. 律师事务所的设立、变更和终止
3. 律师事务所的类型

第三章 律师协会

【本章内容提要】
本章介绍了律师协会的性质、设置、组织机构和职责,重点分析我国律师管理体制的演变以及存在的问题,并主要就司法行政管理和律师协会自治管理的协调提出建议。

【关键词】 律师协会 行业自治 司法行政管理

第一节 基本理论

律师协会是律师行业进行自治管理的组织形式。在不同国家,其称谓也不完全一致。绝大多数称为律师协会,也有的叫做律师公会或者律师联合会。尽管在称谓上有所不同,但纵观世界各国相关立法,其设立律师协会的目的都是基本相同的,那就是一方面将律师协会作为其组织成员的利益代表,令其担负起维护会员合法权益的职能,另一方面,又赋予它对律师以及律师执业机构进行监督和管理的职责。因此,可以说律师协会是司法行政机关和律师之间的桥梁纽带,是实现对律师队伍有效管理的中间力量。

一、律师协会的性质

《律师法》第43条规定:"律师协会是社会团体法人,是律师的自律性组织。"这是我国通过《律师法》条文对律师协会性质做出的界定。关于律师协会的性质,具体可以从以下两个方面来考察:

(一)律师协会是社会团体法人

《民法通则》第36条规定:"法人是具有民事权利能力和民事行为能力,依法独立享有民事权利和承担民事义务的组织。"首先,法律界定我国律师协会为法人,这就明确了律师协会在民法上的独立性。在我国,律师协会是具有民事权利能力和民事行为能力,能够独立承担民事法律责任的具有法人资格的民间组织。律师协会接受国家司法行政机关的指导、监督和管理,但并不隶属于司法行政机关。[①] 作为法人,律师协会又同时是具有非营利性质的社会团体。我国《社会团体登记管理条例》第4条规定:"社会团体不得从事以营利为目的的经营性

[①] 刘健主编:《中华人民共和国律师法释义》,中国法制出版社2007年版,第174页。

活动。"律师协会作为社会团体法人,从本质上就不同于企业法人,其设立后依据章程和宗旨从事与律师有关的非营利性活动。

但是,律师协会也有不同于一般社团法人之处,主要表现在,一般社会团体是自愿组成,而律师协会则是依据法律规定而成立的。《律师法》第43条规定:"全国设立中华全国律师协会,省、自治区、直辖市设立地方律师协会,设区的市根据需要可以设立地方律师协会。"第45条规定:"律师、律师事务所应当加入所在地的地方律师协会。加入地方律师协会的律师、律师事务所,同时是全国律师协会的会员。"

(二) 律师协会是律师的自律性组织

律师协会是律师的自律性组织,其中的关键就在于"自律"二字。所谓自律,就是自我管理、自我约束,具有独立性和排他性。回看律师协会的产生过程,其本身就是一个由自发到自觉的过程:在律师这个社会行业产生后,由于律师们共同的职业活动、相近的职业教育经历、接近的职业习惯和特征,使他们有着连结起来的客观基础;业内行为的调整、同行竞争的规范、各方面交流的参与、自身利益的保护,使他们有着组织起来的主观意愿。于是律师个人的力量便成了一种群体的合力,律师个人的轨迹便纳入行业的秩序,一种组织,一种律师自己的行业组织——律师协会,就在律师"群居"的强烈意愿下顺应自然地应运而生。①而后,随着社会和律师行业的发展,律师协会拥有了越来越多的职责、权限,这其中很多都由"自律"而生。制定职业道德规范,审查律师执业资格,惩戒律师违法行为等等这些几乎全世界所有国家律师协会都享有的职责都是律师协会"自律"性的体现。

二、律师协会的设置及其组织机构

(一) 律师协会的设置

《律师法》第43条第2款规定:"全国设立中华全国律师协会,省、自治区、直辖市设立地方律师协会,设区的市根据需要可以设立地方律师协会。"律师协会实行会员制,《律师法》第45条规定:"律师、律师事务所应当加入所在地的地方律师协会。加入地方律师协会的律师、律师事务所,同时是全国律师协会的会员。"《中华全国律师协会章程》第7条:"本会会员分为团体会员和个人会员。依照《中华人民共和国律师法》规定取得律师执业证书的律师,为本会的个人会员;依法批准设立的律师事务所为本会的团体会员。"

关于律师协会的设置,《律师法》和《中华全国律师协会章程》规定的比较明确,我们可以从中看出以下几点:

---

① 青锋著:《中国律师制度纲论》,中国法制出版社1997年版,第537页。

第一,律师协会的设置以全国和地方为划分标准,全国性的律师协会只设一个,即中华全国律师协会;地方性的律师协会主要以省一级行政区划为单位设置,作为一种例外,设区的市根据需要可以设立地方律师协会。

第二,中华全国律师协会会员分为两类:团体会员和个人会员,地方律师协会和律师事务所为团体会员,律师为个人会员,并且对会员实行强制入会制。

第三,根据《全国律师协会章程》规定精神,省级律师协会是全国律师协会的团体会员,接受其指导;各省之间的律协没有隶属关系,是各自独立的律师组织。①

(二)律师协会的组织机构

《中华全国律师协会章程》规定,全国律师协会的组织机构主要有律师代表大会、理事会与常务理事会、秘书处、专门委员会、专业委员会。

1. 律师代表大会

根据《中华全国律师协会章程》第四章规定,全国律师代表大会是中华全国律师协会的最高权力机构,通常每三年举行一次全体大会。全国律师代表大会代表由省、自治区、直辖市律师协会从个人会员中选举或推举产生,由个人会员和团体会员组成。全国律师代表大会的主要职权包括:制定、修改中华全国律师协会章程和重要规章制度;讨论并决定协会的工作方针和任务;听取和审议协会理事会的工作报告和工作规划;选举、罢免本会理事会理事等。

2. 理事会与常务理事会

对于理事会和常务理事会的规定主要见于《中华全国律师协会章程》的第五章。理事会作为全国律师代表大会的常设机构,对全国律师代表大会负责,任期三年。理事会全体会议选举会长、副会长及常务理事若干名组成常务理事会,会长可以连选连任,但连续任期不得超过两届。理事会主要职权包括:召开全国律师代表大会;选举会长、副会长、常务理事;在全国律师代表大会闭会期间,讨论决定重大事项;增补或更换理事;审议理事会常设办公机构职能部门设置等。

3. 秘书处与专门委员会、专业委员会

中华全国律师协会设秘书处,办事机构由秘书长领导,下设:办公室、会员部、业务调研部、培训部、国际部、主办会刊《中国律师》杂志。协会设立维护律师执业合法权益委员会、律师纪律委员会、规章制度委员会、财务委员会等。经常务理事会决定,可以设立其他专门委员会。协会还可以设立若干专业委员会。专业委员会按照专业委员会活动规则,组织开展理论研究和业务交流活动,起草律师有关业务规范。常务理事会可以聘请专家、学者和有关领导担任专业委员会的顾问。

---

① 陈光中主编:《律师学》,中国法制出版社2008年版,第200页。

三、律师协会的职责

《律师法》第 46 条和《中华全国律师协会章程》第 6 条对律师协会的职责做出了完全一致的规定,其中包括保障律师依法执业,维护律师的合法权益;总结、交流律师工作经验;制定行业规范和惩戒规则;组织律师业务培训和职业道德、执业纪律教育,对律师的执业活动进行考核;组织管理申请律师执业人员的实习活动,对实习人员进行考核;对律师、律师事务所实施奖励和惩戒;受理对律师的投诉或者举报,调解律师执业活动中发生的纠纷,受理律师的申诉;法律、行政法规、规章以及律师协会章程规定的其他职责。概括起来,主要表现在以下四方面:

(一)权益保障

保障律师的合法权益是律师协会的一项基本职责,也是其最初成立的目的之一。律师在依法执业过程中,享有法律所赋予的执业权利,任何机关、团体和个人都无权侵犯或者剥夺。而作为律师的自律性组织的律师协会则必然要承担起保障律师依法执业,维护律师的合法权益的重要职责。

(二)业务指导

根据《律师法》的规定,律师协会在业务指导方面的职责主要包括:总结、交流律师工作经验,组织律师业务技能培训,组织律师开展对外交流,开展律师职业道德和执业纪律教育。截至 2012 年 11 月,全国律师协会根据业务工作的分类,设立 22 个专业委员会,包括民事、刑事、涉外业务、经济、知识产权、金融证券、海事海商等,并选举既有实践经验又有理论水平的执业律师作委员。专业委员会定期总结各项律师业务的开展情况,有规划、有针对性的交流和推广工作经验,吸取失误的教训,并且针对新拓展的业务领域和专业工作带有倾向性的问题,举办业务讲座,组织会员开展律师业务研讨会。

(三)执业监督管理

作为律师行业进行自治管理的组织,律师协会表彰、奖励优秀律师和律师事务所,惩戒违规、违法律师和律师事务所,同时还具有调解律师执业活动中的纠纷的任务。这对于树立良好的律师职业形象,维护律师依法执业的正常秩序有着积极意义。

(四)制定规范和规则

"制定行业规范和惩戒规则"是 2007 年《律师法》新增的一项律师协会的职责。律师协会在管理过程中必然会遇到许多现实的问题,对于行业内的职业行为规范、惩戒规则该如何制定,律师协会最有发言权。因此,法律将制定行业规范和惩戒规则的权利赋予律师协会,是十分恰当和必要的。需要注意的是"律师协会制定的行业规范和惩戒规则,不得与有关法律、行政法规、规章相抵触"。

事实上,一国律师协会的职责范围不但反映着该国律师协会的地位,也同时能反映出该国律师管理体制的走向。从我国《律师法》几次修改后的法条的字里行间中不难发现,我国越来越注重和强化律师协会的地位和作用,我国律师管理体制也正朝着更加规范化的方向迈进。

四、律师协会与司法行政机关、律师事务所之间的关系

(一) 律师协会与司法行政机关的关系

总的来说,律师协会与司法行政机关之间的关系,大致应当包括三个方面,即监督关系、指导关系和协作关系。

《律师法》第4条规定:"司法行政部门依照本法对律师、律师事务所和律师协会进行监督、指导。"可见,一方面,司法行政机关与律师协会之间存在明确的监督与被监督、指导与被指导的关系。实践中,律师协会要向同级司法行政机关做工作报告。另一方面,司法行政机关与律师协会之间又存在相互协作的关系。较为有特色的是,我国司法行政机关的行政管理与律师协会的行业管理相结合,形成了通常所说的律师行业监管的"两结合"模式。在这种"两结合"管理模式下,律师协会与司法行政机关之间的关系表现为:司法行政机关进行宏观管理,并不包办代替律师协会的行业管理。司法行政机关是社会法律服务业的主管机关,对律师工作主要实行宏观管理。但这并不意味着律师协会的行业管理可以脱离国家和政府的宏观管理。在"两结合"模式中,律师协会本身的监管活动也是要接受司法行政机关的指导与监督的。由此可见,司法行政机关的行政管理与律师协会的行业管理相结合,不是简单地相加,而是有机地结合,即司法行政机关主要负责宏观管理,而由律师协会对律师和律师执业机构进行日常管理,二者在明确分工的基础上密切合作。

(二) 律师协会与律师事务所的关系

如前所述,律师事务所应当加入所在地的地方律师协会。加入地方律师协会的律师事务所,同时是全国律师协会的会员。作为律师协会的会员,律师事务所依法应当享有律师协会章程规定的权利,履行律师协会章程规定的义务。其中权利主要有:参加律师协会举办的会议和其他活动;使用律师协会的信息资源;对律师协会的工作进行监督,提出意见和建议。义务则包括:遵守律师协会章程;遵守律师协会制定的行业规则,执行本协会决议;按规定交纳或代收会费;承担律师协会委托的工作。同时,律师协会也应当履行好法律交给它的职责,为律师事务所提供对其合法执业权利的保护,以及对其进行业务上的指导,行使好对律师事务所实施奖励和惩戒的权利。

第二节 立法背景

纵观我国律师协会相关立法的发展,可以看出,我国的律师协会经历了一个从受司法行政机关直接管理到在司法行政机关的监督指导下与司法行政机关相互协作,共同履行管理职责的发展过程。

一、司法行政机关管理下的律师协会

1954年《中华人民共和国宪法》明确规定"被告人有权获得辩护"后,全国各地、市、县都逐步开展律师辩护工作,律师组织陆续建立。在当时,律师的执业机构为法律顾问处,法律顾问处的上级管理单位是律师协会,律师协会则设在司法行政机关内。律师协会负责法律顾问处的设立和撤销等管理工作,对律师业务进行管理和监督,对律师进行日常管理。1956年,司法部要求各地律师协会统一称作律师协会,对律师工作实施管理,但当时没有成立全国性的律师协会。

那时律师是国家工作人员,受律师协会直接领导,律师协会隶属司法行政机关,这种管理体制在当时发挥了积极的作用。从当时的律师管理体制看,虽然律师协会直接管理律师,但这种管理并不是带有自律性的行业性质的管理,而是行政的管理,因此建国初期的律师管理体制仍然是属于单一的行政管理。作为适应当时国家统一的行政管理体制需要而产生的律师管理体制,这种管理体制对于建国初期废除国民党律师制度,建立社会主义律师制度发挥了重大作用。

党的十一届三中全会后,全国工作重点的转移和国家民主、法制建设的加强为律师制度的恢复发展提供了政治条件和社会条件。1980年《暂行条例》规定律师执业机构是法律顾问处,法律顾问处受司法行政机关组织和领导。[①]《暂行条例》第19条对律师协会作了专门规定:"为维护律师的合法权益,交流工作经验,促进律师工作的开展,增进国内外法律工作者的联系,建立律师协会。律师协会是社会团体。组织章程由律师协会制订。"《暂行条例》第一次从法律上确立了律师协会作为律师行业性组织的地位、组织机构和作用,为进一步发挥律师协会的行业管理职能奠定了初步的基础。

但单一制的管理模式也有其弊端,由于强大的政府权力的介入,使得人们对于原本就很弱小的律师协会更加视而不见。正是因为律师管理体制的单一模式,尽管中华全国律师协会和地方律师协会在20世纪80年代陆续建立,但在很长的时期内,律师协会都只是作为政府律师管理机构的一个附属品而存在的。[②]

---

① 李本森:《中国律师业发展问题研究》,吉林人民出版社2001年版,第267页。
② 青锋:《中国律师制度纲论》,中国法制出版社1997年版,第512页。

当时全国各地建立的律师协会大多设立在司法行政部门的律师管理机构,律师行政管理与律师行业管理一套人马、两块牌子,律师协会的领导大都也由司法行政机关的领导兼任。

二、司法行政机关指导下的律师协会

随着1986年全国律师代表大会在北京召开,正式成立了中华全国律师协会,我国律师协会的发展也进入了新的阶段。尽管在之后的一段时期内,律师协会的职责仍只限于开展律师业务指导、工作经验交流、维护律师权益等非实质性的方面,但律师协会在参与律师管理工作中的表现已经较从前更加积极、主动。特别是进入20世纪90年代之后,随着国家政治、经济体制改革的不断深入,我国律师协会作为律师行业自律性组织,在律师管理中的作用越来越受到重视,其作用的发挥也日益充分。与此同时,我们的律师正在渐渐从司法行政机关的公务员编制中退出来,而各地的律师事务所也在逐步实现由原来的事业单位向国办所、合作所、合伙所等形式的转型。伴随着行业上下的种种变化、发展,律师业要求行业自治管理的呼声也越来越大。

1993年司法部提出"建立司法行政机关的行政管理与律师协会管理相结合的管理体制"。为了尽快建立这一体制,司法部对律师协会进行了改革。首先进一步完善了中华全国律师协会内部组织机构,同时,结合律师的自身职能,全国律协重新规划了所属的专业委员会。一系列新举措实施,使得律师协会的职责明确得到加强,律师协会行业管理职能日益突显出来。[①]

1996年《律师法》以法律的形式明确了律师协会的性质、设置、职责权限。而且,编排体例上,《律师法》专门以"律师协会"为标题设立一章,由此可见立法机关对律师协会的地位和作用的重要性的肯定。1996年《律师法》第37条规定:"律师协会是社会团体法人,是律师的自律性组织。全国设立中华全国律师协会,省、自治区、直辖市设立地方律师协会,设区的市根据需要可以设立地方律师协会。"第38条规定:"律师协会章程由全国会员代表大会统一制定,报国务院司法行政部门备案。"第39条规定:"律师必须加入所在地的地方律师协会。加入地方律师协会的律师,同时是中华全国律师协会的会员。律师协会会员按照律师协会章程,享有章程赋予的权利,履行章程规定的义务。"而第40条则规定了律师协会的七项职责,其中"进行律师职业道德和执业纪律的教育、检查和监督"以及"按照章程对律师给予奖励或者给予处分"则成为律师协会正式开始享有实质性行业管理权的体现。

1996年《律师法》在我国律师立法进程中具有非常重要的意义,因为通过这

---

① 李本森:《中国律师业发展问题研究》,吉林人民出版社2001年版,第269—271页。

部法律,我国司法行政机关监督指导和律师协会行业管理相结合的"两结合"管理体制正式被以法律形式固定了下来。第 4 条规定:"国务院司法行政部门依照本法对律师、律师事务所和律师协会进行监督、指导。"《律师法》从法律上理顺了司法行政机关与律师协会之间的关系,对于把司法行政机关的行政管理职能和律师协会的行业管理职能更好地结合在一起,充分调动司法行政机关和律师协会在律师管理工作中的积极性,从而建立新型的适应我国律师工作发展的律师管理体制有着十分积极的作用。

2001 年全国人大常委会对 1996 年《律师法》进行了修正,但这次修正沿用了原法关于律师协会的规定,未作变动,将律师协会受司法行政机关监督、指导,并与之共同管理律师业的制度延续了下来。

三、2007 年《律师法》

2007 年《律师法》(以下简称"新法")在关于律师协会的规定上较 1996 年《律师法》和 2001 年《律师法》(以下合称"原法")有所改动,这些改动首先体现在新法更加强化了律师协会的职能,具体包括:

(1)在具体的职责内容方面,新法除了延续原法关于律师协会要保障律师依法执业,维护律师的合法权益,制定行规,开展律师职业道德和执业纪律教育,进行执业纠纷调处以及加强律师的继续教育和对外交流等工作的规定外,还赋予了律师协会对实习人员的考核、制定行业规范和惩戒规则、受理对律师的投诉和举报的职责。这三项职责的增加体现了新法对律师协会作用和地位的加强,而新法增加的"应当"二字,也强调了律师协会履行职责的义务性、必要性。

(2)规定了地方律师协会章程制定权。新法第 44 条第 2 款规定:"地方律师协会章程由地方会员代表大会制定,报同级司法行政部门备案。地方律师协会章程不得与全国律师协会章程相抵触。"在章程的制定方面,不再由律师协会全国会员代表大会统一制定,而是将地方律师协会章程的制定权放给地方律协。但同时强调"地方律师协会的章程不得与全国律师协会相抵触"。[①]

(3)新法除了继续规定律师是律师协会的会员外,还将范围扩大到律师事务所,将律师事务所也指定为律师协会的"天然"会员。新法对于律师协会的规定的几处修改之中,最为引人注目的当属"制定行业规范和惩戒规则"这一项职责的增加。这项职责在旧法中是没有的。律师的惩戒规则的制定权过去是属于司法行政部门,新法明确将其下放给律师协会,可以说是在推动律师行业自治方面的一个进步。

---

① 李晓冉:《新律师法视野下提升律师协会作用的思考》,载《江西青年职业学院学报》2008 年第 2 期。

然而,新法关于律师协会的规定的变动却并没有给人们带来太多的惊喜。根据 2007 年《律师法》第 39 条的规定,律师在律师协会的会员资格是因具有律师执业资格而当然取得的,而律师的执业证是由司法行政部门授予的。所以只要司法行政部门不行使吊销律师执业证书的权力,律师协会实际上根本无法取消律师的会员资格。同时,按照 2007 年《律师法》的规定,对于律师违反法律、律师职业道德和律师执业纪律的行为,由司法行政部门给予处罚,这样就使得律师协会的训诫、通报批评的惩戒权显得十分薄弱。① 另外,尽管早在 1993 年 12 月,国务院办公厅就已经指出"从我国的律师工作实际出发,建立司法行政机关行政管理与律师协会行业管理相结合的管理体制。经过一个时期的时间后,逐步向司法机关宏观管理下的律师协会行业管理过渡",然而在时隔 14 年后,2007 年《律师法》并没有将此兑现,尤其对于司法行政机关和律师协会在律师管理职责分配方面的规定的修改并没有给人们带来期盼中的喜悦之情。虽然在律师协会的职责上增加了"制定行业规范和惩戒规则"一项,但仍没有触及这一领域的实质问题。有人评价 2007 年《律师法》仍然没有摆脱"鸟笼"体制,强调自律、回避自治,律师管理上行政管制的观念占了上风,从两者的权限来看,司法行政部门完全掌握着对律师管理的绝对大权,而作为行业管理的律师协会的作用是有限的,律协在保护律师权益方面不能真正起作用。②

第三节 热点前沿问题

一、外国及我国香港地区律师协会的组织机构

(一)英国

英国实行二元的律师管理制度,即将律师分为出庭律师(又称高级律师或辩护律师)和事务律师(又称初级律师),因此英国的律师协会也按律师的种类分两种。1979 年成立的律师学院和出庭律师评议会是律师中央管理机构。律师资格授予权由律师学院分别行使。评议会由律师学院校董会代表,经选举产生的律师代表组成,设议长和执行主席各一人,下设若干委员会,如财务、品行、图书等委员会,另设一惩戒裁判所。评议会另设两个独立机构:法学教育委员会和出庭律师理事会。前者负责法学教育的实施和对直属的律师学院、法律学校的指导与管理,后者直接代表出庭律师实行行业管理和对外联系。对律师的惩戒,由出庭律师理事会进行审查,后交惩戒裁判所处理,不服可向由大法官和高等法院法官组成的内部法庭寻求司法救济。事务律师的基本组织是英国事务律

---

① 陈光中主编:《律师学》,中国法制出版社 2008 年版,第 192、193 页。
② 赵国君:《律师法修改的亮点与缺憾》,载《南方周末》2007 年 11 月 1 日。

师协会。协会会员分为三种:一般会员、名誉会员(外籍律师)和准会员(进修生)。协会由会员大会、评议会组成,设会长、副会长,从评议会成员中产生,每年更换。根据1974年《事务律师法》,评议会负责处理律师协会的所有事务,下设若干常设委员会,如教育培训、纪律、诉讼业务、非诉讼业务、法律政策、财务、宣传等委员会。律师协会对会员提供多项服务,设有律师会馆(俱乐部)、就业介绍所、保险洽谈处,并发行各种广告和小册子。其收入主要来源于:向会员征收的会费、颁发许可证收取的手续费以及为会员提供服务取得的收入。律师的惩戒权由评议会行使,具体由惩戒裁判所负责处理。惩戒裁判所的成员由执业10年以上的事务律师和非法律专业人员组成。惩戒由协会先行调查后交惩戒裁判所裁决,不服可向高等法院寻求救济。[①]

英国律师协会的行业管理职责分别由出庭律师公会和初级律师协会行使。除了一般的资格管理、权益维护调停纠纷等职责外,英国律师协会对律师的职业道德与惩戒方面都有较为严格的规定。根据英国1974年《初级律师法案》的规定,对初级律师行为规则及惩戒事宜是由初级律师惩戒裁判所负责处理的。惩戒裁判所由法官和业内外人士各一名组成,有权对某一诉状律师加以罚款、除名、停止执业资格的惩罚。而大律师惩戒权则由司法律师学院组成的大律师协会行使,其具体办事机构为"律师纪律惩戒法庭",被处罚者也可提起上诉。

(二) 美国

作为典型的英美法系国家,美国至今没有全国统一的律师法,联邦政府的司法行政部门也不直接管理律师。在美国,对律师的管理主要是通过律师协会和法院的共同运作来实现的,律师协会与司法机关之间是一种分工合作、相互制约的关系。从设置上来讲,美国的律师协会种类繁多,既有全国性的律师协会,如美国律师协会;又有地方性的律师协会。同时,美国还有一些基于特别目的或特殊原因而组建的律师社团,如全国妇女律师协会、美国诉讼律师协会、海关律师协会等等。此外,根据会员加入是否自愿,美国的律师协会又可分为自愿性律师组织和非自愿性律师组织,前者如美国律师协会;后者如大多数州的律师协会。美国全美律师协会虽然是全国性的律师组织,但它只是一个自愿性民间组织,与州律师协会之间也并不存在隶属关系,因而管理律师的权力非常有限。也就是说,真正对律师进行管理的是州律师协会。[②]

美国全美律师协会(American Bar Association,简称ABA)是一个全国性的自愿参加的律师协会,也是当今世界上最大的律师行业协会。全美律师协会的会员包括一半以上的美国律师以及法官、联邦法院行政官、律师协会执行人法院院

---

① 刘正:《律师协会行业管理制度研究》,山西大学2006年硕士学位论文。
② 朱伟:《律师协会与国家机关之间的关系述论》,载《探讨与争鸣》2007年第7期。

长、法学教授等人员。另外,其他国家未在美国执业的律师也可以成为全美律师协会的国际预备会员。全美律师协会的组织机构有:会员大会、代表会、理事会、会务执行人员。会务执行人员主要包括会长、下届会长、代表会主席、秘书长、财务长。各州、都市的地方律师协会的组织机构与全美律师协会大体相同。

由于美国律师行业人数众多,所以美国律师协会的职责范围非常广泛。例如,全美律师协会及各州律师协会在为会员提供职务服务和福利措施方面均制定了有关规划,并已取得了很好的成绩。而且,律师协会积极参与法律的制定和实施推动的活动,全美律师协会将促使美国司法制度的改进和法律的改善作为其目标之一,并为此积极制定并推进从事法律职业认识的职业道德标准,积极参与联邦立法。美国各州律师协会也将改进司法实施作为其目标之一,许多州律师协会都协助州立法机关研究各种法案,并向立法机关提供采纳有价值的法案的建议。但是,在美国,律师职业道德维持以及对律师的惩戒,是属于最高法院的权限,全美律师协会与最高法院惩戒委员会之间是协助与被协助的关系。州律师协会也通常是只具有对律师采取除名、罚金和警告的惩戒权,剥夺或限制律师资格的权力则属于司法部。

(三)德国

根据《德意志联邦共和国律师法》,德国的律师自治组织包括各州的律师协会和德国联邦律师协会。州律师协会和由各州律师协会共同组成的联邦最高律师协会都属于公共的法律团体组织,受联邦司法部长的指导和监督。在德国,联邦律师协会(亦称"全国律师协会")是由地区各州律师协会组成的法人团体,其管理机构是全体会议和指导委员会,其活动费用择由地区律师协会资助。联邦律师协会全体会议每年举行两次,由各地区律师协会的执行委员会主席或委员作为代表。德国各州律师协会设在各高等法院所在地的城市,由所有在州高等法院注册登记的律师组成,区域内的所有执业律师都是该州律师协会成员。各州的律师协会设理事会,理事由律师协会大会选举产生。州司法行政机关对(州)律师协会实行国家监督。

联邦律师协会的职责主要包括:(1)制定律师执行职务的准则;(2)规定律师会建立福利设施的原则;(3)促进律师职业教育事业的发展;(4)在与行政机关和组织部门打交道时,代表所有律师会;(5)为立法机关、联邦团体和联邦法院提供鉴定报告;(6)制定律师事务所中辅助人员的培训方针。州律师协会的职责与联邦律师委员会大致相同。但值得注意的是,在德国,无论联邦律师协会还是州律师协会都不享有律师的资格管理权和纪律惩戒权,这两项权利是属于司法行政机关的。

(四)香港地区

我国香港地区律师协会较多,除了律师会和大律师协会这两个由立法授权进行行业自律性管理的协会之外,香港还有青年法律工作者协会、女律师协会等等不同类别的特殊律师协会。其中作用最突出要数香港律师会和大律师协会。

香港律师会(Law Society of Hong Kong)是香港事务律师自治性的行业管理组织,根据《香港律师会组织章程》的规定,律师会享有以下职权:(1)管理香港律师及律师行、在香港执业的外国律师及外国律师行、以及香港律师行与外国律师行组成的联营组织;(2)维护执业事务律师的名誉、地位和利益;(3)维持事务律师的良好的执业水准和职业道德水准;(4)规范事务律师收费;(5)解决事务律师执业过程中所发生的纠纷;(6)处理对事务律师及其雇员的投诉,根据情节轻重,给予相应的纪律处分或向法庭起诉;(7)安排法律专业进修、职业培训和考试;(8)发展事务律师执业责任保险事业;(9)办理事务律师执业证书的年审以及颁发证书;(10)维护事务律师在法律、司法实践和法律程序范围内的工作,并积极推动对现有法令、条例或规例的修正和完善等等。①

香港大律师公会(Hong Kong Bar Association)是香港执业大律师的自律性组织,原则上接受香港高等法院的监管,但实际上却是个自治性很强的律师专业管理机构。根据相关法律的授权,香港大律师公会的主要职能在于依法制定大律师执业行为守则及有关职业的纪律或指南,并结合大律师的职业实务,不时发出必要的指令;维持大律师的职业水准的职业行为操守,处理市民的投诉,办理大律师注册及执业证书,协助会员发展其业务,代表会员向政府及有关部门提供专业咨询意见,维护职业大律师的专业利益,并对所有影响本行业及与执法相关的事务采取相应、适当的措施和行动。②

二、外国及我国港澳地区律师的管理模式

(一)美国律师管理模式

美国是以律师协会为主对律师进行管理。联邦政府的司法行政部门并不管理律师,真正管理律师的是律师自己的民间性质的职业行会。因而,律师协会是律师的管理者,行使着管理职能。美国律师协会主要从法学教育、从业资格、惩戒、律师的法制建设几方面对律师进行管理。全美律师协会虽然是全国性的最大的法律职业协会,但是它在律师的管理中所起的作用很有限,主要是起草一些律师法律、法规,负责全国范围内的会员的一些日常事务。真正的律师管理主体的是州律师协会。尽管美国的律师管理是以行业协会为主,但美国的法院在监督律师上也起着重要的作用。其中最为突出的几点法院的职权是:(1)由法院负责颁发律师执照;(2)法院掌握着对律师进行惩戒的权利;(3)法院有权行使司法权监督管理律师。

---

① 张富强主编:《香港律师制度与实务》,法律出版社1999年版,第57页。
② 同上书,第250页。

（二）日本律师管理模式

日本律师管理体制的最大特点是律师自治。日本律师法规定，所有律师都必须加入律师协会，在日本各法院管辖区设有地方律师协会，全国设立律师协会联合会。律师协会直接对律师进行领导与监督，它下设审查委员会、纲纪委员会和惩戒委员会。日本律师协会联合会领导日本全国的律师及律师协会，它负责律师的登录、惩戒；指导与联络律师与地方律师协会；回答和答复各种建议和咨询；推荐律师、司法修习生的修习和法律扶助等事务。

（三）德国律师管理模式

德国的律师组织为州律师协会和由各州律师协会共同组成的联邦最高律师协会，受联邦司法部长的指导和监督。律师在是否加入律师协会这个问题上是自由的。律师协会的行业管理职能有限，主要是促进律师互助，维护律师权益，指导业务，解决争端，进行训诫等。律师事务由律师名誉法院管辖，凡是律师间争端，对律师的惩戒等都由律师名誉法院裁决。惩戒的起诉权由检察官垄断，有权对律师实施惩戒的法院分为地区律师名誉法院、州律师名誉法院和联邦律师名誉法院三级。州司法机关对律师协会实行国家监督，监督的范围限于律师协会遵守法律和章程的情况，尤其是履行职责的情况。

（四）香港地区律师管理模式

香港律师会或香港大律师公会对执业律师的管理，虽然表现为一种行业性管理，但在许多方面仍离不开法律的规范、政府的宏观规管以及社会各界的监督。对于执业律师这样一种较为特殊的专业，在长达一个世纪的实践中，逐渐摸索并形成了一种当局依靠立法规管、法院实施监督、律师专业管理团体实行行业自律的管理模式。这种管理模式的实施，对于贯彻香港政府的积极不干预政策，保持香港律师专业的相对独立性，在推进香港社会经济健康有序发展中充分发挥律师的积极作用，具有重要意义。①

（五）澳门地区律师管理模式

澳门地区的律师管理机构可谓独具特色，既不同于内地由司法行政机关和律师协会并存管理的格局，也有别于英美法系国际律师自律性组织的统一管理体制，而是同时并存着两个公法人性质的公共团体：澳门律师公会和澳门律师业高等委员会。澳门律师公会是由在澳门地区从事律师执业的法学士组成的公法人，享有独立的权限，不受其他公法人的领导。律师业高等委员会也是一个独立的合议机构，这两个机构在分工上各有侧重，律师公会主要负责律师注册、制定律师职业规范等行政管理措施，律师业高等委员会则专门负责律师执业纪律的维护。②

---

① 张富强主编：《香港律师制度与实务》，法律出版社1999年版，第51页。
② 陈光中主编：《律师学》，中国法制出版社2008年版，第188—190页。

（六）小结

从以上外国及我国港澳地区律师管理模式的介绍中，可以看出，当今世界范围内对于律师的管理模式大致可以归纳为以下几种：(1) 律师协会行业管理，典型代表国家就是日本；(2) 律师协会的行业管理与法院或特别设立的机构的监督相结合，典型代表是美国以及我国港澳地区；(3) 司法行政机关监督、指导下的律师协会管理模式，典型代表国家是德国。而以上这三种模式都不同于我国的"两结合"律师管理模式。

三、我国律师协会的自治管理

尽管日本、英国等国家的律师行业自治管理已经取得了相当大的成效，同时，在我国，学术界和事务界也一直有呼声要求实现律师协会对律师完全的自治管理，但我们认为，我国目前尚不具备完全实行行业自治管理的条件。"两结合"的管理模式在一段时间继续存在有其客观必然性。具体原因有：

（一）我国律师协会的民主基础不同于外国

外国律师协会是"自下而上"的产生，其最初往往是通过所有律师成员达成一致契约而实现的行业内部联合。律师协会对律师行业进行管理的权力产生于组织内部，来源于律师的一致同意，而不是外部的主体赋予。源于这种传统成立的律师协会拥有民主的传统、民主的治理结构。

反观我国律师协会的产生和发展，有着完全不同于外国的特点，这使得我国律师协会的很多方面用西方的理论是无法完全解释的。1987年7月，第一届全国律师代表大会通过了《中华全国律师协会章程》，产生了中华全国律师协会。但是当时的律师协会不是行业管理的主体主要表现在当时的律师协会大都设在司法行政部门的律师管理机构内，律师行政管理机构与律师协会一套人马、两块牌子，律师协会的领导大都由司法行政部门的领导兼任。直到1996年《律师法》的出台，我国律师协会才获得了社会团体法人的法律上的独立地位，组织上也逐渐脱离了司法行政机关。正是由于我国律师协会有着这样的产生和发展历程，就决定了其内部的运作管理无法避免地带有行政色彩，民主治理机构在其中的推行较为困难。而一个组织可以自治的前提就是有一套健全的民主机制。民主的治理机构以及与此相适应的民主的议事程序，可以保证决策是多数成员的意志，避免少数人的独裁。而如果没有健全的、民主的治理结构，人为地、简单地把一个组织推向自治，所带来的只能是这个组织的混乱，而根本无法实现自治组织的功能，也无法达到预期的自治目标。显然，我国律师协会尚不具备完全自治的条件，因此，"两结合"模式的存在是必然的，更是必要的。

（二）律师协会所代表的利益具有局限性

我国《律师法》第43条将律师协会明确定位为律师的自律性组织，那么既然是一个行业的自律性组织,我们的律师协自然要承担着维护律师利益,代表行业利益的重任。而无论是什么行业,其行业本身的利益总会有与国家利益、社会利益发生冲突的时候。在实践中,如果实行完全自治的方式,任其自由发展,首先遇到的就是如何协调公共利益与律师行业本身利益的冲突问题。律师协会更多地代表律师的利益,在这样的前提下,由其享有完全的行业管理权就难免会在利益分配上有倾向其自身组织成员之虞。因此,在我国律师的管理上,尤其是在涉及行业利益与公众利益划分的事项上,司法行政机关的指导和监督是必需的,甚至在一些重要规则的制定方面(例如,限制律师的入门条件,防止律师行业形成垄断),应该超越仅仅监督指导的限制,而由司法行政机关直接参与到规则的制定当中,以代表并保护公共利益。[1]

四、我国律师协会的惩戒权

《律师法》第46条的规定,律师协会有权制定行业规范和惩戒规则,对律师、律师事务所实施奖励和惩戒。同时《律师法》第六章的"法律责任"部分又将大量的具体惩戒权交给了司法行政机关。由此可见,我国目前是由律师协会和司法行政机关共同行使对律师进行惩戒的权利,而且其中以司法行政机关为主导。对这种权力分配方式的评价,学界和实务界一直存在分歧。我们认为,应当将惩戒权完全交给律师协会行使。

首先,在国外的律师自治管理制度中,惩戒权大多由律师协会或主要由律师协会行使。具体来讲,主要有两种类型:一种是惩戒权由律师协会单独行使;另一种是惩戒权由律师协会和法院共同行使。惩戒权由律师协会行使单独行使,是大陆法系国家的普遍做法。根据法国《关于改革若干司法职业和法律职业的第71—1130号法律》的规定,对律师的惩戒权由律师公会行使。[2] 在日本,对律师的惩戒权是由地方律师协会和日本律师联合会行使的,执行惩戒的机构是设置在各律师会和日本律师联合会中的惩戒委员会。日本律师联合会认为有必要由其直接惩戒时,也可以直接给予惩戒。在英美法系国家,由于其法律传统赋予了法院监督法律事务活动的固有权力,因此法院被认为当然地享有惩戒权。但是,18世纪以来,美国法院也已经很少行使这种惩戒权了。对律师的惩戒逐渐转移到主要由律师协会来进行了。[3] 相似的是,在英国,过去由法院行使的事务律师惩戒权也已经被逐步转交给事务律师协会,该协会下设纲纪委员会负责惩

---

[1] 马宏俊主编:《〈律师法〉修改中的重大理论问题研究》,法律出版社2006年版,第93页。
[2] 朱伟:《律师协会的权力及其有效制约》,载《苏州大学学报》2007年第4期。
[3] 青锋:《美国律师制度》,中国法制出版社1995年版,第94页。

戒工作,而出庭律师的惩戒权则由四大律师学院组成的出庭律师协会行使,其具体办事机构为"律师纪律惩戒法庭"。① 可见,尽管各国法律传统、律师制度都有所差异,但是都不约而同地将惩戒权或全部、或正逐步全部交给律师协会来行使。

其次,我国的惩戒权分配现状较为混乱。由于我国这些年来一直采用"两结合"的律师管理模式,而相关立法又秉承了这一理念,将惩戒权在律师协会和司法行政机关之间做分别分配,这就导致我国对律师的惩戒在实践中存在职能重叠和缺位的情况。根据《律师法》以及《律师和律师事务所违法行为处罚办法》,律师违法要承担行政责任;根据2004年全国律协修订的《律师协会会员违规行为处分规则(试行)》,律师违纪要承担行业责任。在我国,行政机关给予的处分即行政处罚,律师协会的处分相当于一种纪律处分。由此看出,两家对律师都有处罚权,但两者的关系是什么并不很清楚。根据《律师协会会员违规行为处分规则(试行)》第10条的规定,律师协会认为会员违规行为需由司法行政机关给予行政处罚的,应及时提请司法行政机关调查处理。也就是说,律师协会的纪律处分比行政处罚要轻。从两者的处罚事由来看,都差不多,但两者的界限是什么,却不明确,即什么时候需要由律师协会给予处罚,什么时候由司法行政机关处罚,并不清楚。这说明司法行政机关和律师协会究竟谁有对律师的惩戒权的问题,没有协调好。同时按照《律师法》的规定,对律师的违反法律、律师职业道德和律师执业纪律的行为,由司法行政部门给予处罚,这样律师协会的训诫、通报批评的惩戒权就显得很薄弱。②

所以,在我国尽快确立惩戒权的单一行使主体有其客观必要性。惩戒权作为律师行业管理的必然要求,同时也是行业规范得以落实的重要保证。综合考量我国司法行政部门和律师协会,我们认为行使惩戒权方面,律师协会无疑是更适合的。一方面,律师协会作为律师行业自律性组织,它在管理、监督律师和律师事务所执业的过程中,比司法行政机关有更多的机会了解到行业中存在的违法、违规行为现状,因此由律师协会来制定惩戒规则、行使惩戒权可以更加有的放矢。另一方面,律师协会自治管理权逐步扩大,并最终实现完全的自治是我国律师行业管理的发展趋势,因此,将惩戒权交由律师协会行使时顺应律师制度发展趋势的,必能起到推动性作用。

---

① 朱伟:《律师协会的权力及其有效制约》,载《苏州大学学报》2007年第4期。
② 陈光中主编:《律师学》,中国法制出版社2008年版,第192页。

第四节 法律实践

一、"黑律师"的管理

所谓"黑律师",是指无执业资格或有执业资格而未在当地律师管理机构注册的从事律师执业的人。他们往往只有名片或自制的"律师工作证"蒙骗当事人,绝大多数没有固定的办公场所。这些"黑律师"素质低下,业务水平低,严重损害了当事人的利益,造成了不好的社会影响,影响了律师整体的社会形象。

"黑律师"现象的产生除了司法行政机关的注意力不足以外,最重要的是立法上有缺陷,例如,公安机关仅处理冒充律师从事法律服务的人员,对未取得律师执业证而从事有偿法律服务的人员,则由司法行政机关处理。法律规定,对于黑律师的违法行为,一般是没收其非法所得。所以,管理部门在为当事人追回被骗财物后也只能对其进行训诫教育。一些"黑律师"并不以此为戒,而是采取更加隐蔽的方式逃避监管。但司法行政机关的力量又十分薄弱,没有力量来处理,这就导致了这些"黑律师"屡禁不止。

因此,要治理"黑律师"现象,需要司法行政机关加大惩罚力度,严厉打击"黑律师"冒充律师从事法律服务和未取得律师执业证而从事有偿法律服务的行为。这些"黑律师"不仅扰乱了法律服务市场,败坏了律师的形象,损坏了当事人的合法权益,更严重的是他们在业务能力不足的情况下,往往通过拉关系、走后门和行贿等拉拢腐蚀政法干警的手段来打赢官司,加剧了司法腐败。首先,司法行政部门要加强与公安机关的联系,利用公安机关的力量来净化这个市场。其次,加强司法行政部门与公、检、法等机关的信息共享,及时掌握这些"黑律师"的动向。再次,司法行政部门还应当把已处理过的"黑律师"名单在报纸等公共媒体上公示,防止群众受骗上当,并公布举报电话及处罚办法,打压这些人的市场,使其处于无利可图的境地。最后,司法行政机关还要从自身抓起,严厉打击法律援助律师和司法所工作人员收费办案的行为,符合开除条件就开除,绝不能姑息迁就。

二、律师会费

根据《律师法》的规定,律协的经费主要来源有三个:会费、财政拨款、社会捐助。由于律师协会是非政府组织,系民间社团,因此依靠财政拨款基本不可能,收取会费则是保证这一经费来源的主要渠道。通过这种方式向会员收取会费,合理也符合国家行业惯例。但是,据调查,目前对律师会费的征收,有的地方是按本地区所有律师的人均收入来征收,所有的律师都一刀切;有的地方则是以律所为单位,按律所的人均收入为标准对不同的律所实施不同的收取标准,而同一个律所内部各个律师缴纳的律师会费是相同的。这两种方法都忽视了一个最基本的问题,就是我国目前律师收入严重不均,"二八现象"司空见惯,20%的律师做了80%的业务,而另外80%的律师只做了20%的业务。在这种情况下,不考虑律师收入的个体差异,对律师会费的收取数额一刀切,这显然是不公平的。此外,重复收费问题严重。实践中,地方律师协会除向律师个人收缴个人会费外,还向律所收缴团体会费,造成律所合伙人的重复交费。

  针对律师会费中出现的问题,一方面要提高律师会费制度的公平性。美国律师会费收取就体现了公平性,比如,美国律师的会费不仅对新律师予以照顾(一般律师是500美元,而新律师是150美元),而且视律师收入、执业时间、年龄等因素而定。借鉴美国,我们可以设计多种形式的灵活的会费制度。新旧会员律师之间、专兼职律师之间、不同地区的律师之间以及不同收入的律师之间,其缴纳的会费应该有所区别,以体现会费收取中的公平。另一方面,要减轻律师负担。我国律师业并不是太发达,但有的地区会费负担远远超过像美国这样的发达国家。过重的会费负担已给广大律师特别是基层律师产生了很大的经济压力,影响了律师队伍的稳定和壮大。因此,必须降低律师会费负担。具体做到:根据律师协会向律师提供的有效服务,来确定律师应缴纳的会费数额;根据律师的收入和社会经济发展水平来确定会费数额;坚决取消针对律师的变相收费。

第五节 案例评析

一、律师协会给予律师处分案

【案情】

  上海市炳侯律师事务所律师李炳侯,在执业期间因涉嫌犯挪用资金罪,于2004年5月24日被刑事拘留,同年6月30日被逮捕。后经人民法院审理,认定"被告人李炳侯利用担任律师事务所主任的职务便利,挪用本单位资金2,508,742.44元归个人使用,数额巨大,超过三个月未归还,其行为已构成挪用资金罪",判处李炳侯有期徒刑六年。2005年10月20日,上海市司法局决定"给予当事人李炳侯吊销律师执业证书的行政处罚"。后于2006年2月24日,上海市律师协会认为,李炳侯利用担任律师事务所主任的职务便利,将事务所保管的客户巨额资金擅自挪作个人使用的行为严重侵犯了当事人的合法权益,造成了恶劣的社会影响。且李炳侯因犯挪用资金罪受刑事处罚且已被上海市司法局吊销律师执业证书,故根据中华全国律师协会《律师协会会员违规行为处分规则(试行)》第13条的规定,决定对李炳侯做出取消上海市律师协会会员资格纪律处分。

【评析】

本案中,该名律师因犯有挪用资金罪,经法院依法审判后判处刑罚,且上海市司法局已经吊销律师的律师执业证书,因此,上海市律师协会决定取消他们的律师协会会员资格,是符合法律规定的。但在这其中,我们又不得不思考这样一个问题,面对已经被法院刑事定罪的律师,如果司法行政机关不先吊销律师执业证书,律师协会有无权利取消他们的会员资格?因为根据我国《律师法》第45条的规定,律师加入所在地律师协会成为其会员是为法律所强制的。那么,就是说如果一个人具有律师资格,就当然的是律师协会的会员,所以,如果司法行政机关不吊销一名律师的职业资格,律师协会无权取消其会员资格。而一名律师如果已经被司法行政机关吊销了律师执业资格,其留在律师协会也就毫无意义了,因为法律明确规定律师协会是"律师"的自律性组织。如此分析,我们不难看出,取消律师会员资格的惩戒方式,可以说并无什么实质意义,不过是跟随在司法行政机关身后的一种附带性行为。而这一现象的产生则归结于我国律师协会职权,尤其是惩戒权的不完善。

二、律师协会给予律师事务所处分案

【案情】

2007年8月份,宁夏回族自治区企业家协会开展"宁夏诚信经营优秀企业、宁夏诚信经营杰出企业家"的评比活动,参评的对象为该企业家协会的会员单位企业及其负责人。活动期间,嘉禾律师事务所向宁夏回族自治区企业家协会填报了"宁夏诚信经营优秀企业、诚信经营杰出企业家"的评比申请表,企业名称栏内填写"北京市大成律师事务所银川分所(嘉禾律师事务所)",企业家姓名栏内填写"刘亚平"。后经评选,北京市大成律师事务所银川分所(嘉禾律师事务所)评为"宁夏诚信经营优秀企业",刘亚平被评为"宁夏诚信经营杰出企业家"。评选结果公布后,自治区企业家协会还在《宁夏日报》上刊登了获奖企业的名称和负责人姓名及其照片,进行了专版表彰宣传。

后经查,北京市大成律师事务所确已决定在银川设立分所,但嘉禾律师事务所在司法行政部门登记的名称从未变更。同时,嘉禾律师事务所属于合伙制性质的律师事务所,根据《民办非企业单位登记暂行办法》的规定,合伙制性质的律师事务所属于民办非企业单位。因此,嘉禾律师事务所根本不具备参加"宁夏诚信经营优秀企业"评选活动。

银川市律师协会就嘉禾律师事务所使用未经核定的律师事务所名称从事活动以及以企业名义进行不适当宣传一案,由协会行业规范与保障委员会进行了调查核实,并依据《银川市律师行业规范与保障委员会处理投诉及保障律师权益工作程序》的有关规定,于2007年11月15日举行了听证会,并通知嘉禾律事务所的负责人作了陈述与申辩。最终银川市律师协会认定,嘉禾律师事务所使用未经核定的律师事务所名称从事活动,将自己律师事务所属于民办非企业单位的性质混同于企业,并参加宁夏诚信经营优秀企业的评奖,进行了不真实的宣传,造成了不良的社会影响,给律师行业带来了负面影响。为维护律师行业的荣誉和社会形象,进一步规范律师执业秩序,根据《律师协会会员违规行为处分规则(试行)》的相关规定,决定对嘉禾律师事务所给予训诫的处分。并通知嘉禾律师事务所,如对该处分决定不服,可在收到决定书后30个工作日内向宁夏回族自治区律师协会申请复查。①

【评析】

上述案例中,银川市律师协会对嘉禾律师事务所使用未经核定的律师事务所名称从事活动并以企业的名义参加诚信经营优秀企业评奖一事进行了处分。根据全国律协《律师执业行为规则》第15条规定,律师和律师事务所推广律师业务,应当遵守平等、诚信原则,遵守律师职业道德和执业纪律,遵守律师行业公认的行业准则,公平竞争。嘉禾律师事务所的行为明显违反了律师职业道德和执业纪律,对会员的律师和律师事务所进行律师职业道德和执业纪律的教育、检查和监督是律师协会的一项重要职责。唯有维护好律师职业道德和执业纪律,律师业才能健康有序地发展。另外,银川市律师协会在对嘉禾律师事务所做出处分决定后,通知嘉禾律师事务所,如对该处分决定不服,可在收到决定书后30个工作日内向宁夏回族自治区律师协会申请复查。从这一点可以看出,律师和律师事务所如果对银川市律师协会的惩戒不服或有异议,可以向其上一级律师协会即宁夏回族自治区律师协会寻求救济,建立律师协会行业内部的监督和制约机制,不失为一种很好的保护律师和律师事务所合法权益的举措。

三、受处分律师状告律师协会案

【案情】

2004年1月到7月,北京市律师协会向外界发布了两次对律师纪律处分的"黑榜",作为九众律师事务所负责人的李坤居然七次受到律师纪律处分。对于七次被处罚的事,李坤称她每次投诉她都作了答辩,也都走了听证程序,但大多没有被采纳,最终还是一次次受到了律师协会做出的处分。

律师协会做出"处分决定书"后,李坤曾经向北京市司法局提出申诉,但司法局让她转过来找律师协会,对此李坤有一种无处申诉之感。她称,每一个处分决定,都没有告诉相对人对于处分不服该通过什么救济渠道。就是行政机关的

---

① 银川律师协会:《关于给予刘亚平律师通报批评处分决定书》,参见"银川市律师协会"网站,http://www.nxyclawyer.com/news/html/?1500.html,2012年4月30日访问。

行政处罚,还要告知当事人其享有对于处罚不服而申请复议及诉讼的权利,法院判决也还有一个不服判决可上诉的告知。但对于律师协会的处分决定不服,律师却不知道应该采用什么方式来救济。于是,2004年12月26日,李坤终于一纸诉状将北京市律师协会告上海淀区法院。李坤起诉称,2004年7月22日,《北京晚报》、《北京日报》、《法制晚报》等多家媒体,对北京市律师协会提供并对外发布的"北京市九众律师事务所及贾晓军律师因被投诉且确有违反执业纪律和职业道德的行为而受到北京市律师协会对李坤律师及九众律师事务所进行公开谴责的处分"一事进行了刊登,网络媒体也进行了大量的转发。由于北京市律师协会决定中所反映的内容严重失实,因此给她的名誉造成了严重侵害。北京市律师协会作为新闻材料的提供者,负有不可推卸的责任。故请求法院依法宣告北京市律协给他出具的处分决定书无效,北京市律协在其网站首页及北京律师杂志首页上以正常字体刊登致歉信;赔偿因侵害名誉权给他造成的精神损失5万元。

作为全国首例律师状告律协的诉讼,北京海淀区人民法院公开审理后认为,李坤起诉北京市律师协会侵犯其名誉权,依据其起诉理由和诉讼请求,属于对北京市律师协会做出的决定提起诉讼。据此有关法律和律师协会章程的规定,北京市律师协会对李坤作出谴责的处分属于社会团体对其管理人员作出的处理决定,不符合人民法院受理的条件,故当庭裁定驳回了原告的起诉。①

【评析】

上面是律师协会会员不服律师协会的处分决定而向法院提起诉讼的一个案件,也是全国第一起律师状告律师协会的案件。可惜法院最终驳回了原告的起诉。在法院的裁定书中,有一句话至关重要。这句话就是"北京市律师协会做出涉及李坤的决定,属于社会团体对其管理人员做出的处理决定,不符合人民法院受理的条件。"从这句话可以看出,法院认为律师协会对其会员做出纪律处分属于律师协会作为社会团体对其会员的管理行为,也就是说,这是律师协会内部的事情,法院不应该予以审查。的确,依据《律师法》和《北京市律师协会会员纪律处分规则》,北京市律师协会纪律委员会有权对会员做出训诫、警告、批评、谴责、中止会员权利、终身取消会员资格等6种处分。但是,相关法律、规则都没有规定对这些处分有异议时的救济途径,这就存在机制不健全的问题,谁来监督律师协会,律师受处分后还应该有什么救济渠道,这些都应该有明确规定。作为靠市场吃饭的律师而言,最重要的可能就是名誉,如果多次受到律师协会的处分并被公之于众,作为一名律师就可能很难再从事这一职业。而且,对于律师协会的

---

① 参见李京华:《北京市首例律师状告律师协会案被驳回》,参见"新华网"http://news.xinhuanet.com/newscenter/2005-05/20/content_2981722.htm,2012年4月30日访问。

处分决定,有谁能保证其中没有失误或是错误的情况。因此,尽管此案法院最终驳回了原告的起诉,但却提醒了我们,应尽快建立对律师协会惩戒权的司法审查机制,以制约律师协会的权力,保障律师权益。

第六节　问题与建议

2007年《律师法》对原法中关于律师协会的部分做了一定的修改,但我们认为仍有一些问题有待在未来的修改中加以完善。

一、明确"两结合"管理模式中司法行政机关与律师协会的职责划分

从1993年至今,我国的"两结合"律师管理体制已经实践了十几年,在这十几年里,"两结合"体制在律师管理上发挥了非常重要的作用,而且从我国当前的实际情况来看,"两结合"体制仍然是适合我国国情的。但是在"两结合"中也存在着一些影响我国律师业发展的问题,其中最突出的就是我们国家所确立的目标是建立"司法机关宏观管理下的律师行业管理",但在具体实践中,却存在着司法行政机关与律师协会职责划分界限不清的情况。想要促进我国律师业不断向前发展,就必须解决这些问题,可以在修法时予以实现:

（一）赋予律师协会惩戒权

2007年《律师法》在律师协会的职责上赋予律师协会两项重要的职责:对律师、律师事务所实施奖励和惩戒;制定行业规范和惩戒规则。这是《律师法》的一大突破、一大进步。但与此同时,我们也看到了《律师法》中规定的行政机关可以对律师或者律师事务所进行惩戒的情况从1996年《律师法》中13种增至了现在的18种。可见,司法行政机关与律师协会在司法行政权与律师协会行业自治权的维护和扩张方面都十分重视,并也都在立法过程中为之做出了一番努力。但是,毕竟律师协会的行业自治权的扩大是大势所趋的。而惩戒权作为维护律师行业秩序的重要权利,其行使主体是否适当将直接影响律师行业的利益。因此,为了避免行政机关对律师业的不当干预,必须明确区分司法行政处罚权和律师协会行业惩戒权,将惩戒权交由律师协会行使。①

（二）赋予律师协会律师执业资格审查权

律师执业资格是指一名律师从事律师执业的资格。目前在我国,与律师执业资格取得相关的权利都由司法行政机关行使的。首先,作为律师执业资格考试的全国统一司法考试是由司法部行政部门负责的;其次,根据《律师法》第6

---

① 有关问题已在本章第四节详细论述,这里不再赘述。

条的规定,律师执业资格的审查权也属于司法行政机关;最后,律师职业资格证书的授予与取消也是由司法行政部门负责。在这一过程中,几乎看不到律师协会的影子,这不能不说是一个很奇怪的现象。司法考试规模大、涉及范围广,而且其中还关系到法官、检察官的资格问题,由律师协会来组织确实不适合。律师职业资格的授予与取消权完全交由我国律师协会行使又时机尚未成熟。但是,律师职业资格审查权应该由律师协会来行使。我国目前将律师资格审查权交由司法行政机关行使的做法是不符合律师行业自治要求的,应当在《律师法》等法律规定律师执业资格证书取得条件的基础上,由律师协会根据这些规定对申请从事律师执业的人员进行资格审查,保证律师职业群体的整体素质和律师协会对整个行业的控制力。① 毕竟,律师协会作为行业自律性组织,对于什么样的人有资格成为律师可以说是最有发言权的。因此,建议在修法过程中将律师执业资格审查权赋予律师协会。这也是符合我国逐步扩大律师自治权的律师业发展趋势的。

二、设立律师救济程序

我国现行法律没有关于律师对律师协会的惩戒或是其他影响其权利义务的决定不服时的救济程序。这无疑对于律师权利的保护、律师协会权利的制约是十分不利的。"有权利就应当有救济"是基本法律理念,但在我国,律师在律师协会的惩戒或其他影响其权利义务的决定面前却几乎没有寻求救济的途径,这不能不说是我国相关立法的一大缺陷。如果不设立律师救济途径对律师是很不公平的。尽管律师协会是律师的行业自律性组织,被认为是律师们的"代言人",但律师协会手中握着的毕竟也是一种权力,而只要是权力就有被误用或者被滥用的可能,也就需要被制约。鉴于此,我们认为应当在立法中从以下几方面解决救济程序缺位的问题。

(一)完善律师协会系统内部监督机制

目前在我国,律师如果对律师协会的处分之类的决定不服,通常可以找到的救济途径就是向做出决定的律师协会提出复查申请。律师协会内部设有复查委员会,复查委员会接到申请后会对律师申请的情况进行复查。复查后认为原处分决定正确的,做出维持的复查决定;认为原处分决定确有错误的,交回做出决定的机构重新做出决定。这不失为一种律师权利救济的途径,但毕竟同一律师协会内部不同委员会之间的监督难免会有互相维护的可能,而事实上,复查委员会推翻原处分决定的情况也是极少发生的。因此,律师协会做出的影响律师权利义务的决定的活动仅仅受到本协会内部的监督是不够的。

---

① 马宏俊主编:《〈律师法〉修改中的重大理论问题研究》,法律出版社 2006 年版,第 117 页。

在许多国家里,下级律师协会还要接受上级律师协会的监督与制约。日本《律师法》就有类似的规定:"律师会应将全体大会的决议及干部的就任和退任向日本律师联合会提出报告。"在监督地方律师会行使惩戒权方面,日本律师联合会既可以受理"由受惩戒人根据行政不服审查法提出的审查请求",也可以受理请求人认为地方律师会不作为或惩戒不当而提出的异议。我们认为我国可以借鉴这一做法,建议修法时赋予上级律师协会根据律师的申请对下级律师协会对其做出的惩戒进行复审的权利。

（二）完善来自行政机关的制约

根据《律师法》第 4 条的规定,司法行政部门依法对律师协会进行监督、指导。《中华全国律师协会章程》第 4 条也有类似的规定:"律师协会接受同级司法行政部门的监督和指导。"

司法行政机关对律师协会权力的制约,主要是通过下列方式进行的:一是通过备案制度,对律师协会的章程和规则进行审查,使之不得与法律、法规相抵触。律师协会制定的规章虽然不是法律,但对其内部成员具有普遍约束力,在行业管理中具有重要作用,因而必须接受国家行政机关的审查和监督;二是对律师协会的活动进行经常性的检查,督促各级律师协会及其工作人员正确履行其职责,并依法对律师协会的违法行为实施行政处罚;三是受理相对人因不服律师协会的管理行为而提起的复议案件,并依法追究相关律师协会的法律责任。其中第三点就是司法行政机关对律师不服律师协会惩戒决定时的救济权。但是目前我国相关立法对这一权利的规定非常模糊,建议修法时加以完善,使"两结合"的律师管理模式更好地为我国律师业发展服务。

（三）建立司法救济途径

与其他救济形式相比较,司法机关的救济具有直接性、独立性、强制性等特点。在所有错综复杂的权力关系中,司法部门具有一种更为专门化的权力制约职能,其地位也更为特殊。难怪有学者说:"司法权的监督不是万能的,但没有司法权的监督则是万万不能的。"[①]在发达国家,司法机关对律师协会的制约,主要是通过个案诉讼实现的。法院运用司法审判权,处理公共行政主体因行使其职权而与相对人产生的争议的活动。世界上不少国家都已经把诸如律师协会之类的行业组织纳入行政诉讼的范围,而我国的行政诉讼仍将律师协会排除在外。因此,我国立法中亟需将律师不服律师协会对其的处分等决定的案件纳入诉讼受案范围之内。建议实体和程序法律中将律师行业的惩戒程序设计为准司法程序,以便律师或对律师事务所对律师协会的惩戒不服时能够求诸司法机关,获得权利维护的终极武器——司法救济。

---

① 章剑生:《行政监督研究》,人民出版社 2001 年版,第 232 页。

【问题与思考】

1. 律师协会的性质
2. 律师协会的职责
3. "两结合"律师管理体制

第四章 律师的业务和权利义务

【本章内容提要】

本章介绍律师的业务范围以及律师的权利与义务,展示了律师执业中的取证难、阅卷难、会见难、申请取保候审难、采纳律师的意见难等问题,重点分析了律师的调查取证权、豁免权、拒绝辩护权、代理权和保守秘密的义务。

【关键词】 调查取证权　律师豁免权　律师保密义务

第一节　基本理论

一、律师业务范围

律师业务范围是指依照法律规定律师执业所能从事的工作的广度。律师业务范围同社会的经济、法律发展状况密切相关。随着社会经济、法律的不断发展,对律师服务的需求就相应增加,律师业务范围也不断拓宽。就我国律师业务发展而言,律师业务经历了一个逐步拓宽的过程。《律师法》第28条规定,律师可以从事下列业务:(1)接受自然人、法人或者其他组织的委托,担任法律顾问;(2)接受民事案件、行政案件当事人的委托,担任代理人,参加诉讼;(3)接受刑事案件犯罪嫌疑人的委托,为其提供法律咨询,代理申诉、控告,为被逮捕的犯罪嫌疑人申请取保候审,接受犯罪嫌疑人、被告人的委托或者人民法院的指定,担任辩护人,接受自诉案件自诉人、公诉案件被害人或者其近亲属的委托,担任代理人,参加诉讼;(4)接受委托,代理各类诉讼案件的申诉;(5)接受委托,参加调解、仲裁活动;(6)接受委托,提供非诉讼法律服务;(7)解答有关法律的询问、代写诉讼文书和有关法律事务的其他文书。

随着我国经济、政治、法治的发展进程,我国律师规模迅速扩大,律师业务也不断拓展。在我国,律师业务由最初传统的诉讼案件中的辩护、代理职能发展为以非诉讼法律业务占主导地位。由于商事代理、合同订立、贸易往来等等无不需要与之相应的法律规范来调整,从而促进了法律服务领域的拓展,服务领域涉及提供法律咨询、担任法律顾问、代拟合同文本、撰写法律意见书、进行资信调查、参与谈判等等。近年来,我国律师非诉讼业务以迅猛形势不断上升,已经占到了整个律师业务相当大的比重。这些新业务有证券法律业务、信用证业务、企业的收购与兼并、建设工程招投标、企业股份改制与股票上市、BOT投融资、反倾销、房地产等等,律师在这些领域起着举足轻重的作用。

二、律师的权利

维护权利成为现代社会一个时髦的话语。在法治完善的国家,也越来越重视人权及对权利的保障。律师权利是律师制度的核心,也是律师执业的根本,律师权利得不到落实,必将危及律师业的生存和发展。律师权利受到侵犯,最终使委托人的合法权益得不到法律应有的保护,不仅会使法律规定的"维护当事人合法权益"只停留在纸上,还会使得社会和公民对律师作用和律师制度产生怀疑,最终使公民失去对司法公正的信仰。如果律师自己的权利难保,谈不上以上功能的发挥,因此,维护律师权利,是现代法治国家的必然要求,也是保障司法公正的重要途径。

（一）律师权利的概念与特征

律师权利是指律师在业务活动中,或者与律师执业有关的活动中依法享有的权利。律师权利是由法律规定的,具有两个特点:第一是当事人享有的法律权利在一定程度上也是律师的权利,律师代为当事人行使权利,律师有些权利来源于当事人的权利,如刑事辩护律师的辩护权和辩论权实际上都是被追诉人的权利。第二是为了保障律师行使职务的便利,法律赋予律师某些特权,如查阅案卷权、调查取证权、保密权、豁免权等。此外,律师权利的实现有时需要有关机关、单位和个人的配合。

（二）律师权利的类型

关于律师权利类型,根据不同的标准有不同的划分:

1. 根据律师权利的来源将之分为法定权利、约定权利和继受权利三种。所谓法定权利,是指法律规定律师所享有的权利,包括调查的权利、查阅案卷材料的权利、同被限制人身自由的人会见和通信的权利、出席法庭并参与诉讼的权利、拒绝辩护与代理的权利等。约定权利是指律师事务所与委托人在双方签订的委托律师承办法律事务的合同中,为具体承办法律事务的律师所确定的权利,包括要求委托人如实陈述案件事实的权利、要求委托人向律师提交他所掌握的有关本案的证据材料的权利、要求委托人提供必要的工作条件和经费。继受权利是指律师根据委托人的授权而享有的委托方当事人依法或依合同享有的权利,包括代为承认权、放弃或变更诉讼请求权、进行和解权、提起反诉权、提起上诉权、法庭辩论的权利等。[①] 继受权利实质上隶属于法定权利,如提起上诉权、法庭辩论权等,约定权利除了须在法定范围内约定外,其内容不具有确定性。

---

① 程荣斌主编:《中国律师制度原理》,中国人民大学出版社1998年版,第113—118页。

2. 根据业务范围划分为诉讼中的权利和非诉讼中的权利。诉讼中的权利指律师在办理刑事诉讼、民事诉讼及行政诉讼案件中享有的权利;非诉讼中的权利是指律师代理非诉讼法律事务中的权利。诉讼中的权利和非诉讼中的权利在内容上部分是重合的。①

3. 根据律师权利的性质不同,可将之分为人身权利、财产权利和执业权利。律师的人身权利又可分为人格权和身份权,其中人格权包括物质性人格权和精神性人格权。律师享有的物质性人格权主要有:生命权、身体权、健康权等;律师享有的精神性人格权主要有:人身自由权、肖像权、商号权、名誉权等。身份权包括配偶权、亲权、亲属权等。律师的财产权利主要指与律师业务活动紧密相关的是债权,即合同之债权。律师服务是有偿服务,律师向委托人提供法律服务,有依法享有从委托人处获取一定报酬的权利。除了律师的业务报酬以外,律师在提供法律服务过程中所需的鉴定费、翻译费、资料费、复印费、通讯费以及其他必需开支的费用,律师有权要求委托人按报销单据支付。对于异地办案的,律师有权要求委托人按合理标准负担食宿、交通等费用。律师执业权利包括代理权和辩护权。代理权即律师在诉讼中和非诉讼业务中担当代理人时所享有的代理权限。律师的辩护权,根据《律师法》和《刑事诉讼法》规定,主要享有以下辩护权限:知情权、会见权、通信权、代理申诉、控告权、申请取保候审权、请求解除强制措施权、取证权、阅卷权、提出意见权、举证权、质证权、辩论权、代行上诉权。

(三) 律师的实然权利

律师权利是律师依法执行职务、正常开展工作的保障,各国法律对律师权利都作了明确规定。我国《律师法》、《刑事诉讼法》、《民事诉讼法》、《行政诉讼法》以及最高人民法院、最高人民检察院、司法部颁布的规范性文件中对律师权利作了规定。尤其 2007 年《律师法》扩充并完善了律师权利。根据这些规定,律师主要享有以下一些权利:

1. 阅卷权

律师参加诉讼活动,为了全面、详细地了解案情,有权查阅案卷材料。《律师法》第 34 条和《刑事诉讼法》第 38 条都规定,受委托的律师自案件审查起诉之日起,有权查阅、摘抄和复制与案件有关的诉讼文书及案卷材料。受委托的律师自案件被人民法院受理之日起,有权查阅、摘抄和复制与案件有关的所有材料。修订后《律师法》和《刑事诉讼法》扩大了阅卷范围:将以前的只可查阅诉讼文书、技术性鉴定材料扩大为"与案件有关的诉讼文书及案卷材料",并明确律师可以复制与案件有关的材料。

---

① 肖胜喜主编:《律师与公证制度教程》,中国政法大学出版社 1996 年版,第 40 页。

2. 调查取证权

调查取证是律师最基本的职责之一,律师承办案件无论是诉讼案件还是非诉讼案件,都要在掌握事实的基础上,事实又需要证据以支撑,因此律师调查、收集必要的材料是律师开展业务活动的基本前提。《律师法》第 35 条规定,受委托的律师根据案情的需要,可以申请人民检察院、人民法院收集、调取证据或者申请人民法院通知证人出庭作证。律师自行调查取证的,凭律师执业证书和律师事务所证明,可以向有关单位或者个人调查与承办法律事务有关的情况。按照 2007 年《律师法》规定律师的调查取证权包括以下内容:(1)律师凭律师执业证书和律师事务所的证明向有关单位和个人调查,无需经有关单位和个人的同意;(2)律师调查取证有困难,可以申请人民检察院、人民法院收集、调取证据,即律师可借人民法院、人民检察院的强制力去获取相关证据;或者申请人民法院通知证人出庭作证的权利;(3)律师调查取证,有关单位和个人应当予以支持。

3. 会见权和通信权

会见权是律师与被追诉人见面并相互交流的权利。《律师法》第 33 条规定,犯罪嫌疑人被侦查机关第一次讯问或者采取强制措施之日起,受委托的律师凭律师执业证书、律师事务所证明和委托书或者法律援助公函,有权会见犯罪嫌疑人、被告人并了解有关案件情况。律师会见犯罪嫌疑人、被告人,不被监听。律师通过与被限制人身自由的人会见和通信,可以弄清案情,向他们解释法律,帮助他们依法行使所享有的权利。2007 年《律师法》较 1996 年《律师法》发展之处表现在:第一,会见时间提前。2007 年《律师法》第 33 条将律师有权会见犯罪嫌疑人的时间从 1996 年《刑事诉讼法》第 96 条规定的犯罪嫌疑人被侦查机关第一次讯问后提前至犯罪嫌疑人被侦查机关第一次讯问时,从而使辩护律师会见犯罪嫌疑人的时间得以提前。第二,会见无需批准。律师凭律师执业证书、律师事务所证明和委托书或者法律援助函,就有权会见犯罪嫌疑人、被告人并了解有关案件情况。第三,强调律师会见犯罪嫌疑人、被告人,不被监听。

4. 申请取保候审权与强制措施超期要求解除权

为了保障诉讼的顺利进行,防止犯罪者可能实施逃跑、隐藏或伪造、隐藏、毁灭证据及串供等妨碍刑事诉讼的行为,公安司法机关对被追诉人采取在一定期限内暂时限制或剥夺其人身自由的法定强制方法。我国的强制措施有:拘传、取保候审、监视居住、拘留和逮捕。其中拘留和逮捕是较为严厉的强制措施,因为不同程度地限制公民权利,因此各国法律都规定了适用时的条件和程序。但是我国拘留、逮捕制度的不完备,执法观念及执法水平,导致公安司法机关对犯罪嫌疑人、被告人滥用强制措施或超期羁押的现象非常严重。根据《刑事诉讼法》

第75条的规定,如果律师发现人民法院、人民检察院或者公安机关对犯罪嫌疑人、被告人采取强制措施超过法定期限的,律师有权要求解除强制措施。此外,律师还可以代被追诉人申请取保候审。

5. 得到人民法院适当的开庭通知权和申请延期审理权

根据诉讼法有关规定,人民法院确定开庭日期,应当给律师留有准备出庭所需要的时间;律师因案情复杂、开庭日期过急,有权申请延期审理,人民法院应在不影响法定结案时间内予以考虑;人民法院应当用通知书通知律师到庭履行职务,不得使用传票传唤律师;人民法院的开庭通知书至迟应在开庭3日以前送达;案件开庭后,如果改期继续审理,在再次开庭前,人民法院也应适时通知承办律师。

在法庭审理过程中,遇到影响法庭继续审理的情况,律师向法院提出将案件延至另一期日审理的权利。当法院确定开庭日期后,被告人的律师因某种原因不能出庭,如律师因案件复杂,开庭时间过急,准备工作,包括阅卷、会见被告、调查和收集证据、综合材料、草拟辩护词、准备发问和答辩提纲等,确实难以完成的,可以申请法院延期审理。这是保障律师有充足的时间作准备的一项重要措施。法院应在不影响法定的结案时间内予以考虑。改期审理的案件,再开庭的日期同样应为律师留出出庭所需的准备的时间。

6. 出席法庭、参与诉讼的权利

律师参加诉讼活动,依照诉讼法律规定,可以出席法庭,参与诉讼,以及享有诉讼法律规定的其他权利。律师在法庭审理阶段主要享有下列权利:

(1) 发问权,即在庭审过程中,经审判长许可,律师有向证人、鉴定人、勘验人或者被告人发问的权利。

(2) 质证权,即在法庭调查阶段,律师对出示的物证和宣读的未到庭的证人笔录、鉴定人的鉴定结论、勘验笔录和其他作为证据的文书,有提出自己意见的权利;对到庭的证人进行质证的权利。

(3) 提出新证据的权利,即在法庭上,律师有申请通知新的证人到庭,调取新的证据,申请重新鉴定或勘验的权利。

(4) 参加法庭辩论的权利,是指律师在诉讼进行中,在人民法院的主持下,就争议的问题、案件事实和适用法律,进行辩驳和论证的权利。无论在民事诉讼中、行政诉讼中,还是在刑事诉讼中,律师都享有辩论权。律师通过行使辩论权,提出和证明自己的主张,反驳对方的主张,帮助法院核实证据,查明案情,从而作出正确的裁判。

7. 拒绝辩护、代理权

2007年《律师法》第32条规定,委托人可以拒绝已委托的律师为其继续辩护或者代理,同时可以另行委托律师担任辩护人或者代理人。律师接受委托后,无正当理由的,不得拒绝辩护或者代理。但是,委托事项违法、委托人利用律师提供的服务从事违法活动或者委托人故意隐瞒与案件有关的重要事实的,律师有权拒绝辩护或者代理。比照1996年《律师法》修改之处在于,2007年《律师法》将律师拒绝辩护和代理理由之一的"委托人隐瞒事实"修改为"委托人故意隐瞒与案件有关的重要事实",1996年《律师法》该规定有些宽泛,律师终止委托关系的权限过大,造成委托人权利无法保障,因此2007年《律师法》做了两个方面的限制,一是故意隐瞒,二是与案件有关的重要事实。

8. 代行上诉权

代行上诉权是指律师认为地方各级人民法院的一审判决、裁定有错误时,经当事人同意或授权,代其向上一级人民法院提起上诉,要求对案件重新进行审理。《刑事诉讼法》第216条规定,被告人的辩护人经被告人同意,可以提出上诉。《民事诉讼法》第59条规定,诉讼代理人提起上诉,必须有委托人的特别授权。由此看来,律师没有独立的上诉权。律师的上诉权是基于当事人的同意或授权,司法实践中,有些当事人明知裁判有错误,但出于各种原因不愿上诉,鉴于这种情况,律师应当向当事人解释法律,提出建议,如果当事人仍坚持不上诉的,律师也无权提起上诉。

9. 获取本案诉讼文书副本的权利

这里的诉讼文书主要是指人民法院的判决书、裁定书、调解书以及人民检察院的起诉书、抗诉书。凡属公诉案件,检察院应当附起诉书副本一份,交由法院转发辩护律师。有律师辩护的第一审案件,检察院如提起抗诉,也应附抗诉书副本交由法院转发辩护律师;凡有律师参加诉讼的刑民案件,无论一审、二审法院所作的判决书、裁定书,都应发给承办律师副本。此外,凡有律师参加的仲裁案件,仲裁机构的裁决书副本也应转送承办律师。

10. 依法执行职务受法律保障的权利

律师的人身权益受到侵害主要来自两个方面:一方面是来自司法机关的阻挠,个别执法人员对律师工作存在偏见,认为律师为被告人辩护就是"替坏人说话",为被告人"开脱罪责",把律师的代理、辩护工作视为障碍,进行压制、责难、训斥,直至侵犯律师的人身权益;另一方面是来自对方当事人,少数公民法制观念淡薄,发生矛盾纠纷时惯于搞私了,动私刑,并置法律于不顾,恃强凌弱,并对律师的人身权益任意地加以侵犯。

为了保障律师履行职责,更好地维护律师的合法权益,《律师法》在总则中特别强调律师依法执业受法律保护,任何组织和个人不得侵害律师的权利。在律师的权利与义务一章中再次强调律师在执业活动中的人身权利不受侵犯。从这些规定看,首先,律师依法执业受法律保护。这既是一项基本的权利,也是律师行使其他权利的保障性规定。这一规定说明,律师依法执业包括诉讼业务和非诉讼业务,任何单位、个人不得非法侵害、干涉;律师在执业中享有的权利,受法律保护,禁止非法阻碍、干扰、剥夺、侵犯。其次,律师在执业活动中的人身权利不受侵犯。人身权是法律赋予每个公民的权利,法律禁止对公民的人身权利进行非法侵害。《律师法》针对实践中出现侵犯律师人身权益的恶性事件,特别强调了这一权利。以上这些规定,对于保障律师的人身权利,为律师执业创造一个良好的执业环境,具有重要的意义。再次,2007年《律师法》还规定,律师在参与诉讼活动中因涉嫌犯罪被依法拘留、逮捕的,拘留、逮捕机关应当在拘留、逮捕实施后的24小时内通知该律师的家属、所在的律师事务所以及所属的律师协会。

11. 律师豁免权

《律师法》第37条规定:"律师在执业活动中的人身权利不受侵犯。律师在法庭上发表的代理、辩护意见不受法律追究。"赋予辩护和代理律师的豁免权,即律师在诉讼中的言论不受追究。西方一些国家在法律中明确规定律师的辩护豁免权,当律师为一位有罪的人作无罪辩护时,法院是决不会追究其任何法律责任的。律师的这一权利是由律师所执行职务的特殊性决定的,是律师履行其职责,实现其使命的必备条件。

(四)律师的应然权利

以上律师权利有的是律师办理法律事务,不论是诉讼案件还是非诉讼案件享有的,如调查取证权、拒绝辩护和代理权等;有的只是在诉讼中享有的,阅卷权、举证权、质证权、法庭辩论权等,还有的是刑事辩护律师专门享有的,如会见权、取保候审权等。尽管在我国法律赋予律师权利很多,但是律师权利还不够全面,不利于律师作用充分地发挥。律师还应当享有以下权利:侦查阶段的辩护权、在场权和拒绝作证权。[①]

三、律师的义务

律师享有法律赋予的权利,同时也要承担法律规定的义务。作为一个律师必须认真履行职责,不得进行任何有损律师名誉、有损委托人合法权益的活动。律师的义务,有对国家、社会的义务;有对当事人的义务;有对司法人员的义务。《律师法》第38条至第42条规定了律师的义务,包括保守秘密的义务、禁止代理有利益冲突案件[②]、法律援助的义务[③]、回避的义务和执业的禁止性规定。本部分仅论述律师执业的禁止性规定和回避义务。《律师法》第40条和第41条

---

① 有关问题将在第十章论述,这里不再赘述。
② 见第五章。
③ 见第七章。

规定律师在执业活动中不得有下列行为：

（一）不得私自接受委托、收取费用，接受委托人的财物或者其他利益

律师承办业务，由律师事务所统一接受委托，这一规则虽然未被各国法律明确规定，但实践中，律师接受案件都是通过律师事务所来进行的。在我国，实行统一收案制度，即律师承办案件，由律师和委托人一起到律师事务所办理委托手续，签订委托合同。律师事务所派专人负责，接待委托人，受案登记，收取费用。法律禁止律师私下收案、私自收费的目的在于：(1) 防止乱收费现象的产生。我国目前律师服务收取报酬实行的是低费原则。律师事务所按国家规定标准统一收费或减免收费。如果允许律师私自收费会出现律师乱收费的现象。某些律师从个人私利出发，不按国家标准，多收诉讼费，从而损害委托人的合法权益。(2) 防止不正当竞争。随着社会主义市场经济的发展和律师工作改革的深化，律师行业发展得很快，竞争也日益激烈。某些律师为了多办案，特别是多办标的较大的案件，采取少收费的办法，搞垄断，搞独占，败坏了律师的声誉。另外，委托人除要交纳代理费外，有时还要交纳差旅费、通讯费等其他费用，这些费用也应由律师事务所统一收取。律师不得私下收取委托人的费用。

此外，律师还不得接受委托人的财物或其他利益。这是许多国家和地区对律师的普遍性要求。虽然具体规定并不相同，但中心意思是一致的。如日本规定，律师承办案件不得接受赠送的金钱或物品。我国台湾地区"律师法"规定，律师收取酬金，不得违背法令与律师公会章程，不得向当事人索取额外的报酬。在我国，律师不得在律师事务所正常业务收费外索要、收受报酬或实物礼品。目前，有的当事人受不正之风的影响，认为打官司就是打"钱"，只要打赢官司，愿意花钱，在这种情况下，律师更应保持清醒头脑，自觉抵制金钱物质的诱惑，不吃请，不受礼，更不得向当事人索要财物。

（二）不得利用提供法律服务的便利牟取当事人争议的权益

律师接受当事人的委托，为当事人提供法律帮助是律师的职责，律师不能用国家法律赋予的职责牟取私利，更不得牟取当事人争议的权益。当事人委托律师为其提供法律服务，就表明其存在困难，需要帮助，委托律师付出的不仅是金钱，更多的是信任。律师不能趁当事人有求于自己，借机牟取当事人争议的权益。这不仅与律师的形象不符，而且也破坏了律师与当事人之间的信任关系。

（三）不得接受对方当事人的财物或者其他利益，与对方当事人或者第三人恶意串通，侵害委托人的权益

律师要忠诚于自己的委托人，接受委托后竭尽全力为委托人提供法律上的帮助。律师提供法律服务时，如果接受与委托人有利益冲突的对方当事人的金

钱、物品，往往会导致律师背弃委托人的利益，背弃自己的职责，也就谈不上为委托人尽职尽责、独立公正地办理法律事务。有时，对方当事人在"理亏"的情况下，想贿赂他方的律师，目的是对其"手下留情"，即使对方当事人没有恶意，律师也不能接受。如果律师接受对方当事人的财物，就会损害己方当事人的权益，这是绝对不允许的。律师更不得与对方当事人或者第三人恶意串通，侵害其委托人的权益。

（四）不得违反规定会见法官、检察官、仲裁员以及其他有关工作人员

律师为了顺利地办理案件，与法官进行适当的沟通是可以的，但是律师不得私下与法官、检察官、仲裁员会见或者与他们进行不正常的接触。如日本《律师职业道德规范》第14条规定："律师不得为了有利于案件，而与审判官、检察官等进行私人方面的接触和交涉活动等。"我国也规定，律师不得违反规定会见法官、检察官、仲裁员。目前，一些人受不正之风的影响，认为打官司就是"打关系"，如果律师靠拉拢关系办案的话，就会损害律师形象。

（五）不得向法官、检察官、仲裁员以及其他有关工作人员行贿，介绍贿赂或者指使、诱导当事人行贿，或者以其他不正当方式影响法官、检察官、仲裁员以及其他有关工作人员依法办理案件

律师凭借掌握娴熟的法律知识和灵活地运用证据的技巧，为当事人提供法律帮助，维护其合法权益，而不能采用请客送礼、行贿受贿等手段去影响法官、检察官、仲裁员以及其他工作人员，从而作出对自己有利的判决。为了禁止律师滥用权利，不少国家立法都不准律师与执法人员非正常的接触。如英格兰和威尔士规定，出庭律师无论向谁支付佣金或送礼以得到辩护要点，都是严重违反职业道德的行为。在我国，目前社会上一些人认为，不花钱办不了事，请客送礼之风盛行。律师在这种情况下更应抵制不正之风，不请客送礼或行贿，更不得指使或诱导当事人行贿。否则就会助长社会的歪气，产生极坏的影响，玷污律师的声誉。

（六）不得故意提供虚假证据或者威胁、利诱他人提供虚假证据，妨碍对方当事人合法取得证据

证据是指能够证明案件真实情况的一切事实。刑事公诉案件中，法院在掌握充分确实的证据基础上对被告人定罪量刑；刑事自诉案件中，如果自诉人提不出证据，人民法院则裁定驳回自诉；民事、行政案件中，当事人对自己的主张有提供证据的义务，否则承担败诉的后果。现在法院审理案件采用抗辩式庭审方式，法院审理案件的过程实际上就是证据的质证过程。由此可见，证据在案件审理中占着重要的地位。因此，律师在一个案件中要想获胜的话，也必须有充分确凿的证据。但是，律师不能为达到胜诉的目的，提供虚假的证据或者隐瞒事实；更不得威胁、利诱他人提供虚假证据或者隐瞒事实；更不得妨碍对方当事人合法取

得证据。国外也规定,律师不得故意向法庭就案件事实和法律问题作虚假陈述,或提供虚假证据,有意误导法院作出错误的判断,更不得在犯罪方面与被告人进行密谋。

（七）不得煽动、教唆当事人采取扰乱公共秩序、危害公共安全等非法手段解决争议

该款是2007年《律师法》新增加的内容。此处的煽动是指以激起当事人的仇恨、歧视、情绪为目的,公然以语言、文字等方式诱惑、鼓动群众采取扰乱公共秩序、危害公共安全的非法行为;教唆是指唆使或怂恿他人采取扰乱公共秩序、危害公共安全等非法行为。有些律师在当事人争议无法解决或者有关机关没有能够满足其委托人的要求时,煽动或教唆当事人采用闹事、扰乱公共秩序等非法手段,试图把事情闹大、引起重视以解决其纠纷,这是违反职业道德的,作为律师应当协助当事人采取合法手段解决争议。

（八）不得扰乱法庭、仲裁庭秩序,干扰诉讼、仲裁活动的正常进行

案件审理是在法官或者仲裁员主持下进行的,在案件审理的过程中,律师应与法庭或者仲裁庭合作,尊重法庭,遵守法庭的纪律。比如,律师按照法庭通知的时间准时参加诉讼,未经审判长或仲裁员许可不得发问等。律师不得以拖延诉讼为目的进行攻击或防御,而且必须严格遵守出庭时间及其他职务上的纪律。实践中,有些律师因自己的意见与合议庭或仲裁庭的意见不同,就哄闹法庭或仲裁庭,或者挑动当事人对法官、仲裁员侮辱、谩骂、扰乱庭审秩序,甚至采用不正当手段拖延诉讼,这非但不利于案件的解决,还损害了律师的形象。

（九）曾经担任法官、检察官的律师,从人民法院、人民检察院离任后两年内,不得担任诉讼代理人或者辩护人

实践中,一些法官和检察官离开法院或检察院后,当了执业律师,他们在办理案件过程中容易利用原来的一些工作和人事关系而影响公正办案,为了保证办案的公正性,也为了防止、杜绝社会上的一些不正当关系影响办案的质量,世界许多国家和地区都禁止曾任法官、检察官离任做律师后马上承办案件。如台湾律师法规定,司法人员自离职之日起3年内,不得在曾任职务之法院管辖区域内执行律师职务。我国法律也规定法官、检察官在离任两年内不得从事诉讼业务,但可从事非诉讼业务。

第二节 立法背景

我国律师权利散见在《律师法》、诉讼法等法规法律、规范性文件中。虽然法律法规和规范性文件规定了律师的许多权利,但在我国律师的权利行使状况

并不乐观,在刑事诉讼中可谓举步维艰。律师感叹办案难,尤其是办理刑事案件难。律师执业中遇到的困难被喻为"三难"或"五难"。"三难"主要是指取证难、阅卷难、会见难,"五难"还包括申请取保候审难、采纳律师的意见难。但是律师遇到重重的阻隔也不仅仅限于这几难。此外还有举证难,质证难,维护律师在诉讼中的合法权益难等等。2012年《刑事诉讼法》的修订,给了解决这些问题以希望。

一、解决会见难问题

会见犯罪嫌疑人是律师在侦查阶段了解案情的重要途径。因此,侦查阶段律师的会见权,不论对律师还是对犯罪嫌疑人而言都是一项十分重要的诉讼权利。在押的犯罪嫌疑人只有和律师会见,才能切实得到律师的帮助,而律师只有会见到犯罪嫌疑人,才能向他们了解案件情况,以获取履行职责所需要的材料。《刑事诉讼法》第37条规定:辩护律师可以同在押的犯罪嫌疑人、被告人会见和通信。辩护律师持律师执业证书、律师事务所证明和委托书或者法律援助公函要求会见在押的犯罪嫌疑人、被告人的,看守所应当及时安排会见,至迟不得超过48小时。危害国家安全犯罪、恐怖活动犯罪、特别重大贿赂犯罪案件,在侦查期间辩护律师会见在押的犯罪嫌疑人,应当经侦查机关许可,侦查机关应当事先通知看守所。辩护律师会见在押的犯罪嫌疑人、被告人,可以了解案件有关情况,提供法律咨询等;自案件移送审查起诉之日起,可以向犯罪嫌疑人、被告人核实有关证据。辩护律师会见犯罪嫌疑人、被告人时不被监听。上述规定有望解决司法实践中,律师会见难的问题。

二、解决阅卷难问题

1996年《刑事诉讼法》为防止法官的预断,规定检察院只向人民法院移送起诉书、相关证据目录、证人名单和主要证据复印件或者照片等,致使律师阅卷范围也相应地缩小。2012年《刑事诉讼法》在律师阅卷权问题上取得了进展,突出是在审查起诉阶段和开庭审判前,辩护律师获得了查阅、摘抄、复制公诉方案卷笔录的权利。阅卷分为两个阶段,第一阶段:根据2012年《刑事诉讼法》第38条,辩护律师自人民检察院对案件审查起诉之日起,可以查阅、摘抄、复制本案的案卷材料。这可以理解为律师对公诉机关掌握的全部案卷材料都可以查阅。第二阶段,2012年《刑事诉讼法》恢复了1979年全部案卷材料移送法院的制度。因此在审查起诉阶段和法院开庭审理前,律师获得了两次查阅、摘抄、复制控方案卷笔录的机会,在理论上可以称之为双重阅卷权。

三、解决调查取证难问题

就调查取证权,2012 年《刑事诉讼法》较之 1996 年《刑事诉讼法》有了很大的进步和完善,新增的第 39 条和第 40 条的规定,与未作改动的第 41 条共同构成了关于律师调查取证权的法律规范。2012 年《刑事诉讼法》规定了律师在侦查阶段的辩护人身份和地位,即律师在侦查阶段即可行使辩护权利,这也包括了调查取证权,这扭转了侦查阶段律师调查取证权缺失的局面,更加完善了律师的辩护权利,使得弱小的被追诉方相对于强大的侦查机关达到一种控辩平衡的状态。但是,法律规定辩护律师行使调查取证权必须经有关单位和个人同意或者经人民法院、人民检察院许可,律师向保护人一方调查取证要经过"双重许可",由于有关人员的不配合,使得律师的调查取证显得格外被动与艰难;此外,律师向检察院、法院提出调取证据的申请,很少被同意;并且法律没有规定律师行使权利遇到障碍时的救济程序。这使得此类问题没有得到根本的解决,有待法律和实践的进一步发展。

四、举证、质证难问题仍然存在

律师在刑事诉讼活动中,虽然不负举证的责任,但是,在某些情况下,律师为了有效反驳控方的指控和进行有力的辩护,律师自己也会向法庭提交某些证据。质证是对证据进行质疑、辨认、反驳、确认的复杂的法律活动。证据只有经过质证,才能判明证据的真伪、证据的效力以及证据的证明内容。法庭虽然允许律师出示自己的证据,但是却不给律师充分出示证据的机会,不允许律师详细解释,说明自己的证明目的和证明理由。但是法官却屡屡打断律师的发言,只让律师讲证明目的,不允许律师讲证明理由。法官的这种做法就是对律师举证权的限制甚至剥夺。

我国律师质证时也同样陷入尴尬的境地,表现在:(1)缺乏质证的对象,90%以上的案件证人都不出庭,鉴定人出庭的几率更低。由于证人和鉴定人都不出庭,因此律师在法庭上对证人证言和鉴定结论质证很难有所作为。(2)质证缺乏保证。当律师为进行质证而发问时,在法庭上被提问人往往以"我有权不回答"、"我没必要回答"等理由拒绝回答律师的提问。而法官也不能据此做出对相关的证言、证据的合理、正确的判断。尤其是针对同案被告人,在司法实践在中,某些法院往往不愿意律师向同案被告人发问,因此对律师的提问大加限制和阻扰。(3)法官随意制止律师的发问,律师不能充分地质证。司法实践中法官往往不允许律师采用诱导性提问方式提问,但诱导性提问的标准是什么,在什么情况下允许或者禁止诱导性提问,实践中无确切的标准。这就导致法官经常把所有的提问都视为诱导性提问,并以诱导性提问方式为理由,禁止律师正常提问。而且法官还无端限制律师的发言,有时限定律师进行"简短质证"。对于重要的证据,不能做到一证一质,让质证只能流于形式。(4)与控方不具有对等的质证权。法庭允许公诉人自由发表意见,却不允许辩护人对公诉人的意见对等地提出质疑或辩护。

五、辩论发言难问题仍然存在

律师的辩论权是指律师在诉讼进行中,在人民法院的主持下,就争议的问题、与定罪、量刑有关的事实、证据和适用法律,进行辩驳和论证的权利。律师享有辩论权,通过行使辩论权,提出和证明自己的主张,反驳对方的主张,帮助法院核实证据,查明案情,从而作出正确的裁判。律师的辩论发言贯穿于整个庭审过程中,质证、提问本身也是一种辩论,这里的辩论主要指法庭辩论阶段律师所作的发言。司法实践中存在的问题有:(1)律师不能享有与公诉人同等的辩论发言权。律师应该和检察官具有同等的发言机会,检察官发言之后,法庭应当允许律师发言,允许律师表达自己的新意见以及对检察官的问题进行回应。法庭审理中,就某一个问题控辩双方一轮发言后,法院往往只征求控方的意见,询问是否对此问题还有补充意见。待控方发表完补充指控意见后,法院并不给辩方以新的辩论机会,而是直接进入第二个问题的辩论,这种情况其实是对律师辩论发言权的不适当限制或剥夺。(2)发言时间不能保证。律师为了阐明自己的意见,需要合理的时间,法庭应该保证律师合理的发言时间。实践中法庭经常限制律师发言的时间。(3)法官限制律师发言,或打断律师发言,这种现象司空见惯。

第三节 热点前沿问题

一、调查取证权

(一)国外有关证据调查之规定及评析

1. 美国

《美国联邦刑事诉讼规则》第四章传讯和准备审判中,第15条证据保全规定了何时采证、通知采证、支付费用、怎样采证、使用,对保全证据提出异议和不妨碍协议保全证据。这些规定包括:由于特殊情况,从司法利益考虑,一方当事人预备提供的证人证词需要先行采证并保存至审判中使用时,法院可以根据该当事人的申请和对有关当事人的通知,并对此类证人的证词采证,并将有关书籍、纸张、文件、记录、录音或其他不属于特权保密范围的材料展示。申请采证的一方当事人应当向所有当事人发出适当的书面通知,告知采证的时间、地点。当被追诉人不能负担采证费用时,由政府支付。双方当事人也可协商一致并经法庭同意后保全证据。

第 16 条规定,被告方可以掌握、保管或控制部分证据,包括:(1)书籍、纸张、文件、照片、有形物品或者其复制件;(2)与案件本身有关的身体或精神检查的结果或报告,或者科学检测或试验的结果;(3)被告人所作的陈述,由政府方或者辩方证人或预期的政府方或辩护方证人对被告人、被告人的律师或代理人所作的陈述。该条说明律师拥有调查取证权。

第 17 条对传票作了一系列规定,主要有:书记官应签发传票,签名盖章,其他留空白给请求签发传票的当事人,由当事人在送达前填写。在任何时候,根据被告人单方面申请,如果被告人能令法庭满意地说明他经济上无力支付证人的费用,而该证人的出庭作证对于有效地辩护是必要的,法庭应当命令对确定的证人送达传票。如果法庭命令签发传票,送达传票的费用和被传唤证人的费用,应当和以政府名义传唤证人同样的标准和方式支付。传票也可以命令被送达人提供书籍、纸张、文件或其他指定的物品。法庭根据及时的申请,如认为执行该传票可能不合理或滥用权力,可以撤销或更改传票。法庭可以指示,将传票确定的书籍、纸张、文件或物品在审判前或者作为证据出示前提交法庭,然后允许当事人及其律师对这些书籍、纸张、文件或物品,或者其中某一部分进行检查。一项保全证据的命令授权采证地法院的书记官对命令中确定或描绘的人签发传票。传票可以要求被送达的证人到审判法院为证人和当事人便利着想所指定的地点接受采证。任何人无正当理由却未按照被送达的传票执行,可以被视为蔑视签发传票的法院而受到惩罚。从以上规定可以得出以下结论:

(1)美国以强制手段取得对被告人有利证据的权利,受到《宪法第六修正案》的保护。[①] 强制程序包括强制那些不愿出庭的证人出庭作证的权利,被告人也可以要求传讯一方当事人并强制其作证。传票是法院要求某人出席法庭诉讼活动并就特定事项提供证词的命令。携证传票是一种要求被传讯人携带文字、音像磁带以便在这类法庭活动中予以展示的法院命令。

(2)如果法官对辩护方证人作威胁性的评论实际造成其不敢如实作证的后

---

① 美国宪法修正案的起草人詹姆斯·麦迪逊在《宪法第六修正案》中这样规定:被告人有以强制程序取得对其有利的证据的权利。美国通过一系列的案例扩大强制取证权。在 1976 年的华盛顿诉得克萨斯案中这一权利得到进一步发展。审理该案的联邦法官将被告人的强制程序权与辩护权等进行类比,认为强制程序权与第六条修正案规定的其他权利,如对质的权利、获得律师帮助的权利、获得及时和公开审判的权利一样,都是建立在同样的根基之上的,都是正当程序的基本要素,都属于《宪法第十四修正案》的正当程序的基本内容,应当适用于各州,从而将强制程序的适用范围由联邦扩大到各州。转引自陈永生:"论辩护方以强制程序取证的权利",载于《法商研究》2003 年第 1 期。

果,或者排除至关重要的辩护证据,均构成对被告人辩护权的严重侵犯。①

(3) 如果某人不能遵守作证传票所定的义务,将受到处罚。

2. 德国

《刑事诉讼法典》在第二章"公诉之准备"中规定了被追诉人的申请调查证据的权利;在第五章"准备审判"中规定了被告人的查证申请及被告人自行传唤;在第六章"审判"中又规定了法官的证据调查。这些规定包含以下内容:

(1) 被追诉人请求收集对他有利的证据时,如果他们具有重要性,应当收集。②

(2) 被告人的查证申请。③ 被告人要求传唤证人、鉴定人参加法庭审判或者收集其他证据时,应当向法庭审判长提出申请,申请要阐明需要对此收集证据的事实。对申请后法院的安排决定,应当通知被告人。

(3) 被告人自行传唤。④ 审判长拒绝传唤某人的申请时,被告人可以对该人员直接传唤。即使无先行的申请,被告人也有权直接传唤。

(4) 只要不是非法所得的证据,则法院依职权应对所有经法院传唤并出庭的证人、鉴定人以及对由法院或检察机关收集的物证,均应加以证据调查。对这种证据的放弃需经检察机关、被告及辩护人的同意。

(5) 法院对证据调查的义务的扩张只限于,当被告或检察机关提出查证申请时。但对于以下情形,法官拒绝调查的申请:

首先,对证人及文书证据申请的拒绝:

① 不许可性。如作证的为法官、公务员或其他公职人员,当他们就作证的事项负有保守秘密的义务时,法官将拒绝其申请。

② 多此一举的不必要情形。待证的事实已被证明或公开,或者是无意义的。如待证事实是众所周知的或已被证实。

③ 不具目的性。例如当证据完全不适当或不能获取。

④ 有意拖延诉讼程序。申请人明知事实上不可能经由该举证而造成对诉讼程序的有利影响。

---

① 例如,在韦布诉得克萨斯(Webb v. Texas,409 U. S. 95:1992)一案中便发现了一起违反强制程序的事例,这是一起涉及法官对辩护方证人进行威胁的案件。正在为此前的一项判罪而服刑的这位证人受到了主审法官的告诫,法官告诉他伪证的危险,对一桩伪证行为的定罪如何意味实质性地加重正在进行的服刑,伪证将如何减少获得假释的机会。该证人遂决定不出庭作证,韦布辩称他唯一的证人由于该法官的胁迫而不作证。最高法院同意此点。它引述该法官"威胁性"的评论,指出这种评论有效地转变了证人的态度,从而导致对韦布的损害。

② 《德国刑事诉讼法典》第163条a规定。

③ 《德国刑事诉讼法典》第219条。

④ 《德国刑事诉讼法典》第220条。

其次,对鉴定人的询问申请的拒绝。

如果法庭本身具备有必要的专门知识的,可以拒绝询问鉴定人的查证申请。如果经先前的鉴定已经表明所主张的事实实际上是完全相反时,也可以拒绝请求对另外的鉴定人听证的查证申请;但是,如果先前鉴定人的专门知识值得怀疑,他的鉴定是从不正确的事实前提条件出发,鉴定结论含有矛盾,或者新的鉴定人拥有比先前鉴定人更先进的鉴定方法的,不适前述规定。法院根据义务的裁量,认为勘验对于查明事实真相并非必要时,可以拒绝要求勘验的申请。在同样的前提条件下,也可以拒绝请求询问要在国外传唤的证人的查证申请。拒绝查证申请时,需有法庭裁定。

从以上规定可以得出以下结论:

(1)辩方因自身的原因不能调取证据时,在审查起诉期间可以向检察官提出,在审判期间可以向法院提出查证申请。

(2)被告人有自行传唤的权利。自行传唤委托法院的执行员送达。审判中如果表明被直接传唤人员有助于查明案情的,依申请法院应当裁判由国库向被直接传唤人员支付法定的补偿费。

(3)法官基于职权的原则也有义务对案件的事实加以澄清,并且其对证据进行调查的时候,不能排除被告人的参与。法典对在什么情况下拒绝查证申请作了明确的规定。如对收集书证、勘验,传唤证人、鉴定人的申请的拒绝都做了详细的规定,并规定不得因申请过迟而拒绝。法官拒绝要阐述理由,而且对"欠缺关连性"、"无意义"作严格的解释,即只有在当证据实在完全不具重要性、无关联时,申请才会被拒绝。如果该证据对案件只具有轻微的重要性、关联性,不能成为拒绝申请的理由。对拖延诉讼的拒绝,同样必须充分地证明,而且是客观上,只有当造成的诉讼拖延可预见将为很长时间时,才能将其视为有拖延诉讼的意图。

(4)法院对拒绝查证的申请,要作出裁定。如果违反该条,法官所作的决定将被撤销;该裁定还要附具理由,并在判决之前作出,以便诉讼参与人再一次获得机会并提出申请。如果法院对证据申请不合法地加以拒绝,辩方可以提出第三审的上诉。

3. 日本

日本《刑事诉讼法》第179条规定,被告人、被疑人或者辩护人,在不预先保全证据将会使该证据的使用发生困难时,以第一次公审期日为限,可以请求法官做出扣押、搜查、勘验、讯问证人或者鉴定人的处分。法官接到请求后实施搜查、勘验、询问证人和鉴定等措施,对驳回扣押请求的裁判可以提出准控告。例如,对于可能消失、散逸、篡改、改变性状的书证和证据物,以及证人可能死亡、移居国外、不能作证的,可以要求保全证据。

4. 意大利

意大利《刑事诉讼法》第 392 条规定,在初期侦查期间,被调查人可以要求法官采用附带证明(证据保全)的方式进行以下活动:(1) 调取某人的证言,如果确有理由认为该人将因疾病或者其他重大阻碍原因而不能在法庭审理时接受询问;(2) 调取证言,如果根据具体的和特别的材料确有理由认为,将出现以暴力、威胁、给予或者许诺给予钱款或者其他好处等方式使某人不作证或者作伪证的情况;(3) 进行鉴定或者司法实验,如果有关证明涉及其状态将发生不可避免的改变的人、物或地点;(4) 进行辨认,如果某些特别紧急的原因不允许将该活动推迟到法庭审理时进行;(5) 如果鉴定在法庭审理中实行可能造成 60 日以上的诉讼停缓,被调查人可以要求进行该项鉴定。法官的上述活动被称之为"附带证明"。

综上所述,英美审前存在着两种调查活动:一是警察代表政府进行的收集证据活动;二是被告人在辩护人的帮助下进行的有利于自己的证据的活动。这两种调查都是控辩双方为准备诉讼而进行的正当活动,没有高低先后之分。被告方的调查取证有两种方式:一是由律师直接进行的调查活动;二是被追诉方的证据保全申请权。大陆法系国家审判前程序中并不存在控辩双方平行的两种调查活动,侦查机关的侦查活动才是审判前程序的主线,被告人及其辩护人的参与和防御活动不过是侦查活动的必要补充,是防止被告人地位恶化的必要保障。但近年来,大陆法国家也越来越强调被追诉人诉讼权利的保障和诉讼地位的改善。立法虽然没有直接赋予辩护律师的调查取证,但被追诉人及其辩护律师可以请求法官、检察官调取证据。

(二) 有关法官签发调查令的规定

世界各国考虑到律师调查取证的局限性,采用各种措施来保障律师的调查取证权。大致上有两种做法:一种是请求法官发布调查令,即由法院授权调查,法院接到律师的请求后,经审查后,发布授权调查书或者委托调查令。或是法院根据律师的请求,给某些对证明案件事实有重要作用的证人发传票,传唤其到庭作证。这样既保证了案件审理的客观公正,又将律师的调查取证权置于司法机关保护、监督之下。调查令制度由于被赋予了国家的强制力,被调查人如果不配合调查或拒绝提供证据,将承受直至受到刑事处罚的不利法律后果。通过立法确认这一制度,一方面有助于解决当事人取证难的问题,一方面又不至于过分增加法院的工作负担,因而应该具有较强的可操作性。从表面上看是法院为律师授权,实质上还是律师本身固有的调查取证权利的落实和体现。另一种赋予律师向法院申请证据保全的权利,即当律师不能收集到证据时,由法官采取一系列的措施将证据保全。

这两种做法有以下特点:一是向法官提出申请,即从法官那里获得上方宝剑。这是因为法官处于中立的地位,能够不偏不倚地做出判断。二是律师的调查权与司法权相结合。通过公权力获取证据,律师作为一种民间的力量,其调查权没有强制性,他也不能强迫有关人员履行义务,利用司法权的强制性,通过法官间接实现对证据的收集。这种做法一方面保证控辩的平衡,另一方面可以避免律师调查手段上的局限性,还可以防止律师因调查取证带来的风险。三是法庭对被告人提交的各项证据,一般须纳入法庭调查的范围,而不得拒绝接受,除非法律明确规定该证据不具有法律效力或显然属无证明力的证据。但两种方式并不完全相同,其差异表现为一是让法官发布命令,由律师携命令自己调查,另一则是让法官亲自去调查以保全证据。

我国应采取哪种方法。实践中北京市高级法院 2004 年推出"委托调查制度"①,由法院在执行案件中对申请执行人的代理律师签发调查令,授权代理律师向银行、工商、房管、税务等有关单位或个人调查被执行人的财产情况。法院要求有关单位或个人必须接受调查并如实反映情况,拒不接受调查或者不如实反映情况的,按拒不协助法院执行的行为处理。该方式为律师的调查提供了有效的保障,但是不足之处只是个别的法院,限于民事案件的执行阶段。调查令不是对所有的单位,只是针对具体案件的具体事项。

我们认为在我国解决律师调查取证难的问题,采取强制程序,使律师的调查取证能够得到国家权力的保障与支持。一方面,使控辩双方保持对等,仅仅赋予辩方调查取证权,还不足使辩方与控方保持平衡,还要给予其公权力的协助;另一方面,能够维持程序公平,使对被告不利的证据和对被告有利的证据均呈现于法院。当律师向有关单位或个人调查,如果有关单位或个人不予配合,律师向法官申请"调查令",审理法官接到申请后经审查签发"调查令"后,律师便可持"调查令"向有关单位、个人进行调查。有关单位、个人必须接受调查并提供与案件有关的真实情况。否则律师有权向法官作出说明,由法官以蔑视法庭罪追究相关人员的法律责任。法官也可以根据情况直接调查取证进行证据保全,法官直接调取证据的,应告知申请律师,并应允许律师参加。

二、律师执业责任赔偿制度

我国《律师法》第 54 条明确规定:"律师违法执业或者因为过错给当事人造成损失的,由其所在的律师事务所承担赔偿责任。律师事务所赔偿后,可以向有故意或者重大过失行为的律师追偿。"该条规定以立法的形式,确立了律师执业责任赔偿制度。律师执业责任赔偿制度是律师制度中不可或缺的的组成部分,世界上许多国家都把建立律师执业责任赔偿制度作为一项极为重要

---

① 《北京市高级人民法院关于委托调查制度的若干意见(试行)》(京高法发[2004]258 号)

的内容。

(一) 律师执业责任赔偿制度的概述

1. 律师执业责任赔偿制度的概念、性质

根据我国《律师法》第54条的规定,律师执业责任赔偿,就是律师在接受当事人的委托之后,在为委托当事人提供法律服务的过程中违法执业,或者因其自身的过错给当事人造成损失,由此而引起的给予当事人进行民事赔偿的法律责任。由此便知,所谓律师执业责任赔偿制度,就是规范律师违法执业或者因过错给当事人造成损失而应当进行赔偿的一项民事责任法律制度。[①]

因为《律师法》把律师界定为"接受委托或指定,为当事人提供法律服务的执业人员",律师的这一身份特征决定了律师执业的非权力性,同时,律师执业的前提是基于同当事人签订的委托合同,也就是说,律师和当事人之间建立的是一种法律地位平等的民事法律关系,所以,基于此而产生的律师执业责任赔偿,就其性质而言,应该是平等主体之间的民事责任法律关系。

2. 律师执业责任赔偿制度的特征

律师执业责任赔偿制度作为律师制度的重要组成部分,具有以下几个方面的特征:

(1) 律师执业责任赔偿的前提是律师事务所与当事人之间签订了委托合同。也就是说,委托人——律师关系的存在是律师事务所和执业律师承担赔偿责任的先决条件。按照《民法通则》第106条的规定,民事责任是指民事法律关系中的义务主体违反法律规定的或者合同约定的民事义务,侵害民事权利主体的民事权利,依民法之规定而产生的一种法律后果。由于律师执业责任赔偿制度具有民事责任的性质,所以,只有委托人——律师关系的存在才能证明律师义务的存在,这就是律师执业责任赔偿的基础。

(2) 律师执业责任赔偿形成的阶段必须是在受托律师执业过程中。从律师执业责任赔偿的概念来看,赔偿责任的产生是律师在接受当事人的委托之后,在为委托当事人提供法律服务的过程中因违法执业,或者因其自身的过错给当事人造成了损失,由此而引起的给予当事人进行民事赔偿的法律责任。所以,律师的执业责任赔偿必须是发生在律师执业的过程中,也就是律师在从事《律师法》第28条规定的任一业务过程中。

(3) 律师执业责任赔偿是由于律师的违法执业或自身的过错行为所导致。作为执业律师,其首要的职业责任就是以委托人利益为中心,积极地维护当事人的合法权益。一旦委托人——律师关系成立,律师必须勤勉谨慎、恪尽职守,充分利用自己的专业知识和技能为当事人提供法律服务。在此过程中,

---

① 严军兴、罗力彦:《律师责任与赔偿》,法律出版社1998年版,第16页。

基于律师的专业性和自律性，严格地依照法律、律师职业道德以及职业行为规范是律师执业的必然要求，所以，如果律师怠于职责，违法或过错给当事人利益造成了损失，由其承担责任也是必然的要求，尽管这一责任是由律师事务所直接承担的。

3. 律师执业责任赔偿的主体

此处探讨的范围仅限于民事责任法律关系中的责任主体，也就是承担赔偿责任的主体。关于责任主体的界定目前存在两种观点：一种观点认为，律师事务所就是律师执业责任赔偿的主体，而律师本人不能作为责任主体；[①]另一种观点认为，承担赔偿责任的主体是律师，认为"律师事务所实际上只是替代律师承担律师赔偿责任，直接承担赔偿责任的，不是造成损失的律师本人而已"。[②]

我们比较认可第一种观点。《律师法》第 25 条规定"律师承办业务，由律师事务所统一接受委托，与委托人签订书面委托合同，按照国家规定统一收取费用并如实入账"，第 40 条规定"律师在执业活动中不得私自接受委托、收取费用，接受委托人的财物或者其他利益。"从这些规定来看，尽管委托人所需要的法律服务是由律师直接提供的，但是，律师与委托人之间形成的事实上的委托代理关系是以委托人与律师事务所签订委托代理合同的形式出现的，也就是，律师的执业活动基于委托代理合同却并不是合同的当事人。所以，基于委托合同产生的法律责任，其责任的承担着必定是作为合同一方当事人的律师事务所。至于律师事务所对受委托律师的追偿，那是基于律师事务所和律师之间的雇佣关系而产生的。此外，由律师事务所作为赔偿主体，也有利于对委托当事人合法权益的保护，并且能够督促律师事务所加强对本所律师的监督、管理，从而使得律师事务所的经营更加规范化。

4. 律师执业责任赔偿的构成要件

同其他法律事实和法律关系的发生和形成一样，律师执业赔偿责任也有其法定的构成要件。根据我国《民法通则》和《律师法》的相关条文和具体规定，律师执业责任赔偿的构成要件包括以下几个方面：

（1）律师在执业过程中有违法或者有过错行为的发生。虽然由于律师的职业特性要求律师应具有高度的责任感，律师应当负有忠诚于法律和忠诚于当事人利益的要求，但是律师承担责任也应该以客观上实施了违法或者过错行为为要件。如果一名执业律师，其所为的某一特定行为是在执业过程中发生的，但是该行为并未违法或者存在过错，即使当事人的利益受到损失，也不

---

① 周庭信：《关于律师赔偿的几个问题》，载《律师世界》1996 年第 4 期。
② 青锋：《中国律师制度论纲》，中国法制出版社 1997 年版，第 558 页。

构成律师的赔偿责任问题。例如当事人败诉问题,当事人利益很可能基于败诉而受到损失,但是只要律师在执业的过程中尽到了应有的职责,就不应该承担赔偿责任。

(2) 当事人利益必须受到损害,也就是必须有对当事人造成损失的客观事实发生。律师的工作是一种典型的社会性工作,其各种业务活动的展开无不处于纷繁复杂的社会关系中,难以苛求其工作过程中不出现任何的过错或失误,如若律师的此种过错或失误行为并没有给委托当事人造成客观的损失,那么就不构成律师的赔偿责任。对于此处当事人"损失"的界定,我们以为不应当仅仅囿于"物质"的范畴,还应当关注和扩展到"精神"的范畴,因为,对于现代法治社会的人来讲,由于非法侵害所造成的"精神损失"往往比"经济损失"对被害人的创伤更大、危害更深。①

(3) 律师执业过程中的致害行为具有主观上的过错。过错作为责任的构成要件,是行为人在实施违法行为时的主观心理状态,这种具有可谴责性的心理状态,包括故意和过失。具体到律师的执业活动,无论是"已经预见"的故意,还是"应该预见而没有预见"或者"已经预见而轻信能够避免"的过失,都是与律师的职业责任相悖的,这也是之所以将律师的主观过错作为律师执业责任赔偿构成要件的原因所在。

(4) 律师的违法或过错行为与委托当事人的损失存在必然的因果关系。简单说就是,律师的违法或过错行为导致了委托当事人利益受损,委托当事人利益蒙受损失是由律师的违法或过错行为引起的。这种引起与被引起的客观联系是律师承担赔偿责任的必备要件。

5. 律师执业责任赔偿制度的作用

《律师法》对律师执业责任赔偿制度的规定,对于我国律师制度的健全和完善以及我国律师业的繁荣和发展有着不容忽视的作用。

(1) 律师执业责任制度的确立有利于维护当事人的合法权益。律师执业的基础很大程度上在于当事人对执业的信任,律师执业责任赔偿制度不仅让当事人确信律师会竭尽全力履行职责,同时也消除了当事人担心权利得不到救济的后顾之忧,这样的结果看似是促进律师执业活动的顺利开展,实则是对当事人权利的最好保护。

(2) 律师执业责任赔偿制度有利于社会公众对律师行业的认可。一方面,律师执业责任赔偿制度的确立可以督促律师在执业过程中尽职尽责,恪尽职守,在民众中树立良好的形象;另一方面,该制度也促进了律师事务所管理的规范化,如果律师事务所没有尽到对律师的有效监管,就有可能承担赔偿的责任,使

---

① 严军兴、罗力彦:《律师责任与赔偿》,法律出版社1998年版,第23—24页。

律师事务所蒙受经济上的损失,管理规范的律师事务所才能从根本上提高律师的工作质量、服务水平和社会信誉,自然容易得到公众的认可。

(3) 建立律师执业责任赔偿制度,有利于加速我国律师法律体系的完善,增进我国律师行业同国际上的交流与合作,拓展国际律师业务。[①] 律师执业责任赔偿制度作为律师制度的一个重要组成部分,已被世界上大多数国家所认可,如果我们缺乏相应完善的制度,随着法律服务市场国际化竞争的不断加剧,必然处于竞争中的不利地位。在此情形之下,我们必须吸收、借鉴国外先进的经验,建立完善的制度,才能真正地迎接挑战。

(二) 国外律师执业责任赔偿制度

现代意义上的律师执业责任赔偿制度最早是在西方资本主义国家建立起来的,发展到今天,已经成为本国律师制度中一个极为重要的组成部分,尤其是在那些法制比较健全,律师制度比较完善的国家。

美国是现代西方国家律师业最为发达的国家,其有关律师的法律规定,律师因违法或者过错乃至不诚实而给当事人造成损失的,应当负赔偿责任。加州律师协会早在1972年就专门创建了当事人保障基金,主要是为了赔偿因律师在执业中的不诚实或因为自身的过错等行为给当事人所造成的损失。其他各州和哥伦比亚特区都分别有自己的律师执业责任追究制度。

德国《律师法》中明确规定,因受托律师的过错而给委托当事人造成损害的,当事人有权要求律师予以赔偿,委托人追究律师赔偿责任的情形是以合同法为依据的。在德国,是否追究律师执业责任赔偿的标准,是看律师是否按照平均水平的律师履行义务。这也成为德国律师执业责任赔偿制度的一大特点。

英国的《律师法》第37条规定,律师或曾经担任律师的人从事与其执业相关的活动引起民事责任而给当事人造成损失的,受委托律师应当承担赔偿责任。同时,《律师法》还对赔偿的原则、赔偿基金的设立、使用及其赔偿的额度等作了具体的规定。[②]

法国对律师执业责任赔偿制度的规定是基于"职业责任"这样一个特别的概念。这种职业责任理论特别强调,律师基本职业义务履行的责任形式,不受合同是否存在或是否有效等因素的影响,这样,律师所要承担的职业责任相对于合同责任而言,所涵盖的范围更加广泛,更加有利于委托人合法权益的保护。

---

① 严军兴、罗力彦:《律师责任与赔偿》,法律出版社1998年版,第14页。
② 美、德、英三国的相关规定参考严军兴、罗力彦:《律师责任与赔偿》,法律出版社1998年版,第14页。

在日本,律师与委托人之间的合同被认为是委托合同或准委托合同。所以,追究律师民事责任的案例基本属于合同纠纷,多采用债务不履行方面的法律。律师作为法律专家,在职务上被要求有高度的义务,但其尽了律师团体内成员的平均水平的注意,即可被免于追究民事责任。①

(三) 我国律师执业责任赔偿制度的不足和完善

尽管我国《律师法》第54条确立了律师执业责任赔偿制度,但不仅其条文本身过于简单,缺乏可操作性,而且也欠缺相关的重要制度,缺乏制度上的保障。因此,我们需要吸收和借鉴国外的先进经验,在以下几个方面完善我国的律师执业责任赔偿制度:

1. 建立律师执业赔偿金。这是律师执业责任赔偿制度得以顺利实现的保证。从我国司法实践和国外的有关立法来看,筹措赔偿金的方法和措施包括:建立行业互助赔偿金,就是由一定范围内的律师或律师事务所依法设立的相互间共同分担风险损失的组织;建立律师执业责任保险制度,该保险是职业保险之一,它以律师因执业过错而对第三人承担的赔偿责任为保险标的。根据职业保险的要求,由律师或律师事务所作为投保人向保险公司交纳一定数额的保险费,当投保人需要承担责任时,则由保险公司依照保险合同向权利人支付赔偿费。②

2. 建立解决律师执业责任赔偿纠纷的多种途径。律师执业责任赔偿从性质上说是民事责任赔偿纠纷的一种,因此,根据我国民事法律的相关规定,并参照国内外律师执业责任赔偿的司法实践,我国律师执业责任赔偿纠纷的解决途径应当包括:律师行业专门理赔委员会的调解、裁决和复议程序;有管辖权的人民法院的民事审判程序。③

第四节 法 律 实 践

一、律师能否拥有强制的调查取证权

律师调查不具有法律上的强制力,即律师不能像公检法人员那样强制单位或个人调取证据。但我们认为律师虽然无权强制进行调查,但律师向有关单位或个人调查时,单位和个人应当予以配合与支持。有学者认为,当律师的身份由"国家的法律工作者"转为"为社会提供法律服务的执业人员"之后,律师已是普通的公民,其调查权的实现是基于当事人的委托,是私权利,所以律师的调查需

---

① 马宏俊:《〈律师法〉修改中的重大理论问题研究》,法律出版社2006年版,第240—241页。
② 同上书,第246—247页。
③ 严军兴、罗力彦:《律师责任与赔偿》,法律出版社1998年版,第47页。

要经过被调查个人和单位的同意,即他们可以拒绝律师的请求。① 对此,我们不敢苟同,理由如下:

第一,我国诉讼法规定,公民有作证的义务。对于证人而言,无论是对国家机关还是对辩护律师,只要符合证人作证的条件,就应当有作证的义务。因此,律师调查取证,有关单位和个人有义务对律师调查给予支持。

第二,当律师脱去了"国家"身份的外衣,并不意味着律师便沦为"个体工商户"。律师职业具有双重性,律师既是私权的代表,又具有"公权"的性质。一方面律师是自由职业者,另一方面是司法的辅助人员。西方国家在将律师规定为自由职业者的同时,又规定律师属于司法人员的组成部分。《美国律师职业行为示范规则》序言规定:"律师是当事人的代理人,是法制工作者,是对法律的顺利实施和司法质量负有特殊责任的公民。"德国《律师法》第1条规定:"律师为从事司法工作之独立机关。"从职业属性上看,律师属于司法活动的组成部分,是司法程序运作中不可缺少的一环,但律师身份又不是国家的司法官员,其活动与法官、检察官又有很大差别;从授权上看,既有来自当事人的授权,又有法院的指定;从律师服务的对象上看,既服务于企事业单位、个人、团体,又服务于政府、军队;从律师的类别上看,既有社会律师,又有公职律师,可谓既包括"民",又包括"官";从律师的活动目的上讲,既包括社会效益(法律援助是其突出的表现),又包括经济效益。律师的双重性还表现在,律师的管理虽然由律师协会独立行使,以保证律师职业自治,但法院或司法行政机关的监督权依然起着重要的作用。因此,鉴于律师身份的双重性,我们认为律师调查取证时,被调查单位和个人应予以配合和支持。

二、律师保守秘密是权利还是义务

《律师法》第38条规定律师应当保守在执业活动中知悉的国家秘密、商业秘密,不得泄露当事人的隐私。律师对在执业活动中知悉的委托人和其他人不愿泄露的情况和信息,应当予以保密。从该条规定上看,律师保密是一项义务。其实律师保守秘密既是一项权利也是一项义务。首先要明确律师职业秘密的概念和特点:

(一)律师职业秘密的概念和特点

所谓律师的职业秘密,是指律师因其职务活动中所知悉的与其委托人有关且为其委托人不愿透露的事项。

(1)律师职业秘密的主体是律师。这里的律师包括律师、曾经担任过律师的人、实习律师、律师助理等知悉秘密的人员。这里实习律师、律师助理还没有

---

① 李贵方:《关于律师调查取证权的思考》,载《证据学论坛》2004年第1期。

成为律师,也不得泄漏律师与当事人之间的秘密。

(2)律师因职业的关系知悉委托人的秘密。律师因从事的职业的特殊性能够获悉委托人的秘密。律师因享有广泛的权利,如会见委托人、阅卷、调查取证等,委托人出于对律师的信任,将自己的秘密或隐私告诉律师。

(3)该秘密与委托人有利害关系。律师知悉的秘密可能与案件有关,也可能与案件无关,但与委托人有利害关系,秘密一般是对委托人产生一定不利或负面影响的秘密,并且,这些秘密通常是司法机关没有掌握但又为委托人不愿意透露的秘密。

(4)律师的职业秘密包含两个方面的内容:一是律师的保密权利;二是律师的保密义务。前者是指律师对其因提供法律服务而从委托人处知悉的委托人的秘密信息有权拒绝作证;后者则是指律师基于执业行为规范要求而负有保守职业秘密的义务。

规定律师保守职业秘密的权利,一方面有利于保证律师独立的诉讼地位,保障律师各项职业权利的实现。律师在诉讼中具有相对独立的诉讼地位。这里的"独立",不仅仅是相对于委托人,独立于委托人的意思或者意志,更重要的是独立于国家司法机关,如在刑事诉讼中,律师一旦接受被告人的委托,便不得就其因执业活动而获悉的尚未被追诉机关掌握的被告人的其他罪行向有关机关检举揭发,即使辩护律师就该罪行被调查询问,其也有权拒绝提供证言。这也是对律师地位独立性和功能自治性的有力维护。另一方面有利于律师有效地为当事人提供法律服务。当事人毫无保留地将全部事实告诉律师,包括对其有利的或不利的事实,律师只有在完全了解当事人的实情之后,才能有效地采取行动,作出最佳的辩护方案。如何使当事人无所顾忌地将事实真相告诉律师,特别是对当事人不利的秘密,只有设立保密特权,才能消除当事人的顾虑。如果当事人肯定律师不会被迫披露他所知的事实,他们就会毫无保留地把实情告诉律师。

(二)律师的保密权利与保密义务的关系

律师的保密特权与律师的保密义务是律师职业秘密中紧密联系、不可分割的两个方面。律师保守秘密的权利是建立在律师保密义务的基础之上的,即律师主张保密特权是为了保守委托人的秘密。但两者又有以下不同,不能将两者混淆。

1.着眼点不同。律师保守职业秘密的职责相对于委托人—律师关系之外的对抗力量时,体现为律师职业的一种特权,即在诉讼程序中针对诉讼发现真实的压力而赋予律师职业以特权,来保证律师和委托人交流的保密性、安全性,从而促进委托人交流的自愿和坦率,保证律师和委托人交流的充分性。律师保守职业秘密的职责运作于律师—委托人关系当中,相对于委托人时,则体现为律师的一种义务,即着眼于律师职业的自我约束获得委托人的信赖,来促进律师和委托人之间的交流。律师的保密特权和保密义务,是分别针对律师——委托人关系的外部干涉力量和内部驱动力量来实现律师保守职业秘密职责的。

2. 发挥的作用不同。律师保密权利的重要作用是对抗诉讼程序发现真实的功能,通过这种对抗,实现发现真实和保证委托人获得有效法律帮助两种冲突利益的平衡。因此,律师的保密权利具有利益平衡的作用。缺乏这种对抗,发现真实的诉讼机制就会失去必要的障碍而肆虐无阻,吞没与之对抗的利益。律师的保密义务在于维护委托人的利益。对抗的是口无遮拦的律师,律师未经授权披露保密信息,不仅会受到纪律处分,还可能被当事人提起民事诉讼。

3. 适用领域不同。律师保守职业秘密的权利适用于诉讼领域,并有诸多限制;律师保守职业秘密的义务作用于律师与委托人之间的关系,适用的范围很大,不限于诉讼领域。①

三、律师如何运用拒绝辩护、代理权

虽然《律师法》规定了律师在法定的情形下可以拒绝辩护或代理,在司法实践中,律师运用该权利时要注意以下三点:

第一、律师接受委托担任辩护人,没有正当、合理的理由,一般不得拒绝辩护或者代理。所谓的"出租车待雇顺序原则",即律师只要接受委托与当事人达成协议后,原则上不得再拒绝办理所委托的诉讼案件。这是因为:首先,律师与委托人已经形成一种法律上的代理关系,在双方已达成委托协议的情况下,律师应诚挚地为委托人提供法律帮助。如果没有法律规定的情形出现,律师擅自解除委托关系,不仅构成一种严重的民事违约,而且违背了律师执业行为规则。其次,维护委托人的利益,防止委托人处于不利的境地。尤其在刑事诉讼中,被告人对律师抱有极大的期望,如果律师在审判过程中突然拒绝辩护,这极易使被告人重新回到孤立无援的境地,损害委托人的利益。因此,联合国有关法律文件在规范律师的义务与责任时,一般强调律师应"根据法律和公认的准则以及律师的职业道德",勤奋而努力地工作,"始终真诚地尊重委托人的合法权益"。

第二、律师即使确信当事人没有如实陈述案情,如当事人故意隐瞒了有关其真实犯罪行为的事实,也不要轻易拒绝为其辩护。律师对具体情况进行分析,如刑事辩护中,被告人不如实陈述案情的情况是多种多样的,心态各异。

---

① 王进喜主编:《律师职业行为规则概论》,国家行政学院出版社 2002 年版,第 114—115 页。

被告人作为案件的利害关系人,是诉讼结果的直接承担者,绝大多数被告人为了减轻自己的罪责,往往避重就轻,不如实陈述案情,其心态并不是拒不认罪,让律师为其开脱罪责。如果以被告人不如实陈述案情,作为律师拒绝辩护的前提条件,这样会导致大多数被告人法律处境更加恶化,法律赋予的被告人享有的辩护权因被告人认罪态度不好而丧失,这是有悖于国家设立辩护制度的精神的。

第三,律师不宜中途退庭。实践中有这种情况,被告人突然翻供,不承认自己的罪行,律师以无法辩护为由而退庭。这种做法是不妥的,即使律师决定拒绝辩护,应当给被告人留有另行委托其他辩护人的时间,不能因为律师的突然退出,而使被告人陷入不利的境地。民事案件也不例外。

第五节 案例评析

一、律师会见权、调查取证权受限案

【案情】

(一)调查取证受阻案

2003年4月2日,北京宝鼎律师事务所的尚晓民律师为其代理的案件到北京市海淀区房管局档案科请求调阅一处房屋权属档案,被该局以"我们只对公检法,不对律师"拒绝。当他向海淀房管局出示了律师证和介绍信,还是却被工作人员"热情"地拒绝,对方坚持不给查阅、不解释理由、不出具书面意见。尚律师认为海淀房管局的行为侵犯公民合法权利,属于行政不作为,起诉要求法院判令被告履行为原告查阅房屋权属档案的义务。[①]

(二)限制律师会见

2000年7月,黑龙江高盛律师事务所曲龙江和刘士贤两位律师接受犯罪嫌疑人许某家属的委托,为许某担任辩护律师。8月4日两人到哈尔滨市公安局香坊分局看守所要求会见许某,然而在出具了律师证、授权委托书、律师事务所会见专用函等所有法定手续后,看守所以必须经办案机关批准为由拒绝了他们的会见请求。律师指出看守所的工作人员应执行《刑事诉讼法》和《六部委的规定》时,看守人员竟回答:"我们不看那些规定,只有办案机关的书面批准,我们才能让你们见。"在以后的一个多月的时间里,律师为办理会见手续的批准而奔波,却一直没有结果。两位律师决定通过法律程序索要自己的会见权。9月20日香坊公安分局对具体行政行为不作为被两位律师告上法庭。两律师认为,根

---

① 李罡:《查阅房屋权属档案遭拒绝 律师状告房管局》,载《北京青年报》,2003年9月4日。

据《刑事诉讼法》等有关法律规定，律师享有会见权，香坊公安分局看守所剥夺律师会见权的行为违法，故请求法院判令被告履行法定职责，安排会见。一审法院驳回两位律师的诉讼请求。两位律师不服，提出上诉。2001年11月底，哈尔滨市中级法院判律师胜诉，认定哈尔滨市香坊公安分局看守所不准律师会见犯罪嫌疑人的具体行政行为违法。

【评析】

阅卷和调查取证都是律师最基本的职责，以上两个案件都是律师在行使其法律赋予的权利时遭到拒绝后，向法院提起诉讼。律师寻求权利的司法保护实属无奈之举，为什么法律规定的权利不能实现，两位律师通过诉讼讨回了其本应享有的权利。但并非所有的律师都像曲、刘两位律师那么幸运。如袁裕来、姜小平两位律师在担任张旭海涉嫌侵犯商业秘密罪的辩护人的案件中，在提出会见的要求遭到拒绝后，向舟山市普陀区人民法院提起了行政诉讼，要求法院判令舟山普陀公安分局限期安排两律师会见犯罪嫌疑人张旭海。法院审理后认为，两原告就履行许可律师会见在押犯罪嫌疑人职责提起的诉讼，不属于行政诉讼受案范围。因为律师会见在押犯罪嫌疑人是《刑事诉讼法》及相关规定所规范的行为。公安机关在刑事侦查过程中实施的行为属于国家司法权范畴，因而不构成行政行为，故不属于行政诉讼受案范围。据此，法院作出了驳回起诉的裁定。

在我国由于没有程序性的救济措施，使得律师的权利得不到实现，律师通过诉讼求得会见权、调查取证权对律师来说实在是"被逼无奈"，因为对刑事案件本身意义不大，因为即使赢得诉讼，也需要一定的时间，诉讼是一个耗成本的解决纠纷的方法，等到律师拿到胜诉的判决结果，律师所代理的刑事案件可能已经到了起诉阶段或审判阶段，甚至早已审结。

二、律师正常履行职责被诉侵害名誉权案

【案情】

（一）张金龙律师案

2003年11月，张金龙律师代理石家庄市某服装集团公司诉《中国××报》名誉侵权一案庭审中，因其对被告方证人的质证言论，而被该证人以侵犯名誉权为由诉至法院。该证人原为执业律师，其因在执业期间以公民身份代理案件受到了河北省律师协会省直分会的处分，该证人在2003年未获得执业注册。张金龙律师在质证时披露了其受到过行业处分以及未注册的事实，意在表明证人法律意识的淡漠，以削弱其证言的效力。该证人以张金龙律师侵犯其名誉权为由诉至法院，要求张金龙律师承担民事责任。最后法院以被告主观上没有侵犯原

告名誉权的故意,驳回了原告的诉讼请求。①

（二）北京首例一方当事人诉对方律师侵害名誉权案

2004年至2005年期间,北京汇金房地产开发有限公司先后与北京市房山区窦店镇"燕都科学城世界名园"住宅小区业主签订《商品房买卖合同》。根据合同约定交房时间最早的为2005年10月1日,但直到2007年5月汇金公司才通知交房。从2007年7月4日起,"燕都科学城世界名园"住宅小区陆续有业主委托北京市广川律师事务所薛武律师代理起诉北京汇金房地产开发有限公司。诉讼请求除了支付延期交房的违约金以外,还要求法院判令众业主无需按照汇金公司收房通知书的要求支付天然气初装费、壁挂炉费、产权证代办费、测绘费及代收契税、印花税、公共维护基金等费用。

北京汇金房地产开发有限公司董事长杨秀芳诉代理该案的两位律师薛武、实习律师杨高峰侵害其名誉权。杨秀芳在起诉状中称:两位律师为其当事人所代书的民事起诉状及在开庭中,不顾律师的职业道德,没有任何客观根据,在其所代书的65份诉状中毫无例外地写到:"当时被告对房屋及小区的居住环境、配套设施等都进行了过分夸大其词的宣传承诺,并称其公司领导原在中国人民银行任要职,与美国总统布什有合影(疑为电脑拼制)……"杨秀芳认为,薛武、杨高峰身为律师,知法懂法,在起草起诉状时,不查明事实真相,在诉讼文书中故意采用以上侮辱性的语言,贬损本人,利用起诉状在法庭上多次、故意对其进行个人人身攻击,特别是宣读起诉状的口气引起原告及旁听群众的呼应,煽动、误导群众的不良情绪。后经法院判决,驳回原告杨秀芳的诉讼请求。

【评析】

以上两个案件是律师正常履行职责被以侵害名誉权为由告上法庭,一是律师被证人告上法庭,另一是被对方的当事人告上法庭。原因之一,我国原《律师法》没有赋予律师豁免权。前案发生在2007年《律师法》颁布之前,后者发生在2007年《律师法》颁布后尚未实施之前。2007年《律师法》赋予了律师豁免权,只要是律师在履行职务时,就不负有对第三者诽谤的责任。但愿以后这样情况不会再发生。

三、律师多项权利受限案

【案情】

河北葆祥进出口集团公司涉嫌骗取进出口退税2亿元,此案卷宗多达

---

① 李华鹏:《律师因庭审言论被诉之后》,载《中国律师》2004年第7期。

219 本,有 2 米多高。由于涉及葆祥河北进出口集团公司、河北冀驰裘革皮制品有限公司、河北葆意羊绒制品有限公司以及多位被告,参与此案的辩护律师多达 11 位。开庭之前就有两件事让律师为难:一是没时间阅卷。原定开庭时间是 2002 年 11 月 30 日,有的律师 11 月 28 日才接到通知,后因公诉书变更的原因,才决定推迟一周开庭,219 本卷宗也难以让 11 个律师全看完;二是法院无书面开庭通知、出庭通知书,而当律师进入法庭时,法警要求出示通知书,律师们几经交涉才得以进入法庭。在法庭调查中,辩护人、被告人的陈述多次被检察官、法官打断,使其无法完整、系统地陈述事实。而在辩护人发问的过程中,也多次被法官打断,表现出明显的倾向性,使辩护人无法完整地表达观点。庭审中,出现了被告人当庭口供与侦查阶段口供笔录不一致的情况,当公诉人举出被告人在侦查阶段的口供时,法庭不允许同案其他被告人及辩护人质证。当辩护人提出对相关侦查阶段的口供要求质证时,审判长以口头裁定的方式予以驳回。

公诉人出示证据时,一次性连续出示 14 位证人的几十份证言,宣读时间长达 70 多分钟,而只允许被告人、辩护人作一次性简短质证。当被告人提出某些情况不清楚时,审判长竟给归纳为"无异议"。当田文昌律师提出"这样的质证方式我们无法质证"时,审判长置之不理。在下午的庭审中,张云柱律师又提出此问题,审判长却说辩护人上午没有提出异议。让在场律师感到不平的是,辩护人对等的质证权受到剥夺,即当公诉人每出示一组证据,被告人及辩护人发表意见后,法庭都主动要求公诉人发表辩护性意见,却不允许辩护人对公诉人的辩论意见对等地提出新的质证意见,粗暴地驳回了多位辩护人要求发表新质证意见的请求。

庭审持续到 2002 年 12 月 8 日下午,在多名律师多次举手要求作质证发言被遭粗暴拒绝的情况下,众律师感到辩护行为已经完全失去意义,田文昌等 11 位律师无奈只能提出退庭,法官竟称辩护人扰乱法庭秩序,喝令法警将辩护人带出法庭。律师退出法庭,审判长此时显得很尴尬,不得不宣布休庭。从法庭出来后,11 位律师聚在一起,共同起草了一份《情况反映》,呈交给石家庄市中级人民法院。这份《情况反映》称,审判长在主持庭审的过程中表现出严重的个人倾向,不能公正地主持法庭的审判活动,严重剥夺了辩护人依法行使法庭调查质证权。为保证诉讼活动依法公正进行和正当履行律师职责,特向中院要求:更换本案审判长;纠正前述违反法定程序的做法,保证辩护人依法行使辩护权,否则律师将无法出庭履行辩护职责。12 月 24 日,"葆祥案"第二次开庭,由于中院并没有更换审判长,众律师感到出庭辩护实际意义不大,于是,开庭的前一天,11 位律师与自己委托方解除了委托关系。①

【评析】

该案是律师的多种权利遭到剥夺与侵犯,律师没有充分的时间阅卷,没有得到法庭开庭的通知,法庭上不让律师充分地举证、质证,并进行辩护。律师退庭,表现出律师对非法剥夺他们权利的一种抗争,但最终受到损害的是被告人的利益。

第六节 问题与建议

2007 年《律师法》对 1996 年《律师法》作了较大调整、补充和修改,尤其律师权利方面的规定,被学者誉为修改的亮点,破解律师执业的难题,对改善律师执业环境具有重要的意义。

一、律师的豁免权

(一) 2007 年《律师法》的不足

2007 年《律师法》赋予了律师的豁免权,但在规定上还略显不足,仅规定律师在法庭上发表的代理、辩护意见不受法律追究。但该规定也有局限性,豁免权仅限于诉讼案件,而且是庭上的言论,这对律师的保护是不全面的。我们认为,该权利是对提供法律服务的律师的一种特殊保护,意义在于免除通常的侵权责任,在诉讼过程这一特定时间与空间里给予律师不被法律追究的权利,保证他们完全自主独立地履行职能,毫无顾忌地向当事人提供法律意见,与对方当事人展开激烈的辩论,不用担心法庭因为他在庭上的言论而对他提起追究诽谤、侮辱责任。因此豁免不应限于法庭辩论,豁免的言论应既包括庭上的言论,也包括庭下在办理案件过程中的言论;既包括律师代理诉讼案件,也包括代理非诉案件发表的言论,如代写申诉书;只要是律师在履行职责过程中发表的言论就不应受法律追究。

(二) 赋予律师职业豁免权

对于律师的豁免权有不同的名称。有的称作"律师刑事辩护豁免权"、"律师刑事责任豁免权"、"律师言论豁免权"。以上是从不同的角度来称谓律师的豁免权。律师言论豁免权,强调律师在履行职责时,发表的言论,包括口头的或书面的言论,享有豁免权。刑事辩护豁免权强调律师只有在刑事辩护中才享有豁免权,在民事程序中不享有该项权利。律师刑事责任豁免权,强调律师免除的

---

① 参见孙国栋主编:《律师文摘》(第七辑),法律出版社 2003 年版。

是刑事责任,而不是民事责任和行政责任。把律师的豁免权限定在刑事辩护中,而且主要是律师庭上的发言,我们认为这对律师豁免权诠释具有片面性。理由如下:

1. 律师在诉讼及非诉中都应享有豁免权。持律师豁免权只限于刑事程序的学者认为,在民事程序中,双方当事人是平等的,不需要对被告人施以特别保护,也不会面对强大的以国家权力为背景的侦查、逮捕、公诉等。① 对此,我们不敢苟同,在民事诉讼、行政诉讼中,无论是原告的律师,还是被告的律师同样会遇到对方或法官的责难。在我国也有这样的案件,参加民事代理的律师,又被审判该案的法官或对方的当事人以诽谤罪推上被告席。同样,在非诉案件中律师也享有的豁免权。律师在法庭上为了委托人的利益据理力争,这就容易导致权力机关对他的不满,甚至权力机关利用手中的权力对他进行报复。但在非诉案件中,虽然律师的对立面不是很明显,但律师同样要面临风险。

2. 律师豁免权不仅应当免除刑事责任还应免除民事责任。有学者认为,律师豁免权仅指刑事责任,不包括民事责任,我们认为此观点是片面的,比如律师在法庭上发表的言论,法院不能以侵害名誉权追究律师的侵权责任。② 联合国《关于律师作用的基本原则》第 20 条规定:"律师对于其书面或口头辩护时发表的有关言论,作为职责任务出现于某一法院、法庭或其他法律或行政当局之前,所发表的有关言论,应享有民事或刑事豁免权"。在英国,作为当事人的辩护人和诉讼代理人,律师在诉讼过程中的任何言论都不受法律追究,即使他的言论带有明显恶意,并且与他承办的案件没有关系,也同样享受这种特权的保护。这种特权不仅适用于诽谤案件的诉讼,而且也适用于其他各种案件的诉讼。刑事责任一般指侮辱罪、诽谤罪、伪证罪、包庇罪等,民事责任指侵犯名誉权、隐私权等。

3. 许多有关律师职业豁免权的论述,都强调律师在法庭辩论中的言论豁免。我们认为律师豁免权的享有适用范围不仅包括法庭辩论中的口头与书面的发言,还包括法庭调查中的举证、质证,以及与当事人的通信都应当享有豁免权。目前给予律师豁免的范围过于狭窄。

综上所述,我们认为,律师的豁免权称为"律师的职业豁免权"更为合适,该定义强调律师在履行职责而享有的特权,即律师因执业行为及职务行为本身而产生的言论享有豁免权。豁免的言论既包括口头的,也包括书面的;既包括法庭辩论阶段言论,也包括法庭调查中的言论;既包括庭上的言论,也包括庭下在办理本案的过程中的言论。律师职业豁免是指律师在履行职责的过程中发表的言

---

① 王丽:《刑事责任比较研究》,法律出版社 2002 年版,第 111 页。
② 张婷茹:《建立我国律师刑事辩护豁免权制度的构想》,载《理论月刊》2003 年第 12 期。

论不受指控和法律追究的权利。这里包含以下两个方面的涵义:

第一,律师无论是在庭前还是在庭审中发表的言论都应当享有豁免权,只要是律师为履行职责而发表的言论都享有豁免权。此外以前我们比较强调律师在法庭辩论时的发言享有豁免权,但律师的举证、质证同样享有豁免权。如英国规定,与证人在法庭上提出的证据有关的特权,也适用于预审时提出的证据和律师提出的证据。而至于有关的证据是不是律师在诉讼过程中提出的则无关紧要。律师在庭审中对被告方证人的质证言论,可能会涉及证人的品行,该证人能否以侵犯名誉起诉律师,回答应当是否定的。法庭审理包括法庭调查及法庭辩论阶段,律师在法庭调查尤其为质证而发表的也是一种言论,因此也应享有豁免权,律师的豁免权不应只限制在法庭辩论阶段。

第二,律师与当事人的通信也应当豁免。这里我们应当借鉴英国的有关规定。在英国,凡与法庭诉讼程序有关的言论和通信,均享有不受法律追究的绝对的特权。这种特权可以分为三种类型:其中第一种适用于所有在法庭上发表的言论,包括法官、诉讼当事人、律师和证人在诉讼过程中的全部发言,以及在法庭上使用的书面证据材料,第二种适用于是从诉讼开始起的所有言论和通信,以及所有的起诉和答辩材料,为诉讼目的产生的其他法律文书。[①] 有人提出,如果律师利用与被追诉人通信的机会,与被追诉人串通怎么办,我们认为这与赋予律师豁免权是两回事情,不能因为个别律师有违纪的行为而不赋予律师权利,这一点靠加强律师职业道德的建设,对律师执业行为进行规范。

(三) 构筑我国的律师职业豁免权

我国应在《律师法》中明确规定,律师在履行职责的过程中发表的言论,不受指控和法律追究。律师职业豁免权涵盖以下内容:(1)在履行职责中,律师的言论不受法律追究。如律师因案件中所作的任何陈述,绝对不能被指责为诽谤。(2)律师为协助法庭查明案件,在法庭调查阶段的为举证、质证而发表的言词,也不应受法律追究。(3)律师接受被告人的委托担任辩护人,依职权作出无罪或罪轻的辩护,不能因为被告人罪大恶极,罪不容赦,追究律师的责任。

律师职业豁免权主要是对其言论的豁免,对其行为是否能够豁免,我们认为律师行使与其职责有关的行为,也不应受法律追究。如在向法庭提供或出示的文件、材料失实的,凡非故意伪造,就不能追究其伪证罪。此外,对律师职业豁免权有一定的规制,对律师滥用职业豁免权的处罚在《律师执业行为规范》中规定,律师在办案中,尊重第三人,不得肆意攻击和侮辱他人,包括对方

---

① 〔英〕格拉汗·J.格拉汗格林,弗雷德里克·J.赫恩:《英国律师制度和律师法》,陈庚生译,中国政法大学出版社1992年版,第5页。

当事人、律师、证人及检察官、法官。如果律师有以上的行为,有关人员可以向律师协会和司法行政机关提出给予纪律处分和惩戒。对于情节严重的,需要追究律师刑事责任的,应由律师协会或司法行政机关交由司法机关依法惩处。

二、律师的拒绝辩护、代理权

如上所述,2007年《律师法》有关律师拒绝辩护和代理的规定,较1996年《律师法》有所进步,但仍然存在不完善之处。我们建议取消将"委托人故意隐瞒与案件有关的重要事实"作为律师拒绝辩护的理由。理由如下:

第一,把委托人故意隐瞒案件的主要事实作为拒绝辩护和代理的理由,实质上的含义就是让委托人"如实陈述案情",否则律师就要拒绝辩护或代理,该条款无疑是把律师的诉讼角色界定为法官或检察官了,这无法确保律师保持独立的诉讼地位。律师一旦因为委托人未如实陈述而放弃辩护或代理,事实上就等于当事人实施了惩罚,并使自己站在检察官或法官的立场上。但是律师既不是检察官,也不是法官,他的职责既不是促使当事人作出不利于自己的陈述,也不是对当事人行为的性质及其供述的可采性作出权威的判断,而是维护当事人的合法利益。律师即使确信当事人没有如实陈述案情,如隐瞒了有关其真实犯罪行为的事实,也不能轻易拒绝为其辩护,而应依法提出适当的辩护意见,否则难以独立自主地履行其法律职责。

第二,律师是独立的主体,在刑事诉讼中具有独立的诉讼地位。刑事辩护中,律师不受被告人意见的约束,其发表的辩护意见无须征得被告人的同意。也就是说,律师辩护与被告人辩护是两回事,而且律师的辩护意见与被告人的辩护意见可以不一致。比如对于被告人承认的罪行,辩护律师认为控诉是不正确的,仍然可以提出自己的辩护意见,如律师可以从证据不充分的角度为其进行辩护。再有,律师通过查阅案卷、调查访问、会见被告人,收集证据材料。被告人的供述仅是其收集证据的途径之一,律师还要结合其他证据判断其供述的真伪,再根据自己对案情的分析和对法律的理解形成自己的辩护意见,不受被告人的支配。因此,被告人是否隐瞒事实或不如实陈述,可能会影响律师对案情的认识及判断,但对其辩护工作不会产生决定性的影响。如果以此作为拒绝辩护的理由,会使辩护制度形同虚设。

第三,被告人有权获得辩护是宪法性的权利。"被告人有权获得辩护"不仅是刑事诉讼的原则,也是赋予被告人的宪法性权利。法律赋予被告人的该项权利不能因被告人的认罪态度不好而被剥夺。认罪态度的好坏是法官在量刑时考虑的因素,如果因被告人的认罪态度恶劣,律师拒绝辩护的话,会使法律赋予被告人的辩护权被剥夺,这与刑事辩护制度设立是相悖的。

参照世界各国的规定,虽然各国立法规定不尽相同,但多数是以当事人严重侮辱律师人格为限。人格尊严是律师执业所必具的条件,被告人严重侮辱律师人格,必然会使律师陷入无法履行职责的困境,在这种情况下,律师拒绝为其辩护是理所当然的。《律师法》应规定在以下情形下律师可以拒绝辩护:(1)被告人严重侮辱辩护律师的人格,导致辩护律师无法进行辩护工作,律师可以拒绝辩护;(2)与当事人有利益冲突。因为有以上情形,如果律师继续代理,会损害委托人的利益。

三、律师保守秘密的义务

(一)2007年《律师法》对1996年《律师法》的发展及其缺憾

我国2007年《律师法》第38条规定:"律师应当保守在执业活动中知悉的国家秘密、商业秘密,不得泄露当事人的隐私。律师对在执业活动中知悉的委托人和其他人不愿泄露的情况和信息,应当予以保密。但是,委托人或者其他人准备或者正在实施的危害国家安全、公共安全以及其他严重危害他人人身、财产安全的犯罪事实和信息除外。"较1996年《律师法》有关该条的规定有所发展,表现在:首先扩大了律师保密的范围,不再仅限于国家秘密、商业秘密和个人隐私;其次,规定了律师保密的义务例外情况;再次,取消了1996年《律师法》第35条、第45条关于律师"不得隐瞒(重要)事实"的规定。但与国外关于律师保密权的规定还存在一定差距。

第一,我国并没有确立职业秘密的概念,也缺乏律师特权的含义。如前所述,职业秘密既是一项权利,又是一项义务,而我国有关的法律、法规只强调律师的保密的义务,而未赋予律师这项权利。

第二,《律师法》把律师所保守的秘密范围限于国家秘密、当事人的商业秘密及个人隐私,混淆了律师的一般保密义务与保守职务秘密义务的界限。众所周知,保守国家秘密是我国《宪法》和《保守国家秘密法》规定的我国每一个公民都应当履行的义务,律师当然也不例外。另外,保守他人的商业秘密和个人隐私也是每一个公民应尽的法定义务。因此,《律师法》中规定的这一义务不能够反映律师职业的特性。

第三,没有相关的配套措施作保障。没有律师和当事人之间交流的保障措施,没有赋予律师拒绝搜查和扣押的权利。《刑事诉讼法》第96条规定,律师会见在押的犯罪嫌疑人时,侦查机关可以派员在场。司法实践中,律师会见时一般都有侦查人员在场,使有关保密的规定不能得到真正的实施。

(二)借鉴国外律师执业秘密的规定

国外律师执业秘密的规定有着如下特点:

第一,国外规定的职业秘密的范围是非常广泛的。无论是"与代理委托人有关的信息"还是"由其职务上所得知的秘密"都受到法律保护,律师不得随意

公开。但比较起来,英美法系国家职业秘密的规定更加完善。表现在以下几个方面:

首先,职业秘密的范围更广泛,它不限于律师与当事人之间的信息,还包括律师与第三方交流获得的资料。

其次,英美法系国家有关职业秘密的规定非常细致。如美国《联邦证据规则》第503条对"当事人"、"律师"、"律师的代表"、"秘密"的定义;特权的一般规则,谁可以主张特免权,特权的例外都作了解释。

再次,英美法系国家对职业秘密的保护更加周全。如英国对律师与当事人之间的秘密通信是受法律的双重保护。法律保护律师与当事人之间的通信不被公开,这种保护是由证据法规定的。如果这种通信已被作为证据采用,它可以享受第二层保护,即诽谤法中有关通信特权的保护。

最后,英美法系国家对职业秘密的规定更加灵活,有利于进行价值的判断与取舍。这也是因为英美法系国家实行的是判例法,因此职业秘密的规定是由法官们的一个个判例堆积起来的,这些活生生的案例比起僵硬的法条可以更好地进行价值的权衡。

第二,国外既规定了律师享有职业秘密的权利,又规定了保密的义务。不同的是在英美法系国家作为律师与委托人的特权规定在证据法中;而大陆法系国家赋予的是律师拒绝作证的权利,规定在刑事诉讼法中。英美法系国家强调把职业秘密作为律师的一项权利。如香港法律规定,律师对当事人的一切资料有权保密,有权不向法庭和政府部门透露当事人指示秘密的事项。对律师与当事人的谈话及往来的文件,律师可以拒绝向司法机关或其他人公开。大陆法系国家则侧重保守秘密是律师的一项义务。大陆法系国家在刑法中规定,律师如果违反将被追究刑事责任。如《日本刑法典》无故泄露他人的秘密的,处6个月以下惩役或10万日元以下罚款。

第三,有关律师的职业秘密是法律与道德的双重规制。两大法系国家在法律及律师执业行为规范中对律师的职业秘密作了规定。如果违反,轻责受到纪律处分,重则要被追究刑事责任。但比较起来英美法系国家的规定具有一致性及层次性的特点。如美国律师有关职业秘密的规定,体现在三个不同的实体中。一是证据法中的律师——委托人特权,保护的对象是律师和委托人之间的秘密交流,按照该特权,不得强迫律师就其与委托人之间的秘密职业交流作证。二是程序法中的律师工作成果豁免原则保护的对象是律师在诉讼过程中准备的工作成果,避免为对手知悉而减少诉讼的必要对抗性和律师的工作积极性。三是律师的职业行为规则当中规定的律师保密义务。律师职业道德保护的范围比前两者保护的范围更广。①

第四,多数国家还规定了一些配套的措施,以保障律师职业秘密特权。如规定律师享有拒绝搜查和扣押的权利,对律师的办公场所和住宅不得任意搜查。旨在保障律师与当事人的交流不受干扰。

(三) 构筑我国的律师职业秘密权利

1. 律师享有职业秘密的权利同时负有保密的义务,即律师未经其委托人明确、自愿的授权或许可,泄露上述职业秘密的,不仅违反律师职业行为规则,受到主管部门的惩戒;情节严重的,则构成刑事犯罪,承担刑事责任。职业秘密的范围包括委托人向律师提交的对自己不利的证据,或其已实施的犯罪行为等,但涉及继续进行、预谋进行的重大犯罪除外。

2. 规定律师具有拒绝作证的权利。各国法律一般都规定,凡是了解案件事实并具备作证能力的人,都有出庭作证的义务。为了使证人履行作证的法定义务,许多国家立法都明确规定,对无正当理由,拒不出庭作证者,可以采取传唤、拘传、罚金或等强制措施或惩治手段,强迫证人到庭作证。但是在特殊情况下,法律对一些具有特定身份的人,也规定了拒绝作证的权利。我国《刑事诉讼法》第 48 条第 2 款规定,凡知道案件的公民都有作证的义务。并未规定律师有拒绝作证的权利,这就会使律师的保密义务成为一纸空文。因此,在《刑事诉讼法》、《民事诉讼法》和《行政诉讼法》中应规定,律师对于因执业而从委托人处知悉的秘密信息有权拒绝作证。规定律师拒绝作证的权利,使律师的保密义务得到法律保障,一方面,增强当事人对律师的信赖,维护律师的声誉;另一方面,避免律师因保守职业秘密可能受到的人身、人格侵犯,保障律师更有效地履行法定职责。因此,我国法律也应当规定,律师对在执业中而获的秘密,有拒绝作证的权利。

3. 规定律师拒绝搜查和扣押的权利。律师因职业保管或持有的文件、物品应当不受扣押。这是律师保守职业秘密的一项重要法律保护措施,它符合宪法和有关法律保护公民人身权和保护律师执业人身权的基本精神。

4. 有关保密的其他规定。明确保密的时间范围,即辩护代理工作结束律师仍负有保密的义务;保密的人员不限于律师,还包括其他的辅助人员;保密的例外,当律师认为保密可能会导致无法及时阻止发生人身伤亡等严重犯罪及可能导致国家利益受到严重损害,律师在代理过程中可能无辜地被牵涉到委托人的犯罪行为时,律师可以为保护自己的合法权益而公开委托人的相关信息。

---

① 王进喜主编:《律师职业行为规则概论》,国家行政学院出版社 2002 年版,第 114—115 页。

【问题与思考】

1. 律师的业务范围
2. 律师的权利
3. 律师的义务
4. 律师的调查取证权
5. 律师的豁免权
6. 律师的拒绝辩护、代理权
7. 律师保守秘密的义务

第五章 律师的职业道德与惩戒

【本章内容提要】

本章介绍律师职业道德以及律师执业行为规范的内容,律师的行政责任和行业责任,重点分析律师的惩戒制度以及律师的利益冲突。

【关键词】 律师惩戒制度 利益冲突 律师执业行为规范

第一节 基本理论

一、律师职业道德和执业行为规范

律师职业道德是指律师在执行职务、履行职责时必须遵循的道德规范和行为准则。律师职业道德包括律师职业道德规范与律师执业纪律规范。律师职业道德规范具有以下方面的特征:第一,律师职业道德是概括性和具体性的结合。律师职业道德包括律师职业道德规范和律师执业纪律规范。第二,律师职业道德规范具有纲领性、抽象性和概括性的特点;而律师执业纪律规范具体、明确,便于操作。第三,律师职业道德规范律师在执业活动中的行为。首先,律师职业道德只约束从事律师职业的人员,包括专职律师与兼职律师。对不从事律师职业的人不起约束作用。其次,律师职业道德调整律师的职业行为,对律师职业外的行为不予调整。律师职业道德是一种有约束力的行为规范。违反职业道德不但要受到社会舆论的谴责,还要受到惩戒。律师执业行为规范是指调整律师与委托人、律师与仲裁、司法人员、律师同行之间关系的行为规范。

(一)律师与委托人或当事人关系的行为规范

律师在与委托人的关系中,要处理好利益冲突,通过尽职勤勉的服务、保守职业秘密、合理的收费等赢得委托人的信任,而这种信任是律师职业赖以生存的基础。律师与委托人的行为规范包括:建立委托代理关系;不得拒绝辩护或代理;保守职业秘密;利益冲突和回避;法律援助[①];律师收费[②];勤勉尽责地服务;委托代理关系的解除与终止等。

1. 建立委托代理关系

律师决定接受委托后,还应当与委托人就委托事项范围、内容、权限、费用、

[①] 见本书第七章。
[②] 见本书第六章。

期限等进行协商,经协商达成一致后,由律师事务所与委托人签署委托代理协议。

(1) 委托代理的基本要求有:① 律师应当充分运用专业知识,依照法律和委托协议完成委托事项,维护委托人或者当事人的合法权益。② 律师与所任职律师事务所有权根据法律规定、公平正义及律师执业道德标准,选择实现委托人或者当事人目的的方案。③ 律师应当严格按照法律规定的期间、时效以及与委托人约定的时间办理委托事项。对委托人了解委托事项办理情况的要求,应当及时给予答复。④ 律师应当建立律师业务档案,保存完整的工作记录。⑤ 律师应谨慎保管委托人或当事人提供的证据原件、原物、音像资料底版以及其他材料。

(2) 委托权限。律师接受委托后,应当在委托人委托的权限内开展执业活动,不得超越委托权限。

(3) 转委托。未经委托人同意,律师事务所不得将委托人委托的法律事务转委托其他律师事务所办理。但在紧急情况下,为维护委托人的利益可以转委托,但应当及时告知委托人。受委托律师遇有突患疾病、工作调动等紧急情况不能履行委托协议时,应当及时报告律师事务所,由律师事务所另行指定其他律师继续承办,并及时告知委托人。非经委托人的同意,不能因转委托而增加委托人的费用支出。

2. 不得拒绝辩护或代理

律师接受委托担任辩护人,没有正当、合理的理由,一般不得无故拒绝辩护或者代理,即律师只要接受委托与当事人达成协议后,原则上不得再拒绝办理所委托的诉讼案件。

《律师执业行为规范》第59条规定,有下列情形之一,经提示委托人不纠正的,律师事务所可以解除委托协议:(1) 委托人利用律师提供的法律服务从事违法犯罪活动的;(2) 委托人要求律师完成无法实现或者不合理的目标的;(3) 委托人没有履行委托合同义务的;(4) 在事先无法预见的前提下,律师向委托人提供法律服务将会给律师带来不合理的费用负担,或给律师造成难以承受的、不合理的困难的;(5) 其他合法的理由的。

《律师执业行为规范》还规定律师事务所依照第59条的规定终止代理或者解除委托的,委托人与律师事务所协商解除协议的,委托人单方终止委托代理协议的,律师事务所有权收取已提供服务部分的费用。律师事务所与委托人解除委托关系后,应当退还当事人提供的资料原件、物证原物、视听资料底版等证据,并可以保留复印件存档。

3. 保守职业秘密

律师的职业秘密,是指律师因其职务活动中所知悉的与其委托人有关且为其委托人不愿透露的事项。① 该概念包含以下特征：(1) 律师职业秘密的主体是律师。这里的律师包括律师、曾经担任过律师的人、实习律师、律师助理等知悉秘密的人员。(2) 律师因职业的关系知悉委托人的秘密。律师因代理案件，享有广泛的权利，如会见委托人、阅卷、调查取证等，委托人出于对律师的信任，将自己的秘密或隐私告诉律师。(3) 该秘密与委托人有利害关系。律师知悉的秘密可能与案件有关，也可能与案件无关，但与委托人有利害关系，秘密一般是对委托人产生一定不利或负面影响的秘密，并且，这些秘密通常是司法机关没有掌握但又为委托人不愿意透露的秘密。(4) 律师的职业秘密包含两个方面的内容：一是律师的保密权利；二是律师的保密义务。前者是指律师对其因提供法律服务而从委托人处知悉的委托人的秘密信息有权拒绝作证；后者则是指律师基于执业行为规范要求而负有保守职业秘密的义务。

4. 利益冲突和回避

利益冲突是指律师与委托人存在相反的利益取向，如果继续代理会直接影响到委托人的利益。律师在维护当事人合法权益过程中与其自身的利益发生冲突，当律师的利益与客户的利益相反或不一致时，就产生了利益冲突。作为律师在接受委托之前，律师及其所属律师事务所应当进行利益冲突查证。只有在与委托人之间没有利益冲突的情况下才可以建立委托代理关系。律师在接受委托后才发现有利益冲突，应及时将这种关系明确告诉委托人。委托人提出异议的，律师应当予以回避。建立利益冲突规范是非常有必要的：首先是维护委托人利益的需要。如果律师与委托人解除委托关系后，再担任对方当事人的代理人，这时律师对其委托人的情况，掌握的证据非常了解，再接受其对方当事人的委托，势必使原委托人处于不利的境地。再有，如果接受对方当事人的委托办理其他事务，虽然不是同一案件，但律师很难摆正自己的位置，而且律师与双方当事人接触时间久了，难免受到人情、关系、经济利益等诸多因素的影响，这也将影响到委托人的利益。其次，是维护律师与委托人之间的信任关系。律师如果代理有利益冲突的案件，容易使委托人对律师产生疑虑。因为即使律师在办理案件的过程中，能够不为私利，依法办事，摆正这种关系，兼顾双方当事人的合法权益，使案件得到公正的处理，委托人也会产生怀疑，认为律师偏袒一方，导致对律师不信任。

一些国家和地区对利益冲突作了非常详细规定，随着我国律师队伍的迅速扩大和律师服务的普及，利益冲突问题成为律师执业中不可避免而又亟待解决的问题，但我国并未建立该项制度，只是在有关的法律、规章和其他规范性文件中规定了律师执业冲突的有关内容。《律师法》第39条的规定。律师不得在同

---

① 见本书第四章。

一案件中为双方当事人担任代理人,不得代理与本人或者近亲属有利益冲突的法律事务。《律师执业行为规范》第50条和第51条对利益冲突作了回避规定。

《律师执业行为规范》第50条规定,有下列情形之一的,律师及律师事务所不得与当事人建立或维持委托关系:(1)律师在同一案件中为双方当事人担任代理人,或代理与本人或者其近亲属有利益冲突的法律事务的;(2)律师办理诉讼或者非诉讼业务,其近亲属是对方当事人的法定代表人或者代理人的;(3)曾经亲自处理或者审理过某一事项或者案件的行政机关工作人员、审判人员、检察人员、仲裁员,成为律师后又办理该事项或者案件的;(4)同一律师事务所的不同律师同时担任同一刑事案件的被害人的代理人和犯罪嫌疑人、被告人的辩护人,但在该县区域内只有一家律师事务所且事先征得当事人同意的除外;(5)在民事诉讼、行政诉讼、仲裁案件中,同一律师事务所的不同律师同时担任争议双方当事人的代理人,或者本所或其工作人员为一方当事人,本所其他律师担任对方当事人的代理人的;(6)在非诉讼业务中,除各方当事人共同委托外,同一律师事务所的律师同时担任彼此有利害关系的各方当事人的代理人的;(7)在委托关系终止后,同一律师事务所或同一律师在同一案件后续审理或者处理中又接受对方当事人委托的;(8)其他与本条第(1)至第(7)项情形相似,且依据律师执业经验和行业常识能够判断为应当主动回避且不得办理的利益冲突情形。

《律师执业行为规范》第51条规定,有下列情形之一的,律师应当告知委托人并主动提出回避,但委托人同意其代理或者继续承办的除外:(1)接受民事诉讼、仲裁案件一方当事人的委托,而同所的其他律师是该案件中对方当事人的近亲属的;(2)担任刑事案件犯罪嫌疑人、被告人的辩护人,而同所的其他律师是该案件被害人的近亲属的;(3)同一律师事务所接受正在代理的诉讼案件或者非诉讼业务当事人的对方当事人所委托的其他法律业务的;(4)律师事务所与委托人存在法律服务关系,在某一诉讼或仲裁案件中该委托人未要求该律师事务所律师担任其代理人,而该律师事务所律师担任该委托人对方当事人的代理人的;(5)在委托关系终止后一年内,律师又就同一法律事务接受与原委托人有利害关系的对方当事人的委托的;(6)其他与本条第(1)至第(5)项情况相似,且依据律师执业经验和行业常识能够判断的其他情形。律师和律师事务所发现存在上述情形的,应当告知委托人利益冲突的事实和可能产生的后果,由委托人决定是否建立或维持委托关系。委托人决定建立或维持委托关系的,应当签署知情同意书,表明当事人已经知悉存在利益冲突的基本事实和可能产生的法律后果,以及当事人明确同意与律师事务所及律师建立或维持委托关系。

从上述规范可以看出,我国关于利益冲突的规范还比较粗浅,而且一些规范效力和约束力很低,对于利益冲突的其他类型规范基本上处于空白状态。

利益冲突具有普遍性和复杂性,律师在职业活动中也不可避免地遇到利益冲突。利益冲突主要表现为以下四种:一是当事人之间的冲突。同时作为利益有明显冲突的双方当事人的代理人,这既可能在同一案件,也可能存在于不同案件中。这种类型的利益冲突比较容易判断。二是律师与对方当事人有冲突。三是律师与前委托人存在利益冲突。四是律师之间有冲突。如在同一案件中,一方当事人的代理律师与对方当事人的代理律师之间存在利益关系或其他利害关系。律师的利益冲突有明显的,也有潜在的,如果律师放任这种矛盾的存在,就有可能使这种矛盾激化,在当事人与律师之间造成紧张关系,从而破坏律师与当事人之间的信任关系,损害当事人的合法权益。当律师面临利益冲突时,应将利益冲突的情形和可能导致的后果告诉当事人,只有在当事人明示的许可后,才可继续代理;否则律师要撤回代理。

5. 勤勉尽责地服务

勤勉尽责地服务是律师对委托人的首要义务。《律师执业行为规范》第6条规定:"律师应当诚实守信、勤勉尽责,依据事实和法律,维护当事人合法权益,维护法律正确实施,维护社会公平和正义。"勤勉尽责服务要求律师办案无论大案小案、简单复杂的案件,都要一丝不苟,不准敷衍塞责。尽最大的努力热忱地为委托人提供法律服务,以维护当事人合法权益。律师勤勉尽责地为当事人服务表现在以下几个方面:

第一,不得进行虚假的承诺。有些律师为了招揽业务,向当事人许诺"保证胜诉"、案子"没问题"等。律师根据事实和法律,提出自己的意见和建议,对案件的判决起一定的影响,但案件判决结果是由法官作出的。因此,律师做虚假的承诺,只能损害当事人的利益。律师不得为建立委托代理关系而对委托人进行误导。《律师执业行为规范》第43条至第44条对此进行了规定。

第二,不得非法谋取委托人的利益。律师接受当事人的委托,为当事人提供法律帮助是律师的职责。律师不能用国家法律赋予的职责牟取私利。为了防止律师滥用权利,《律师执业行为规范》第45条至第47条作了以下规定:(1)律师和律师事务所不得利用提供法律服务的便利,牟取当事人争议的权益;(2)律师和律师事务所不得违法与委托人就争议的权益产生经济上的联系,不得与委托人约定将争议标的物出售给自己;不得委托他人为自己或为自己的近亲属收购、租赁委托人与他人发生争议的标的物;(3)律师事务所可以依法与当事人或委托人签订以回收款项或标的物为前提按照一定比例收取货币或实物作为律师费用的协议。

第三,妥善保管委托人的财产。《律师执业行为规范》第53、54条规定:(1)律师事务所可以与委托人签订书面保管协议,妥善保管委托人财产,严格履行保管协议;(2)律师事务所受委托保管委托人财产时,应当将委托人财产与律师事务所的财产、律师个人财产严格分离。

6. 委托代理关系的终止

律师与委托人关系的终止主要有两种情形,一种是自然终止,即委托事项办理完毕;一种是法定终止,即在法律规定的情形下,律师与委托人的关系终止。《律师执业行为规范》第58条规定,律师在办理委托事项过程中出现下列情况,律师事务所应终止委托关系:(1)委托人提出终止委托协议的;(2)律师受到吊销执业证书或者停止执业处罚的,经过协商,委托人不同意更换律师的;(3)当发现有本《规范》第50条规定的利益冲突情形的;(4)受委托律师因健康状况不适合继续履行委托协议的,经过协商,委托人不同意更换律师的;(5)继续履行委托协议违反法律、法规、规章或者本规范的。终止代理,律师事务所应当尽量不使委托人的合法利益受到影响。终止代理,律师应当尽可能提前向委托人发出通知。律师事务所在征得委托人同意后,可另行指定律师继续承办委托事项,否则应终止委托代理协议。

(二)律师与其他律师的关系规范

律师在从事执业活动的过程中,不可避免与自己的同行(其他律师)发生各种各样的关系。作为律师职业中的一员,律师在处理与同行之间的关系时,既要维护自身的利益,又要尊重作为同行的其他律师的利益,进而维护律师行业的整体利益。这要求,律师执业必须遵守律师的行为准则和同行之间的竞争规则,不得违反职业道德、执业纪律和从事不正当竞争。只有这样,才能营造良好的执业氛围,才能建设健康的律师队伍,才能使律师职业获得全社会的认可。律师之间的关系包括同一委托人委托的律师之间、同一方的律师之间、与对方律师之间的关系,作为同行即使是"对手"也要彼此相互尊重,公平竞争。

1. 尊重与合作

律师无论是与同方的律师还是和对方律师之间,在办理法律事务中应遵循以下规范:(1)在庭审或者谈判过程中各方律师应当互相尊重,不得使用挖苦、讽刺或者侮辱性的语言。(2)律师或律师事务所不得在公众场合及媒体上发表恶意贬低、诋毁、损害同行声誉的言论。(3)律师变更执业机构时应当维护委托人及原律师事务所的利益;律师事务所在接受转入律师时,不得损害原律师事务所的利益。(4)律师与委托人发生纠纷的,律师事务所的解决方案应当充分尊重律师本人的意见,律师应当服从律师事务所解决纠纷的决议。

2. 禁止不正当竞争

律师执业不正当竞争行为是指律师和律师事务所为了推广律师业务,违反自愿、平等、诚信原则和律师执业行为规范,违反法律服务市场及律师行业公认的行业准则,采用不正当手段与同行进行业务竞争,损害其他律师及律师事务所合法权益的行为。律师的不正当竞争行为会损害律师形象、声誉,破坏律师行业的公平竞争秩序,扰乱法律服务市场,具有极大的危害性。《律师执业行为规则》第77条至84条规范了律师或律师事务所与委托人、与司法行政机关、与司法机关及与律师和律师事务所相互之间的行为。

第一,律师和律师事务所不得采用不正当手段进行业务竞争,损害其他律师及律师事务所的声誉或者其他合法权益。有下列情形之一的,属于律师执业不正当竞争行为:(1)诋毁、诽谤其他律师或者律师事务所信誉、声誉;(2)无正当理由,以低于同地区同行业收费标准为条件争揽业务,或者采用承诺给予客户、中介人、推荐人回扣、馈赠金钱、财物或者其他利益等方式争揽业务;(3)故意在委托人与其代理律师之间制造纠纷;(4)向委托人明示或者暗示自己或者其属的律师事务所与司法机关、政府机关、社会团体及其工作人员具有特殊关系;(5)就法律服务结果或者诉讼结果作出虚假承诺;(6)明示或者暗示可以帮助委托人达到不正当目的,或者以不正当的方式、手段达到委托人的目的。

第二,律师和律师事务所在与行政机关、行业管理部门以及企业的接触中,不得采用下列不正当手段与同行进行业务竞争:(1)通过与某机关、某部门、某行业对某一类的法律服务事务进行垄断的方式争揽业务;(2)限定委托人接受其指定的律师或者律师事务所提供法律服务,限制其他律师或律师事务所正当的业务竞争。

第三,律师和律师事务所在与司法机关及司法人员接触中,不得利用律师兼有的其他身份影响所承办业务正常处理和审理的手段进行业务竞争。

第四,依照有关规定取得从事特定范围法律服务的律师或律师事务所不得采取下列不正当竞争的行为:(1)限制委托人接受经过法定机构认可的其他律师或律师事务所提供法律服务;(2)强制委托人接受其提供的或者由其指定的律师提供的法律服务;(3)对抵制上述行为的委托人拒绝、中断、拖延、削减必要的法律服务或者滥收费用。

第五,律师或律师事务所相互之间不得采用下列手段排挤竞争对手的公平竞争:(1)串通抬高或者压低收费;(2)为争揽业务,不正当获取其他律师和律师事务所收费报价或者其他提供法律服务的条件;(3)泄露收费报价或者其他提供法律服务的条件等暂未公开的信息,损害相关律师事务所的合法权益。

第六,律师和律师事务所不得擅自或者非法使用社会专有名称或者知名度较高的名称以及代表其名称的标志、图形文字、代号以混淆误导委托人。这里所称的社会特有名称和知名度较高的名称是指:(1)有关政党、司法机关、行政机关、行业协会名称;(2)具有较高社会知名度的高等法学院校或者科研机构的名称;(3)为社会公众共知,具有较高知名度的非律师公众人物名称;(4)知名律师以及律师事务所名称。

第七,律师和律师事务所不得伪造或者冒用法律服务荣誉称号。使用已获得的律师或者律师事务所法律服务荣誉称号的,应当注明获得时间和期限。律师和律师事务所不得变造已获得的荣誉称号用于广告宣传。律师事务所已撤销的,其原取得的荣誉称号不得继续使用。

(三) 律师参与诉讼或仲裁的行为规范

律师作为为社会提供法律服务的执业人员,在其从事业务活动的过程中,尤其是从事诉讼代理业务、担任辩护人、接受委托参与仲裁时,必然与法官、检察官、仲裁员等法律职业者发生关系。律师在处理这些关系时,必须遵守一定的原则,主要包括尊重、坦诚、廉洁等等。

第一,律师在参与诉讼或仲裁中,应当依法调查取证。律师不得向司法机关或者仲裁机构提交明知是虚假的证据。律师作为证人出庭作证的,不得再接受委托担任该案的辩护人或者代理人出庭。

第二,律师在执业过程中,必须尊重法官、检察官、仲裁员等法律职业者。这是对法律的尊重,也是对自己职业的尊重。我国《律师执业行为规范》规定,律师要尊重法庭。律师尊重法庭表现在以下几个方面:(1)律师应当遵守法庭、仲裁庭纪律,遵守出庭时间、举证时限、提交法律文书期限及其他程序性规定。(2)在开庭审理过程中,律师应当尊重法庭、仲裁庭。

第三,律师应当维护法官、仲裁员等法律职业者职务的廉洁性,不得通过违法的手段谋求对其委托人有利的裁判结果。我国《律师法》及《律师执业行为规范》等法律法规对律师行为做出了一些禁止性的规定:(1)律师在办案过程中,不得与所承办案件有关的司法、仲裁人员私下接触。(2)律师不得贿赂司法机关和仲裁机构人员,不得以许诺回报或者提供其他利益(包括物质利益和非物质形态的利益)等方式,与承办案件的司法、仲裁人员进行交易。律师不得介绍贿赂或者指使、诱导当事人行贿。

第四,律师应当在参与诉讼或仲裁中注意庭审仪表和语态。《律师执业行为规范》规定,律师担任辩护人、代理人参加法庭、仲裁庭审理,应当按照规定穿着律师出庭服装,佩戴律师出庭徽章,注重律师职业形象。律师在法庭或仲裁庭发言时应当举止庄重、大方,用词文明、得体。

(四) 律师业务推广行为规范

1. 律师业务推广原则

律师和律师事务所推广律师业务,应当遵守平等、诚信原则,遵守律师职业道德和执业纪律,遵守律师行业公认的行业准则,公平竞争。律师和律师事务所应当通过提高自身综合素质、提高法律服务质量、加强自身业务竞争能力的途径,开展、推广律师业务。律师和律师事务所可以依法以广告方式宣传律师和律师事务所以及自己的业务领域和专业特长。律师和律师事务所可以通过发表学术论文、案例分析、专题解答、授课、普及法律等活动,宣传自己的专业领域。律师和律师事务所可以通过举办或者参加各种形式的专题、专业研讨会,宣传自己的专业特长。律师可以以自己或者其任职的律师事务所名义参加各种社会公益活动。律师和律师事务所在业务推广中不得为不正当竞争行为。

2. 律师业务推广广告的规范

律师广告是指律师和律师事务所为推广业务与获得委托,让公众知悉、了解律师个人和律师事务所法律服务业务而发布的信息及其行为过程。《律师执业行为规范》第22条至30条对律师广告作了如下规定:律师和律师事务所为推广业务,可以发布使社会公众了解律师个人和律师事务所法律服务业务信息的广告。律师发布广告应当遵守国家法律、法规、规章和本规范。律师发布广告应当具有可识别性,应当能够使社会公众辨明是律师广告。律师广告可以以律师个人名义发布,也可以以律师事务所名义发布。以律师个人名义发布的律师广告应当注明律师个人所任职的执业机构名称,应当载明律师执业证号。具有下列情况之一的,律师和律师事务所不得发布律师广告:(1)没有通过年度考核的;(2)处于停止执业或停业整顿处罚期间的;(3)受到通报批评、公开谴责未满一年的。

律师个人广告的内容,应当限于律师的姓名、肖像、年龄、性别、学历、学位、专业、律师执业许可日期、所任职律师事务所名称、在所任职律师事务所的执业期限;收费标准、联系方法;依法能够向社会提供的法律服务业务范围;执业业绩。律师事务所广告的内容应当限于律师事务所名称、住所、电话号码、传真号码、邮政编码、电子信箱、网址;所属律师协会;所内执业律师及依法能够向社会提供的法律服务业务范围简介;执业业绩。

律师广告作了如下禁止性的规定:(1)律师和律师事务所不得以有悖律师使命、有损律师形象的方式制作广告,不得采用一般商业广告的艺术夸张手段制作广告;(2)律师广告中不得出现违反所属律师协会有关律师广告管理规定的内容。

3. 律师宣传的规范

《律师执业行为规范》还对律师的宣传作了规范。律师宣传是指通过公众传媒以消息、特写、专访等形式对律师和律师事务所进行报道、介绍的信息发布行为。律师进行宣传要做到以下几点:(1)律师和律师事务所不得进行歪曲事实和法律,或者可能使公众对律师产生不合理期望的宣传;(2)律师和律师事务所可以宣传所从事的某一专业法律服务领域,但不得自我声明或者暗示其被公认或者证明为某一专业领域的权威或专家;(3)律师和律师事务所不得进行律师之间或者律师事务所之间的比较宣传。

(五)律师与所任职的律师事务所关系规范

律师事务所是律师的执业机构。律师事务所对本所执业律师负有教育、管理和监督的职责,因此,《律师执业行为规范》规定:(1)律师事务所应当建立健全执业管理、利益冲突审查、收费与财务管理、投诉查处、年度考核、档案管理、劳动合同管理等制度,对律师在执业活动中遵守职业道德、执业纪律的情况进行监督。(2)律师事务所应当依法保障律师及其他工作人员的合法权益,为律师执业提供必要的工作条件。(3)律师承办业务,由律师事务所统一接受委托,与委托人签订书面委托合同,按照国家规定统一收取费用。(4)律师及律师事务所必须依法纳税。(5)律师事务所应当定期组织律师开展时事政治、业务学习,总结交流执业经验,提高律师执业水平。(6)律师事务所应当认真指导申请律师执业实习人员实习,如实出具实习鉴定材料和相关证明材料。(7)律师事务所不得从事法律服务以外的经营活动。(8)律师和律师事务所应当按照国家规定履行法律援助义务,为受援人提供法律服务,维护受援人的合法权益。(9)律师事务所不得指派没有取得律师执业证书的人员或者处于停止执业处罚期间的律师以律师名义提供法律服务。(10)律师事务所对受其指派办理事务的律师辅助人员出现的错误,应当采取制止或者补救措施,并承担责任。(11)律师事务所有义务对律师、申请律师执业实习人员在业务及职业道德等方面进行管理。

(五)律师与律师协会关系规范

律师和律师事务所应当遵守律师协会制定的律师行业规范和规则。律师和律师事务所享有律师协会章程规定的权利,承担律师协会章程规定的义务。具体表现为:(1)律师应当参加、完成律师协会组织的律师业务学习及考核。(2)律师参加国际性律师组织并成为其会员的,以及以中国律师身份参加境外会议等活动的,应当报律师协会备案。(3)律师和律师事务所因执业行为成为刑、民事被告,或者受到行政机关调查、处罚的,应当向律师协会书面报告。(4)律师应当积极参加律师协会组织的律师业务研究活动,完成律师协会布置的业务研究任务,参加律师协会组织的公益活动。(5)律师应当妥善处理律师执业中发生的纠纷,履行经律师协会调解达成的调解协议。(6)律师应当执行律师协会就律师执业纠纷作出的处理决定。(7)律师应当履行律师协会依照法律、法规、规章及律师协会章程、规则作出的处分决定。(8)律师应当按时缴纳会费。

二、律师惩戒

我国目前对律师的惩戒有行政责任和行业责任两种。根据2007年《律师法》和2010年《律师和律师事务所违法行为处罚办法》律师违法要承担行政责任;根据2004年全国律协修订的《律师协会会员违规行为处分规则(试行)》,律师违规要承担行业责任。

(一) 行政责任

律师的行政责任,是指司法行政机关中的律师管理部门对于律师违反法律和有关律师管理的法规、规章的行为给予的行政处罚。司法行政机关对律师、实施行政处罚,应当遵循公开、公正的原则。实施行政处罚,应当以事实为根据,与违法行为的事实、性质、情节以及社会危害程度相当。司法行政机关在查处律师、律师事务所违法行为时,应当充分发挥律师协会的职能作用。司法行政机关应当建立健全对行政处罚的监督制度。上一级司法行政机关应当加强对下一级司法行政机关实施行政处罚的监督和指导,发现行政处罚违法、不当的,应当及时责令纠正。

1. 处罚的方式

对律师违法执业行为给予的行政处罚是包括警告、罚款、没收违法所得、停止执业、吊销执业证书、通报或者公告。其中通报和公告是与其他行政处罚同时适用的。

行政处罚的具体适用,由司法行政机关依照《律师法》和《律师和律师事务所违法行为处罚办法》的有关规定,根据律师违法行为的事实、性质、情节以及危害程度,在法定的处罚种类及幅度的范围内进行裁量,作出具体处罚决定。司法行政机关对律师给予警告、停止执业、吊销律师执业证书的处罚,可以酌情并处罚款;有违法所得的,没收违法所得。

2. 处罚的机关

司法行政机关对律师的违法行为给予警告、罚款、没收违法所得、停止执业处罚的,由律师执业机构所在地的设区的市级或者直辖市区(县)司法行政机关实施;给予吊销执业证书处罚的,由许可该律师执业的省、自治区、直辖市司法行政机关实施。《律师法》第52条还规定,县级人民政府司法行政机关对律师的执业活动实施日常监督管理,对检查发现的问题,责令改正;对当事人的投诉,应当及时进行调查。县级人民政府司法行政机关认为律师的违法行为应当给予行政处罚的,应当向上级司法行政机关提出处罚建议。

3. 处罚的程序

(1) 立案调查

司法行政机关对律师、律师事务所的违法行为实施行政处罚,应当根据《行政处罚法》、《律师法》和司法部关于行政处罚程序的规定以及本办法的规定进行。司法行政机关实施行政处罚,应当对律师、律师事务所违法行为的事实、证据进行全面、客观、公正地调查、核实,必要时可以依法进行检查。司法行政机关调查违法行为,可以要求被调查的律师、律师事务所说明情况、提交有关材料;可以调阅律师事务所有关业务案卷和档案材料;可以向有关单位、个人调查核实情况、收集证据;对可能灭失或者以后难以取得的证据,可以先行登记保存。

司法行政机关可以委托下一级司法行政机关或者违法行为发生地的司法行政机关进行调查,也可以委托律师协会协助进行调查。接受委托的律师协会应当全面、客观、公正地查明事实,收集证据,并对司法行政机关实施行政处罚提出建议。

(2)陈诉、申辩和听证

司法行政机关在对律师、律师事务所拟作出行政处罚决定之前,应当告知其查明的违法行为事实、处罚的理由及依据,并告知当事人依法享有的权利。口头告知的,应当制作笔录。律师、律师事务所有权进行陈述和申辩,有权依法申请听证。

(3)处罚、履行和移送

司法行政机关对于违反《律师法》的律师或律师事务所予以处罚。司法行政机关实施行政处罚,应当经机关负责人审批,并依照《行政处罚法》的要求制作行政处罚决定书。对情节复杂或者重大违法行为给予较重的行政处罚的,司法行政机关的负责人应当集体讨论决定;集体讨论决定时,可以邀请律师协会派员列席。司法行政机关实施行政处罚,可以根据需要,采用适当方式,将有关行政处罚决定在律师行业内予以通报或者向社会公告。

被处罚的律师、律师事务所应当自觉、按时、全面地履行行政处罚决定,并向司法行政机关如实报告履行情况。司法行政机关应当对律师、律师事务所履行行政处罚决定的情况实施监督,发现问题及时责令纠正或者依法采取相应的措施。

律师的违法行为构成犯罪,应当依法追究刑事责任的,司法行政机关应当将案件移送司法机关处理,不得以行政处罚代替刑事处罚。

4. 处罚的救济

被处罚人对司法行政机关作出的行政处罚决定不服的,可以自收到决定之日起15日内向上一级司法行政机关申请复议,对复议决定不服的,可以自收到复议决定之日起15日内向人民法院提起诉讼;也可以直接向人民法院提起诉讼。

受到罚款处罚,不申请行政复议或者提起诉讼,又不履行行政处罚决定,作出处罚决定的司法行政机关可以申请人民法院强制执行。

5. 处罚的情节

(1)从轻或者减轻情节

律师、律师事务所有下列情形之一的,可以从轻或者减轻行政处罚:① 主动消除或者减轻违法行为危害后果的;② 主动报告,积极配合司法行政机关查处违法行为的;③ 受他人胁迫实施违法行为的;④ 其他依法应当从轻或者减轻处罚的。违法行为轻微并及时纠正,没有造成危害后果的,不予行政处罚。

(2) 从重的情节

律师、律师事务所的违法行为有下列情形之一的,属于《律师法》规定的违法情节严重或者情节特别严重,应当在法定的行政处罚种类及幅度的范围内从重处罚:① 违法行为给当事人、第三人或者社会公共利益造成重大损失的;② 违法行为性质、情节恶劣,严重损害律师行业形象,造成恶劣社会影响的;③ 同时有两项以上违法行为或者违法涉案金额巨大的;④ 在司法行政机关查处违法行为期间,拒不纠正或者继续实施违法行为,拒绝提交、隐匿、毁灭证据或者提供虚假、伪造的证据的;⑤ 其他依法应当从重处罚的。

6. 处罚的事由

《律师法》对律师违反法律、法规、规章的行为及其处罚作了明确规定,更为具体的规定见《律师和律师事务所违法行为处罚办法》。律师承担行政法律责任的行为可以分为四类:轻微违法行为、一般违法行为、严重违法行为和连续违法行为。

(1) 律师轻微违法行为的法律责任

我国《律师法》第47条和《律师和律师事务所违法行为处罚办法》第5—9条规定,律师有同时在两个以上律师事务所执业的;以不正当手段承揽业务的;在同一案件中为双方当事人担任代理人,或者代理与本人及其近亲属有利益冲突的法律事务的;从人民法院、人民检察院离任后二年内担任诉讼代理人或者辩护人的;拒绝履行法律援助义务等行为之一的,由设区的市级或者直辖市的区人民政府司法行政机关给予警告,可以处5000元以下的罚款;有违法所得的,没收违法所得;情节严重的,给予停止执业3个月以下的处罚。

(2) 律师一般违法行为的法律责任

我国《律师法》第48条和《律师和律师事务所违法行为处罚办法》第10—13条规定,律师有私自接受委托、收取费用,接受委托人财物或者其他利益的;接受委托后,无正当理由,拒绝辩护或者代理,不按时出庭参加诉讼或者仲裁的;利用提供法律服务的便利牟取当事人争议的权益的;泄露商业秘密或者个人隐私等行为之一的,由设区的市级或者直辖市的区人民政府司法行政机关给予警告,可以处10000元以下的罚款;有违法所得的,没收违法所得;情节严重的,给予停止执业3个月以上6个月以下的处罚:

(3) 律师严重违法行为的法律责任

我国《律师法》第49条和《律师和律师事务所违法行为处罚办法》第14条至第22条规定,律师有违反规定会见法官、检察官、仲裁员以及其他有关工作人员,或者以其他不正当方式影响依法办理案件的;向法官、检察官、仲裁员以及其他有关工作人员行贿,介绍贿赂或者指使、诱导当事人行贿的;向司法行政机关提供虚假材料或者有其他弄虚作假行为的;故意提供虚假证据或者威胁、利诱他人提供虚假证据,妨碍对方当事人合法取得证据的;接受对方当事人财物或者其他利益,与对方当事人或者第三人恶意串通,侵害委托人权益的;扰乱法庭、仲裁庭秩序,干扰诉讼、仲裁活动的正常进行的;煽动、教唆当事人采取扰乱公共秩序、危害公共安全等非法手段解决争议的;发表危害国家安全、恶意诽谤他人、严重扰乱法庭秩序的言论的;泄露国家秘密的等行为之一的,由设区的市级或者直辖市的区人民政府司法行政机关给予停止执业6个月以上1年以下的处罚,可以处50000元以下的罚款;有违法所得的,没收违法所得;情节严重的,由省、自治区、直辖市人民政府司法行政机关吊销其律师执业证书;构成犯罪的,依法追究刑事责任。

律师因违法执业构成故意犯罪或者因非执业事由构成故意犯罪受到刑事处罚的,司法行政机关应当吊销其律师执业证书;因过失犯罪受到刑事处罚的,在其服刑或者执行缓刑期间应当停止履行律师职务,刑期届满后可再申请恢复执业。

(4) 律师连续违法行为的法律责任

我国《律师法》第51条还规定,律师因违反《律师法》规定,在受到警告处罚后1年内又发生应当给予警告处罚情形的,由设区的市级或者直辖市的区人民政府司法行政机关给予停止执业3个月以上1年以下的处罚;在受到停止执业处罚期满后2年内又发生应当给予停止执业处罚情形的,由省、自治区、直辖市人民政府司法行政机关吊销其律师执业证书。

(二) 行业责任

律师的行业责任主要是指律师因为违反了行业内部制定的职业道德准则、执业纪律等相关行业规范所要承担的违纪责任,是律师行业进行自我管理的一种重要形式。1999年全国律协颁布了《律师协会会员违规行为处分规则(试行)》,2004年3月20日全国律协对其进行了修订。该规则包括总则,处分的种类、适用和管辖,处分的实施机构,回避,受理和立案调查,处分的决定与程序,复查七个部分构成。

1. 处分的种类

对律师的处分的形式有训诫;通报批评;公开谴责;取消会员资格四种。对律师事务所的处分有训诫、通报批评、公开谴责。

2. 处分的机构

中华全国律师协会设立纪律委员会,负责律师行业处分相关规则的制定及对各级律师协会处分工作的指导与监督。各省、自治区、直辖市律师协会及设区的市律师协会设立惩戒委员会,负责对违规会员进行处分。处分复查机构由各省、自治区、直辖市律师协会,负责受理复查申请和作出复查决定。复查机构应由业内和业外人士组成。业内人士包括:执业律师及司法行政人员;业外人士包括:法学界专家、教授;司法机关有关人员。惩戒委员会原参加调查决定人员不能再作为复查机构的组成人员。

3. 减轻与加重的情形

(1) 从轻、减轻或免予处分的情形

会员有下列情形之一的,可以从轻、减轻或免予处分:① 初次违规并且情节显著轻微或轻微的;② 承认违规并作出诚恳书面反省的;③ 自觉改正不规范执业行为的;④ 及时采取有效措施,防止不良后果发生或减轻不良后果的。

(2) 加重处分的情形

会员有下列情形之一的,应当从重处分:① 违规行为造成严重后果的;② 逃避、抵制和阻挠调查的;③ 对投诉人、证人和有关人员打击报复的;④ 曾因违规行为受过行业处分或受过司法行政机关行政处罚的。

4. 处分的程序

(1) 接待投诉。投诉人向律师惩戒委员会投诉的,工作人员应认真接待并填写投诉登记表,妥善保管书面证据材料,建立会员违规档案。

(2) 立案。惩戒委员会应在接到投诉案件后的 7 个工作日内对案件作出是否立案的决定。

(3) 调查。惩戒委员会认为应当立案的,应于 10 个工作日内(偏远地区可适当延长)向被投诉会员发出通知,要求被投诉会员到律师协会说明情况,回答质询,并提供书面答辩。需由司法行政机关或其他律师协会处理的投诉案件,应予移送,并告知投诉人。

(4) 听证。惩戒委员会在作出决定前,应通知被投诉会员本人到会陈述、申辩。被投诉会员不到会的视为放弃;放弃陈述或申辩权利的,不影响作出决定。惩戒委员会在作出决定前,应当告知被投诉会员有要求听证的权利。

(5) 决定。惩戒委员会应当集体作出决定。会议至少应由三分之二的委员出席,决定由出席会议委员的三分之二以上的多数通过,并作出决定书。

(6) 复查。律师对惩戒委员会作出的决定不服的,可在接到决定书的 30 个工作日内向律师协会复查机构申请复查。

第二节 立法背景

一、我国律师职业道德和执业纪律的发展历程

从我国目前的律师职业道德规范的渊源来看,一部分是以法律、部门规章等法律规范形式体现的,另一部分,则是以律师协会所制定的行业规范形式体现的。[①] 律

---

① 王进喜:《中国律师职业道德历史回顾与展望》,载《中国司法》2005 年第 2 期。

师制度恢复后,1980年《暂行条例》虽然没有很明确的职业道德规范篇章,但在律师权利与义务的章节中也包含有一些体现律师职业道德建设的规定,律师保守秘密的责任;法律顾问处(所)统一收费的规定。随着律师事业的发展,律师职业道德建设问题日益突出。各地陆续制定了一些加强律师队伍职业道德建设的规定,如吉林省司法厅1989年10月印发了《吉林省律师职业道德规范》,浙江省于1989年11月20日印发了《浙江省律师从业清廉暂行办法》。随后,司法部于1990年11月12日印发了《律师十要十不准》,以宣言的形式规定了律师职业道德建设的基本内容。《律师十要十不准》共十条,对律师在政治方向、处理与当事人的关系、处理与同行的关系等方面对广大律师提出了要求,在当时对于维护律师与当事人之间的诚信关系、维护当事人的合法权益,起到了积极的促进作用。但是,由于《律师十要十不准》过于原则,无法实现律师职业道德规范的体系化、忽视了律师职业道德规范内部的逻辑完整性,无法对律师队伍的职业道德建设进行有效调整。[①] 1993年12月27日,司法部颁布实施了《律师职业道德和执业纪律规范》(以下简称《司法部规范》)。

1996年10月6日,中华全国律师协会第五次常务理事会通过了由律师协会制定的《律师职业道德和执业纪律规范》(以下简称《律师协会规范》)。与《司法部规范》相比,《律师协会规范》在许多重要方面取得了进步,但是该规范仍然存在一些需要解决的问题。首先,《律师协会规范》在指导思想上仍然没有摆脱争讼中心主义的影响,忽视或者淡化了对律师办理"非诉讼性业务"应当遵守的执业纪律的建设。其次,《律师协会规范》没有摆脱对《律师法》的依附状态,其近半数内容与《律师法》的条文有直接渊源关系,使得《律师协会规范本身》应当具有的对《律师法》有关规定进一步具体化、发展化的作用难以有效发挥。最后,在具体内容上,《律师协会规范》的一些规定相对于《司法部规范》而言,出现了一定程度的倒退;一些规定与律师业的发展趋势相悖;对于一些关键性问题规定得非常原则、模糊甚至没有相应的规定。这些缺憾无疑大大妨碍了律师职业道德的指导效用和贯彻执行。[②]

二、律师执业行为规范现状评析

我国律师职业行为规范的制定情况,总体上概括为"散"、"乱"、"少"。所谓散,是指现行的律师职业规范,散见于《律师法》、《律师执业行为规范》、《律师协会会员违规行为处分规则》、《律师执业证管理办法》、《律师事务所内部管理规则》和各类《律师事务所管理办法》等,还有最高人民法院和司法部联合制定

[①] 王进喜:《中国律师职业道德历史回顾与展望》,载《中国司法》2005年第2期。
[②] 同上。

的《关于规范法官和律师相互关系维护司法公正的若干规定》等等,无论是内容上,还是效力层次上都没有形成结构体系;所谓乱,是指关于律师的执业行为规范出自多门,有司法部的规章,有律师协会的自律性规范,有法律,有司法解释,不仅各种规定的效力层次混乱,而且,内容重叠甚至矛盾,表面看是多方面都在关注,都试图去规范律师的行为,实际上无论是内容本身,还是实际执行,在违规行为界定和责任承担方面都存在很多漏洞。所谓少,是一个相对概念,不是指绝对值的数量,而是从结构意义上,关于律师职业的行为规范还没有形成一个完整的体系,在内容上还不能够涵盖律师的方方面面。①

鉴于上述《律师协会规范》存在的问题,2004年3月20日第五届全国律协第九次常务理事会通过了《律师执业行为规范(试行)》,2004年的《律师协会规范》是在克服1996年的《律师协会规范》缺陷的基础上制定的,结构更加合理,一些规范更加具体化,具有可操作性,但仍有弊端。表现在:首先,基本框架的设计,章节之间的逻辑顺序不够科学。其次,《律师协会规范》部分内容与《律师法》有关内容重复。如"执业前提"和"曾任法官、检察官的律师,离任后未满两年,不得担任诉讼代理人或者辩护人的规定"与《律师法》重复。再次,没有对律师事务所的规范,律师事务所作为律师的执业机构应当是规范约束的主体之一。最后,有的规定过于抽象,有的则缺乏规范。如只对同行之间的竞争问题和同行的尊重问题做了一些限制,但是,对同行之间的责任问题基本没有规定,如合伙律师与聘用律师,管理律师与非管理律师,律师与律师助理的关系和责任没有规定,而这些内容不仅涉及法律服务的质量,还涉及律师的职业形象和律师整体的职业利益。此外,没有对律师提供咨询意见的范围进行规范,没有对律师作为中间调解人的行为进行规范等。

2009年12月27日第七届全国律协二次理事会审议通过,修订形成了新《律师执业行为规范》,并于2011年12月20日由全国律师协会正式颁布。

第三节 热点前沿问题

一、美国及我国香港地区利益冲突的规定

(一)美国有关利益冲突的规定

美国目前大多数州或管辖区已经接受并实施的《美国律师协会职业行为标准规则》(简称《规则》)对律师执业中的利益规避问题作了详细规定。在《规则》1.7"利益冲突的总则"中规定:"如果代理该委托人会直接影响其他委托人

---

① 司莉:《律师职业属性论》,中国政法大学出版社2006年版,第117页。

的利益,律师不得代理该委托人,除非(1)律师有理由认为,此项代理不会影响同其他委托人的关系;(2)经磋商,各委托人表示同意。如果律师对该委托人的代理会由于律师对其他委托人的代理,或由于律师自身的利益而受到严重限制时,律师不得向委托人提供代理,除非(1)律师有理由认为:此项代理不会受到不利的影响;(2)经磋商后委托人表示同意。如果在一个独立的事务中,律师代理多数当事人,那么,磋商必须包括共同代理之含义及其所包含的利益和风险。"根据《规则》,律师执业中的利益冲突主要有以下几种:委托人与律师的利益冲突、现任与前任委托人之间的冲突、被转嫁的利益冲突、作为客户的机构与机构成员的利益冲突等四个部分。①

(二)香港特别行政区利益冲突的有关规定

香港地区《香港事务律师执业行为操守》第九章"当事人之间的利益冲突"对于利益冲突问题也作出了非常详细的规定。如关于"目前当事人之间的利益冲突"规定:"在当事人之间出现利益冲突时,事务律师或律师行不得继续接受双方或多方当事人的委托。"关于本条的评析的内容主要有以下六条。②

1. 事务律师在同一事务上接受一方以上当事人的委托之前,他必须告知当事人他已受聘于双方或各方当事人,他们之间每个人与该事件相关的信息与其他人一样都是公开的。如果他们之间的争执有了发展而不能得到解决,事务律师亦不能继续为他们双方或各方代理,并且必须安全退出代理。应用此原则的一个实例是,当事务律师为被保险人(投保人)代理的同时,根据报单的代位权条款也为保险人代理,即使一方当事人希望如此,另一方不愿意如此。

2. 如果事务律师与一方当事人有持续关系并经常为其进行代理,该事务律师应当在一开始就向另一方当事人提示一个事实,即双方应得到各自独立的代理。在说明这一事实后,如果各方当事人都同意该事务律师为他们服务,事务律师应当取得他们的同意,最好以书面形式,或分别在信函中记录他们的同意,并寄给各方。尽管各方当事人都同意,事务律师仍应注意不要同时为一方以上当事人服务。在事情进展过程中,各当事人之间可能发生争论的问题或他们的利益、权利或义务上的分歧将相当明显。

3. 如果所涉的当事人都同意该事务律师的代理后,他们或他们的部分人之间出现了争讼问题,那么事务律师尽管可以在其他非争讼问题上向他们提供法律意见,但如果在争讼问题上向他们提供法律意见,就将违反上述原则。在这种情况下,事务律师通常应当向当事人推荐另一位事务律师。然而,如果该问题很

---

① 关于律师执业的利益冲突问题,就目前掌握的资料看,最为详细的是美国和我国香港特别行政区的有关做法,这里将就美国和我国香港的有关规定予以详细阐释。详见陈光中主编:《律师法学》,中国法制出版社2008年版,第147—152页。

② 转引自徐世芬主编:《香港律师执业行为规范》,法律出版社1999年版,第337—339页。

少或不涉及法律问题,例如一项拟议商业交易中的商业问题而非法律问题,且其交易权力并非显然不平衡,他们可以通过没有该事务律师参与的直接谈判来解决这个问题,或者事务律师可以向一方当事人推荐另一位律师,而他则继续代理另一方的当事人,如果各方从冲突开始时已就这种安排达成一致的话。

4. 如果在某一事项或相关事项中,事务律师已经接受了两方当事人的委托,而随后两方当事人的利益发生冲突,他必须停止为两方进行的代理,除非他不会因此而使自己处于困窘尴尬的境地,并能在取得另一方同意后继续为一方当事人代理。只有当事务律师在为另一方当事人代理过程中未曾获悉过与该当事人相关的保密资料,他才能继续为一方当事人服务。即使这样,事务律师亦应当取得另一方当事人的同意(通常是通过他的新的事务律师)。如果没有去征求对方的同意,也应该在没有充分理由可以拒绝的情况下,继续进行该代理。

5. 如果事务律师在刑事诉讼中为两个或两个以上共同被告进行代理,而他们之中一人或多人改变其口供,事务律师则需仔细考虑是否可以继续为他们各人代理。例如,在作出决定时,事务律师必须记住,如果他对于他将代理当事人或当事人们的公开所知的责任与他对于另一方或多方当事人保密的义务发生冲突的话,他必须停止为他们所有各方代理。所以,在同意继续为一方当事人进行代理之前,事务律师必须谨慎检查他所持有的与其他当事人有关的资料中,是否可能存在着与委托他的当事人有关的信息。

6. 两个或两个以上律师行合并后,作为委托的一种明示或默示变化,独营执业者的当事人将成为新律师行的当事人,在这种情况下,必须谨慎地采取步骤,保证新律师行当事人的利益不会出现冲突。如果发生冲突,则律师行必须停止为双方当事人进行代理,除非他们具备上述1.所规定的条件,方才可以继续为其中一方进行代理。

二、国外及我国港台地区的律师惩戒制度与评析

(一)惩戒机构

美国律师的惩戒,仍保持着由律师协会的惩戒委员会和法院实施的传统体制与形式。律师惩戒机构各州有所不同,有的是设在州的律师协会,有的是设在法院。但是,无论是设在法院还是设在律协,在历史传统上和现实做法上,对律师的惩戒一般都是由州高等法院来裁决实施。当然,由于有70多万持照律师在美开业,法院实际上不可能包揽惩戒事务,以及直接处理律师丧失能力的事务。一般都是通过行使其司法权来监督惩戒的实施,而大量的实际工作则是由律协来承担的。不管惩戒机构设在哪,其作用与功能、组织结构等均一样。各州都有一个常设的惩戒机构来管理律师的惩戒事务以及判定和解除律师丧失能力事务。它是一个全州范围的机构。由一个全州范围内的委员会组成,称某州高等法院或律师协会惩戒委员会。这个委员会下设听讯委员会、检控委员会,以及由惩戒委员会指任的办事人员。惩戒机构是一个一元化的统一体。它执行检控与司法裁决双重职能。为了避免不公正,这两种职能由惩戒机构的内部组织分别执行的。检控职能由惩戒委员会任命的专职律师作为专职人员直接行使。作为委员会内部的组成部分和组成人员,司法裁决职能则由开业律师和社会人士来行使。前者为检控委员会,后者是听证委员会。①

英国的律师因有事务律师与出庭律师之分,因此,对事务律师及出庭律师的惩戒方面的规定也有所不同。对事务律师的惩戒由事务律师纪律惩戒委员会进行。一开始纪律惩戒委员会由主事法官和执业10年以上的事务律师组成,1974年《事务律师法》颁布后,该纪律惩戒委员会即由非法律工作者和事务律师共同组成,这说明对事务律师协会已取得在律师惩戒方面的自治权。与事务律师不同,对出庭律师的惩戒权则自始至终由出庭律师的组织即四大公会行使。出庭律师的惩戒由出庭律师评议会之下设立的惩戒委员会进行,惩戒委员会由5名以上7名以下的成员组成,这些成员原则上必须是从事实际业务的出庭律师而且还必须是新评议会的会员。

法国律师协会独立地对会员行使惩戒权,由理事会组成惩戒委员会。

德国有权对律师实施惩戒的法院分为地区律师名誉法院、州律师法院和联邦律师法院三级。地区律师名誉法院设在各律师会之下,各法院的成员全部由律师组成,担任名誉法院法官的律师须由律师会推荐、州司法机关任命。州律师名誉法院设在各州的高等法院之内,是处理律师惩戒案件的上诉审法院,其成员由律师和专职法官组成,审判长由律师担任。联邦律师法院设于联邦法院之内,其成员由联邦法院院长、专职法官和律师组成。这是处理律师惩戒案件的终审法院。惩戒程序的起诉权全部由检察官垄断。

香港至今还保留着英国最高法院对律师业进行监管的传统做法。根据有关的条例,事务律师和出庭律师均属于高等法院的"人员",法院对律师实行司法管辖权,事务律师和出庭律师可以向高等法院申请复核律师会和大律师会的裁决。律师资格和执业资格的取得应由高等法院批准;律师违法犯罪,交由法院审判,依法处以罚金或有期徒刑。但实际上,香港的事务律师与出庭律师并不直接隶属高等法院,高等法院只对律师资格审查、登记和律师违法犯罪方面行使管辖权。而律师的专业管理职能,包括对律师业的监管和违纪的惩戒,主要是通过香港律师会和香港大律师会依法行使而实现的。② 香港设立独立的律师纪律审裁机构,它直接接受法院和律师行业管理组织的领导,对违反律师执业行为操守的

---

① 青锋:《美国律师制度》,中国法制出版社1997年版,第101页。
② 张富强主编:《香港律师制度与律师实务》,法律出版社1999年版,第444页。

人进行惩戒。审裁机构的成员由高等法院首席法官委任一定数量的律师、外国律师或非法律专业人员组成。

台湾地区律师的惩戒机关有律师惩戒委员会和律师惩戒复审委员会。它不是常设机关,而是由有关人员临时组成,任期为1年。律师惩戒委员会由高等法院的院长、庭长、推事5名及1名律师组成。高等法院的院长为委员长。如果被惩戒的律师或高等法院的首席检察官对律师惩戒委员会的决议不服,可请求律师惩戒复审委员会复审。律师惩戒复审委员会由高等法院的院长、庭长、推事4名及2名律师组成,最高法院的院长为复审委员会的委员长。复审委员会做出的决议为最终决议。

(二) 惩戒的事由

美国律师的违法行为是对律师进行惩戒的根据。根据美国律师协会的有关规定,律师的违法行为一般分为四类。第一类是违反当事人的义务的行为。比如对当事人的财产造成危害,泄露当事人的秘密,违反"利益冲突"原则等等。第二类是违反社会义务的行为。比如律师的犯罪行为,欺诈、诈骗等不诚实行为以及渎职行为等。第三类是违反法制义务的行为。比如虚假陈述,欺诈,违法代理,滥用法律程序,与涉及有关法律事务的特定人不适当地互通情报等等。第四类是违反其职业义务的行为。比如为了获取利益而故意违反职业义务;严重危害当事人、公众以及法制,以及对之造成威胁等。

在法国,律师协会对于违反法令,违反职务规章,以及有不诚实和有损于名誉及品格的行为给予惩戒。

德国惩戒的原因一般为律师有违反法定义务或违反律师章程的行为。

在日本,如果律师违反律师法、所属的律师协会章程、律师协会联合会的章程或律师的道德规范,就要受到惩戒。

台湾地区"律师法"规定,律师有以下三种情况,应受惩戒:(1) 违反律师法。律师违反"律师法"第20条、第21条、第23条、第25条以及第27条至第36条的规定,要受惩戒。(2) 有犯罪行为。律师触犯了刑律,不但法院要依法对其进行判决,律师惩戒委员会也要给其惩戒处分。(3) 违反律师协会章程且情节严重。如律师超过规定限额收受了当事人的酬金,违反律师风纪等,且情节比较严重,就要受到惩戒处分。

(三) 惩戒的种类

美国律师协会的律师惩戒标准规定,惩戒的种类主要有:取消律师资格、暂停执业、公开申饬、不公开申饬以及恢复性处罚。取消律师资格通常是指不定期地或者永久地将某人排除律师队伍,终止其律师身份的处罚。暂停执业,是指律师继续保持其律师身份,但是在特定期限内其执业权被暂停的处罚。暂停执业的期限从3个月到5年不等。公开申饬是宣布律师的行为的不适当性,但是并不限制其执业权的处罚。不公开申饬,也叫做警告,与公开申饬相比,就是这种处罚是不公开进行的。恢复性处罚是一种具有特点的处罚方式,一般要求受到处罚的律师强制性地参加教育活动或者某种旨在对特定行为加以矫正的项目。①

英国事务律师的惩戒方式有:除名;停止业务活动;处以 750 英镑以下的罚款;命令支付惩戒程序所需要的费用。出庭律师的惩戒种类有:停止律师资格及除名;命令返还或放弃报酬;谴责。

法国的惩戒方式有警告、谴责、停止执行业务 3 年以下、除名。

德国的惩戒方式包括警告、谴责、罚款、暂停执业及开除。

日本的惩戒方式有:警告、停止执行业务 2 年、命令退会、除名。

香港地区对违反执业操守的律师作出以下惩戒措施:对不当职业行为的谴责;暂时吊销资格、处以罚款、予以除名、支付事务费及附带事务费、其他命令。

台湾地区惩戒种类共四种,依照从轻到重顺序分别为:警告,申诫,暂时停职,除名。警告是对律师执行职务中有违法行为但未构成犯罪的一种处分。申诫分口头、书面两种,稍重于警告。暂时停职是较重处分,期限为 2 个月以上,3 年以下,其间律师不得以律师身份进行一切活动。除名是最重的处分,只有律师违反法令或严重违反律师公会章程才受此处分。

(四) 惩戒的程序

美国律师的惩戒程序包括审查、调查、处理、正式指控、惩戒委员会的复审级法院复审。

在日本,任何人认为律师违反了律师法、律师协会章程或道德规范均可向律师协会提出,律师协会在接到请求或自认为律师的行为应受处罚时,应命令纲纪委员会进行调查,如果纲纪委员会调查后发现律师的行为确实有过错,再由律师协会交惩戒委员会审查并决议,所决议的惩罚由律师协会执行,如果受惩戒的律师对惩戒委员会的处罚不服,可向律师协会联合会提出异议或要求审查,也可向东京高等法院上诉。

台湾地区律师的惩戒有四个程序,它们分别为:律师惩戒的提起,惩戒的审查,惩戒的评议和惩戒的复议。

综观以上内容,各国、地区的惩戒制度主要有以下特点:

其一,律师协会在实施或参与律师惩戒中的作用日趋重要。对律师的惩戒一般由律师协会下设的律师协会理事会、律师协会纪律委员会、律师协会惩戒委员会、或律师纪律法庭承担。负责调查律师违纪行为的与作出惩戒决定的分别由不同的委员会行使,如日本设立纲纪委员会对控告进行受理、审查和调查;处

---

① 王进喜:《美国律师职业行为规则理论与实践》,中国人民公安大学出版社,第212页。

罚决定则由惩戒委员会作出，相对于诉讼中的控审分离。

其二，惩戒委员会的委员不单独由律师组成，包括业内人士及业外人士。如英国初级律师的惩戒委员会由律师、法官及律师和法官以外的第三者参加。

其三，惩戒委员会在作出决定前进行听证，并通知律师到会陈述、申辩。

其四，从惩戒的程序，可以看出对惩戒都有救济程序。被惩戒人可以向上级惩戒机构申请复议，或者法院提起诉讼。尤其是对于取消律师资格的处罚，为确保处分的公正性和权威性，由法院行使最终的决定权或监督权。

第四节 法律实践

一、利益冲突

案例一：律师没有与当事人形成委托代理关系，能否接受其对方当事人的委托担任其代理人

1999年12月，陈某某的9岁儿子因患阑尾炎在洛阳儿童医院就医时死亡，从此医患双方发生纠纷。2000年1月，正当陈某某一家沉浸在巨大的丧子之痛中时，某律师事务所律师刘某来到陈家，自称"医疗案件第一诉讼高手"。陈某某信以为真，当日将有关材料100多页材料交给刘某，2002年2月，陈某某接到律师刘某的电话，提出打官司要走关系，至少需要15万元，当陈说实在没有钱，只能拿出5万元时，刘律师当即翻脸离去。之后，陈某某多次向其索要案件材料无果。令陈某某感到意外的是，在陈某某诉洛阳儿童医院时，坐在被告代理律师席上的竟然是拿有他全部证据材料的律师刘某。

案例二：一个律师能否同时为同一案件中一方的两个或两个以上的当事人担任代理人

甲驾车载朋友乙一同出行的途中与丙的轿车相撞，乙受伤严重，甲受伤轻微，甲、乙共同委托律师丁作为此案一审和二审的代理律师，向丙起诉索赔。一审时丙反诉甲对车祸的发生存在过错。

案例三：律师能否接受其担任的顾问单位的当事人的委托

律师担任某公司法律顾问，业务员小丁为了拓展公司业务而向公务员给付回扣，因而被指控行贿罪。公司让律师担任小丁的辩护人，并为其支付律师费，小丁很感激。但公司经理私下向律师讲，如果真的构成犯罪由小丁一人承担，不要牵扯到公司来。

案例四：律师能否接受其以前所在单位的对方当事人的委托担任代理人

甲律师在执业前曾在A公司工作多年，现在A公司与B公司发生一起诉讼纠纷，B公司聘请甲律师为其代理处理与A公司的纠纷。律师能否接受代理？

以上四个案例只是律师执业中利益冲突的常见问题，这从一个侧面说明律师执业过程中的利益冲突问题的普遍性和复杂性。利益冲突问题是律师在执业中经常要面对的问题。实践表明，经济生活关系越活跃、越复杂，律师执业过程中遇到的利益冲突问题就越多。我国有关利益冲突的规定还很浅显，远远不能满足实践中律师遇到的利益冲突问题。

上述的四个案例都存在利益冲突，但我国目前的法律、法规及规范性文件尚未规范到。案例一是律师与当事人并未形成委托代理关系，但律师又掌握当事人信息，如果再做其对方的代理人会对一方当事人不利。案例四是一种潜在的利益冲突，由于律师以前曾在 A 公司工作过，对 A 公司很了解，甚至掌握其一些信息，如果代理与 A 公司存在直接冲突的对方，会对 A 公司产生不利的影响。案例二中律师能否同时为同一案件中一方的两个或两个以上的当事人担任代理人，我国的司法解释规范的是刑事诉讼中的利益冲突。该案中表面上看，甲和乙同属一方，如果甲对车祸也有责任的话，甲也要对乙的受伤负责，这时甲乙之间也有了冲突，如果律师代理甲和乙的话，律师到底维护谁的利益。案例三中法人和其自然人之间有利益冲突，律师如果代理的话，又会陷入两难的境地。严格地讲，以上四个案件，律师不能接受委托担任代理人。

我国的立法部门没有意识到利益冲突的严重性。建立利益冲突制度是非常有必要的：首先是维护委托人利益的需要。如果律师与委托人解除委托关系后，再担任对方当事人的代理人，这时律师对其委托人的情况，掌握的证据非常了解，再接受其对方当事人的委托，势必使原委托人处于不利的境地。另外，如果接受对方当事人的委托办理其他事务，虽然不是同一案件，但律师很难摆正自己的位置，而且律师与双方当事人接触时间久了，难免受到人情、关系、经济利益等诸多因素的影响，这也将影响到委托人的利益。其次，是维护律师与委托人之间的信任关系。当事人与律师之间的信任是律师赖以存在的基础。律师如果代理有利益冲突的案件，容易使委托人对律师产生疑虑。因为即使律师在办理案件的过程中，能够不为私利，依法办事，摆正这种关系，兼顾双方当事人的合法权益，使案件得到公正的处理，委托人也会产生怀疑，认为律师偏袒一方，导致对律师不信任。

二、真实义务与忠实义务的冲突

案例一

震惊社会的分尸案发生之两个月后，警方逮捕了张三，周律师通过朋友介绍为张三辩护，周律师发觉张三确实遭到了警察的刑讯逼供，而警方所查获的刀子是尖头的,与伤口的鉴定报告的是平头刀也不符合。虽然现场有张三的指纹和血迹,但是张三辩称只是凑巧经过现场,并没有杀人。最后因证据不足,张三获得无罪判决。判决两个月后,周律师接到张三的电话,张三向周律师告白,人是他杀的,平口刀就埋在张三家后的草丛中。

案例二

律师会见被羁押的犯罪嫌疑人,得知其被逮捕时,警方未彻底搜身,当事人藏在裤管的手枪没有被查获。当事人唯恐持带枪械被发现,趁警方不注意,在押送途中将手枪偷偷藏在警车后座椅垫下面。律师如果不向警方透露此事,可能会有其他人犯在押送途中发现该手枪,持之脱逃而导致有人受伤,甚至死亡;反之,如果向警方透露此事,则可能因持枪的情节而从重处罚,律师该怎么办?

根据《律师法》第38条规定,律师知悉的控诉方尚未掌握的有关犯罪嫌疑人、被告人有罪、罪重的不利信息也应当保密,不负有检举的义务。但是在实践操作中还会有一些问题,像上述的两个案例。这里涉及保密的内容上,即是部分的保密还是全部的保密。

职业秘密除包括国家秘密、商业秘密外,还包括被告人的尚未被司法机关发现的犯罪事实和证据等。律师能否揭发被告人未被指控的罪行?"部分保密论"认为国家利益、社会利益受到侵害,如果不公开秘密,将危机国家安全,或使无辜者被判处死刑,律师可以不履行保密的义务,这样既避免陷入道德困境,也避免当事人指控律师的背叛行为。"全部保密论"认为部分保密必然导致当事人不能自由自在地与律师商讨他们的处境,因为心怀恐惧当事人将保留某些秘密,律师将无法知道当事人的真实行为,律师也就无法意识到自己在法律上所冒的风险。在这种情况下,由于律师对关键信息一无所知,他们就无法有效地提供法律咨询与代理。毫无疑问,当事人越是害怕律师泄密,律师就越难与当事人发展相互信任的关系。部分保密妨碍了律师出色完成工作的能力。虽说为了促进社会利益或防止社会危害有必要实施有限保密,但有限保密至少损害了一种社会关系——信任。

一方面被告人可能会用这一特权来逃脱制裁或试图掩盖罪行,如犯罪嫌疑人可能将犯罪的工具或能证明其犯罪的证据交与律师,而逃脱法律的追究。但学者从另一角度阐述,如果被告人是无辜的,当事人也可能会掩盖一些能证明他无罪的证据,因为他害怕这些证据对他不利,但律师不能进行有效地辩护。如有这样一个案例:一位当事人不想告诉律师她的丈夫曾用小刀袭击她,因为她怕这样一说就证实了她枪杀丈夫的事实(这与她先前所说的相反)。在律师不断地劝说,答应为其绝对保密的情形下,她终于供认了一切。这就使律师成功地以正当防卫理由替她辩护。部分保密还会产生以下弊端:泄密的行为会导致当事人不再说出实情。律师向当局泄密,不但不能促进社会利益,也不能防止危害的发生。这是因为没有从律师那里获得绝对保密的保证之前,当事人一开始就不会向律师提供有用的信息。①

再有,虽然律师保守职业秘密可能会对法院发现真实构成一种妨碍,但是刑事诉讼的目的,既要惩罚犯罪,又要保障人权,既让罪犯罪当其罚,又要让无罪的人不受刑事追究。但两者相比,不冤枉无辜者要比不放纵罪犯具有更为重要的保障价值。也就是"宁纵不枉"还是"宁枉不纵"两者价值取舍。前者要比后者具有更大的价值。部分保密还会导致另一种损失。在全部保密的情况下,当事人会毫无顾忌地向律师陈述一切真相,虽然律师不能随意泄露当事人的秘密而损害其利益,但他可以对被告人进行教育或劝说,而且会尽力劝其说出事实真相,争取宽大的处理。律师是当事人最信赖的人,多数情况下能够接受律师的规劝,坦白自首。但如果是部分保密,被告人对律师心有芥蒂,不把全部的真相告诉律师,律师连劝说的机会都没有,使律师无法提供原本可提供的法律服务,这样对社会来说也是有弊无利的。

其实律师应否保密是价值的衡量与选择,即发现案件真相与维系律师与当事人之间信任关系的价值进行权衡,人们认为后一价值超越了前一价值,因为"对于法制而言,最根本的价值不是效率而是公正,不是利益而是信赖"。② 泄露秘密,破坏的不仅是律师与被告的关系,它还将危害司法制度的有效性。当事人出于对律师的信任,将自己的隐私告诉律师,甚至司法机关尚未掌握的犯罪事实,以求得律师的帮助,如果律师将之公之于众,不仅侵犯被告人的隐私权,而且使当事人对律师产生不信任感。尤其当律师揭发或泄露被告人的罪行,就等于站在控诉的一方,虽然实现了个体公正,但却割断了当事人与律师之间关系的纽带,这样不仅使律师丧失声誉,还会导致刑事辩护业务萎缩甚至名存实亡。保密虽然压抑了真实,但是维护了双方之间的信任关系。世界刑法协会第十五届代表大会《关于刑事诉讼法中人权问题的决议》第14条规定:"一切证据调查必须尊重职业秘密特权。"美国学者华尔兹说:"社会期望通过保守秘密来促进某种关系。社会极度重视某些关系,宁愿为捍卫保守秘密的性质,甚至不惜失去与案件结局关系重大的情报。"③

---

① 〔美〕肯尼斯·基普尼斯:《职责与公义——美国的司法制度与律师职业道德》,徐文俊译,东南大学出版社2000年版,第129—123页。
② 季卫东:《法治秩序的建构》,中国政法大学出版社1999年版,第246页。
③ 转引自齐树洁主编:《英国证据法》,厦门大学出版社2002年版,第262页。

第五节 案例评析

一、双方代理案

【案情】

福建永泰县客商张和劲2002年10月，在西安市新城区三府湾贝斯特市场托运食品，当时货物总共33件，价值3万多元，而受托运单位是陕西华顺运输有限公司(以下简称华顺公司)下面的一家企业。在办理完托运手续后，他就赶往目的地山东淄博接货。谁想等来等去，最终也没见货来。无奈他赶回西安，向负责托运的当事人张某查询。经过近一个月的交涉，张和劲方知可能是张某所租用的汽车出了问题。由于交涉无果，遭遇巨大损失的他决定诉诸法律。

"12月15日，我交了费后，委托西郊法律事务所主任律师崔振虎代理与华顺公司运输合同一案。后崔为我写了起诉状，递至新城区法院。"张和劲说。案件开庭后，由于被告一方张某愿赔偿损失，并写下协议书，2003年3月19日，张和劲向法院提交了撤诉申请。

当张和劲欲向张某要钱时，怎么也找不到张某。无奈之下，他于3月31日再次请西郊法律事务所的律师杨鸿烈作代理，起诉至莲湖区法院，要求被告张某按赔偿协议给付原告赔偿。然而，令他想不到的事情出现了。5月16日开庭。杨鸿烈缺席。但被告代理人竟是自己当初的代理人崔振虎！

【评析】

在同一个案件中，当事人双方的地位是截然对立的，利益是针锋相对的，诉求也是相互矛盾的。律师接受案件某一方当事人的委托后，就要全力以赴地提出自己的主张。同时反驳对方提出的要求，以求得胜诉。由于司法裁判的特征决定了在诉讼中必然是一方胜诉，一方败诉，因此，我国《律师法》规定："律师不得在同一案件中为双方当事人担任代理人。"在实践中，律师为双方当事人担任代理人分为两种情况：一是当事人双方同时委托该律师担任代理人，在这种情况下，就会出现律师在法庭辩论中自己同自己辩论的情形，其结果使律师处于自相矛盾的地位；这无论对于原告还是被告，其合法权益都无法得到正当维护；另一种情况是，律师在与一方当事人解除了委托关系后，又在同一案件中担任对方当事人的代理人。这种情况下，由于律师对于其原委托人的个人信息，掌握的证据都非常了解，如果律师又接受对方当事人的委托，必然会对原委托人不利。本案中属于第二种情况。

本案中律师崔振虎作为原告张和劲的代理人时，肯定已经对案情有了详细的了解，也弄清了案件胜败的关键点，由于被告一方表示愿意赔偿，原告也就申请撤诉,解除了与律师崔振虎的委托关系。但是当事人与代理律师解除委托关系,并不意味着律师不再对当事人负有任何义务,根据《律师执业行为规范》的规定,律师对与委托事项有关的保密信息,委托代理关系结束后仍有保密义务。所以,虽然原告张和劲与律师崔振虎解除了委托代理关系,律师崔振虎也不得随意泄露原告当事人的信息。在原告张和劲索款未果,再次提起诉讼后,原告另行委托了另一律师作为其代理人,令原告未能料及的是在此案中被告的代理人竟是原来自己在第一次起诉时的代理人。这无疑等同于律师崔振虎将其了解的关于原告当事人的信息全部透露给了被告当事人。在这种情况下进行诉讼,肯定不利于原告当事人。从此案中,我们可以看出:律师在同一案件中为双方当事人担任代理人,既无法恰当地维护双方当事人的合法权益,无法使案件得到公正解决,又损害了律师在众人心中的形象,引发了律师信任危机。

二、律师伪造证据案

【案情】

1998年7月9日,16岁的平谷农家少女王兰被同村的5个同龄男孩轮奸。警方很快将5人依法刑事拘留。在预审期间,嫌疑人陈钟山又交代了曾伙同同村青年吴艳国于7月21日将另一名少女林红轮奸的犯罪行为。

然而就在陈钟山等人被拘留后,陈钟山、张惠明、张继以等犯罪嫌疑人的家属开始积极活动,他们试图以物质引诱等方式试图让被害人向公安机关证实与陈钟山等人发生性关系是自愿的。迫不得已的王兰几次跑到公安机关"翻证",说自己是自愿与张继一、张惠明等人发生性关系的,甚至指责公安机关"逼供"。事后,张振和等人在平谷、密云等地专门租了房子,将王兰带到租住地与其父母分开近4个月之久,几个被告人家属轮流给她做工作,希望在法院审理时王兰能作假证。陈钟山的家属为他聘请的辩护律师宋福义、平谷区某法律服务所法律顾问于占飞奔走于两名被害人之间。

然而让他们没有想到的事,1999年7月平谷法院不公开审理王兰被轮奸一案时,王兰当庭指证陈钟山、张惠明等人采取暴力、威胁等手段强奸了她。法院以强奸罪对陈钟山、张惠明等人作出一审宣判,其中陈钟山被判处有期徒刑8年。审判结束后,张振和等人在法院门口对王兰的家人大打出手,随后几名被告向市第二人民法院提起上诉。法院将此案移交市检察院第二分院审查。承办案件的检察关发现受害人王兰的证词前后矛盾,无法自圆其说。而陈钟山、张惠明等人的上诉理由惊人的相似。与此同时,另一被害人林红则提供证词,证明自己与陈钟山是两小无猜的好朋友,发生性关系完全是两人自愿。

检察官经多方了解得知,林红是被宋福义、于占飞等人控制后,才被迫改变了证词,并按宋福义等人事先写好的"翻证"材料抄写后由陈钟山的父亲送交二审法院,以达到他们推翻一审判决的目的。随着检察官深入追查,王兰"翻证"一事也真相大白。2000年11月,法院认定宋福义在代理陈钟山强奸一案中的行为已经构成伪造证据、妨害作证罪,依法判处有期徒刑2年。

【评析】

证据是能够证明案件真实情况的一切事实,是人民法院作出公正判决、维护当事人合法权益的依据。证据是否确凿、充分,是案件能否获胜的关键性要素。因此,可以说证据在案件的审理过程中具有重要的地位。律师作为当事人的代理人就要为当事人提供法律服务,使其在诉讼中胜诉,这也是当事人委托律师的根本目的所在。在一个案件中要想获胜,首要的条件是律师必须有充分确凿的证据。正是基于此,实践中许多不法律师都在证据上下"功夫"。主要表现为三种情况:一是向法庭提供虚假证据或隐瞒事实真相;二是律师威胁利诱他人提供虚假证据或隐瞒事实真相,这主要出现在需要证人出庭作证的情况下;三是妨碍对方当事人取得证据,这主要发生在当事人负举证责任的情况下,如果当事人提不出证据来证明自己的主张,就要承担对自己不利的后果,所以,一些律师就千方百计地阻碍对方当事人合法取得证据。

本案中被告律师的行为属于第二种情况。诚然,在本案中,被告律师有权搜集证据,调查案情,以便更充分地维护被告的合法权益,但前提是搜集证据的途径必须合法。本案律师宋福义、于占飞等为了使被告胜诉,置职业道德和执业纪律于不顾,明知被告的行为已经触犯法律,却仍然不择手段,公然奔走于两被害人之间,企图说服被害人翻证。我国《律师法》第40条第6款规定,律师在执业活动中不得提供虚假证据,隐瞒事实或者威胁、利诱他人提供虚假证据,妨碍对方当事人合法取得证据。显然,被告律师的这种搜集证据的行为是违反律师职业道德的。根据《律师法》第49条的规定,提供虚假证据,隐瞒事实或者威胁、利诱他人提供虚假证据,妨碍对方当事人合法取得证据,由省、自治区、直辖市人民政府司法行政部门吊销律师执业证书,构成犯罪的,依法追究刑事责任。本案中被告律师控制受害人,迫使其改变证词,并伪造反正材料的行为已经符合《刑法》第306条伪造证据、妨害作证罪的犯罪构成。因此,两年的牢狱生涯是他们违反律师执业道德所付出的代价。

一个真正的律师,在执业活动中赢得诉讼、树立威信,靠的是自己渊博的法律知识,聪颖的法律思维以及高超的辩论技术,而绝非靠阴谋小计,法外之"策"。所以,善待法律尊严,善待职业道德就是善待自己。

三、律师失踪案

【案情】

1998年长春市民张志德在建设长春长江路商业城的工程中承包了抹灰的

工程。1999年，大承包商孟某未支付给张近4万元工程尾款，张希望通过法律途径解决。1999年11月18日，张志德通过当时名为长城律师事务所的利律师介绍，来到该所进行咨询，事务所指派宋向东律师作为张与孟工程款纠纷案的一审代理人。张志德与律师事务所签订了委托代理合同，约定律师事务所为张志德进行诉讼代理，如事务所无故中止履行合同，代理费全部退还；如委托人无故终止，代理费不予退回。张向律师事务所交纳了3600元代理费，并被告知1600元为代理费，2000元为起诉时的立案费。当张向宋向东律师所要费用的收据时，宋向东表示委托代理合同上已经写清，无需开具收据。

两个月后，张志德到律师事务所询问案件进展情况，宋向东称已在长春市宽城区人民法院立案。张志德到法院核实，得知法院并未立案。此后，再找宋向东，却被告知宋已不在律师事务所工作。张志德先后两次将自己的情况向律师事务所的刘主任做了说明，并请求刘主任告知宋的去向。刘主任称找不到人，其他寻人线索也拒绝透露。张志德说，他与律师事务所签订了合同并交纳了费用，无论何种原因致使案件未能立案，代理律师都应与他说明情况。由于纠纷案的原始证据都已经交给律师，就算想重新寻找律师代理案件诉讼也无法办到，事件拖了4年，工程款纠纷案也已过了诉讼时效。目前，张志德仍不知当初宋律师将案件进行到什么程度。张志德表示，事务所未能履行委托代理事宜，3600元的代理费应由事务所返还；由于律师的不负责任使案件超过诉讼时效，他将保留对律师责任追究的权利。

【评析】

本案中有多处律师违反职业道德和执业纪律规范的行为。

首先，原告张志德向事务所交纳了3600元的代理费后，律师宋某理应向原告开具收费单据。但当张向宋律师所要费用的收据时，宋某却表示无需开具收据。收费即应开具收据，这一点宋律师来说不可能不知道，但律师宋某为何不开收据？其次，当张志德到律师事务所询问案件进展情况时，宋某称已经在法院立案，而张到法院核实的结果却是法院并未立案，律师宋某为何欺骗原告当事人？他的这种行为显然已违反了律师诚实守信、尽职尽责维护委托人合法利益的基本职业道德准则。再次，当原告当事人再次找宋律师时，宋却不在律师事务所工作。律师执业行为规范中明确规定，律师接受委托后无正当理由不得拒绝为委托人代理，而此案件中，宋某在接受委托收取当事人缴纳的代理费用后，在未告知当事人、未向当事人说明理由的情况下消失得无影无踪。这种行为对于一个普通的代理人来说，在未完成代理事项的情况下放弃自己的职责，于法于情都是不合适的，更何况是具有特殊身份的律师？最后，在宋某去向不明时，原告当事人请求律师事务所主任告知宋的去向，但律师事务所主任却声称无法找到人，其他寻人线索也拒绝透露。律师事务所对其律师享有管理的权利，律师也有义务服从律所的统一管理,一个律师事务所连其所属的律师的去向都不明确,律所谈何运转?

从以上分析可以看出,律师在遵守诚信公正的职业道德方面有待提高。

第六节 问题与建议

一、律师执业行为规范的修改

(一)从"执业"领域拓展到律师"职业"过程

律师执业行为仅指律师的业务活动,而律师职业行为则意味着与职业身份有关的所有行为,调整面更为宽泛。现行《律师执业行为规范》仅是把律师执业活动进行横向划分,通过规范律师每一项行为,但是《律师执业行为规范》不能涉及律师职业、律师形象。随着中国律师业的发展,律师业的职业性质日益明确,律师业的公共服务性和行业自治性日益凸显,行为规范应当作为律师职业自治的一种手段,并体现律师业的自我约束和公共服务导向。因此,有学者认为:"应该改变传统的以执业活动过程为中心的规范格局,强调以'委托人—律师关系'为核心、以律师各种角色为外围来规范律师行为,强调律师的'职业性'。"①

(二)从律师专业职业性拓展到律师公共服务性

现行《律师执业行为规范》没有对于"律师的公共服务"进行规定,对我国事实上存在的法律援助、法制宣传等律师公共服务的规制条文都散见在各类法律法规文件中。律师的公共服务是指律师利用其法律知识以及法律技能免费或象征性收费,即为贫弱群体提供非营利性法律服务,利用律师专业身份参与政治、社会、文化活动来推动法治建设,也包括律师从事各种公益活动,回馈社会并提高公众对律师的信任。

关于律师职业的公共服务性,正如美国法学家庞德所言,法律职业人为"作为共同职业以公共服务的精神追求后天学得技艺的才智的群体"②,这一界定被认为是抓住了职业的本质。据此,美国律师协会在报告中,将职业律师界定为"是一个作为促进公正和公共福祉的使命感,在为委托人服务和为公共服务的精神中,追求后天学得技艺的才智的法律专家"。③ 关于职业的上述界定均包含公共服务的内容。因此,律师职业价值包含相互依存的两个方面,即依法捍卫当

---

① 李洪雷、刘海波:《课题报告〈律师职业行为规范〉(专家建议稿及论证)》,载《法制日报》2008年1月13日。

② Roscoe Pound, *The Lawyer from Antiquity to Modern Times*, West Publishing Co. (Minnesota). 20(1953),转引自许身健:《论律师职业的属性》,载《刑事司法论坛》,中国人民公安大学出版社2009年版。

③ 许身健、刘晓兵编著:《电影中的律师职业伦理》,知识产权出版社2009年版,第21页。

事人的最大利益和维护社会公正、维护法律的正确实施。由此可见,律师职业所属的法律职业的核心特点是公共服务,公正和公共福祉则是公共服务的目标,是职业的理想。

律师公共服务不仅是个人道德责任,也是律师的职业责任,并且这也是世界各国通行的做法,比如《美国律师协会执业行为示范规则(2004)》就规定:每个律师,无论职业声望和工作负担如何,都负有为那些付不起法律服务费用的人提供法律服务的职责。我国也非常重视律师的公共服务。比如《律师法》和《法律援助条例》都规定律师有承担法律援助的义务,而在律师实务中,律师积极参与法律援助以及提供免费法律服务、参与公益诉讼,律师的公共服务行为非常广泛。

(三) 律师流动问题需引起重视

现行《律师执业行为规范》对"律师流动"没有规定,但是律师的跨所和跨行业流动是目前规制的一个盲点,而律师的跨所和跨行业流动经常引发纠纷,这些纠纷可能损害委托人的利益,也在整体上影响律师的形象。有学者研究发现,尽管律师流动行为与律师执业行为并不直接相关,但律师流动过程中所隐含的诸多成本会影响到律师的执业质量进而损害委托人的利益,作为律师行业的根本性自治规范,律师职业行为规范有必要将律师跨所和跨行业流动纳入规范范围内。①

因此,需要对律师退所和转所过程中对律所的告知义务、律师在转所退所过程中与委托人关系的处理、在律师转所过程中有关委托人案卷所有权的处理以及律师事务所对案卷的复制权等进行了详细的规定。

(四) 对有关利益冲突规定的修改建议

我国《律师执业行为规范(试行)》虽然首次提及利益冲突,而且规定利益冲突不仅存在于诉讼案件也存在于非诉案件中,但对利益冲突的定义欠妥,该定义利益冲突是委托事项与委托人之间的冲突,而且限于同一律师事务所,该概念不确切而且范围狭小。利益冲突表现在很多方面,除以上情形外,还有一方当事人律师与对方当事人之间的利益冲突,而以上的规定不能涵盖利益冲突的很多方面。由此看出,我国现行有关利益冲突的规范性规定对许多重要的问题缺乏系统、详细的规定。

首先应正确地定义利益冲突。利益冲突是指律师在代理委托人的过程中,律师对委托人的代理将对律师的自身利益、律师现委托人的利益、律师前委托人

---

① 李洪雷、刘海波:《课题报告〈律师职业行为规范〉(专家建议稿及论证)》,载《法制日报》2008年1月13日。

的利益或者第三人的利益可能产生重大不利影响的情况。① 其次,利益冲突非常复杂与多样,因此我们建议,哪些属于利益冲突应采用列举式和概括式,概括式把利益冲突进行分类,每种类别之后,举出有代表性的情形,但又不限于这些情形,如果单纯采用列举式不可能囊括各种各样利益冲突的情形,具体如下:

1. 根据影响委托人利益的风险,利益冲突可以分为同时性利益冲突和连续性利益冲突。同时性利益冲突是指由于律师对现行委托人、潜在委托人、第三人承担的职责相互间或者与律师的自身利益间发生的利益冲突。律师被禁止对有严重利益冲突的当事人进行同时性代理。如:律师不得在同一案件中,为双方当事人的代理人;在未征得委托人同意的情况下,律师不得成为有利益冲突的他方当事人的代理人。

连续性利益冲突,是指律师对某委托人的代理可能受到其对前委托人的职责的影响而发生的利益冲突。如果律师现行的代理事项和以前的代理事项存在实质联系,律师不能代理与前委托人在利益上有直接冲突的委托人。如曾经在前一法律事务中代理一方的律师,即使在解除或终止代理关系后,亦不能再接受与前任委托人具有利益冲突的相对方问题,办理相同法律事务,除非前任委托人作出书面同意。再如,委托人拟聘请律师处理的法律事务,是该律师从事律师职业之前曾以政府官员或司法人员、仲裁人员身份经办过的事务,律师和其律师事务所应当回避。其实连续性的利益冲突实际上是在禁止律师运用其来自当事人的信息在案件中反对当事人,或者有足够证据证明这些信息已为人所共知。这个的信息的得到有时不一定是形成委托关系之后得到的;有的信息也不一定是代理法律事务中得知的。

2. 根据利益冲突发生的主体不同,利益冲突可以分为律师和委托人间的利益冲突和委托人相互间的利益冲突。律师—委托人间利益冲突是律师或律师事务所和委托人间的利益冲突,即因为律师事务所及其律师和委托人之间存在利害关系,使得律师事务所及其律师在执行委托人委托事务时,可能产生偏差,从而直接或间接地损害委托人的权益的情形。这种冲突可以是潜在的,也可以是实际发生的。根据委托人类型的不同,这种利益冲突又可以分为多种类型,如律师和现行委托人间的利益冲突、律师和前委托人间的利益冲突、律师和潜在委托人间的利益冲突。如律师不得利用提供法律服务的便利谋取当事人争议的权益。

委托人相互间的利益冲突,是律师或律师事务所对于某一委托人的义务或职责与对其他委托人的义务或职责相冲突,可能损害其中一方利益的情形。律师事务所及其律师在执行委托人委托事务时,因为委托人之间存在利害关系,使

---

① 李本森主编:《法律职业伦理》,北京大学出版社 2005 年版,第 169 页。

得同一律师事务所及其律师在同时代理各方委托人的法律事务时,可能出现偏差,从而直接或间接地损害委托人的权益。引发利益冲突的利益来源很多,包括前委托人的利益、现行委托人的利益、潜在委托人的利益、第三人的利益等。据此,委托人相互间的利益冲突又可以分为现行委托人间的利益冲突、现行委托人和第三人间的利益冲突、现行委托人和前委托人间的利益冲突、现行委托人和潜在委托人间的利益冲突。委托人相互间的利益冲突也可以划分为同时性利益冲突和连续性利益冲突,直接利益冲突和间接利益冲突。

以上的冲突有的是直接的利益冲突,有的是间接利益冲突。对于直接利益冲突风险大、损害大,律师的代理必须绝对禁止,一般各国在实体法和程序法中做出了明确的规定。间接利益冲突间接利益冲突的严重程度不及直接利益冲突,但是处理不当也会造成很大的损害。一般根据风险程度的不同做出不同的规定,在对律师的代理做出禁止性规定的同时也存在例外情况。对间接利益冲突,各国一般允许律师经委托人书面确认的明示同意而接受相关委托。

二、对律师惩戒权的修改

(一) 目前我国律师惩戒存在的问题

目前,在我国根据《律师法》的规定司法行政机关对律师享有处罚权,根据全国律师协会修订的《律师协会会员违规行为处分规则(试行)》,律师协会对律师也有处罚权,前者通常称为行政处罚,后者称为行业处分,但两者的关系是什么并不十分清楚。根据《律师协会会员违规行为处分规则(试行)》第10条的规定,律师协会认为会员违规行为需由司法行政机关给予行政处罚的,应及时提请司法行政机关调查处理。也就是说,律师协会的行业处分要比行政处罚要轻。从两者的处罚事由来看,都差不多,但两者的界限是什么,并不明确,即什么时候需要由律师协会给予处罚,什么时候由行政机关处罚,并不清楚。这说明司法部与律师协会谁究竟有对律师的惩戒权问题,没有协调好。实践操作中,通常律师协会对律师进行处罚,对于情节较重,律师协会则提请司法行政机关调查处理。但我国律师协会的处分规则没有给予律师对处分不服的救济程序。我们认为如果不给律师救济措施对律师是不公平的,律师协会行使的也是一种权力,只要是权力就可能被制约和滥用。

再有律师协会惩戒的种类有:训诫、通报批评、公开谴责,这些惩罚方式与行政处罚中的警告类似,与司法行政机关的惩戒方式相比显得很薄弱,并且以上三种处罚方式与取消会员资格处罚之间没有层递性。此外律师协会的处罚虽有取消会员资格的处分,但根据《律师法》第39条的规定,律师协会的会员资格是因具有律师执业资格而当然取得的,律师执业证是司法行政部门授予的。所以只要司法行政部门不行使吊销律师执业证书的权力,律师协会实际上根本无法取消律师的会员资格。

(二) 律师的惩戒权应归属于律师协会

如前所述,绝大多数国家律师的惩戒权交由律师协会行使,以保障律师的自治和自律。《律师法》在律师协会的职责上赋予律师协会两项重要的职责:对律师、律师事务所实施奖励和惩戒;制定行业规范和惩戒规则,这也是一大突破,但是《律师法》同时又赋予了司法行政机关的处罚权,司法行政机关出于权力和经济利益的考虑不愿放权。有人评价《律师法》仍然没有摆脱"鸟笼"体制,强调自律,回避自治,律师管理上行政管制的观念占了上风,从两者的权限来看,司法行政部门完全掌握着对律师管理的绝对大权,而作为行业管理的律师协会的作用是有限的,律协在保护律师权益方面不能真正起作用。① 我们国家所确立的目标是"司法机关宏观管理下的律师行业管理",这是非常正确的,但是在具体的职能划分却并不能围绕这个目标进行或者促进这个目标的实现是非常遗憾的。当然,我们不否认改革是渐进的,但是如果管理体制上不能有所突破的话,律师业可能会驻足不前。律师的使命是维护基本的人权和实现社会正义,因此律师经常会站在掌握国家权力的国家机关的对立面上工作,特别是在刑事诉讼中,表现得尤为明显。为了防止这些机关对律师可能的不当干预,保证律师自主地行使职能,必须强调以行业管理为主的律师自治。惩戒权归谁体现了行业的自治程度,从长远来看,律师必须从自律走向自治,惩戒权由律师协会行使。

【问题与思考】

1. 律师执业行为规范
2. 律师的保密义务
3. 律师的利益冲突
4. 律师的行政责任
5. 律师的行业责任
6. 律师的惩戒制度

---

① 赵国君:《律师法修改的亮点与缺憾》,载《南方周末》2007 年 11 月 1 日。

第六章 律师收费

【本章内容提要】

本章系统介绍了律师收费制度,包括律师收费的概念、原则、方式、立法历程,分析国内外影响律师收费的因素、律师服务的成本,并就改革我国律师收费管理模式、律师收费制度,建立律师费转付制度、健全律师收费争议处理机制提出建议。

【关键词】 律师收费　律师收费方式　律师费转付

第一节　基本理论

一、律师收费制度概述

律师收费制度是律师制度的一个重要组成部分,是律师行业顺利发展的必要保证。律师作为一项职业,为社会群众提供法律服务,属于服务业的一种,同时,律师与当事人之间是委托关系,根据民法中自愿有偿原则,律师可以向委托人收取一定的费用。另外,律师作为自由职业者,不同于国家工作人员拥有国家财政的保障,律师只能通过收取服务费来保障自身的发展和补偿劳动的付出。如果不能保证律师获得一定的报酬,则不能促使、激励其发挥良好的社会作用。但是,律师收费也应予以规范,律师费的不断上涨或恶性竞争引起的费用下跌都会使得律师作用的发挥受到局限。因此,规范律师收费制度是健全我国律师制度的重要方面,也是我国律师业不断发展的重要保障。

(一)概念

律师收费,是指律师在接受委托办理法律事务时向委托人收取的一切相关费用,主要包括服务费(代理费)和办案费两个方面。[①] 服务费是律师为委托人办理法律事务,付出劳动的报酬;办案费是指除服务费外的其他费用和开支,主要包括:司法、行政、仲裁、鉴定、公证等部门收取的费用以及办理法律事务过程中发生的查档费、异地办案所需的差旅费、交通费、通讯费、复印费、翻译费以及经委托人同意垫付的其他费用等。例如我国于 2006 年 12 月 1 日起执行的《律师服务收费管理办法》中第 19 条规定"律师事务所在提供法律服务过程中代委

---

① 马宏俊主编:《〈律师法〉修改中的重大理论问题研究》,法律出版社 2006 年版,第 302 页。

托人支付的诉讼费、仲裁费、鉴定费、公证费和查档费,不属于律师服务费,由委托人另行支付"。

(二) 特征

1. 律师收费的主体是律师事务所。《律师法》第 25 条规定:"律师承办业务,由律师事务所统一接受委托,与委托人签订书面委托合同,按照国家规定统一收取费用并如实入账。律师事务所和律师应当依法纳税。"律师收费,其实质为律师事务所收费,因为律师并非独立的执业单位,而作为律师执业机构的律师事务所才是律师提供法律服务的法律关系主体,也只有律师事务所才能够作为律师收费的主体。

2. 律师收费必须基于执业律师提供的法律服务。《律师法》第 55 条规定:"没有取得律师执业证书的人员以律师名义从事法律服务业务的,由所在地的县级以上地方人民政府司法行政部门责令停止非法执业,没收违法所得,处违法所得一倍以上五倍以下罚款。"可见,律师收费的前提是执业律师提供的服务,没有取得律师执业证书而以律师名义从事法律服务业务包括收费皆为违法,依法应予处罚。

3. 律师收费的数额和方式以律师提供的法律服务为标准。在我国,律师收费标准和方法是以行政规章的形式确定的,律师收费应当以这些行政规章为指导。在司法实践中,律师收费是以其提供的法律服务为标准,在与当事人协商的基础上确定律师收费的具体数额和收费方式。《律师法》第 50 条规定,律师事务所违反规定接受委托、收取费用的,也属于应予处罚的范围,包括警告、停业整顿、罚款、没收违法所得,情节特别严重的,由省级人民政府司法行政部门吊销律师事务所执业证书。

二、律师收费的原则

(一) 统一收费原则

《律师法》第 25 条规定,律师承办业务,由律师事务所统一接受委托,与委托人签订书面委托合同,按照国家规定统一收取费用并如实入账。律师事务所统一收费,可以建立规范化的律师收费制度,有利于律师事务所对律师监督管理,预防和减少违反律师职业道德、执业纪律的行为发生。因此,在律师服务过程中,律师个人不得私自接受委托,不得私自向委托人收取费用、收受委托人的财物。在律师业务实践中,为了当事人交费方便,当事人向律师事务所交费,通常是将费用交给承办案件的律师,由其转交律师事务所,这是可以的。但是,当事人应当及时向律师索取律师事务所开具的收费凭据,防止律师私自收费。

(二) 公开公平、自愿有偿、诚实信用的原则

律师事务所应当采取张贴、印制服务指南等方式,公示律师服务收费项目、

收费标准和收费方式,接受委托人的监督。律师事务所向委托人收取律师费,应当及时向委托人开具合法票据。律师事务所代委托人支付鉴定费、评估费、翻译费、公证费、查档费等费用,应当凭有效凭证与委托人结算。律师事务所预收律师异地办案所需的差旅费用时,应当向委托人提供费用概算,经协商一致,由双方签字确认。承办律师不得私自向委托人收取异地办案差旅费用。律师事务所不得采用不正当的收费方式招揽业务,不得以任何方式和名目给委托人回扣或者向中介人支付介绍费。律师事务所的收费行为,应当接受当地价格主管部门、司法行政机关的监督检查。律师事务所及其律师违反规则的,由司法行政机关、律师协会依照有关规定,给予行政处罚或者行业处分。[①]

(三) 按标准收费的原则

律师事务所收费的项目、标准和方式应当依照《律师服务收费管理办法》和省、自治区、直辖市价格主管部门、司法行政机关制定的律师服务收费的有关规定执行。

(四) 协商一致的原则

律师事务所可以根据办理法律事务的复杂程度,需要律师的人数,花费的工作时间,办理法律事务可能承担的风险和责任以及委托人的承受能力等,与当事人在规定标准范围内协商确定收费数额的方法。律师事务所在与委托人签订协议中,应载明计费方式、收费标准、收费总额以及支付时限等。

(五) 实行政府指导价和市场调节价的原则

律师服务收费实行政府指导价和市场调节价。《律师收费管理办法》第5条规定,下列法律服务实行政府指导价:民事、行政、国家赔偿代理案件和刑事辩护、代理案件及各类申诉案件。除此之外的案件实行市场调节价,由当事人和律师事务所协商,综合考虑案件耗费的工作时间;法律事务的难易程度;委托人的承受能力;律师可能承担的风险和责任;律师的社会信誉和工作水平等方面的因素,最终确定律师收费的数额。

(六) 接受监督原则

律师收费应当接受国家价格主管部门的监督和社会的监督。律师事务所应当严格执行价格主管部门会同同级司法行政部门制定的律师服务收费管理办法和收费标准,各级价格主管部门应加强对律师事务所收费的监督检查。律师事务所也应当公示律师服务收费管理办法和收费标准等信息,接受社会监督。

三、律师收费的依据和方式

律师事务所是市场经济的中介组织,律师向委托人提供法律服务,依据市场

---

① 陈光中主编:《公证与律师制度》,北京大学出版社2006年版,第222页。

经济等价有偿的原则,应向委托人收取一定的费用。同时,律师收费还应随着经济和社会的发展不断进行调整,以适应律师业自身发展的需要。

由于律师收费问题是一个系统工程,与经济发展具有较密切的联系,同时由于法律具有稳定性,在法律中明确规定律师收费容易导致滞后,从而阻碍收费制度的发展,因此,《律师法》对其并未作出具体规定,其第59条规定:"律师收费办法,由国务院价格主管部门会同国务院司法行政部门制定。"[①]通过一系列的演变,我国律师服务收费的具体依据现行主要是指2006年12月1日起执行的《律师服务收费管理办法》。

律师收费的方式是指律师为委托人提供法律服务时以何种方式收取费用。就各国的普遍情况包括我国在内的规定和实践看,主要存在以下几种收费方式:

1. 计件收费

计件收费,是指律师事务所根据规定或协商的标准,确定每个案件(或法律事务)应当向委托人收取的费用的收费方式。计件收费的特征是以案件(或法律事务)为收费单位。不涉及财产关系的案件,都采用这种方式。

2. 计时收费

计时收费,是指律师事务所根据承办案件的律师实际办理该案(或法律事务)所占用的时间,乘以单位时间的收费标准得出的数额,确定向委托人收取的费用。计时收费的特征是以时间为收费单位。单位时间的收费标准通常由律师事务所与委托人协商确定。计时收费适用于律师担任法律顾问、提供非诉讼法律服务、解答有关法律的咨询、代写诉讼文书和有关法律事务的其他文书等业务。

3. 按比例收费

按比例收费,是指律师事务所根据争议标的数额,按照法律规定或者委托人协商确定的比例,向委托人收取费用的收费方式。这种收费方式一般适用于涉及财产关系的法律事务,如涉及财产关系的民事案件、经济案件、行政案件、非诉讼案件事务以及律师受理涉及财产的肖像权、著作权、名誉权、商标权、专利权等案件。

4. 协商收费

协商收费,是指根据意思自治原则,由委托人与律师事务所自主协商确定律师服务费用标准的收费方式。由于其具有较强的适应性,协商收费也应成为我国律师收费的主要方式。在实践中,律师与委托人往往在计时收费、计件收费等基础上采用协商收费方式确定最后的收费数额。协商收费更多地体现了委托人与律师事务所的意思自治,在一定程度上弥补其他收费办法或法定收费标准的不足。

---

① 参见谭世贵主编:《律师法学》,法律出版社2008年版,第126页。

5. 风险代理收费

风险代理收费,又称胜诉收费、附条件收费,是指律师事务所针对有很大把握胜诉,委托人事先付不起或不愿付律师费,而希望实现胜诉目的后再付费的案件,承诺暂不收费或少收费用,待胜诉后收取高比例律师费的情况,如果败诉或者未能取得约定结果,则无须支付费用。风险收费制度是目前国际上比较流行的律师收费制度,在我国近年来也得到了探索与实践。这种收费方式,引入了风险机制,把律师报酬与服务结果紧密结合起来,总的来说,有利于激发律师办案的积极性和责任心。

第二节　立法背景

一、我国律师收费制度立法历程

我国律师服务收费制度已经历了四次重大改革,分别是:1956年司法部颁布的《律师收费暂行办法》,1981年司法部、财政部颁布的《律师收费试行办法》,1990年司法部、财政部、国家物价局颁布的《律师业务试行收费办法》,1997年国家计划委员会、司法部颁布的《律师服务收费管理暂行办法》,以及2006年国家发展与改革委员会、司法部颁布的《律师服务收费管理办法》。

我国最早关于律师收费的规定是1956年司法部出台的《律师收费暂行办法》,该办法首次确认律师服务实行按劳取酬的原则,规定可以依本办法向当事人收取劳动报酬费。由于左倾思想影响和反右斗争的扩大化,中国律师制度在1959年被取消,该办法也随之消亡。

1978年我国律师制度逐步恢复。1980年《暂行条例》第20条规定:律师收费办法,由司法部另行制定。司法部在1981年12月9日会同财政部制定了《律师收费试行办法》,根据当时我国律师的性质即"国家法律工作者",明确规定了律师办理四类法律事务的收费标准,即解答法律咨询(按件收费)、代写法律文书(按件收费)、办理刑事案件(按件收费)、办理民事案件(不涉及财产关系的按件收费、涉及财产关系的按标的比例收费),从而统一了全国的律师服务收费标准,使我国律师收费制度开始步入正轨。

随着社会主义市场经济的建立和律师制度的快速发展,为适应律师法律服务事业发展的需要,1990年2月15日,司法部、财政部、国家物价局根据新形势改革的需要,制定了《律师业务收费管理办法》、《律师业务收费标准》,在收费方式上增加了计时收费和计件收费两种收费方式。

律师事业的发展和1996年《律师法》的颁布,使原有律师收费制度已无法适应新的情况。于是,1997年3月司法部、国家计委颁布了《律师服务收费管理暂行办法》,规定律师担任法律顾问、提供非诉讼法律服务、解答法律咨询和代写法律文书的收费标准既可由律师事务所与委托人协商确定,也可根据需要计时收费。

2006年开始,我国开始实施的"十一五"规划明确提出将发展法律服务业纳入党和国家的工作大局,并把制定新的律师收费管理办法作为律师制度改革的重点内容。在此背景下,2006年4月13日国家发展改革委员会、司法部联合发布了《律师服务收费管理办法》,确立了政府指导价与市场调节价相结合的律师收费管理模式,本办法于2006年12月1日起实施,是为目前我国律师法律服务收费的依据。

二、我国律师收费方式的沿革和费率的调整

(一)收费方式的沿革

1956年《律师收费暂行办法》对律师收费的方式规定很简单,只规定律师提供服务可以按劳获得报酬。1981年《律师收费试行办法》则将律师收费方式规定为按件固定计费和根据每件涉及的争议标的按比例计费两种。1990年《律师业务收费管理办法及收费标准》最大不同是在咨询和涉外业务上允许计时收费,形成了计时、计件固定、计件按涉及标的的比例三种方式并存的局面。1997年《律师服务收费管理暂行办法》在此三种基础之上又增加了协商收费方式。2006年《律师服务收费管理办法》明确了计件、计时、按标的比例三种方式,各自适用范围及实行政府指导价,另外规定办理涉及财产关系的民事案件在向委托人告知政府指导价后委托人仍要求实行风险代理的可以实行风险代理收费。

综上,可以看出我国的律师收费方式是从计件固定收费和按比例收费发展到计件收费、按比例收费、计时收费、协商收费、风险代理收费五种。

(二)收费费率的调整

律师收费费率是跟国家经济发展水平、国家价格水平和各行业报酬等多种因素相关的。1956年《律师收费暂行办法》中规定的律师收费标准较低,采用了适应建国初期我国国情的固定的低收费标准,如:律师为当事人代写申请书每件不得超过1元;代写诉状每件不得超过2元;刑事案件曾在第一审办理案件而又在第二审办理案件的,第二审收费不得超过10元。在律师办理民事案件中,办理无诉讼价格的案件或者虽有诉讼价格但在1000元以下的案件不得超过10元;办理诉讼价格在一万元以上的案件不得超过150元。

1981年《律师收费试行办法》统一了全国的律师服务收费标准,在后附的收费标准表中,对律师承办案件收费是规定了具体的费率的,只有对二类案件(案情复杂、涉外业务)可以协商收费费率,最有特色的是规定指定辩护的费用由人民法院向法律顾问处交纳,每件15元。此标准与当时人们的收入水平相比较律

师收费属于较高费率的收费。

1990年《律师业务收费管理办法及收费标准》，除了费率有所提高外，最大不同是确定了在咨询和涉外业务方面的计时收费和国内当事人与律师事务所协商收费的最高限额(不超过标准的四倍)，并允许直接收取外币、对指定辩护案件人民法院交费的费率由司法部与最高人民法院确定。

1997年《律师服务收费管理暂行办法》中规定了五项法律服务业务的收费标准实行政府指导价，另外实行协商收费，费率较之前又有所提高，并规定收费以律师注册地标准为依据，收取律师费的方式为全部预收或部分预收、分期分批交纳、先垫付后收取，过错退费制度(过错应由事务所所在地的县级以上司法行政机关部门认定，对认定不服的可以诉讼)。

2006年《律师服务收费管理办法》确定了律师收费实行政府指导价和市场调节价。其中五类为政府指导价，政府指导价由各省、自治区、直辖市人民政府价格主管部门与司法行政部门制定，规定了风险代理的上限不得超过合同约定标的总额的30%。据此，各地相继出台了地方律师收费办法和收费标准，但由于地域和经济情况的差异，经济发达地区与欠发达地区的收费标准存在很大的差异，如上海的计时收费最高不超过3000元/小时，而湖南的计时收费为50—1000元/小时；为刑事案件犯罪嫌疑人提供法律咨询上海最高不超过2000元/件，而湖南分为不涉及财产关系的50—150元/件和涉及财产关系的100—400元/件。由此可见，经济的差异造成收费标准相差甚远，最终影响律师的整个收费数额。

第三节　热点前沿问题

一、我国影响律师收费的因素

我国律师收费实行政府指导价与市场调节价相结合的模式，政府指导价由国家价格主管部门会同地方司法行政部门制定，《律师服务收费管理办法》没有具体规定，授权法定部门依据具体情况决定。《律师服务收费管理办法》第9条对于市场调节价的影响因素予以了规定，包括：(1)耗费的工作时间；(2)法律事务的难易程度；(3)委托人的承受能力；(4)律师可能承担的风险和责任；(5)律师的社会信誉和工作水平等。结合我国的律师实践，总结归纳影响我国律师收费的因素主要包括以下几个方面：

1. 案件的复杂程度，所需耗费的工作时间

律师服务是社会服务的一个重要内容，在我国，社会服务以按劳取酬为原则，坚持效率优先，兼顾公平。一般来讲，案件越复杂，所需要耗费的工作时间也

越长,为此,律师投入的时间成本和精力也更多,律师所应获得的报酬理所当然也应更多。当然,案件的难易程度因人而异,不可能有一个统一的标准,相同案件可能当事人认为复杂,但对于专业律师来讲可能就是很普通的案件,对于不同律师由于业务水平差异对相同的案件的理解也不同,因此,案件的复杂程度和所耗费的工作时间是以一个普通的律师工作者水平来衡量的,同时结合其他因素来影响律师收费。

2. 委托人的承受能力

委托人的承受能力是影响律师收费的一个重要因素,一般来讲,律师事务所会根据不同业务水平的律师确定不同的收费标准,这时,委托人的承受能力在选择律师方面就具有重要影响。委托人的经济承受能力不仅具有人群的差别,同时还具有的地区差异,表现在律师收费方面收入高的人能够聘请较高水平或具有较丰富经验的律师提供服务,经济发展水平更高的地区的聘请律师的费用也更多。为此,在制定政府指导价或者律师事务所在确定本所律师收费标准时应考虑本地区的经济发展水平、本地区居民的经济承受能力。

3. 律师可能承担的风险和责任

律师为委托人提供法律服务过程中,律师事务所和律师始终处于利益和风险共存的状态中。风险与利益是成正比的,风险越高,所应能获得的利益也应更高,如此也才符合市场竞争的准则。同样,在律师服务行业,当律师接受一项业务所可能承担较大风险时,收取较高的律师费用也是合理的。律师承担的风险和责任来源于法律规定、当事人的具体要求、律师办理案件所能获得的条件等各方面。如果某项业务由于没有具体的法律规定,属于开创性的律师事务,而且当事人要求又比较高,同时律师能获得的条件有限,需要为此付出更多的精力和责任,收取更高的律师费用也是律师劳动付出应得的。

4. 律师的工作水平和社会信誉

律师的社会信誉就是律师的名片,是律师无形资产的重要内容。社会信誉的积累需要律师长时间的积累,其中既需要律师个人的资历、经验和业务能力,同时也需要律师个人的道德修养、社会责任感等。良好的社会信誉是一个知名律师终身的财富,同时也是律师获得社会评价、收取较高律师费用的衡量标准。一般来讲,社会信誉较高的律师在工作水平和社会影响方面更大,在收费方面也较高。

5. 案件的标的额

在按比例收取律师费用的案件中,案件的标的额是律师费用的一个基数,以此为基础各地根据不同的经济水平确定不同的收费标准。一直以来,我国律师在办理经济案件或涉及财产争议的案件时,常按涉案标的比例收费。按标的的比例计费,固然有其合理的一面,但有时也显失公正。有时候案件或者法律事务本身涉及较大的金额,相关法律问题并不复杂,所需律师的时间、技能等投入也相对较少,那么此时,如果完全按标的额大小来收费,则将导致双方利益的失衡。因此,标的额的大小固然是影响因素之一,但更合理的方式是根据法律事务本身的情况,在遵循一定原则要求之下,允许双方委托人对收费进行协商,以期合理确定具体要求收费数额。

6. 律师的办案成本

律师的办案成本作为考虑律师收费的一个因素主要适用于计件收费、计时收费或按比例收费方式中,在风险代理收费中需要看双方当事人的协商,是否将办案成本作为律师费用的一个因素由当事人承担。"律师收费主要包括两部分:酬金和其他支出、费用。其中酬金是律师的服务费用,是律师费的主要组成部分;其他费用包括办案支出,如律师的差旅费、伙食费等杂费,也包括律师在提供法律服务时预先为当事人垫付的其他费用,如诉讼费、鉴定费、复印费等。"① 其中律师的办案成本主要指律师的其他支出,如办理本地的案件,因不需要支付差旅费等异地办案费用,因此律师收费可能会相对更低,如果需要异地取证、出庭等,则律师需要付出更多的成本,而最后的律师费用都应由当事人来支付。

二、西方国家影响律师收费的因素和收费标准②

(一)美国

美国律师协会职业行为示范规则中规定:律师不得协商收取、索取或者收取不合理的律师费或者数额不合理的其他费用(expenses)。确定律师收费是否合理时应考虑的因素包括:(1)所需要的时间和劳动,所涉及问题的鲜见程度和难度以及适当提供法律服务所必需的技能;(2)律师接受该特定工作,将不能从事其他工作,为委托人显而易见的可能性;(3)所在地提供类似法律服务通常收取的律师费;(4)多涉及的标的数额和获得的结果;(5)委托人或者由事态本身所限定的时限;(6)与委托人之间的职业关系的性质和存续时间;(7)提供服务的律师的经验、声望和能力;以及(8)律师费是固定的还是附条件的。

关于律师的服务报酬标准,美国没有统一的规定,各州做法也不一。虽然有些地方律师协会规定了最低限度的收费标准,不过对于任何重大事务,最终还是由律师来决定的。在一般情况下,律师的服务报酬基本上由律师本人和委托人当面协商,最后确定一个合理的收费标准。美国律师协会制定的《职业行为示范规则》第1.5条明确要求律师收费的合理性,否则可能招致惩戒。美国法律协会制定的《律师法重述》第34条也表明,在律师和委托人因收费而产生的争

---

① 陈卫东主编:《中国律师学》(第三版),中国人民大学出版社2008年版,第191页。
② 参见马宏俊主编:《〈律师法〉修改中的重大理论问题研究》,法律出版社2006年版,第306页。石毅:《中外律师制度综观》,群众出版社2000年版,第277页。

议中,如果律师不能证明其收费的合理性,则可能招致败诉的结果。因此,确定律师收费的合理性具有重要的意义。

（二）英国

英国律师制度实行的是事务律师和出庭律师并存的二元制。事务级律师的酬金可以分为办理非诉讼事务的酬金和办理诉讼事务的酬金。事务律师办理非诉讼事务的收费额应当公平而合理地确定,计算时受以下因素的影响:(1)事情的复杂程度,或者是提出问题的新奇程度或难度;(2)要求律师具备的技能,花费的工作量、需要掌握的专门知识以及承担的责任;(3)律师的资历、名声和能力;(4)是否需要外语等专业技能;(5)办理委托事务或委托事务的任何部分的地点和周围环境;(6)涉及的任何金钱或财产的数额或价值;(7)事项对当事人的重要程度;(8)业务的时间性,如加急则可在费率的基础上增加一定的百分比。对于诉讼事务的收费,则要区分不同的情况适用不同的规则,例如,律师在办理婚姻案件的诉讼时必须根据《1979年婚姻案件诉讼（费用）规则》;而规则没有特别规定的,律师可以和当事人订立协议或者根据上述影响自行确定酬金总额。

出庭律师的报酬主要是在接受事务律师的委托诉讼案件时所请求的"承办案件的酬金"。这种酬金只能向事务律师收取,不能向当事人收取。出庭律师的报酬额由出庭律师事务室的秘书与委托的事务律师进行协商确定。

（三）德国

德国律师收费数额要在考虑有关事项的难度、花费的时间以及当事人的经济状况。由于德国素有遵循秩序优先的法律传统,对于诉讼业务有明确的收费标准,并由法院严格执行,只有在当事人书面同意的前提下,才可适当的提高。对于非诉讼业务,律师收费有一定的自由度,根据有关事项的难度、花费的时间以及当事人的经济状况来确定。

（四）法国

法国法律规定,律师有权确定他进行法庭辩护的酬金数额,但同时律师在确定酬金时应力求公道,通常考虑如下因素:完成的工作量和付出的努力、法律事务的难度、案件的重要性、牵扯的经济利益、律师的资历能力和头衔、对当事人提供的服务以及当事人的经济状况。具体的收费分为:(1)酬金:律师提供法律服务而收取的报酬如律师辩护、代理和代书法律文件等,其数额可以由律师和当事人自由协商确定。酬金是律师基于其提供的法律服务而收取的报酬,如果委托人拒付酬金,律师可以为此向法院起诉。(2)费用:如电话费、旅费和邮费等。(3)开支:这是数额较大的花费,如法庭费、注册登记费等。

（五）日本

日本《律师道德规范》规定,律师报酬应该根据所属律师会的规定,并根据委托人的地位、标的物的价值、案件的难易程度确定。对于涉及财产的诉讼和非诉讼案件、行政案件实行先收取手续费,胜诉后收取胜诉费的原则。收费主要考虑的因素包括:(1)法律咨询的时间长短;(2)文书制作中记载的价额大小;(3)合同谈判的标的大小;(4)公司设立、变更涉及的资本额大小;(5)顾问费视企业规模而定;(6)民事行政诉讼案件以涉及标的额为计算依据;(7)刑事诉讼案件以涉及的审讯程序、刑期为计算依据,此外还考虑实际费用支出以及差旅费的津贴。

三、律师服务的成本构成分析

律师在大多数人的眼中是一个高收入的阶层,当事人也总是将其支付的律师费与其案件的标的相比较,与其案件胜败的结果相比较,与他所看到的律师的"简单"工作相比较,从而得出律师高收入的结论。据报道,2011年,北京市共有执业律师22321人,律师业务收入达到113.9亿元。① 因此,京城执业律师每人年均业务收入有50余万元,这也为律师行业的"高收入"认识提供了注脚。然而,真正走近这个"高收入"群体,会发现事实并非如此简单,业内人士认为,"依个人经验判断,这个数字的30%—40%才可能是律所的纯收入"。② 公众的判断为何与事实有如此大的差距?司法行政部门公布的数据为何得不到律师的认同?这些问题的关键在于,他们在看到律师收入时没有考虑到律师的成本,而这个成本是巨大的,也许远远超出业外人的想象。③ 在我国,律师和律师事务所的成本主要包括以下几个方面:

(一)生存成本

这是律师维持自身生存和延续后代的生活资料的价值,是律师从事法律服务工作的最基本成本支出,在维持劳动力再生产和延续劳动力供给方面和其他的行业并无实质性区别。

(二)律师接受教育和训练的成本

律师在这方面的支出和其他行业的体力和脑力劳动截然不同,体现出教育支出具有终身性的特点。选择了律师行业就等于选择了终身学习。在取得律师资格前的知识准备和技能的培训需要付出成本自然不必说,一名大学本科毕业生成为律师,一般通过司法考试要1至2年,之后当实习律师又要1年,真正能自寻案源、独立办案一般都在二十七八岁了,"执业前成本"非常高。成为律师之后为了给委托人提供更好的法律服务,律师也要通过阅读大量的资料,参加大量会议、论坛和培训,与有经验的前辈交流等各种渠道不停的补充和更新知识,

---

① 《北京律师数、办案量和业务收入均居全国前列》,载千龙网,http://report.qianlong.com/33378/2012/04/29/118@7913710.htm,访问日期:2012年11月27日。
② 《业内人士算细账 解读京城律师收入》,载《法制晚报》2005年8月2日。
③ 马宏俊主编:《〈律师法〉修改中的重大理论问题研究》,法律出版社2006年版,第310页。

提高自身的业务素质。这部分巨大的"终身开支"往往被公众和委托人所忽略,这也是造成律师高收益假象的原因之一。

(三)律师事务所正常运转的成本

律师事务所是律师从事业务活动的机构,不加入律师事务所,律师无法执业,根据《律师法》规定,允许设立个人开业的律师事务所,这种"个人所"也是机构,是律师合法执业的组织形式。律所正常运转的成本可以分为固定成本和可变成本两大类。固定成本指无论律师所经营状况如何,都必须定期、定项和定额支付的成本,主要包括:(1)房屋租赁成本,这往往是最大的支出;(2)人员工资类成本,这包括实习律师、助理律师底薪,秘书、会计、前台接待人员等辅助人员工资,律所职工法定保险、保障类支出及商业保险;(3)办公成本,如制作文件、网站维护、水电费、供热等。可变成本是指其开支的时间和金额均有一定弹性,是推进律所发展中不可或缺的投入,如添置固定资产、临时外聘人员、市场拓展费用和对工作人员特殊技能的培训费等。

(四)税费负担

我国各地普遍对律师和律师事务所开征营业税和所得税,有的地方还开征印花税、城市建设维护税及其他各项管理费用,律师事务所还按其总收入的一定比例缴纳能源交通重点建设基金、预算外调节基金等,累计超过律师事务所纯收入的40%—60%。① 随着2012年开始的营业税改征增值税,以及我国个人所得税课征方法由"核定征收"转为"查账征收",这必将加大律师和律师事务所的税费负担。

(五)律师行业的"隐性成本"

律师工作过程中,有一部分支出确实存在,但却无法确切地统计,甚至被看作律师纯收入的一部分,这里把它称作"隐性成本"。案源是律师收入的决定性因素,这与一名律师掌握的社会资源直接有关。为了尽量多的占有案源,尽快的得到信息,提高胜诉率,律师必须参加大量的社交活动,拓展社交圈,并为此支付数额巨大的"隐性成本"。

律师的职业特点在于,他的生存完全依赖于服务收费,得不到国家的任何资助,医疗和养老保险等完全自理。这更加大了律师职业的风险,使律师必须在工作时期为退休后的生活作好贮备。然而,我国的律师收费水平与西方国家相比是相当低的。虽然近几年东部的律师的收入有所提高,但这并不能代表全国的水平,中部和西部的律师收入仍然很低。在这种情况下,律师和事务所支付了以上的成本之后,更是所剩无几了。所以,如果说律师是高收益的行业,那也只有

---

① 李轩:《制度缺损与观念抵牾——当代中国律师业的两大难题》,载 http://law.cufe.edu.cn/article/default.asp? id = 376,访问日期:2012年11月27日。

在西方律师业发展比较健全的国家才名副其实。在今天的中国,对大多数律师来说,律师还只是一个特殊的知识服务行业,它的收益对于成本而言无法构成事实上的赢利,很多律师还在为以后的生计奔波,更谈不上高收益和高利润了。

第四节 法律实践

2006年《律师服务收费管理办法》颁布之后,各地相继修改或者制定公布了本地相关规范性文件。地方标准的制定,对于规范收费,并针对各地不同的经济发展水平、服务对象的收入水平、服务需求和支付能力,提高律师服务的水准并集中优势资源,都是有积极作用的。以下选取有代表性的地方标准为例进行分析,以期引发对收费方面相关问题的更多思考。

一、上海市律师服务收费管理实施办法

上海市曾于2001年第一个出台了律师服务收费的地方标准,一定程度上起到表率作用。[①] 2006年《律师服务收费管理办法》发布后,上海市发展和改革委员会、上海市司法局于2009年重新调整修改的《上海市律师服务收费管理实施办法》,该实施办法的主要不同有:

一是强化了法律援助义务:律师事务所在办理法律事务过程中,如发现委托人符合法律本市援助条件的,应帮助委托人办理法律援助申请。

二是具体规定了对于经济确有困难,但不符合本市法律援助条件,仍予以酌情减收或者免收律师服务费的案件范围。这些案件包括婚姻、继承案件;请求给予社会保险待遇或者最低生活保障待遇的;请求给付赡养费、抚养费、扶养费、抚恤金、救济金、工商赔偿的;请求支付劳动报酬的;国家赔偿案件、其他因特殊情况无力承担律师服务费的。这使得法律援助的范围得以适当扩大,实践中易于操作,对于积极实施法律援助、恪尽社会义务的律师事务所的工作可以据此予以褒奖。

三是接受社会监督的项目"应当在办公场所的显著位置"公布。这体现了对公布项目重要意义的深刻理解,有接受监督的自觉。

四是要求与委托人签订载明收费条款的合同或律师收费服务合同前,"应当向委托人充分披露律师服务收费的相关信息"。

五是确立费用的退补和赔偿事宜的处理规则。因律师过错或其无正当理由要求终止委托关系的,或因委托人过错或其无正当理由要求终止委托关系的,有关费用的退补和赔偿事宜,依据律师服务收费合同或者委托代理合同约定的收费条款处理,没有约定的,依据《合同法》的原则处理。这是对《律师服务收费管

---

① 参见:《上海市律师服务收费管理办法(试行)》,2001年12月1日生效。

理办法》的较好补充,可以适当提高发生争议后的解决效率。

二、江苏省律师服务收费管理办法

江苏省律师服务收费事项是依照《律师服务收费管理办法》而制定的实施细则,其文件名称为《〈律师服务收费管理办法〉实施细则》,自2007年1月1日起执行,是在《律师服务收费管理办法》出台后较早制定颁布地方标准的省份。与《律师服务收费管理办法》比较,主要不同或者说特色体现在以下方面:

一是在《律师服务收费管理办法》第3条有关"律师服务收费遵循公开公平、自愿有偿、诚实信用的原则"基础上,增加规定了合法和协商一致两项,并将《律师服务收费管理办法》本条中的内容也适当细化了。

二是在收费方式的条款中首先明确依据哪些因素考量。律师事务所依据委托的服务内容、服务项目、难易程度和耗时多少等情况,采取计件定额收费、按标的额比例收费、计时收费等方式。委托服务难易判定规则,由省物价局会同省司法厅制定后公布施行。

三是对于计时收费的标准计算,在细则中明确列出,这样易于委托人了解和选择,并利于有关部门和社会监督。

四是对协商律师服务收费考虑的因素较之《律师服务收费管理办法》有所扩充,细化是大为增加了实践中的可行性。

五是对于收取不属于律师服务费的费用,要求必要的审批并本着合理、节俭的原则花用、支付或收取。例如第18条。

从该省实施细则看,似也存在不足,例如,在第8条、第9条明确规定了赡养费、抚养费、扶养费和刑事诉讼案件作为风险代理的除外情况和禁止项目的前提下,第14条中却有规定:"律师和律师事务所不能以任何理由和方式向赡养费、抚养费、扶养费以及刑事案件中的委托人,提出采用根据诉讼结果协议收取费用,但当事人主动提出的除外。""风险代理"与"根据诉讼结果协议收取费用"的区别如何把握?此外,第28条规定"本细则由省物价局、省司法厅在各自职责范围内解释",这是与《律师服务收费管理办法》确立的解释相关规定的"会同"模式有矛盾的,不够妥当。各地的收费标准也应当效仿《律师服务收费管理办法》由订立该标准的物价和司法行政主管部门"会同"解释。

三、广东省律师服务收费管理实施办法

广东省依据《律师服务收费管理办法》制定的《广东省律师服务收费管理实施办法》于2007年1月10日执行,也属于《律师服务收费管理办法》公布后及时、迅速制定了地方标准的省,为规范律师服务收费起到了示范作用。它的突出特色有以下方面:

一是收费遵循的原则除却《律师服务收费管理办法》中的三项之外,还增加规定了"公平竞争"原则。

二是规定了有关律师服务收费的若干基本概念。例如,第4条规定律师服务收费是律师事务所,向委托人收取的服务报酬。律师服务收费属中介服务收费。第8条、第9条、11条分别规定了计时收费、计件收费、风险代理收费的概念。

三是明确规定实行政府指导价的律师服务,"在经济不发达地区,经当地价格主管部门和司法行政机关同意,可扩大律师服务指导价下浮幅度"。这样的规定在地方标准中很有特色,也体现了对于经济发展不平衡地区,实事求是的态度和灵活指导工作的原则。

四是在有关履行法律援助义务的条款中,针对经济确有困难,不符合法律援助范围而减免收费的情形,明确规定"律师事务所不得以排挤其他律师事务所为目的,通过减收或免收律师服务费吸引委托人,进行不正当竞争"。

五是专门写明"律师服务收费争议调解办法另行制定",说明还有相应的配套措施。

六是以"附件"的形式公布了"广东省律师服务政府指导价",使得不同收费方式的价格清晰地展示,有利于公开和透明,接受监督,也有益于委托人运用,这一特色也是在地方标准中比较突出的,不失为是一种好的方法。

总的来说,各地方标准普遍强调,律师提供法律服务,应当按照相应的服务项目,遵循一定的原则、收费方式和标准,做到有据可循,明码标价,接受相关部门和社会的监督,以维护双方的合法权益,并最终促进律师服务业的健康发展。

第五节 案例评析

一、律师费转付案

【案情】

2001年6月,包某向中国民生银行青山支行借款7万元,2004年6月到期后,包某还有5万元没还,银行多次催款,包某均称过几天一定还。2004年8月20日,青山支行将包某告上法庭。

借款时,双方在合同中约定,若因借款方违约,银行需上法院讨要的,借款方应承担银行的诉讼费用、律师费以及讨债的其他费用。这就是双方约定的"律师费转付"条款。按此条款,法院判令包某限期还款,承担诉讼费用,同时为银行出2657元的律师费。

【评析】

这是我国实践中律师费转付的成功案例。虽然我国《律师法》和有关的律师收费规定中没有律师费转付的明确条文,但是本案双方当事人在合同中已经约定违约一方应承担因违约产生的一切费用,包括诉讼费用和律师费用,法院根据民法中意思自治的原则确认了合同约定的效力。律师费用转付制度的构建和完善,可以增加违约方的违约成本,减轻维权者的维权成本,也有利于培育社会信用。但在我国法律没有明确确定律师转付制度的情形下,这种典型案例的成功只是实践中的少数,也不利于我国律师收费制度的健全和完善。这种制度在英美国家已经比较成熟,我国应该吸收国外有益经验,在适当的时机予以明文确认。

二、当事人索要律师费案

【案情】

54岁的梁先生是某机关退休干部。2003年8月13日,他与北京市某律师事务所签订委托代理协议约定,由律所指派谢律师代理他与北京一家设计院欠款一案。当天,他支付代理费1万元,但所委托的法律事项自始至终未向相关法院立案审理。梁先生遂要求律所退还律师费遭到拒绝,故起诉要求律所退还代理费9,000元。法院审理后认为,谢律师只为梁先生的委托事项进行了部分工作,遂判决支持梁先生的诉讼请求。但法院判决生效已逾11个月,律所称涉案律师已调到其他律所工作而拒绝执行判决,梁先生为此要求法院强制执行。

【评析】

本案不仅涉及律师收费问题,同时也关涉律师职业行为规范的问题。本案代理律师未能完成当事人委托,未尽勤勉义务,违反了诚实信用原则,损害了律师队伍的形象和声誉,也不利于我国律师行业的发展。在本案中,律所以涉案律师已经调离为由拒绝履行生效判决,没有法律依据。在我国,律师收费遵循由律所统一收费原则,律师个人不得向当事人私自接受委托、收取费用,因此如果当事人与律所出现律师费用争议问题,应由律所承担责任,需要涉案律师承担的部分再由律所先行赔偿后予以追偿。从这个案例中也说明我国律师收费制度中需要更加完善律师收费争议解决制度。

三、风险代理收费机制的困境

【案情】

(一)从民工律师到状告民工[①]

周立太,重庆周立太律师事务所律师,以多次代理农民工打赢官司而被称为

---

① 王进喜:《风险代理收费:制度理论与在中国的实践》,载《律师职业行为规则与律师事务所管理论文集》2005年10月15日。

"民工律师",被许多媒体称为"民工保护神"。他为民工打官司,不赢不要钱,实行"风险代理",曾代理国内最大工伤赔偿案件刘涛诉深圳金龙毛绒布织造有限公司工伤赔偿案件,获得 158 万元的赔偿,最大限度维护受害者的权益。

1996 年以来,周立太已受理了来自于全国的工伤赔偿及劳动争议案件达 5000 余件。而就是这样一位"民工律师",近年来却把民工告上法庭,原因是胜诉后,许多民工不交律师费。据报道,有一百多名民工拖欠他的律师费高达 500 多万元。2004 年初,忍无可忍的周立太,将不履行"风险代理"协议的一级伤残民工刘朝正告上了法庭,法院支持了周立太的诉讼请求。

(二) 7 万元风险代理费该不该拿①

湖南省双峰县杏子铺镇大丰村村民彭立新、尹金娥状告村电工刘某、大丰村委会、双峰县农电总站三被告人身损害赔偿一案,经人介绍,由湖南湘都律师事务所律师黄某代理。黄律师于 2000 年 8 月 28 日向该所请示,经同意后于 9 月 1 日与彭立新签订了《风险诉讼协议》。该协议由双方签名,并由证人张某见证。但因一审判决三被告赔偿总额未能超出胜诉标的额,黄律师依合同没有提出提成要求。12 月 26 日,黄律师又与彭立新、尹金娥签订了《二审风险诉讼代理合同》,黄律师即以当事人全权代理人身份将该案上诉至娄底市中级人民法院。2001 年 4 月 2 日,娄底市中级法院根据 2001 年 2 月 21 日起施行的最高人民法院《关于审理触电人身损害赔偿案件若干问题的解释》,作出的二审判决赔偿标的额超过了风险代理合同的约定。但彭立新不同意按二审风险代理合同支付代理费。5 月 8 日,湖南湘都律师事务所向双峰县人民法院提起诉讼,要求被告彭立新、尹金娥支付代理费、差旅费 72,295 元。法院受理后,依法追加黄律师作为本案原告。

7 月 23 日,双峰县人民法院经审理认为:原、被告签订的一、二审两份风险代理合同,黄律师征得了律师事务所的同意,其间向一、二审法院递交的委托手续均加盖了该所律师事务所的公章,其行为应视为该所的授权行为,且合同是在有中间人在场,双方充分协商一致的情况下自愿订立的,应认定该两份合同有效。按合同约定,原一审费用由两被告支付原告黄律师差旅费 2,000 元,代理费因未达到胜诉标的而不再支付。原二审改判的金额在 60,000 元的基础上增加 143,840 元,但其中因《解释》出台,将死亡补偿费的赔偿金额提高了 94,400 元,这属于政策性调整,应归死者亲属所有,原告不应分割,据此,法院根据《合同法》第 5 条、第 8 条、第 109 条之规定,判决两被告支付原告二审代理费、差旅费 24,720 元。同时,因二审免收了诉讼费,而两被告已支付原告黄律师上诉费

---

① 来源:中国法院网,http://www.chinacourt.org/html/article/200209/13/10847.shtml,访问日期:2012 年 11 月 24 日。

2,500元,法院亦判决此款由黄律师返还被告。判决宣布后,原、被告双方均表示不服,原告已于8月13日向娄底市中级人民法院提起上诉。

【评析】

从以上案例中也可以反映出我国律师收费风险代理机制建立的曲折。虽然我国《律师服务收费管理办法》已经明文规定了风险代理收费机制。但是在现实中由于律师收费是在当事人获得胜诉以后根据胜诉的诉讼标的额来计算的,因此,当事人如果反悔或拒绝给付律师费用,那也不会承担案件的不利后果,这时又在律师和当事人之间产生一个新的诉讼,于是出现了代理律师代理了当事人的案件之后又与当事人对簿公堂的情形。在请求法院支持风险代理律师费用的诉讼中,律师同样面临着不同的诉讼风险,如人民法院可能更加同情当事人一方等。因此,律师事务所及代理律师在与当事人签订风险代理合应更加谨慎,同时还要有配套的律师收费制度,比如律师协会应会同国家价格监督部门对风险代理合同做好监督工作;建立健全律师收费转付制度,以减轻当事人对风险代理律师费用的负担,两种制度的有效衔接也将使收费制度更加完善等等。

第六节　问题与建议

我国目前的律师收费制度基本上是采取由国家部委规范性文件规定进行的,律师则须按照此标准模式并具体参照地方标准来执行。此种律师收费制度,对规范律师收费行为,改变我国律师收费混乱的局面,使律师收费有法可依,是有积极作用的。但是,这种收费办法过于死板,难于调动社会成员积极性,也越来越不适应复杂多变的现实发展的需要,显现出诸多弊端,诸如:立法相对滞后,在法律层面上缺少必要的刚性规定;律师服务收费时有发生混乱的现象;律师收费标准偏低、不合理,又缺少灵活的调整机制;收费方式不够多元;关于律师收费评定的规定不够全面;律师收费争议的解决机制不够完善,等等。上述弊端,不利于律师行业健康发展,尤其难与国际接轨。因此,有必要在立足国情、借鉴国外有益经验的基础上,全方位地对我国的律师收费制度进行改革和完善。

一、改革完善我国律师收费管理模式

当前改革完善我国律师收费管理模式,应调整政府指导价范围,扩大市场调节价的适用。在市场经济条件下,应该充分发挥市场这个无形的手的作用,政府主要发挥引导、监督和服务的职能。根据《律师服务收费管理办法》第5条规定:律师事务所依法提供下列法律服务实行政府指导价:(1)代理民事诉讼案件;(2)代理行政诉讼案件;(3)代理国家赔偿案件;(4)为刑事案件犯罪嫌疑人提供法律咨询、代理申诉和控告、申请取保候审,担任被告人的辩护人或自诉人、被害人的诉讼代理人;(5)代理各类诉讼案件的申诉。

　　这条规定几乎涵盖了律师业务的所有范围,这种过于宽泛的律师收费政府干预模式不利于通过发挥市场机制激励律师提供更优质的法律服务,也不利于律师行业的健康发展。政府指导价的范围应当明确,而且只能限于那些涉及公共利益、为保障社会公平和有序竞争的案件中,除此之外的案件宜适用市场调节价,由律师与当事人协商收费。协商收费是当事人和律师平等协商的过程,在此过程中,当事人可以充分考虑律师服务的各种因素,比如律师的名声、案件的复杂程度、所需的时间等,为其能否充分信任律师提供切身感受;律师更加熟悉当事人的各种情况,为全面把握案件提供了一个途径。可以说,双方之间的信任正是从咨询和收费开始的,当事人和律师达到彼此的了解和信任。协商收费是律师和当事人合意的结果,能充分反映律师与当事人之间的平等关系,也为代理。协商收费使得从而达成对双方来说都能接受和比较公平的收费数额和收费方式,有利于减少律师收费纠纷。协商收费也是目前世界各国通行的收费方式,它可以发挥法律服务的市场机制作用,促进法律服务市场的公平竞争,使得律师收费价格和服务价值趋于一致,有利于促使律师改善服务方式,提高专业技能,提供更加专业的法律服务,促进律师行业的发展。另外,由于政府指导价需要价格主管部门制定,往往具有滞后性,协商收费赋予律师和当事人更大的协商自由,对于弥补法定标准的不足具有重要作用。

　　我国法律中有协商收费的规定,但在实践中,由于政府指导价的适用范围过宽导致协商收费受到过多干预。政府有必要监督律师收费,但应该通过更加合理的方式,如为防止恶性竞争,政府可以通过设立最低收费标准,保障律师行业的公平有序竞争,为防止律师借专业知识侵害当事人的权利,也可以设定特定案件的最高收费标准,上下限的收费标准作为当事人与律师进行协商收费的参考依据。

二、构建系统、科学的律师收费制度

　　基于前述讨论,我们认为,针对我国的具体国情,制定一个全国统一的收费标准难以实现。即使确立也难于落实。《律师服务收费管理办法》作为全国性规范性文件,在其宏观指导下,各地制定自己的地方标准,并效仿广东省的做法,一方面规定上下浮动的幅度,以保证必要的统一,不致产生无序的状态,另一方面也不乏灵活性,还有可操作的具体标准,各律师事务所还可以再进一步具体制定自己的标准,充分运用市场调节的杠杆,调动和发挥律师与委托人两个方面的积极因素,使得律师服务收费制度有个良性的生存环境。具体措施可以有以下方面:

　　(一)科学界定律师收费标准

　　我们主张政府指导价只限于涉及公共利益、为保障社会公平的案件,因此,对于政府指导价的制定应遵循行政许可法的有关规定必须通过听证会的方式,公告邀请各界人员参与听证,在听证会议的基础上制定科学合理的价格标准并予以发布,如此才能充分发挥对律师收费的社会监督功能。同时,为防止政府指导价过于僵化,使其能在政府指导范围内又与经济发展相适应,政府应在一定时期对指导价进行发展需求适应性评估,律师协会、律师或有关当事人认为指导价已经不适应市场发展,也可以向价格主管部门提出进行评估,由主管部门在评估的基础上决定是否应当再行听证制定更为科学的政府指导价,以保障律师收费制度中政府指导价标准的科学性。

对于市场调节价的案件由律师与当事人之间协商收费,但协商也并非是漫无标准。《律师服务收费管理办法》第9条规定:实行市场调节的律师服务收费,由律师事务所与委托人协商确定。律师事务所与委托人协商律师服务收费应当考虑以下主要因素:(1)耗费的工作时间;(2)法律事务的难易程度;(3)委托人的承受能力;(4)律师可能承担的风险和责任;(5)律师的社会信誉和工作水平等。各律师事务所可根据其本身的现实状况,制定相应的价格标准,采用如公告、公示栏、价目表、互联网查询等方式,实行明码标价,在此基础上接受市场选择、当事人的选择,以便律师事务所及律师之间展开竞争。

(二)完善多元制律师收费方式

《律师服务收费管理办法》中规定律师服务收费的方式有计件收费、按标的额比例收费、计时收费和风险代理收费等多种,这是非常有益的,也与国际上通行的方式接轨,是应当予以坚持的。目前面临的问题是如何适当调节各种方式下的应用比例,尤其对可适用于各全部法律事务的计时收费方式应当更为重视,多加运用。

现阶段我国律师人数较少,与美国等发达国家人均律师比较,还存在较大差距。这就出现了律师人数不多,律师人均不平衡,但律师对于接待的案件又多以计件和标的额来收费,导致律师行业更倾向于为诉讼标的额较高的案件提供服务,民事案件受到律师的追捧,而刑事辩护律师的收入较低。这不利于律师行业的平衡发展,而且,随着案件数量的增加,律师接待案件不分繁简程度如何都固定收费,也不利于律师根据工作量的大小来合理安排时间。

当前,在我国只有少数从事涉外律师业务的律师事务所使用计时收费。计时收费不能得到普遍采用的主要原因既有当事人的原因,也与我国律师制度的不够完善和律师的观念有关,同时还有我国律师竞争环境因素。我国当事人对什么是计时收费知道甚少,对律师计时收费的具体操作心存顾虑,如担心律师计时的不公正、不准确,对律师的定价表示怀疑,而我国有关律师计时收费的制度也不够健全,律师事务所对计时收费的机制也存在不足;律师本人传统收费方式的惯性和思维的定式的原因,很多律师觉得律师计时收费太烦琐,没有计件收费和按标的收费方便。

因此,律师行业管理部门应重视律师计时收费方式的推广与应用,及时研究计时收费的操作模式,扩大计时收费的适用。

(三)完善律师风险代理收费机制

"风险代理"制度起源于美国,是指律师与当事人之间关于律师报酬的协议,按照这种协议,律师在准备和出庭陈述方面投入必要的时间,律师的报酬为当事人将来可能取得的款项的一部分。这种报酬的取得,是以协议的条件得以实现为前提的,否则,律师得不到律师费。在美国和日本等国,这一收费方式得到了广泛的采用。在我国,法律对于这一收费方式的最明确规定是《律师服务收费管理办法》,其第11条规定:"办理涉及财产关系的民事案件时,委托人被告知政府指导价后仍要求实行风险代理的,律师事务所可以实行风险代理收费,但下列情形除外:(1)婚姻、继承案件;(2)请求给予社会保险待遇或者最低生活保障待遇的;(3)请求给付赡养费、抚养费、扶养费、抚恤金、救济金、工伤赔偿的;(4)请求支付劳动报酬的等。"该《办法》第12条规定:"禁止刑事诉讼案件、行政诉讼案件、国家赔偿案件以及群体性诉讼案件实行风险代理收费";第13条规定:"实行风险代理收费,律师事务所应当与委托人签订风险代理收费合同,约定双方应承担的风险责任、收费方式、收费数额或比例。实行风险代理收费,最高收费金额不得高于收费合同约定标的额的30%"。这些规定是我国律师收费制度中风险代理收费的法律依据。

基于我国具体国情,在建立这种收费方式时,既要能充分发挥这种收费方式的优势,又要尽量避免其弊端的发生。在实施和完善的过程中还应注意以下几个问题:首先,风险代理收费制度的适用范围应严格遵循规定,《律师服务收费管理办法》已经作出了禁止性的规范,这是十分必要的。其次,风险代理收费制度中律师收取律师服务费用的比例应在法定的限度之内,从而维护委托人的合法权益,防止这种制度过于投机,有违社会公平观念。再次,风险代理收费方式的选择必须以律师与委托人之间的书面协议为准。协议应当对相关内容进行约定,如律师提供法律服务所要实现的目标、办理法律过程中发生的各种费用及开支的负担等等,以避免不必要的纠纷发生。又次,在书面协议签订前,为了化解双方风险评估能力不同造成的不平衡,律师应当向委托人客观地提供相关信息,使委托人理解诉讼或者相关法律事务的风险情况,并做出明智的选择。最后,建立一套完善的律师收费争议解决机制,当律师与委托人之间因收费问题发生争议时,能够妥善地解决双方的争议。

三、完善律师收费救济制度

(一)建立律师费用转付制度

我国现行有关律师收费规定中没有确立律师费用转付制度,实为一个缺陷。

律师费用转付制度对于提高当事人维护合法权利的积极性和意识具有重要意义。同时促使律师敬业、提高律师服务质量也具有重要影响。① 律师费用转付制度在我国有关法律的立法精神中已为建立此制度提供了依据,我国《民法通则》第 106 条、第 112 条、第 117 条至第 127 条及《合同法》第 113 条都对违约责任进行概括性规定,其中《民法通则》第 112 条规定:"当事人一方违反合同的赔偿责任,应当相当于另一方因此所受到的损失。"《合同法》第 113 条也规定:"当事人一方不履行合同义务或者履行合同义务不符合约定,给对方造成损失的,损失赔偿额应当相当于因违约所造成的损失。"对于因违约造成的损失的赔偿当然应当也包括为维护合法权利而合理支付的律师费用。建立律师费用转付制度,当事人在诉讼过程中聘请律师积极性的提高,也会推动律师业的发展,促使律师参与到更多的诉讼当中,自然也会提高当事人的诉讼能力;对于侵害方、违约方来说,会增加其违约成本,对违约方起到警示、惩罚作用。实践中对于转付律师费数额的确定,可以借鉴德国的"诉额确定制度",即只要原告预先证明了没有经济实力承担相对方的诉讼费用,可以向法院提出将诉额设定在比实际争议标的额低得多的水平上,如果原告胜诉,就由败诉的相对方承担以实际争议额为基础计算的诉讼费和律师费,但如果原告败诉,原告就只根据降低了的诉额依比例承担对方的诉讼费和律师费,这一制度有效保障了当事人的权益。

(二)健全律师收费争议处理机制

当事人与律师之间难免会因为收费问题产生纠纷。因此,建立一套完善的律师收费争议处理机制对健全我国律师收费制度是不可或缺的。

(1)完善律师事务所的财务管理制度。健全的律师事务所财务管理制度,可以使律师的收费公开化、透明化,既有利于税务、审计、物件等部门的监督管理,也有利于律师收费争议及时、公正的处理。律师收费包括报酬、开支、费用三个部分,其中开支可以由当事人根据约定直接向律师支付;报酬和费用原则上都应交给律师事务所,律师事务所按其自身性质扣除各种管理费用、财务费用、公费开支、税费以及事务所留存后,向律师支付报酬。各种收入和支出都应有规范、明确的账目和凭证,以供日后有关机关查阅。

(2)发挥律师协会的争议处理功能。建议地方律师协会中应成立律师收费争议处理委员会,由执业律师、律师协会工作人员、专家、社会人士共同负责律师收费争议的调查、评估和处理。此外,还可借鉴国外的做法,设立律师惩戒委员会,负责对律师违反职业道德和执业纪律的惩戒。律师与当事人之间如果因为律师费产生了争议,可申请律师收费争议处理委员会处理。一旦评定认为律师收费公正合理并无不当的,当事人应当履行;若发现律师收费过高或乱收费可

---

① 陈舒、詹礼源:《我国律师费转付制度之构想》,载《中国律师》2005 年第 12 期。

责成律师(律师事务所)予以改正,也可提请律师惩戒委员会对相关律师(律师事务所)予以惩戒。

（3）规定律师收费争议的处理程序。委托人认为律师收费不合理的,可向律协律师收费争议处理委员会申请处理。争议处理委员会首先进行调解,调解不成的及时作出评定。一旦评定认为律师收费公正合理并无不当的,委托人应当履行;如果评定律师收费过高或乱收费,可责成律师或律师事务所予以改正,也可提请律师惩戒委员会对相关律师或律师事务所予以惩戒。同时,还应规定律师收费争议处理委员会的评定结果对双方均有约束力,不服者可在法定期限内向有管辖权的人民法院提起诉讼,逾期不起诉又不履行者,权利人可以申请法院强制执行。

（4）在法院内建立"讼费评定"制度。法院在处理律师收费争议这类案件时,应根据民法、律师法等有关法律法规,并参考律师职业道德规范和律师协会已作出的评定,进行调解或作出裁决。从长远来看,我国可借鉴英美法的规定建立"讼费评定"制度。立足于国情,建议将"讼费评定"设立为简易程序,"讼费评定"工作由专门的审判人员负责。

此外,除以上途径外,还可鼓励当事人选择仲裁的方式解决费用争议。

【问题与思考】

1. 律师收费的原则
2. 律师收费的方法
3. 律所收费的影响因素
4. 我国律师收费管理模式
5. 律师费转付制度
6. 律师收费争议处理机制

第七章 律师法律援助

【本章内容提要】

本章介绍了法律援助的基本制度,包括法律援助的概念、对象、范围、条件、形式、机构、程序,分析律师在法律援助中的作用,重点研究法律援助的主体和机构。

【关键词】 法律援助 法律诊所

第一节 基本理论

一、法律援助的概述

(一) 法律援助的概念

法律援助,通常是指以一定的方式为特定的人士(人群)免费(或者减少收费)提供法律方面的咨询、服务的行为。在法律层面上,特指法律专业人士为经济困难或特定案件当事人提供减免收取法律服务费用的行为。国家以制度化、法律化的方式规定法律援助相关各项具体事项,包括法律援助的对象、范围、条件、形式、机构、程序等,构成法律援助制度。有关当事人可以通过向法律援助机构申请或者根据人民法院、人民检察院、公安机关的通知 由法律援助机构指派律师而获得法律援助。通常受援人在获得援助的案件中不需要支付(或者减少支付)法律服务费用,并可以从审理该案的人民法院获得司法救助,即缓交、减交或免交诉讼费用。

法律援助制度是一项国际通行的司法人权保障制度,它包含了在诉讼中和非讼的涉及法律方面的诸项领域所提供的服务,从事这类服务的主体也很广泛,尤其以国家设立的专门机构中的专业人员为主。

法律援助制度有广义和狭义之分,从广义上说,应包括诉讼费减免在内的整个法律程序的各个环节提供法律帮助;从狭义上说,只是从律师、公证和基层法律服务方面提供免(减)费的法律帮助。本章所指的法律援助制度较多地从狭义的角度理解,而且重点关注律师的法律援助,即律师作为提供法律援助的主体的相关法律问题,兼顾全面考量。

(二) 法律援助制度的特征

各个国家根据本国的具体情况设立相应的法律援助制度,具体构筑实行法

律援助的体系。现代意义上的法律援助制度成形于20世纪中叶,其发展的基本脉络有四个方面:

1. 完善了法律援助的相应立法。诸多国家以宪法或法律形式规定了法律援助的基本原则,明确公民享有的法律援助权利。其中,许多国家还制定了法律援助的专门立法,将法律援助的具体实施纳入了法律化、制度化的轨道。

2. 法律援助逐步从个人实施的小范围的道义、慈善行为,发展成为面向贫困者的社会保障体系和维护公民司法人权的政府行为或政府与社会相结合的行为。

3. 建立了符合本国国情的法律援助资金供给制度,使法律援助制度的实施具有较为稳定的经济保障。

4. 建立健全了独立的法律援助机构和专门的法律援助学科。有专职人员从事法律援助的管理和服务工作,对法律援助专业人员的培训也纳入了正规化的渠道,法律援助逐渐发展为一门专门的法律社会学。

我国的法律援助制度具有以下特征:

1. 法律援助是政府的行为,由政府设立的法律援助机构组织实施。它体现了国家和政府对公民应尽的义务。

2. 法律援助是法律化、制度化的行为,是国家社会保障制度中的重要组成部分。

3. 法律援助受援对象主要为经济困难者、残疾者、弱者,或者未成年人以及其他依法获得帮助的特殊对象,例如刑事诉讼中,依照《刑事诉讼法》[①]第34条、第267条、第286条的规定,犯罪嫌疑人、被告人经本人及其近亲属的申请或者经人民法院、人民检察院和公安机关的通知,法律援助机构会指派律师为其提供辩护。

4. 法律援助机构对受援对象减免法律服务费。

5. 法律援助的形式,既包括诉讼法律服务,也包括非诉讼法律服务。

(三)法律援助制度的意义

我国建立和实施法律援助制度,是加强社会主义民主、健全社会主义法制的客观要求,是健全社会主义精神文明建设的重要内容和实际步骤,是构建社会主义和谐社会的重要法律措施,其意义主要包括以下几个方面:

1. 法律援助制度体现了国家对法律赋予公民的基本权利的切实保障,有利于实现法律面前人人平等的宪法原则。

---

① 本章所引用的《刑事诉讼法》,以2012年3月14日第十一届全国人民代表大会五次会议审议通过的《关于修改〈中华人民共和国刑事诉讼法〉的决定》为依据。修改后的《中华人民共和国刑事诉讼法》2013年1月1日起施行。

2. 法律援助制度为诉讼当事人提供平等的司法保障,有利于实现司法公正。

3. 法律援助制度有利于健全和完善律师法律制度,在更为宽广的领域内实现律师服务的社会价值。

4. 法律援助制度有利于健全和完善我国社会保障体系,保障社会稳定,促进经济发展和和谐社会建设。

二、法律援助的对象、条件和程序

(一) 法律援助的对象、条件和程序

概括地说,我国法律援助的对象主要有:(1) 因经济困难,不能支付或不能完全支付法律服务费用的,有充分理由证明为保障自己合法权益需要法律帮助的;(2) 盲、聋、哑或其他残疾人、未成年人、老年人为刑事被告人或犯罪嫌疑人,没有委托辩护律师的;(3) 可能被判处死刑的刑事被告人没有委托辩护律师的。

法律援助的经济困难标准按照当地人民政府规定的最低生活保障标准执行。下列人员应当被认定为经济困难无能力承担法律服务费用:(1) 农村"五保"对象;(2) 社会福利机构中由政府供养的人员;(3) 无固定生活来源的重度残疾人;(4) 正在享受最低生活保障待遇的人员;(5) 总工会核定的特困职工;(6) 依靠抚恤金生活的人员。

法律援助的范围包括:(1) 依法请求国家赔偿的;(2) 请求给予社会保险待遇或者最低生活保障待遇的;(3) 请求发给抚恤金、救济金的;(4) 请求给付赡养费、抚养费、扶养费的;(5) 请求支付劳动报酬或者因劳动关系请求经济补偿、赔偿的;(6) 因身体遭受严重损害请求赔偿的;(7) 因遭受家庭暴力、虐待或者遗弃要求变更或者解除收养、监护关系的;(8) 因遭受家庭暴力、虐待或者遗弃、对方重婚或者配偶与他人同居的受害方要求离婚的;(9) 因被刑事立案侦查、提起公诉而请求法律咨询、代理、辩护的;(10) 国家和省规定的其他事项,如请求保护农村土地承包经营权的;(11) 需要予以公证的与公民个人人身、财产密切相关的法律事实或法律关系的;(12) 其他确需法律援助的事项。

法律援助的对象和范围,也称为"法律援助的覆盖面"。这个覆盖面的大小宽窄直接体现一个国家法律援助制度的发达程度,也是衡量一个国家法制文明程度的指标之一。

法律援助实质上是国家通过制度化的形式,对法律服务资源进行再分配,以保障贫弱残疾者不因经济能力、生理缺陷而平等地获得法律帮助,实现自己的合法权益,我国的法律援助对象除了包括经济困难者之外,还包括一些非经济困难原因的"特殊案件"的当事人,例如,在刑事诉讼中,如果被告人、犯罪嫌疑人是盲、聋、哑人,或者是尚未完全丧失辨认或者控制自己行为能力的精神病人、强制医疗程序中的被申请人或者被告人、未成年人、可能被判处无期徒刑、死刑的,如果没有委托辩护人,不论其经济状况如何,法律援助机构根据人民法院、人民检察院和公安机关的通知都应当指定承担法律援助义务的律师为其提供辩护。在这方面,尽管目前我国暂时还不能完全实现有法律援助需求的对象均可如愿获得法律援助,但是较西方国家法律援助对象仅限于贫困者而言,更为广泛。

我国在法律援助条件的掌握上,既借鉴了各国法律援助条件中反映一般规律的做法,又突出规定了比国外规定更符合社会文明要求和更体现人道主义精神的条件。法律援助的条件有一般性条件和特殊条件两种情况。一般性条件是:(1)申请法律援助的事项具有合法性。所谓合法性,是指所申请的事项符合法律的规定,是法律所应予以保护的权利或法律允许行使的权利。(2)确无经济能力支付法律服务费用。特殊性条件是:指根据《刑事诉讼法》、《律师法》、《老年人权益保障法》、《法律援助条例》等法律、法规中明确规定应当或可以提供法律援助的案件。这些"不需审查法律援助条件的特殊案件"中对符合法律明文规定的特殊案件的当事人,无需对其是否具备一般条件作实质审查,即可经过人民法院指定获得法律援助。具体包括:(1)被告人是没有委托辩护人的盲、聋、哑人和未成年人的刑事案件;(2)被告人是没有委托辩护人且可能被判处死刑的刑事案件;(3)被告人被第一审人民法院判处死刑提出上诉时没有委托辩护人的上诉案件;(4)共同犯罪案件中,其他被告已委托辩护人,而该被告没有委托辩护人的案件;(5)外国籍被告人没有委托辩护人的案件;(6)有重大社会影响的案件;(7)人民法院认为起诉意见和移送的案件证据材料有问题,有可能影响法院正确定罪量刑的案件。

(二)法律援助的形式、程序和受援人的权利义务

法律援助的形式多种多样,例如法律咨询、代拟法律文书;刑事辩护和刑事代理;民事、行政诉讼代理;非诉讼法律事务代理;公证证明;其他形式的法律服务。

根据我国相关法律规定和执法实践中的具体做法,法律援助的程序是:(1)申请法律援助的公民须向有管辖权的法院所在地的法律援助中心提出申请,同时递交下列材料:身份证、户籍证明或暂住证、有关单位出具的申请人及家庭成员经济状况证明、申请援助事项的基本情况、法律援助机构认为需要提供的其他材料;(2)法律援助中心审查上述材料,如果符合条件即接受;(3)法律援助中心指派适合的人员承担相应的事务,依照法律的规定对当事人提供所需的法律帮助;(4)法援援助不收取费用。

机构受理申请后,应当按照法律援助的条件进行审查,并在7个工作日内作

出是否给予法律援助的书面决定。申请人如果对不予援助的决定有异议,可在接到决定书之日起 30 日内向主管该法律援助机构的司法行政部门提出。申请人对司法行政部门作出的书面审查意见不服的,可以在收到司法行政部门书面审查意见之日起 60 日内向本级人民政府或者上一级司法行政部门申请行政复议。

受援人在法律援助过程中的权利有:(1) 了解法律援助活动的进展情况;(2) 有事实证明法律援助人员不依法履行职责时,可以要求法律援助机构予以更换;(3) 可以向法律援助机构或者司法行政机关检举法律援助承办人员疏于履行法律援助职责或违反职业道德、执业纪律的行为;(4) 获得法律援助机构提供的免费专业法律服务;(5) 法律法规、规章规定的其他权利。

受援人在法律援助过程中的义务有:(1) 如实陈述案件事实与相关情况,如实提供有关证明维护合法权益的事实和证据材料;(2) 如实提供足以证明经济困难,确需免收法律服务费用的证明材料,经济状况和案件情况发生变化时,应及时告知法律援助机构;(3) 配合法律援助人员开展法律援助。

由于提供法律援助的主体从法律规定的角度不限于必须是律师,律师提供法律援助有其独到之处:(1) 律师能够执业经过必要的学历教育和严格的司法考试,经过相应的实习和考核;(2) 律师从事业务,应当在依法设立的律师事务所辖下展开,或者是在专门的法律援助机构,接受律师协会、法律援助中心管理和司法行政机关的监督,有义务、纪律和职业道德约束,也可以依托和发挥团队的优势;(3) 律师具有更为丰富的办案经验,特别是诉讼方面,具有相对优势;(4) 律师在刑事诉讼中的权利较其他辩护人更为宽泛、便利,而在侦查阶段,犯罪嫌疑人只能委托律师为其提供法律帮助;依照法律规定,在刑事诉讼中根据人民法院、人民检察院和公安机关的通知而由法律援助机构指定为被告人、犯罪嫌疑人指定的辩护人也必须是承担法律援助义务的律师。在此所说的律师包括法律援助机构的专职律师和社会律师。

第二节 立法背景[①]

一、西方国家法律援助的历史与现状

(一) 西方国家法律援助的历史概况

西方国家法律援助制度的发展历史可以说远较我国为长。关于法律援助制

[①] 本节的内容系综合参考多个来源或版本的资料而成,主要有张耕主编:《法律援助制度比较研究》,法律出版社 1996 年版;宫晓冰主编:《中国法律援助制度简介》,检察出版社 2003 年版;宫晓冰主编:《外国法律援助制度研究》,中国方正出版社 2004 年版;贾午光主编:《法律援助考察报告及理论研究论文集》,中国方正出版社 2008 年版;贾午光主编:《国外境外法律援助制度新编》,中国方正出版社 2008 年版以及司法部网站发布的相关资料。

度的起源,是与15世纪最早产生于工业革命的发源地英国,是经济发展、社会文明进步和法制完善的必然产物。律师职业在古罗马时代产生以后,在相当长的一段历史时期内,享受律师的法律服务一直是社会统治阶级和富有阶层的特权。穷人则与此无缘。随着资本主义生产方式的出现和社会变革的兴起,新兴资产阶级提出了"天赋人权"、"法律面前人人平等"等口号,并且为了联合工人和农民作为同盟军,一起同封建阶级作斗争,积极支持在有关法律制度中订立律师向穷人提供服务的内容。1459年,英王亨利七世的一个法案中规定:"正义应当同样给予贫困的人","根据正义原则任命的律师应同样地为穷人服务",并承认穷人享有免付诉讼费的权利。在英格兰,高等法院和上诉法院依据《最高法院章程》,对不能支付民事诉讼费用的人给予法律援助。在苏格兰,一度创立了穷人登记册,在册者若提起诉讼,则可免费得到法律顾问和代理人的帮助。这些法案和制度的提出,掀开了西方法律援助历史的扉页。

关于西方国家法律援助制度的发展历程,主要有以下阶段:慈善事业阶段的法律援助制度;个人权利阶段的法律援助制度;福利国家体系中的法律援助制度。

美国自1870年以后开始有意识地建立和发展法律援助制度。由于实行州法,联邦法一般不支配民事和刑事诉讼活动,所以,起初的法律援助是地方性而非全国性的。1920年以来,美国律师协会号召律师重视维护穷人权益,积极从事公益法律服务活动,此后,全国法律援助发展迅速。1963年,联邦最高法院通过案例作出裁定,所有在州法院审理的重罪案件(指被告人可能获得一年以上监禁刑罚的案件)中,面临监禁刑罚的人都有权获得律师帮助,规定了50个州各自承担向被告人提供免费辩护律师的体系设计和经费拨付的宪法责任。联邦政府旨在涉及联邦刑法的重罪案中承担法律援助义务。由于法律没有规定民事案件的贫困当事人也有获得律师帮助的权利,最高法院的这一裁决实际上成为了刑事法律援助和民事法律援助制度的分水岭,穷人只能依靠私人律师和民间机构的慈善活动获得帮助。1965年,美国因为"向贫困宣战"运动而进一步重视穷人权利的保障。1974年,《美国法律服务公司法》获得签署,联邦政府对民事法律援助提供经费支持的做法才作为一项制度被确定下来,但是在实际运行中,对接受资助者的限制条件呈增多趋势。

法国作为大陆法系的代表之一,法律援助制度可以追溯到19世纪中叶。1851年通过的一部涉及法律援助内容的法律,规定每个法院设立援助局,负责为穷人提供法律帮助。它实现法律援助制度目标的第一个文本是1798年的《人权宣言》,如第1条"所有的人生来就是平等的,而且在法律上一直是自由和平等的",第6条说明在法律面前人人平等。第二个文本是《欧洲人权公约》,它要求所有签字国都能保证所有公民在法庭前维护自己的权利,包括最贫弱的群体。

第三个文本是1991年国会通过的《法律援助法》以及1991年政府颁行的《法律援助法令》。

(二) 西方国家法律援助的现状概况

美国现行的法律援助机构具有机构体系多样化、经费来源多元化、提供模式和质量控制手段也多样化的特点。例如在机构方面,一是带有官方性质的,如刑事诉讼中主要以公共辩护人办公室为主,民事案件则以法律服务公司为主,有国会提供资助,负责对非刑事领域的法律援助提供资金支持和政策限制;二是各类非官方的法律援助机构,其名称各异,如公司、办公室、基金会、协会、中心等,均为专职提供民事法律援助兼行筹资的机构;三是个法学院成立的旨在锻炼学生对法律知识运用和实践能力的各类法律诊所。实施法律援助的经费来源多渠道提供,除政府拨款外,包括各类资助、律师信托账户基金,甚至实行律师费转付制度;减轻经费负担,可以为更多的受援对象提供服务。在方法上不以诉讼代理为主,充分利用指导当事人办案、调解结案、认罪答辩、辩诉交易、发送律师函等方式进行。具备严格的质量控制体系,包括资深专家授课、年度测评、优秀员工加薪(或提升)、聘请外部质量监督员等。

英国(包括英格兰和威尔士)的法律援助,基于1999年英国《接近正义法》,之前的法律援助局被法律服务委员会取代,它的两个职责是更好地控制预算和保证法律援助的质量。政府宪法事务部是英国政府负责制定法律援助政策和提供资金支持的主管部门。法律服务委员会设立了刑事辩护服务和社区法律服务两个机构,分别负责组织提供刑事和民事法律援助服务。刑事法律援助的主要服务方式有咨询及帮助、辩护帮助和辩护代理三种。根据英国法律规定,接受警察询问的公民,无论是否被拘留都有权获得免费的法律帮助。因而刑事法律援助的受援人包括被警察询问的犯罪嫌疑人、需要出庭受审的被告人和在监狱服刑的罪犯。警察局和法庭的值班律师和有私人律师或公共辩护人担任。警察必须告知当事人享有获得免费法律帮助的权利。值班律师提供帮助的形式非常灵活,可以通过电话解答咨询。是否能够获得辩护代理要进行司法利益审查和经济审查,鉴于之前只是要求当事人提供自己的经济状况,出现了富人也得到了法律援助的现象,因为需要在这方面把关以降低成本。当事人享有选择和更换律师的权利。司法利益审查的主要内容是申请人是否涉嫌重罪(监禁刑),或者判决将给他带来丧失谋生手段、损害名誉等重大的后果,或者当事人是否存在由于知识、智力、精神等原因不能理解法律及程序的情形等。之前司法利益的审查由法院进行,而法院倾向有更多的人受到法律援助,比较宽松,据认为这是导致法律援助案件数量大增的重要原因,因而现在将此项权力转为法律服务委员会。

法国的每个法院都设有法律援助局,其职责为:审查公民法律援助申请是否符合条件,作出给予法律援助决定,指派律师和其他法律服务人员提供法律援助,受理公民对下级法律援助局作出的不予法律援助决定的复议申请。法律援助局的局长由法院院长任命,他必须是一名法官。副局长由法院的主任书记官(即法院负责行政事务的管理人员)担任。法律援助局有以下几种人员组成:律师、执达员、诉讼代理人、税务官以及一些热心法律援助的社团代表等。法律援助的经费基本是依据事先制定的各类案件的费用标准,每年年初国家按照上年度律师办理法律援助案件的数量核拨至每个律师公会的特殊账户结算处。法律援助的对象主要根据两个因素考虑:国籍和经济状况。对于一些影响较大,特别值得关注的案件,也可有例外。法律援助分全部(即免费)的和部分(即减费)的。此外,还有比较详细的有关从申请援助到上诉的各种程序性规定。

综上,可以看出,法律援助事业的发展脚步还是很快的,总体呈现如下的局面:一是法律援助的对象或者说范围是扩大的趋势,尤其是对于刑事案件的援助特别突出;二是为了满足服务需求,主体是多元化的;三是经费来源也呈多样化,以便于为更多的人提供服务。

二、我国法律援助的历史与现状

我国法律援助制度的建设,经历了相当一段时间的阵痛和磨合,至今蹒跚着逐渐走向成熟。迄今我国宪法中仍没有明确的关于法律援助制度的规定,也没有在基本法层面上专门、统一的法律援助法律,这在一定程度上导致这项制度的法律价值缺乏足够的高度。

(一)我国法律援助的立法演变

20世纪50年代起,法律援助虽然没有作为一项完整的制度提出和建立。但有关法律援助的基本内容在一些法律法规中已有体现。例如,1954年颁第一部《人民法院组织法》在规定被告人的辩护权时,规定了人民法院认为有必要的时候,可以指定辩护人为被告人辩护。1956年《律师收费暂行办法》规定了律师免费或减费给予法律帮助的具体案件范围。1979年以后陆续颁布实施的《刑事诉讼法》、《民事诉讼法》、《律师暂行条例》和《律师收费施行办法》等法律法规中,都规定了一些相关的法律援助内容。但是,作为制度化形式出现的法律援助制度,它的法律地位却只能在改革开放和社会主义市场经济不断深入发展的时代才得以确立。应该说,进入20世纪90年代中期,法律援助制度在中国的出现,具有深刻的社会基础和法制背景,反映了我国社会文明进步发展的必然趋势。总之,社会主义法制的不断健全完善是法律援助制度产生的社会基础;改革开放的不断深化和社会主义市场经济体制的健全完善,提出了建立和实施法律援助制度的客观要求;律师制度的不断深化改革,是建立和实施法律援助制度的重要契机。解决部分人因经济困难"请不起律师、打不起官司"的问题,成为1994年初司法部提出建立和实施法律援助制度的直接契机。

1996年《刑事诉讼法》第34条规定："公诉人出庭公诉的案件,被告人因经济困难或者其他原因没有委托辩护人的,人民法院可以指定承担法律援助义务的律师为其提供辩护。被告人是盲、聋、哑或者未成年人而没有委托辩护人的,人民法院应当指定承担法律援助义务的律师为其提供辩护。被告人可能被判处死刑而没有委托辩护人的,人民法院应当指定承担法律援助义务的律师为其提供辩护。"在我国立法史上,这是首次将"法律援助"明确写入法律,是我国法律援助制度建设的一个重要里程碑。

1996年《律师法》第六章对法律援助的有关内容曾经作了专门规定。2007年《律师法》第42规定:"律师、律师事务所应按按照国家规定履行法律援助义务,为受援人提供符合法标准的额法律服务,维护受援人的合法权益。"第47条规定,律师"拒绝履行法律援助义务",应当承担相应的法律责任,包括警告、罚款、停业等。这些规定明确了律师必须依法承担法律援助的义务,并为今后制定法律援助的专门立法奠定了法律基础。

1996年8月29日,全国人大常委通过的《老年人权益保障法》第39条明确规定了对老年人提供法律援助的内容。

1996年12月28日,司法部法律援助中心经中央编制办公室批准成立,是直属于司法部的行政性事业单位(正局级)。根据国务院《法律援助条例》(中华人民共和国国务院令第385号)、《司法部职能配置、内设机构和人员编制规定》(国办发[1998]90号)、《司法部关于贯彻落实〈法律援助条例〉促进和规范法律援助工作的意见》(司发[2003]18号)、《司法部关于进一步明确部法律援助中心职能的决定》(司发通[2003]30号)等有关规定,司法部法律援助中心成立。随后,中国法律援助基金会经国务院批准成立。中国法律援助基金会的主要职责是募集、管理和使用法律援助基金,宣传国家的法律援助制度,促进司法公正。其基金来源主要包括国内社团、企业、商社及个人的捐赠和赞助;基金存入金融机构收取的利息;购买债券和企业股票等有价证券的收益等。

2003年7月16日,国务院公布了《法律援助条例》,自2003年9月1日起施行。《法律援助条例》对我国法律援助的性质、任务、组织机构、范围、程序、实施和法律责任等基本问题做出了全面、具体的规定。它的公布实施,标志着我国法律援助工作步入了法制化、规范化的新阶段,为进一步促进和规范法律援助工作提供了必要的法律法规保障,对保障困难公民获得必要的法律服务,促进社会公平正义和社会主义和谐社会建设,都具有重要作用。

2012年3月14日,第十一届全国人民代表大会五次会议审议通过了《关于修改〈中华人民共和国刑事诉讼法〉的决定》,自2013年1月1日起施行。其中,涉及法律援助的内容又有进一步的发展,更为全面和完善。重点体现为:法律援助的对象有所扩大,例如第34条,在既有的基础上,增加了对于尚未完全丧失辨认或者控制自己行为能力的精神病人和可能判处无期徒刑的;获得法律援助的阶段有所提前,而且有义务通知法律援助机构提供法律援助的机关也增加了,即不再仅限于审判阶段,而且公安机关、人民检察院和人民法院都包括在内;再有,获得法律援助的方式有所拓宽,可以自行申请获得指派,也可以由法律援助机构根据办案机关的通知指派。

(二) 我国法律援助的组织架构

目前,中国的法律援助机构已基本形成了四级组织的架构:

1. 在国家一级,建立司法部法律援助中心,统一对全国法律援助工作实施指导和协调。

2. 在省级地方,建立省(自治区)法律援助中心,对所辖区域内的法律援助工作实施指导和协调。

3. 在地、市(含副省级)地方,建立地区(市)法律援助中心,行使对法律援助工作的管理和组织实施的双重职能。

4. 在具备条件的县、区级地方,建立县(区)法律援助中心,具体组织实施本地的法律援助工作。不具备建立法律援助机构条件的地方,由县(区)司法局具体组织实施法律援助工作。

申请法律援助的公民必须具备两个条件,即申请人有充分理由证明为保障自己的合法权益需要法律帮助;确因经济困难无能力或无完全能力支付法律服务费用。

法律援助的三个专业实施主体是律师、公证员、基层法律工作者。律师主要提供诉讼法律援助(包括刑事辩护、刑事代理和民事诉讼代理等)和非诉讼法律援助;公证员主要提供公证事项的法律援助;基层法律工作者主要提供法律咨询、代书、普通非诉讼事项的帮助等简易法律援助。

法律援助有三个基本的资金来源:政府出资,社会捐赠及行业奉献(主要指义务办案)。

我国的法律援助制度仍处于建立和发展阶段,不够成熟,有些制度和程序还有待于完善。但它作为一项重要的法律制度,其不断的发展和完善必将为实现依法治国方略,保障公民的基本人权和促进社会稳定发挥重要的作用。

我国自法律援助制度初步形成之初起,就大力、快速地在各个层次和环节上推进它的完善,无论是法律援助的对象及范围(或称覆盖面)、法律援助的形式还是在法律援助的程序等诸个方面都取得长足的进步。

总之,法律援助工作迅速发展,"十一五"时期全国共组织办理法律援助案件265万件,2011年办案量为84.4万件,年均增幅达27%。① 根据2012年10月国务院新闻办公室首次就中国的司法改革发布的《中国的司法改革》白皮书公布,中国高度重视法律援助工作,2003年颁布实施《法律援助条例》以来,逐步扩大法律援助覆盖面,建立健全经费保障机制,为经济困难的公民或者特殊案件当事人提供免费法律服务,使越来越多的困难民众通过法律援助维护了自身合法权益。近年来,法律援助事项范围从刑事辩护向就医、就业、就学等民生事项拓展,经济困难标准参照各地生活保障标准,办案补贴标准进一步提高,并针对农民工、残疾人、老年人、未成年人、妇女五类特殊群体建立了专项经费保障制度。截至2011年底,全国共有3600多个法律援助机构,1.4万名专职法律援助人员、21.5万名律师和7.3万名基层法律服务工作者,28个省、自治区、直辖市制定了法律援助地方法规。2009年以来,全国法律援助经费年均增幅为26.8%,2011年达12.8亿元人民币,法律援助工作水平随着经济社会的发展不断提高,具体情况可见下表。

近年来全国法律援助案件量、咨询量和经费总额(新华社发)

年度	案件量(件)	咨询量(件)	经费总额(万元人民币)
2004	190187	1919448	24577.44
2005	253665	2663458	28052.30
2006	318514	3193801	37029.78
2007	420104	4069972	53231.79
2008	546859	4322329	68249.86
2009	641065	4849849	75760.37
2010	727401	4874083	102289.70
2011	844624	5036814	127728.03

根据国务院《法律援助条例》规定(具体情况可参见以下示意图):

1. 司法部作为国务院司法行政部门,负责监督管理全国的法律援助工作。县级以上地方各级人民政府司法行政部门,即省(自治区、直辖市)司法厅(局)、地级市司法局、县(区)级司法局负责监督管理本行政区域的法律援助工作。

2. 司法部法律援助中心作为司法部直属机构,具体负责监督管理全国的法律援助工作。各地法律援助机构负责受理、审查法律援助申请,指派或者安排人员为符合本条例的公民提供法律援助。

3. 中华全国律师协会和地方律师协会应当按照律师协会章程对依据《法律援助条例》实施的法律援助工作予以协助。

---

① 参见赵大程副部长就《办理法律援助案件程序规定》答记者问, http://www.moj.gov.cn/flyzs/content/2012-06/14/content_3641171.htm? node=7673,访问日期:2012年11月12日。

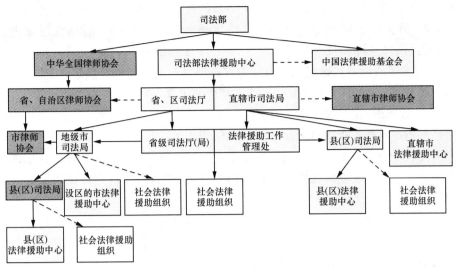

法律援助规章制度体系示意图

4. 国家鼓励和支持社会团体、事业单位等社会组织利用自身资源为经济困难的公民提供法律援助。

5. 国家鼓励社会法律援助组织对法律援助活动提供捐助。中国法律援助基金会募集社会资金补充支持法律援助活动。

(三) 我国法律援助的现状总结

我国法律援助制度在现阶段已经取得的法律成就可以作如下归纳:

1. 如上述总结的,我们已经具备了从基本法(以《刑事诉讼法》、《律师法》为代表)到法律规章(以国务院《法律援助条例》为标志)的法律援助制度体系,并应运而生制定了一系列的司法解释或类同的相关规定,包括 2005 年最高人民法院、最高人民检察院、公安部、司法部关于印发《关于刑事诉讼法律援助工作的规定》的通知(2005 年 9 月 28 日司发通[2005]78 号),最高人民法院、司法部关于印发《关于民事诉讼法律援助工作的规定》的通知(2005 年 9 月 23 日司发通[2005]77 号)、司法部《关于进一步加强法律援助经费使用管理监督工作的通知》(2009 年 7 月 7 日司发通[2009]101 号)等。近年,各地方在此基础上纷纷出台的各省、自治区、直辖市乃至地市级的相应规范,例如《北京市法律援助条例》(广东、广西、山西、安徽、重庆、湖南、湖北等同为条例)、《辽宁省法律援助实施办法》、《天津市法律援助若干规定》等,比较全面地体现了国家在法律层面上对这项制度的重视和落实决心。

特别要指出,2012 年 7 月 1 日起施行的《办理法律援助案件程序规定》(司法部第 124 号令),是迄今最新的有关落实法律援助法规的规章,分总则、受理、审查、承办、附则五个部分对法院援助工作的有关事项进行了必要的规范。①

2. 司法部 2007 年负责制定了《法律援助事业"十一五"时期发展规划》。它根据《国民经济和社会发展第十一个五年规划纲要》和《全国司法行政工作"十一五"规划纲要》,确定未来五年法律援助事业发展的指导思想、工作原则和目标任务,进一步推动法律援助与经济社会的协调发展。

3. 近年来,我国的法律援助制度从法律文本已经走向扎扎实实的落实。从前已举例的报告数据中可以比较充分地体现出来,并且在实践中已经逐步总结出来比较可行的经验和注意到需要重点克服的问题,例如:还有比较高比例的社会律师介入才能实现大比例的法律援助服务;法律援助在刑事诉讼领域的介入迟滞等等。

4. 制定全国性统一的《法律援助法》的条件已趋成熟。我国立法到司法以及社会层面均已意识到统一进行立法,进一步建设和规范法律援助制度,这是建设法治国家必须的步骤,在一定意义上,一个国家的法律援助制度落实如何,是衡量它的民主与法治水准的试金石,有没有真正意义上的法律援助,能否得到实实在在的落实,是见证这个国家法律公平程度的一杆秤。

认识到不足,既是进步,也是成绩,就有希望。为此,对于目前我国法律援助制度的不足,我们可以进行以下的总结:

1. 宪法中没有关于法律援助制度的明确规定。世界上有不少国家不但制定了专门的《法律援助法》,而且该制度已写进了宪法,提升了它的法律层级。

2. 缺少基本法层面上统一的《法律援助法》。迄今为止,《法律援助法》迟迟没有出台,使得在司法领域内执法时遇到法律不统一,难于同步的困境,影响了法律的执行力。因此,现在亟待立法机关加快立法步伐,尽早出台《法律援助法》,以便于规范司法实践中的各种行为和冲突,减少不必要的阻遏和掣肘。

3. 现行法律规定不尽完善,与其应有的法律地位和实际需要脱节。例如《法律援助条例》第 1 条将制定目的表述为"为了保障经济困难的公民获得必要的法律服务,促进和规范法律援助工作",没有体现出法律援助制度维护社会公平和正义,尊重和保障人权特殊使命的含义;强调了"法律援助是政府的责任",却没有明确提出"公民享有获得法律援助的权利";有些规定过于繁琐、机械,导致实践中出现"为获得法律援助而需要法律援助"的现象等等。

4. 现有法律框架内的规定执行不到位,法律援助制度覆盖面不足,没有完全在群众建立足够的影响力,缺少执行力。各种主客观因素导致更需要法律援助的区域该项制度没有得到有效的落实,例如基层法律援助缺位问题、民生法律

---

① 有关此规定的理解,参见赵大程副部长就《办理法律援助案件程序规定》答记者问,http://www.moj.gov.cn/flyzs/content/2012-06/14/content_3641171.htm? node=7673,访问日期:2012 年 11 月 12 日。

援助覆盖面狭窄问题、刑事法律援助介入晚、不充分问题等,总之,援助范围和效能均有不尽理想之处。

针对上述问题,采取必要的措施予以纠正和改善,在立法和执法两个方面进行积极的规制尤其重要。我们认为可以建立对策主要有:

1. 积极推动法律援助立法工作。宜将法律援助内容在宪法中有明确体现,作为带有根本性的法律基本制度;进而加强调研论证,力争适时将法律援助立法工作列入全国人大立法规划,从全国人大立法机关更加重视、积极推进、尽早出台《法律援助法》;整合现有的不同层次、不同机构、不同地方的相关规定,形成结构完整、措施可行、程序完备的法律援助法规体系。

2. 积极参与和加强对外交流与合作,注意吸收和借鉴各国法律援助制度发展有益经验,结合我国国情和司法实践,使得法律援助制度的相关规定更具有针对性和执行力。目前,我们已经通过考察、交流,对不同国家和地区、不同法系、不同渊源的法律援助法律法规有所了解和研究,并进而翻译、出版了不少书籍、资料,还与其他国家建立了长短期的交流平台和项目合作,例如中国与加拿大、中国与芬兰都有很有效的合作项目建设,开展了多种形式的交流,这些项目和交流都应当不断拓宽领域,伸展空间,扎实落实,持续深入。

第三节 热点前沿问题

一、法律援助主体探析

法律援助主体是指实施法律援助过程中承担援助义务的机构或者人员。根据各国现行的普遍规定,实施法律援助的主体基本包括依照基本法律规定成立的政府机构和由法律志愿人员自发地建立的"法律援助办公室"或者"社区法律中心"的非政府机构,进入20世纪中后期,还逐渐包括各类法律院校成立的以实施诊所法律教育为方式的法律援助机构或是依托社区成立的同样成为"法律诊所"的法律援助机构。

总体而言,在西方国家,法律援助由最初一些私人律师和宗教团体及慈善机构等民间组织基于爱心善意和信仰,自发地为贫困人士提供免费服务,到20世纪40年代开始,特别是第二次世界大战以后,随着渴求法律援助的需要日益超出依靠私人律师的善意和自愿的慈善救助的模式的能力,随着联合国的成立和一系列以保障公民的合法权利为立足点的国际公约的缔结,由国家承担法律援助,以更好地保障公民的合法权益的观念更加深入人心,法律援助的性质由此发生了根本性的变化,由一种私力救助的慈善行为变成了国家义务和政府责任。

应该说,进行法律援助是一项具有重大和重要意义的活动,"建立法律援助制度,保障公民的基本权利,已经成为衡量一个国家文明进步的重要标志,成为国际社会的共识,并且呈现出明显的国际化趋势"。① 但是,也正因为如此,即使法律援助的性质已经变成了"国家义务和政府责任",仅仅依靠国家的力量去实现远远超出"国家力量"的需求是难上加难的,这里,我们指的是实现法律援助的人员和财力支撑。无论机构、人员,要满足公民的法律援助需求,就得有相应的财力,而仅有财力保障又是不够的,还需要有足够的专业人员,于是,一个现实而又迫在眉睫的问题是:法律援助的主体除了国家依法设立的之外,是否仍然需要其他主体的参与,例如各类非政府组织的介入和参与。里根博士认为,政府与非政府组织在法律援助理想的实现上不是非此即彼的,最好是把两种方式结合起来,尽管并存会给政府提出很多挑战,"包括增加了政策发展和整体法律援助政策协调的复杂性并强化了政府及决策圈内正在进行的多重服务提供者是否更有效率和性价比优势的争论。但无论如何,此类挑战不应使我们忽略在国家法律援助计划内综合两类服务提供者的效益"。②

在我国,应当允许多主体参与法律援助工作,最大限度地动员起尽可能多的有效法律援助力量,无论是非政府组织机构,例如我国已经进行了卓有成效的公益律师服务团队,还是由法律院校师生构成的"法律诊所",都是具有现实可能性的。所以,可以借鉴加拿大安大略省的方式,成立社区法律诊所服务机构③,但是同时应该给予必要的指导和监督,让其能够充分发挥作用,适当弥补单纯依靠政府法律援助机构力量的不足,避免混乱。

二、诊所法律援助的发展

承担法律援助的主体虽然在理论上存在争议,但在许多国家和地区的实践中事实上是引入和承认多种主体的。在此,我们仅对法律诊所的法律援助的相关问题进行必要的探讨,它的前景是对法律援助事业的发展有重要影响的,尤其面对我们这样一个亟待建成法治国家却在法制建设诸方面都发展不平衡的现状。④ 法律诊所援助,以目前的普遍情形论,应当包括基于法律诊所教育而发展而成的和依托社区平台成立的法律援助形式。

法律诊所教育,是指基于法律院校的平台,通过学生有序参与法律援助的方

---

① 郑自文:《国际人权公约与中国法律援助事业的发展》,载《国外境外法律援助制度新编》,中国方正出版社2008年版,第1页。
② 〔澳〕佛朗西斯·里根:《两个世界的最佳?为什么要把政府和非政府组织法律援助服务提供者结合起来?》,崔杨、郑自文译,载《国外境外法律援助制度新编》,中国方正出版社2008年版,第164—172页。
③ 蒋建峰等:《加拿大安大略省法律援助考察报告》:《国外境外法律援助制度新编》,中国方正出版社2008年版,第311—321页。
④ 同注①,第184—189页。

式为贫困当事人提供免费法律帮助。这种教育方式基于过往的经验式的法学教育方法,又突破了传统的案例教学法,源自美国20世纪60年代美国民权运动的影响下方兴未艾的法学教育方法的改革运动,并得益于当时许多私人基金会等希望借助法律诊所的形式,向低收入阶层提供法律援助,同时为法学专业学生提供接触律师实务的机会。通过法律诊所教育进而实行法律援助,即称为诊所法律援助。

法律诊所教育吸取了案例教学法的精髓及经验式教学方法,同时又在形式上借鉴了医学院的临床诊所教学模式,强调在法学院就读的学生应当在指导教师同时也是执业律师的指导和监督下,同医学院学生花很多的时间从事临床实习一样,通过积极参与各种法律实践活动,从实践中学会发现和解决(诊断和治疗)法律问题,以此开展法律教学活动。法律诊所教育被描述为"在行动中学习"。

法律诊所教育的突出特点是提供学习律师执业技巧的机会,这既包括法学院学生在教师或者律师指导和监督下参与到律师通常所做的行为中去,也包括指导和监督学生从各种角度观察和思考问题,以便他们了解社会政策和程序的法律过程。以美国为例,其法律诊所教育的双重目标为:一是以新的学习方式教育学生;二是为穷人提供法律帮助。诊所法律教育的形式主要有三种:一是校内真实当事人诊所;二是校外真实当事人诊所;三是模拟诊所。三种类型的诊所在目标和原则上是相同的,即都是通过让学生在实践中运用法律分析问题,解决问题,从实践中反思。伴随着法律诊所教育的发展,也为了克服上述不同法律诊所方式的弊端,现在越来越多的法学院倾向与将上述各种方式结合使用,以提高法律诊所教育作用。

三、诊所法律援助与律师法律援助的比较

通过上述的介绍,诊所法律援助与律师法律援助各有优势,基本的方面有:

1. 诊所法律援助依托广泛的社会力量,资源丰富,服务面广。律师法律援助具备更扎实的法律素养,可提供的服务针对性强,在诉讼中与对方将有突出的对抗性。

2. 诊所法律援助存在天然的亲民性,服务方式比较灵活,它给人以足够的亲和力,易于获得当事人的认同,并且在一定意义上可以提供更为广泛的帮助,有延展作用,例如通过与其他机构的良好转介关系,将法律援助纳入一个视野更为宽广的社会救助体系之中。律师法律援助承载了专业的精神,根据各国或地区法律规定的不同,有可能在法律上具有更便宜的权利,能够有效地收集证据。

3. 诊所法律援助通过所提供的服务,熔炼了正义感和社会公益心,尤其是对法学院学生而言,为未来走上社会进行了必要的培训。律师法律援助通过提供的服务彰显社会的良心和容忍度,也从侧面印证法治的文明进程。

　　为此,社会应当以法律形式肯定进行法律援助主体的多元化,相互形成优势互补,并且根据需要和可能尽力扩大法律援助的受助范围,这样才能突出体现社会对弱势群体的终极关怀和有效帮助。而且,在政府法律援助机构中有律师的身影,当专门机构中的律师不足时,会将需要进行法律援助的事项委托给社会律师,这是对专业法律援助力量的一种整合。在政府的法律援助机构中,同时存在着律师和非律师的法律援助工作者,他们分工不同但目标一致,协作共进。同为进行法律援助,当不同的人员就有关事项提出需求时,无论政府专门机构还是社会力量,无论是机构中的何种力量,皆尽到全力。

第四节　法　律　实　践

一、法律援助制度运行中的若干问题

1. 法律援助的立法不完善,服务对象相对狭窄

　　我国法律援助的整体水平还不是很高,尽管国家主管部门下大气力进行的各方面的投入和运作,早在十几年前就开始试点,继而于2003年以行政法规的形式出台了《法律援助条例》,使得既往法律中规定的法律援助走向全方位,但是,根据其第1条规定:"为保障经济困难的公民获得必要的法律服务,促进和规范法律援助工作,制定本条例。"由于它将"经济困难"作为专门机构实施法律援助的首要和必要条件,导致《刑事诉讼法》与之产生一定的不协调,例如在刑事诉讼实践中,需要依法指定辩护人时,囿于"经济困难"的限制,无法依托法律援助专门机构,只能从律师事务所作为法律援助力量的来源,间接影响了法律援助的有效展开。2012年修订的《刑事诉讼法》已经做出了更符合法律援助需求的规定。这种规定应我国的实践需要和既有的地方性规章的经验总结而生,2009年3月1日起实施的《北京市法律援助条例》第1条规定:"为了保障经济困难或者符合法定条件的公民获得必要的法律服务,规范法律援助行为,促进法律援助事业发展,根据国务院《法律援助条例》和有关法律、行政法规,结合本市具体情况,制定本条例。"可以说在并不违背国务院行政法规的前提下适当扩大了受援人的范围,也与《刑事诉讼法》等基本法律协调。

　　根据国务院《法律援助条例》的规定,"法律援助是政府的责任","中华全国律师协会和地方律师协会应当按照律师协会章程对依据本条例实施的法律援助工作予以协助";"律师应当依照律师法和本条例的规定履行法律援助义务,为受援人提供符合标准的法律服务,依法维护受援人的合法权益,接受律师协会和司法行政部门的监督";"国家支持和鼓励社会团体、事业单位等社会组织利用

自身资源为经济困难的公民提供法律援助"。从这些规定中看,参与法律援助包括刑事法律援助的力量应当说是比较广泛的,政府专门机构与社会救助均可以参与,以便形成互补,但是,事实上,由于法律规定不够清晰,还是容易出现"真空"或者"推诿",诸如"支持和鼓励"的表达不足以构成法律上的义务,可能会挫伤部分专门机构以外的乐于参与法律援助人员的积极性。

2. 法律援助经费来源不够宽泛,方式单一

从我国法律规定的层面上和司法执行中均可发现,法律援助经费来源目前主要依靠政府拨款或是社会律师无偿代理,针对受援人而言就是免费获得服务一种方式。总体看,这可能更符合法律援助的最初概念目标,但事实上,现在服务对象并不仅仅是贫穷类的当事人,还有落实保障人权的需要,保障有需求的人群均获得必要的法律帮助的意义。所以,从经费来源的角度,尽管政府一再加大法律援助的经费投入,却仍然很难满足此项事业的用度需要,并且在机构设置与人员的足额配备上也无法达到标准,付给社会律师的补贴也极为有限。

3. 法律援助服务质量监控不全面,缺少评估

我国目前的法律援助工作的质量监控没有明确的法律规定,也就无法形成具体的制度体系,实践中受援人对服务有所不满时很难通过制度的层面进行投诉,又多数囿于得到的是免费的服务,对质量失去监督;或者仅从个人角度出发评价服务质量,浪费了宝贵的资源;也确有些援助人没有尽心尽力地提供服务,仅只是履行程序。质量监控如果得不到有效保障,是极为重要的制度缺失,既不利于法律援助工作的有序与有效,也容易滋生混乱与腐败。

二、法律援助制度运行中的困境解除

1. 尽快完善立法,适当拓宽法律援助对象

在这方面,如前所述《北京市法律援助条例》在并不违背国务院行政法规的前提下适当扩大了受援人的范围,也与刑事诉讼法等基本法律协调。法律服务机构(包括律师事务所和经司法行政部门确认的其他法律服务机构)应当接受法律援助机构的指派,安排人员办理法律援助。法律援助人员,包括接受法律援助机构指派或者安排办理法律援助的律师、基层法律工作者、法律援助机构工作人员和法律援助志愿者以及其他法律专业人员。这样规定,就将实施法律援助的人员从专门机构的工作人员、律师扩大至包括志愿者在内的所有愿意参加法律援助工作并接受必要的监督管理的人员。同时,北京市的规定还可以看到专门机构对法律援助人员除监督管理之外的"指导",这对于提高法律援助的效率、效果和影响力都有积极意义。这已经得到了司法部《办理法律援助案件程序规定》的肯定,从而在全国统一适用的层面上使得一部分困境得以缓解或解除。

2. 开展全方位、分层次的法律援助服务工作

围绕目前进行法律援助仍然呈现"供不应求"的现实状况,应该动员更多力量参与法律援助工作,具体而言,可以从以下两个方面加强:一是更好地依靠律师队伍,特别是发挥社会律师的作用,毕竟法律援助专门机构的律师相对数量少,而且政府的经费缺口大,足额供给自身机构律师有难度,社会律师在一定意义上往往将从事法律援助作为志愿服务的性质,能够产生更好的效果;二是将现有的法律援助力量作出必要分工,例如仿照英国①、加拿大等国的做法,针对不同的法律需求提供不同的人员服务,有电话咨询、代写法律文书、参与诉讼等各种内容,而不是一味地动用律师力量。我们认为,在中国,根据不同需求由不同的援助人员提供不同的服务不失为是一种有效的方法,特别是它既可以培养和锻炼暂时不具备律师资格和专业水平的人员的能力,又能够满足不同的需要。有鉴于此,我们还应适当考虑将刑事法律援助优先于其他援助。

2012年司法部《办理法律援助案件程序规定》第2条规定:"法律援助机构、律师事务所、基层法律服务所、其他社会组织和法律援助人员办理法律援助案件,适用本规定。"说明我国在此方面已经有了较大的进步。

3. 建立全面的法律援助质量监控体系

在大力开展法律援助的前提下,经过不断扩大受援对象,加大经费投入,建立全面的法律援助质量监控体系成为紧迫任务。没有必要的评估与监督,就没有质量的保障。这方面,有不少其他国家或地区的立法例以及实践为我们提供借鉴。

例如英国②,其法律援助制度改革有两大主题:一是预算控制;二是质量保证。质量保证应该说是英国法律援助工作的重中之重,从律师个人素质、律师事务所内部监督,到律师协会的行业要求、法律服务委员会的合同标准等诸多方面建立起了较为完整和严格的质量规范和保证体系,确保向所有人提供合格的法律援助服务质量。英国采用政府购买律师服务的方式实施法律援助服务,就是政府出钱招标采购,律师必须以律师事务所的名义参与竞标。法律服务委员会对该所律师的资历、专业年限等许多方面进行综合评估,对于达到标准的才签订合同。为保证法律援助的服务质量,法律服务委员会设计出了一整套专家质量评分标准,用于评估不同种类的工作,它代表了如何运作和管理一家高效律师事务所的标准。签约前,法律服务委员会派出有关官员到各家律师事务所检查是

---

① 蒋建峰:《英国(英格兰和威尔士)刑事法律援助制度及质量控制考察报告》,载《国外境外法律援助制度新编》,中国方正出版社2008年版,第264页。

② 同上书,第257—278页。

否符合质量分数的情况。合同条款中就包含了旨在保证质量的各种要求和标准,成为日后法律服务委员会检查签约律师事务所的依据。法律服务委员会对于疑难复杂的高成本的刑事案件采取一些特别的措施保证质量。律师协会制定了一个"认可计划",要求每一个希望从事刑事法律援助的人必须经过一个附加的资格考试。各律师事务所自身也建立了一些必要的机制,如专门的分案机制、监督员制度、听取报告和支持办案制度。法律援助服务质量的审查与评估是一个很重要也很复杂的问题,为此,法律服务委员会设计出了一套对律师办案的档案材料进行检查的办法,其中包括对随机抽取的案卷材料的形式审查和实质审查,以及进行"同行审查",且这位"同行"是独立的、经验丰富的并接受过同行审查程序培训的律师。此外,法律服务委员会制定有一套行为准则保证公共辩护人办公室的独立性,当事人对律师的服务不满意,可以分别向律师事务所的监督员或高级合伙人反映情况,要求律师改正或者更换律师,还可以向法律服务委员会专门的"投诉专员"进行投诉。

4. 拓宽法律援助经费渠道,改变服务方式单一模式

制度设计的多元化和灵活性不仅适用于发达国家,对发展中国家更为要紧。面对经费来源不足又相对单一的局面,可以尝试从几个方面予以改善:一是保障财政经费的足额拨付,依法接受合法的各类社会捐助。二是在法律援助的方式上适当调整,改变"免费"的单一模式。借鉴域外的经验,可以看出,对于提供法律援助的方式,不少国家都规定有免费、分担付费、缓交费或者胜诉后获得经济赔偿(补偿)再行付费、非受援方如果败诉应当支付相当费用等。三是在法律援助的内容上分出层次,例如通过值班律师为当事人提供必要的简易法律帮助,甚至这些值班律师由法律援助机构派驻在公安机关、检察院、法院、劳动仲裁机构,解答法律咨询,参与指导调解,有可能会减少纠纷、减少诉讼,也间接地减少当事人需要承担的费用,法律援助机构支付的费用也就得以节省,进而为更多的对象提供帮助。

此外,还需要注意是要防止在法律援助中过度使用经费的情况。例如,2007年2月一件花费巨大的法律援助案件引起了新西兰社会的争议:肺癌患者家属与英美烟草公司之间发生诉讼,最终以患者家属的失败而告终。该案涉及高达40.8万新币的法律援助资金。[①]

---

① 郑自文:《新西兰法律援助制度及其最新发展》,载《国外境外法律援助制度新编》,中国方正出版社2008年版,第255—256页。

第五节 案例评析

一、律师三次提供法律援助案

【案情】

2003年1月28日下午,广东省清远市阳山县龙某(时年11岁)出于孩子的好奇心,徒手攀爬高度在5米左右的电线杆,打算采摘电线杆上悬挂的瓷瓶。由于瓷瓶带电,龙某被电击伤摔下地面,经过手术治疗,双上肢截肢,日常生活不能自理,落下残疾。2003年9月8日,龙某于向阳山县人民法院提起诉讼,要求被告阳山县供电局赔偿各项经济损失60,767元。阳山县人民法院经开庭审理,认为原告擅自攀爬电线杆采摘瓷瓶是破坏电力设施的行为,由此而造成的损害,应由原告自行承担责任,被告阳山县供电局在本案中不存在过错责任,不应承担赔偿责任,于2004年4月22日作出一审判决,驳回原告的诉讼请求,本案受理费2,333元由原告承担。原告父亲得知有政府的法律援助后,一方面清远市中级人民法院提起上诉,将原来的诉讼请求赔偿额增加到250,833.58元,另一方面向清远市法律援助处申请法律援助。

清远市法律援助处收到上诉人龙某的申请后,经审查认为符合法律援助条件,为了尽快为上诉人讨回公道,简化审批手续,当即决定免费提供法律援助,指派广东大观律师事务所安排具有办案经验的叶律师承办此案。援助律师受理此案后,立即做好有关开庭前的准备和调查取证工作。由于上诉人为医治伤残,已花费巨额医疗费,现家庭一贫如洗,确实无力交纳诉讼费用。为此,援助律师代理上诉人向中级人民法院申请缓交诉讼费用,获得批准。在二审中,援助律师认为上诉人的人身损害与被上诉人阳山县供电局存在法律上的因果关系,上诉人的行为没有过错。2004年7月9日,清远市中级人民法院以本案事实不清,证据不足,裁定撤销阳山县人民法院原审民事判决书,发回重审。

但具有丰富办案经验的援助律师收到二审判决书后,却陷入深深的思考。从本案的情况特别是因果关系看,龙某原来提出250,833.58元的赔偿额度,即使得到法院的全额判决,也不足以弥补所造成的损害,因此,必须提高诉讼标的,这样既可以为龙某争取巨额的经济赔偿,也可以从程序的角度提高审级,由市中级人民法院作为一审直接审理此案。援助律师经过深思熟虑,把自己的想法向市法律援助处和其所在律师事务所作了详细汇报,市法援处肯定了援助律师的想法,并表示全力支持。律师事务所也十分重视此案,专门召开会议讨论案情,决定按照有关法律规定提高索赔额,先撤回诉讼,然后向市中级人民法院重新起诉。经征得龙某监护人同意,龙某向阳山县人民法院申请撤回诉讼,获得法院裁定准予。

同年8月13日,援助律师代理龙某向市中级人民法院提起诉讼,考虑到龙自身存在一定的过错,因此按8:2比例,要求被告阳山县供电局赔偿医疗费、残疾人生活补助费、残疾用具费、住院伙食费、护理费及今后护理费等各项费用1,444,067.20元(其中精神损害费10万元)。这一次,龙某监护人再次向市法律援助处申请法律援助,获得批准,并继续指派叶律师代理此案。援助律师受理后,代理当事人向人民法院申请缓交诉讼费用,获得批准。

市中级人民法院经开庭审理认为:阳山县供电局疏于管理电力设施的行为是本次事故发生的次要原因,应当承担次要责任,遂判定各项损失费用共计757,475.38元,根据双方过错责任大小,判令由阳山县供电局赔偿总损失的30%即227,242.61元,酌情给予原告10,000元精神抚慰金。本案受理费17,230元,由原告负担12,230元(依法免交),被告负担5000元。

双方当事人均不服一审判决,向广东省高级人民法院提起上诉。市法律援助处根据龙某监护人的申请,决定第三次免费提供法律援助,并再次指派叶律师承办此案。广东省高级人民法院经审理后认为,供电局与龙某的监护人对龙某损害结果的发生均应承担相应的民事责任,对损害所造成的损失费用各承担50%,酌情判决由供电局给予龙某5万元精神赔偿抚慰金。为此,广东省高级人民法院于2005年2月9日作出终审判决,变更清远市人民法院民事判决为:供电局应于判决生效之日起15日内,支付各项赔偿费用435,816.84元给龙某。本案一、二审案件受理费34,460元,由龙某与供电局各负担17,230元,龙某应交纳的案件受理费予以免交。目前此案已履行完毕。①

【评析】

本案的基本事实是清楚的,并不复杂,但是,由于原告一方既缺乏必要的法律知识,又没有基本经济条件聘请律师,所以在诉讼中处于被动地位,无法维护自己的合法权益。援助律师的出现,不但使得原告有了法律帮助的来源,免除了代理费,并通过法律援助获得司法救助实现缓交(并最终免除)了诉讼费,关键是援助律师谙熟法律,充分利用法律程序赋予的空间,提高审级,为当事人争取了最有利的局面,这在一定意义上不但使得当事人获得了实体上的胜诉利益,而且也证明了专业法律工作者的价值。我们认为,这当中不仅是律师不辞辛苦,不计经济得失的问题,而且彰显出法律援助制度的优越性。一个案件,三次为当事人履行法律援助,着实不易,但本案中的法律援助确实就是这样做了,三次司法救助,忠实实现了国务院《法律援助条例》所规定的:法律援助是政府的责任。

---

① 刘进:《援助律师三次提供援助 伤残儿童终获赔偿》,载人民网,http://legal.people.com.cn/GB/42735/5014286.html,访问日期:2006年11月8日。

正是在司法行政部门提供的免费法律援助服务和人民法院提供的司法救助下，龙某得以平等地站在法律面前，顺利地走完所有的法律程序，并最终获得合理的经济赔偿。但是有一个问题应当引起我们的进一步思考，那就是本案中的援助律师是社会律师，如果更多地直接出自法律援助机构则更为便捷，更有效率。

二、大学生法律援助案

【案情】

1994 年前陈光新是黑龙江省行政学院劳动服务公司的一名处级干部，后下海经商。2003 年 9 月金星村村委会在陈光新（原告）及其公司根本不知情的情况下将原告的所有机器设备都抵偿了村委会欠乔某的租金共 56 万元，但原告的机器设备价值却高达 150 多万元。陈光新无力出钱打官司，但有幸通过哈尔滨市委市政府组织的"万名大学生送法进社区"活动，了解到可以通过申请法律援助来维护自己的合法权利，于是拿着《道里区民政局贫困证明》等材料向省法律援助中心寻求法律援助，同时黑龙江省法律援助中心哈尔滨商业大学学生工作部在对老陈所在的社区普法时，了解了这一情况后，向老陈伸出了援助之手。

2008 年 10 月 8 日，哈尔滨市南岗区人民法院正式开庭审理了此案，由于工作部成员的准备充分，条理清晰，证据充分翔实，使被告在这些证据和理由面前也不得不承认大部分侵权事实，使案情朝着极有利于原告方的方向发展。10 月 15 日，法院对本案进行了第二次开庭审理，在此次开庭中基本明确了被告的责任，接下来的焦点将集中在被告在无法返还原告的机器设备时的赔偿问题。在又经历了一次开庭之后，本案于 2009 年 3 月 31 日经哈尔滨市南岗区人民法院 (2008) 南民 2 初字第 2053 号判决书一审判决原告胜诉，获赔人民币 110 万元，判决书于 4 月 6 日送达原告手里。①

【评析】

黑龙江省法律援助中心哈尔滨商业大学学生工作部是经黑龙江省司法厅（黑司函[2001]100 号）批准，于 2001 年 7 月 21 日成立的学生法律援助机构，是黑龙江省内高校里面成立最早的大学生法律援助工作部。"哈商大法援部"成立七年来，共免费代理各类法律援助案件近 25 起，胜诉率达 70%。老陈的这场官司是"哈商大法援部"成立以来，法律援助案件中单笔为援助对象挽回经济损失最多的一起，也很可能是全国大学生法律援助当中胜诉标的最大的一起。

需要引起讨论的问题是，首先，我们应当让社会各界尤其是弱势群体知道当自己的权益受到侵害时还可以寻求大学生法律援助组织的无偿帮助，同时也希

---

① 《有可能是全国范围内胜诉标的最大的大学生法律援助案件》，载 http://blog.sina.com.cn/s/blog_4cc3bca60100de7v.html，访问日期：2012 年 11 月 27 日。

望引起社会对大学生法律援助的关注,解决当前学生法律援助的尴尬地位,包括缺乏必要的活动经费来源,以及社会的认可度等方面问题。其次,从另一个角度上说,在提倡大学生群体尤其是"法律大学生"积极参与法律援助的同时,专业律师在当中应当如何成就领导、指导、辅导的作用,是值得探讨的。本案中有他们的"影子",但不够清晰,而且不具规律性,有深入思考的余地。再次,本案是民事案件,如果属于刑事案件,大学生法律援助组织在目前法律框架下的作用就会受到限制,是否有可能在立法上予以完善。

第六节　问题与建议

一、法律援助相关规定入宪

法律援助内容写入宪法,是法律援助立法完善的首要需求,之前已经有相关的国外立法例[1],例如:《日本国宪法》第 37 条规定,在任何时候,如果被告人不能通过自己能力获得胜任的律师的帮助,他应当得到国家指派的律师的帮助。《意大利宪法》第 24 条规定,在起诉或应诉中不能支付相关费用的公民有权获得免费的法律帮助。《菲律宾宪法》第三编第 23 条规定,不得以贫穷为理由拒绝任何人自由向法院起诉。如果我们能够将法律援助的事项明确写入宪法,相信对推动我国法律援助事业有极大的促进作用。

二、法律援助法规基本法化

目前我国法律援助法律的主要依据是《法律援助条例》,这在一定意义上影响了法律援助的实际落实力度,因而,将法律援助内容在立法层面上归为基本法系列,是十分必要的,也是有现实基础的,我国《民事诉讼法》、《刑事诉讼法》等基本法律中均有律师可以根据法院指定参与诉讼等法律援助方面的规定,但是范围相对狭窄,包括援助人和受援人都不够具体,而且对于参与法律援助的人员的权利义务没有予以界定,这样容易在实践中引发各种问题,使得它的实施难以持续和深入,所以在基本法层面上规定、规范法律援助已迫在眉睫。从长远目标考虑,应当制定单独基本法层面上的《法律援助法》,例如英国、美国、加拿大、法国、瑞典、韩国等等。[2] 目前可以先行在《民事诉讼法》、《刑事诉讼法》、《律师法》中涉及辩护、代理内容的相应章节中明确写入法律援助的规定,并且适当地具体化。

---

[1] 贾午光主编:《国外境外法律援助制度新编》,中国方正出版社 2008 年版,书中有关篇章;沈红卫:《中国法律援助制度研究》,湖南人民出版社 2006 年版,书中有关章节。

[2] 同上。

根据我国的具体实践,当前比较急切也可行的内容至少在如下方面是应当有所体现的:

1. 适当扩大法律援助受助范围:根据《法律援助条例》规定,法律援助对象应当是"经济困难"为首要和必要条件,但是,事实上,有些人群需要法律援助的支持并非仅仅由于经济困难,例如刑事诉讼中可能被课以重刑的犯罪嫌疑人、被告人,未成年人或是盲聋哑人,如果本人没有委托辩护人的话,从公正执法、落实宪法为其规定的辩护权的角度,也应当指定承担法律援助的律师为其提供辩护。因而,在立法中应当注意界定受援范围,以免产生误解。随着我国法制建设事业的发展和法律专业人才的增多,可以逐步放宽实施法律援助的范围。

此外,根据我国的现实需求,可以借鉴其他国家的做法,实施法律援助不一定只有免费的方式,可以根据申请人的具体经济状况按比例减少付费,这样可以有效扩大法律援助的受助面,使得更多的人群获得法律帮助。建立制度前提是如何对申请人进行有效的经济状况考察,即财产评估制度,可以参考加拿大[①]的有关规定。

2. 对特殊群体给予必要的特殊保护:这里所谈及的"特殊",旨在强调当前我国法律援助力量与需求出现较大缺口的情况下,适当考虑对"弱势群体"的倾斜,例如对未成年人[②],对老年人,对农民工,对残疾人等,予以"优先",而不是纯以经济状况考量作为提供法律援助与否的标准,例如北京有"农民工法律援助中心"、"青少年法律援助中心"等专门机构。

3. 律师实施法律援助不受法律追究:鉴于我国法律援助机构的人员配备不足,政府暂时不可能完全承担全部的法律援助需求,律师又是实施法律援助的主要力量,包括大量的社会律师,提供的多为无偿服务,因而无论从职业风险的角度还是鼓励更多的律师参与和投入法律援助事业的角度,均应在法律中明确规定律师实施法律援助不受法律追究,这与《律师法》第36条、第37条规定的精神是一致的。

4. 适当扩大实施法律援助的机构和人员范围:有鉴于我国目前依法实施法律援助的人员范围不够宽广,而需要受援的人员众多,尽管,根据司法部《办理法律援助案件程序规定》已经将"法律援助机构、律师事务所、基层法律服务所、其他社会组织和法律援助人员"均纳入办理法律援助案件的主体范围,还可以

---

① 黄素芬:《中国与加拿大法律援助经费使用之比较》,载《国外境外法律援助制度新编》,中国方正出版社2008年版,第326—333页;朱永红:《加拿大法律援助服务质量管理——保障、监督与评估》,载同上书,第344—350页。

② 顾永忠:《完善我国法律援助制度的几个问题》,载《法制日报》2008年9月2日。

动员和运用的有生力量,例如法律诊所教育的资源①,通过逐步展开的法律诊所教育培养和训练了不少的具备扎实的法律知识和较高的法律素养,有正义感和专业精神,有实践经验的人才,他们既是法律职业的后备力量,也是已经参与到法律工作特别是法律援助工作中的既有力量,无论他们是以公民代理还是"实习生"的身份,他们亲身经历的许多实际案例,对此,应当赋予他们以"准律师"的"合法"地位,否则这支力量的积极性会遭受挫败,法律实践中也会有难以解决的"身份"瓶颈,无利于法律援助工作的开展和法律后备人才的锻炼。当然,对于"诊所力量"应当在责任教师(这些教师通常应当具有律师资格)和学校的严格培养、管理和监督之下介入法律援助工作实践。

5. 建立法律援助值班律师制度:我国现行法律援助的法规中还没有明确的有关值班律师制度,虽然在实践中是有这种做法的。对此,可以将其纳入法律轨道,例如澳大利亚维多利亚州法律援助署的主要工作②中就包含这项制度,尤其是在地方法院和监狱中设立的值班律师办公室,通常优先处理重罪、儿童犯和家庭暴力案件;新西兰的值班律师计划③则是在法庭值班的律师,为已经受到犯罪指控并且没有自己律师的人提供免费法律帮助。此类当事人无须证明自己的经济状况,律师为其提供的服务包括解释指控及其严重程度、告诉其法庭通常可能的判刑幅度、如何抗辩该指控、服罪与否的后果、在某些案件中为当事人申请取保候审等。

6. 建立法律援助实施后的质量控制与审计:我国法律援助制度运行中亟待建立成体系的质量控制与审计制度,以便于提高法律援助的总体水平,预防和杜绝腐败,使得有限的经费用于更广范围的服务对象。在这个领域中,从更高的要求上说应当通过法律的形式建立、健全,而且是专门的单独立法,不能仅停留在一般的财务管理制度和审计制度的水平上,参考的立法例可以有很多,例如借鉴英国④、加拿大⑤的立法例和经验。

---

① 杨欣欣主编,《法学教育与诊所式教学方法》,法律出版社2002年版;〔印〕马海发·梅隆主编:《诊所式法律教育》,彭锡华等译,法律出版社2002年版;甄贞主编:《诊所法律教育在中国》,法律出版社2002年版;〔美〕勃兰特·戈尔茨坦:《法庭风暴》,蔡彦敏、汪玉译,法律出版社2008年版;郑自文:《美国的诊所法律援助制度》,载《国外境外法律援助制度新编》,中国方正出版社2008年版;罗俊华:《加拿大法律援助志愿活动情况及对我国的借鉴意义》,载同前书。

② 郑自文:《澳大利亚法律援助制度的发展》,载《国外境外法律援助制度新编》,中国方正出版社2008年版,第236—240页。

③ 郑自文:《新西兰法律援助制度及其最新发展》,载《国外境外法律援助制度新编》,中国方正出版社2008年版,第244—256页。

④ 蒋建峰:《英国(英格兰和威尔士)刑事法律援助制度及质量控制考察报告》,载《国外境外法律援助制度新编》,中国方正出版社2008年版,第257—278页。

⑤ 朱永红:《加拿大法律援助服务质量管理——保障、监督与评估》,载《国外境外法律援助制度新编》,中国方正出版社2008年版,第344—350页。

【问题与思考】

1. 法律援助概念
2. 法律援助对象
3. 法律援助主体
4. 法律援助机构
5. 诊所法律援助

第八章　刑事诉讼中的辩护与代理

【本章内容提要】

本章介绍我国和国外律师的刑事辩护和刑事代理制度,刑事代理的概念,讨论了辩诉交易制度、证据展示制度、公益诉讼(公益律师)制度,并就完善刑事辩护与代理中律师的调查取证权、律师申请变更强制措施、辩护律师会见权(在场权)、律师履责豁免制度、刑事诉讼中的代理制度提出建议。

【关键词】 　刑事辩护　刑事代理　公益律师

第一节　基 本 理 论

一、刑事辩护的概念与特征

(一) 刑事辩护的概念

刑事辩护,是指刑事案件的被追诉人及其辩护人反驳指控,提出有利于被追诉人的事实和理由,以证明其无罪、罪轻或者应当减轻、免除处罚,维护被追诉人的诉讼权利和其他合法权益的诉讼活动。辩护是刑事诉讼中的特有概念,在现代刑事诉讼中,辩护又是与控诉相对应的诉讼职能。

刑事诉讼中的被追诉人是犯罪嫌疑人和被告人的统称。辩护权是法律赋予犯罪嫌疑人、被告人的专属的诉讼权利,即犯罪嫌疑人、被告人针对指控进行辩解,以维护自己合法权益的一种诉讼权利,它在犯罪嫌疑人、被告人各项诉讼权利中,居于核心地位。《宪法》第125条规定:"被告人有权获得辩护",这使得被告人(含犯罪嫌疑人)享有辩护权成为一项宪法原则。

犯罪嫌疑人、被告人行使辩护权的具体方式有两种:一种是自行辩护,即犯罪嫌疑人、被告人本人进行辩护;另一种是通过辩护人进行辩护,即由犯罪嫌疑人、被告人委托的辩护人或者在必要的时候由法律援助机构指派的律师进行辩护。在我国,辩护不受诉讼阶段的限制,从世界范围来看,犯罪嫌疑人从刑事诉讼的初始阶段就有获得律师帮助的权利是带有普遍性的规定,也是我国加强刑事诉讼中被追诉人合法权益全面保障的大趋势。

辩护制度,是法律规定的关于辩护权、辩护方式、辩护人的范围、辩护人的责任、辩护人的权利与义务等一系列规定的总称。它是犯罪嫌疑人、被告人有权获得辩护原则在刑事诉讼中的体现和保障,是现代国家法律制度的重要组成部分。

在我国,刑事诉讼法是辩护制度的主要法律渊源,此外,《律师法》以及司法解释中也有大量的有关辩护制度的规定,成为辩护制度的辅助法律渊源。

辩护、辩护权和辩护制度三者之间的关系是:辩护权是辩护制度产生的基础,不承认犯罪嫌疑人、被告人的辩护权就不可能有辩护制度;辩护制度是实现辩护权的保障,各种具体辩护制度都是为了保障犯罪嫌疑人、被告人充分、正确行使辩护权而设立的;辩护是辩护权的外在表现形式,即辩护权是通过各种具体的辩护活动实现的。

(二) 刑事辩护的特征

从各国带有普遍性的法律习惯和规定来看,辩护权应当属于一项不附有任何先决条件,没有"但书"限制的权利,我国也不例外。因而,刑事辩护行为乃至整个刑事辩护制度可以归纳为以下几个特征,进而区别于诉讼中的其他制度,例如民事诉讼中的辩解、答辩等:第一,刑事辩护不受诉讼阶段的限制,应当贯穿于整个刑事诉讼过程的始终;第二,刑事辩护不受被追诉人是否有罪以及罪行轻重的限制,无论其犯罪性质和严重程度如何,都享有完整、平等的辩护权;第三,刑事辩护不受案件调查情况的限制,无论案件事实是否清楚,证据是否确实充分,被追诉人都依法享有辩护权;第四,刑事辩护不受被追诉人认罪态度的限制,无论他们是否认罪,是否坦白交代,均不能作为限制其行使辩护权的理由;第五,刑事辩护的进程不受辩护理由的限制,不管具体案件的被追诉人是否具备辩护的理由,均不影响他们享有辩护权。

充分理解和认识刑事辩护的特征,有利于刑事诉讼中的各方主体依法全面、充分地行使诉讼权利,克制和约束公权力的滥用,促使刑事诉讼的进程正常推进。同时,也需要认识到,就当前我国的基本情况而言,有关刑事诉讼中的辩护制度,从立法上还有进一步完善的较大空间,从司法的角度则存在较多的博弈,这是法治进程中的正常现象,也是需要付出的代价。

二、刑事代理的概念与意义

(一) 刑事代理的概念

1. 刑事代理制度的概念

刑事诉讼中的代理,是指代理人接受被代理人的委托,以被代理人名义参加诉讼,由被代理人承担代理行为的法律后果的一项诉讼活动。

根据《刑事诉讼法》第44条的规定,公诉案件的被害人及其法定代理人或者近亲属、自诉案件的自诉人及其法定代理人、附带民事诉讼的当事人及其法定代理人在刑事诉讼中可以委托诉讼代理人参加诉讼活动,即他们成为被代理人。

刑事代理制度,是法律关于刑事诉讼中的代理权、代理人的范围、代理的种类与方式、代理人职责、代理人的权利与义务等一系列法律规范的总称。刑事诉讼法是刑事代理制度的主要法律渊源。此外,《律师法》和最高人民法院、最高人民检察院、司法部、公安部《关于律师参加诉讼的几项具体规定的联合通知》、《关于律师参加诉讼的几项补充规定》以及最高人民法院司法解释中都对律师的刑事代理活动作了具体的规定。

刑事诉讼中的代理包括三种情况:一是公诉案件中被害人的代理,二是自诉案件中自诉人的代理,三是刑事附带民事诉讼中原告和被告的代理。自诉人、被害人及其法定代理人委托诉讼代理人,特别是代理律师,在其同时提起附带民事诉讼时,可以兼作附带民事诉讼原告人的代理律师,一般无需另办法律手续。而刑事被告人或对被告人的行为负有赔偿责任的机关、团体,可以委托刑事被告人的辩护律师作诉讼代理人,但要征得该律师的同意,并应另行办理有关法律手续。

(二) 刑事代理制度的意义

刑事代理制度是一项重要的法律制度,其重要意义如下:

1. 可以为被代理人提供法律上的帮助。被代理人由于缺乏法律知识,不能充分地行使自己的诉讼权利和发表切中要害的意见,有诉讼代理人参加诉讼,就能更好地维护被代理人等的合法权益。

2. 可以代理那些不能亲自参加诉讼的被代理人等参加诉讼。有些被代理人由于被犯罪行为致伤、致残等原因不能参加诉讼,可以委托诉讼代理人参加诉讼来维护自己的合法权益。

3. 可以协助人民法院准确及时地查明案情,正确地处理案件。诉讼代理人,特别是律师代理人参加诉讼,能对案件事实、证据作出全面的分析,提出自己对案件处理的意见,可以促使司法机关正确、合法、及时地处理案件,保护被代理人的合法权益。

总体而言,刑事诉讼中的代理活动,律师仍为担任诉讼代理人的首要和重要的人选。

(三) 刑事代理制度的种类

1. 公诉案件中的代理

公诉案件中的代理,是指诉讼代理人接受公诉案件的被害人及其法定代理人或者近亲属的委托,代理被害人参加诉讼,以维护被害人的合法权益。

根据《刑事诉讼法》第 44 条的规定,公诉案件的被害人及其法定代理人或近亲属自案件移送审查起诉之日起,有权委托诉讼代理人。同时为了保证被害人知悉这一权利,刑事诉讼法还规定人民检察院自收到移送审查起诉的案件材料之日起 3 日内应当告知被害人及其法定代理人或其近亲属有权委托诉讼代理人。

被害人的诉讼代理人参加刑事诉讼,同公诉人的诉讼地位是平等的,双方都在刑事诉讼过程中执行控诉职能。但是两者的诉讼地位又不完全相同，公诉人除了执行控诉职能外，还执行法律监督职能，因此，公诉人的意见同被害人的诉讼代理人的意见不同甚至冲突，属于正常现象。在法庭审判过程中，应当允许被害人的诉讼代理人独立发表代理意见，并允许诉讼代理人同辩护人、公诉人进行辩论。

对于公诉案件被害人的诉讼代理人应享有哪些权利，我国法律没有作出明确的规定。理论界许多学者认为公诉案件被害人的诉讼代理人与民事诉讼中的诉讼代理人一样，应当在被害人授权的范围内，按照被代理人的要求进行活动。我们认为这种观点是值得商榷的，理由是：公诉案件被害人的诉讼代理人是行使控诉职能的，目的是要使被追诉人受到定罪和科刑，而对被追诉人进行刑事处罚不仅涉及被害人追诉要求的满足，而且涉及国家刑罚权的正确实现，涉及国家和社会公益，因而公诉案件被害人的法定代理人在行使代理权的过程中，应当以事实为依据，按照法律的规定正确地行使代理权，而不能完全以被害人的意志为转移。

基于以上分析，我们认为，公诉案件中被害人的代理人应当享有与辩护人大体相同的诉讼权利。这包括两方面的内容：首先，辩护人享有的绝大多数权利被害人的诉讼代理人都应当享有。因为被害人和被追诉人分别是刑事案件中的受害者和加害者，他们在刑事诉讼中构成对立统一的关系，为了有效保护被害人的合法权利，防止公诉讼机关举证不足可能对被害人权利造成的损害，辩护人享有的诉讼权利，如查阅、摘抄、复制案卷材料，调查收集证据等，原则上都应当赋予被害人的诉讼代理人。其次，被害人的诉讼代理人与辩护人所维护的利益毕竟有所不同，辩护人维护的是被追诉人的合法权益，而被害人的诉讼代理人重点从维护被害人的权益角度，因而辩护人所享有的有些基于被追诉人与辩护人之间的信任关系以及为维护被追诉人利益的特殊需要而产生的权利，如会见犯罪嫌疑人等，被害人的诉讼代理人是不应当享有的。

2. 自诉案件中的代理

自诉案件中的代理，是指代理人接受自诉人及其法定代理人的委托参加诉讼，以维护自诉人的合法权益。

自诉案件的自诉人可以随时委托诉讼代理人，《刑事诉讼法》第 44 条还规定，法院自受理案件之日起 3 日内，应当告知自诉人及其法定代理人有权委托诉讼代理人，这就使自诉人委托代理人的诉讼权利得到了程序上的保障。自诉人委托诉讼代理人应当同诉讼代理人签订委托合同，载明代理事项、代理权限、代理期间等重大事项。

对于自诉人应享有哪些权利，我国法律也没有作出明确规定。由于自诉人的代理人像公诉案件被害人的代理人一样，也是行使控诉职能的，因而自诉人的代理人享有的诉讼权利原则上应当与被害人的诉讼代理人享有的诉讼权利相同。自诉人的诉讼代理人也应当以事实和法律为依据，正确地行使控诉权。但是，由于自诉案件通常危害性较小，主要涉及的是公民个人的利益，我国法律赋予自诉人以对自己的利益进行处分的权利，因而自诉人的代理人的权利应当受到自诉人权利的约束，未经自诉人同意，自诉人的代理人不得撤回起诉，不得与对方和解、接受调解和提出反诉。

3. 附带民事诉讼中的代理

附带民事诉讼中的代理，是指诉讼代理人接受附带民事诉讼当事人及其法定代理人的委托，在所受委托的权限范围内，代理参加诉讼，以维护当事人及其法定代理人的合法权益。

《刑事诉讼法》规定，附带民事诉讼案件当事人及其法定代理人，自案件移送审查起诉之日起，有权委托诉讼代理人，同时还规定检察院自收到案件审查起诉的案件材料之日起3日内应当告知双方当事人及其法定代理人有权委托诉讼代理人。

诉讼代理人接受委托的，应同附带民事诉讼当事人及其法定代理人签订委托代理合同，并由被代理人填写授权委托书，注明代理的权限。附带民事诉讼当事人的诉讼代理人的权利虽然我国法律也未作出明确规定，但由于附带民事诉讼本质上是民事诉讼，因而双方当事人的诉讼代理人在附带民事诉讼中应当行使与其在一般民事诉讼中同样的权利，应当有权收集、调查证据，全面了解案情，在法庭上可以参与附带民事诉讼部分的调查和辩论，并提出代理意见。在诉讼中，如当事人授予了和解权、撤诉权、反诉权等诉讼权利，还可以行使上述诉讼权利，经当事人同意，可以帮助提出上诉。

附带指出，如果同一人在诉讼中"兼任"辩护人和诉讼代理人，例如某刑事附带民事案件中的被告人聘请的律师，那么应当注意辩护人与诉讼代理人不完全相同的地位决定的诉讼权利的区别。

第二节　立法背景

一、国外刑事辩护与代理制度历史发展概述

辩护制度萌芽于古罗马共和国时期。当时，在审判活动中，由于实行"弹劾式诉讼"，被告人和控告人享有同等权利，法院处理案件时听取双方当事人的"辩论"，被告人享有辩护权。社会上逐渐出现了一些被称为"保护人"、"雄辩家"、"辩护士"之类具有一定法律知识的人，他们参加到诉讼中替被告人反驳无根据的指控，并给被告人提供某些法律上的帮助，从而使法院对被告人的判决趋于合理。《十二铜表法》规定了法庭上辩护人进行辩护的条文,这可以说是人类历史上辩护制度的早期雏形。它的出现,既适应了古罗马国家法制建设的需要,又反映了平民阶层政治斗争的重要成果,还是奴隶制民主制度在刑事诉讼中的具体体现。

到了中世纪,辩护制度受到了压制。在中世纪欧洲,实行纠问式诉讼制度,这种封建专制的诉讼模式,在本质上蔑视人的基本权利,表现在刑事诉讼中,则是剥夺被告人几乎所有的权利,将其置于诉讼客体和司法处置行为对象的地位,司法官员奉行有罪推定原则。因此,刑事被告人在中世纪的欧洲没有真正的辩护权。

西方现代意义上的辩护制度,产生于资产阶级革命胜利后。当时,英法等主要资本主义国家均在立法中肯定了刑事诉讼的辩论原则,赋予了刑事被告人自己辩护和聘请他人辩护的权利。首先规定被告人辩护权的是英国1679年的《人身保护法》,该法明确规定了诉讼中的辩论原则,承认被告人有权获得辩护,从而确定了刑事被告人在刑事诉讼中的主体地位。1808年的《法国刑事诉讼法典》对辩护制度作了更详尽、周密的规定,使刑事辩护更加系统化和规范化,因而对后世各国的刑事辩护制度产生了重大影响。第二次世界大战以后,从保护人权的理念出发,辩护制度得到了空前的发展,主要表现在:第一,辩护人介入诉讼的时间普遍提前到侦查阶段。第二,许多国际性公约,如1948年的《世界人权宣言》,1966年的《公民权利和政治权利国际公约》和1990年的《关于律师作用的基本原则》中都规定了刑事辩护制度的国际性准则,其中,第八届联合国预防犯罪和罪犯待遇大会通过的《关于律师作用的基本原则》第1条就规定:"所有的人都有权请求由其选择的一名律师协助保护和确立其权利并在刑事诉讼的各个阶段为其辩护。"第三,各国普遍建立了法律援助制度,即为贫穷的被告人提供免费的法律帮助。第四,律师的事先知悉权得到了充分的保障,许多国家通过建立证据开示制度保障律师的先悉权。第五,许多国家通过赋予律师就其业务秘密享受拒绝作证的特权,巩固了律师与其当事人之间的法律关系。①

二、我国刑事辩护与代理制度的历史发展概述

我国奴隶制和封建制社会时期,没有刑事辩护制度,现代意义上的辩护制度是清末从西方引进和移植的。最早的立法规定是1910年清朝制定的《〈大清刑事、民事诉讼法〉草案》(未公布),其中规定了律师参与诉讼的内容,赋予当事人聘请律师辩护的权利。关于律师的单行规定是从1912年北洋政府制定的《律师

---

① 参见陈光中主编:《刑事诉讼法》(第四版),北京大学出版社、高等教育出版社2012年版;刘玫主编:《刑事诉讼法学》,中国政法大学出版社2008年版。

暂行章程》和《律师登录暂行章程》开始出现的。两个单行律师立法的出现，是我国律师制度的开端。之后国民党政府1928年和1941年分别制定和颁行了《律师章程》和《律师法》。总的来看，旧中国的辩护制度是有积极意义的，但由于种种原因，没能在刑事诉讼中贯彻落实。

我国社会主义的辩护制度的确立，经历了一条漫长的、坎坷不平的发展道路。早在第二次国内革命战争时期，中华苏维埃共和国中央执行委员会颁布的《裁判部暂行组织及裁判条例》第24条就曾规定："被告人为本身的利益，可派代表出庭辩护，但须得法庭的许可。"抗日战争时期，各根据地都依照党中央的路线、方针、政策并结合本地情况，颁布了有关司法组织和诉讼程序的法律、法令，建立了各自的司法机关。在刑事诉讼中实行了公开审判制度。公开审判时，准许群众旁听和发言，准许当事人请其家属或有法律知识的人出庭充任辩护人，人民团体对于所属成员的诉讼也可派人出庭帮助辩护。

新中国的成立，标志着我国进入了社会主义革命和社会主义建设时期。在废除伪法统的同时，党和国家开始系统建设人民司法制度。刑事辩护制度也在总结民主革命时期成功经验的基础上得到发展，并酝酿建立律师制度。1954年的第一部宪法将"被告人有权获得辩护"规定为宪法原则。为贯彻这一宪法原则，《法院组织法》第7条规定："被告人有权获得辩护。被告人除自己行使辩护权外，可以委托律师为他辩护，可以由人民团体介绍的或者经人民法院许可的公民为他辩护。人民法院认为必要的时候，也可以指定辩护人为他辩护。"这些法律规定表明，新中国建立初期，就已经着手建立社会主义的辩护制度。

但是到了20世纪50年代后期，由于受"左"的思想路线的干扰和影响，刚刚建立起来的辩护制度受到严重破坏，到"文革"期间发展到极致，辩护制度基本夭折。党的十一届三中全会以后，实行了拨乱反正，在党中央加强社会主义民主和法制的方针指引下，开始了恢复和重建辩护制度的工作。1979年《刑事诉讼法》不但规定了被告人的辩护权，而且确立了律师辩护制度。1980年《暂行条例》的颁布实施，成为我国律师辩护制度进入新时期的重要里程碑。

1996年修订的《刑事诉讼法》中对辩护制度作了重大改革和完善。随着国家改革开放的深入，特别是社会主义市场经济体制的建立和民主法制的发展，原有的《暂行条例》中的一些内容已经不能适应形势的发展，1996年《律师法》以确认和巩固律师工作改革的成果，规范和引导律师事业的健康发展，进一步发挥律师在政治、经济和社会生活中的作用。2007年《律师法》较比之前的规定在保障律师权益又向前迈了一步。2012年修订的《刑事诉讼法》中有关刑事辩护主要作了11个方面的修改，使得这一突出体现人权保障理念的制度再次得到完善，也与已有的法律规定相协调，有利于法治精神和法律制度的落实。

第三节 热点前沿问题

一、辩诉交易制度

1. 辩诉交易制度的基本概况

辩诉交易,也译作答辩交易,是主要为美国法所适用的一项刑事司法制度,在其他一些西方国家,无论是否以这个名称确立为规,在其简易审判程序中或多或少地有相似的影子。

根据《布莱克法律词典》的解释,辩诉交易是指在刑事被告人就较轻的罪名或者数项指控中的一项作出有罪答辩以换取检察官和被告人之间经过协商达成的协议,即它是指在法院开庭审理之前,作为控方的检察官为了换取被告人作有罪答辩,提供比原来指控更轻的罪名指控,或者较少的罪名指控,或者允诺向法官提出有利于被告方的量刑建议等条件与被告方(通过律师)在法庭外进行争取有利于己的最佳条件的讨价还价。这一制度的实践最早产生于美国20世纪30年代,但一开始,辩诉交易一直处于"地下"状态,直至1970年在"布雷迪诉美利坚合众国"一案中被美国联邦最高法院认可。1974年4月美国《联邦地区法院刑事诉讼规则》对辩诉交易的一般原则以及公布、接受、驳回等一系列程序作了明确而又详尽的规定,从而以立法的形式确立了辩诉交易这一司法制度的法律地位。

辩诉交易的产生既有观念上的原因,也有现实上的需要。从现实层面上看,美国法律规定被告人享有沉默权,不得强迫其自证其罪,对被告人权利保障过于强大;另一方面,法律对检察官控诉规定了严格的证明要求,证明责任、证据的排除规则、无合理怀疑规则束缚其手脚以防止滥诉。这往往会导致被告人非常容易逃脱法律的制裁,损害了被害人利益和公众利益。同时美国宪法第7修正案规定了陪审团审判制度,在诉讼中原被告都可以提出陪审团审判的要求,由于陪审团是由非法律专业人士组成的,他们一般只做事实判断,审判具有高度的不确定性,有数据表明,美国的刑事诉讼中无罪判决高达30%,因而判决结果对辩诉双方均有很大的风险性,辩诉双方愿意在庭外达成和解协议,以减少诉讼的风险。于是,90%左右的刑事案件是通过辩诉双方庭外交易结案的。从观念形态上看,美国是典型的实用主义国家,讲究经济效益法律效应,而国家的司法资源在任何时候都是有限的,事实上美国自20世纪以来,犯罪率大幅上升,如果每个被告人都走正常诉讼程序,势必浪费大量司法资源。从政府和法院的角度看,能节省诉讼开支和减轻整个刑事司法系统的工作负担,对被告方来说,辩诉交易可以使得其逃避较重的刑罚和较长时间审判的心理压力与折磨。因而,辩诉交易是对各方均有益的制度选择。但是,它自始至现在均是一项颇受争议的制度,对此世界各国诉讼理论界一直议论纷纷,莫衷一是。

2. 辩诉交易中的律师作用

辩诉交易是控辩双方"讨价还价"的结果,但是,在这项制度的运行中,辩方的代表应当是通过律师来与控方对话的,不是被告人自己直接进行。因为,它的达成前提是被告人进行有罪答辩,这要求被告人必须在明知、明智的前提下进行"选择",如果被告人直接与控方进行,则有可能受到控方的不利诱导,律师刚好是既能够代表被告利益又能够精通法律规定的专业人士。

这项制度在我国是否能够移植,始终是一个学界的热点话题,尤其是它的可行性,似乎成为司法改革中的一项无法预期后果的制度。在此,仅就律师作用而言,可以看出,没有足够发达的律师制度,辩诉交易是不可能实行的,因为律师在辩诉交易的进程中是不可或缺的,以我国目前基本数据显现刑事诉讼辩护率仅为30%而言,没有确立这一制度的基础和保障。但是,如果建立了辩诉交易制度,律师作用发挥的空间是极大的。至少,在立法予以规定之前,可以进行全面的研究,并予以论证,还应当做好有益的配套制度的探讨,例如,完善辩护制度,努力达到需要聘请律师的人均可以获得法律帮助等。

二、证据展示制度

1. 证据展示制度的基本概况

1963年,美国联邦最高法院在审理马里兰州一案中确定了证据展示制度。按照《布莱克法律辞典》的解释,证据展示是一种审判前的程序和机制,用于诉讼一方从另一方获得与案件有关的事实情况和其他信息。可见,证据展示实际上指的是在庭审前控辩双方相互交换、知悉所涉案件的证据及相关信息的制度,其具体要求是:在辩方提出合理申请的情况下,法庭可以要求检控方在审判前允许辩护方查阅或者得到掌握的证据材料。同时,在法律规定的特定情况下,法庭也可以要求辩护方将其准备在审判中提出的证据材料向检控方予以公开。

在英美国家的当事人主义审判模式下,在其成文法和判例法中均建立了一套证据展示制度。虽然各国在具体的展示主体、展示程序、展示范围、展示时间和违反展示义务的法律后果方面规定的不尽相同,但大同小异。其核心要求都是,在辩护方提出合理申请的情况下,法庭可以要求检控方将其掌握的证据材料展示给辩护一方。展示的方式基本上是允许其查阅、复制;同时,在法定情况下,法庭也可以要求辩护方将其准备在审判中提出的证据材料向检控方予以公开。这种证据展示制度的建立,有助于实现代表国家的提起公诉的检察官与被告人之间的资源平衡,确保控辩双方尽可能做到平等对抗。另一方面,这种审判前的控辩双方对证据信息的交换,可以防止审判的拖延和无序,确保诉讼的高效快捷,减少司法资源的浪费。可以说,证据展示制度是对抗式审判程序得以公正、高效运行的关键保障之一。

2. 证据展示制度中的律师作用

首先,依照我国《刑事诉讼法》①第 38 条、《律师法》第 34 条的规定,辩护律师享有阅卷权。之前,《刑事诉讼法》和《律师法》的规定在有关律师阅卷权方面存在一定矛盾,很明显,后者较前者规定更易于发挥律师的作用,2012 年《刑事诉讼法》第 38 条将原规定的"辩护律师自人民法院受理案件之日起,可以查阅、摘抄、复制本案所指控的犯罪事实的材料"改为"辩护律师自人民检察院审查起诉之日起,可以查阅、摘抄、复制本案的案卷材料",阅卷的阶段提前,范围也有所扩大,从而与《律师法》第 34 条的规定精神一致,表述也基本相同,说明《刑事诉讼法》在修改过程中比较充分地考虑了与《律师法》的衔接,赋予辩护律师以阅卷权也得到了来自立法和司法部门的认可,不必再在这一问题上纠结和徘徊。在这个前提下,辩方获得了了解指控证据的机会,也是控方基于公权获得证据的优势向处于相对弱势的辩方进行展示的表现。

其次,2012 年《刑事诉讼法》新增了第 39 条规定:"辩护人认为在侦查、审查起诉期间公安机关、人民检察院收集的证明犯罪嫌疑人、被告人无罪或者最轻的证据材料未提交的,有权申请人民检察院、人民法院调取,"由此可以看出,这是为了弥补辩护人取证能力之不足,同时防止办案人员有意无意地将已收集到的有利于犯罪嫌疑人、被告人的证据不向后续办案机关移送。这对保障辩护权,保障律师依法履行职责是有积极意义的。

再次,基于 2012 年《刑事诉讼法》一定意义上积极完善了辩护制度,证据展示制度似可退出在此领域中长期的争论,只待法律的落实即可。但是,就立法研究而言,二者有联系也有区别,有关建立证据展示制度的讨论仍然可以继续。有观点认为,如果赋予了辩护律师比较充分的阅卷权就不必要求建立证据展示制度。我们认为,其他许多国家的立法例已经成型的经验于我国而言仍然有吸收借鉴的空间。证据展示制度的优越性于我国而言也是有现实土壤的,而且现在立法上也已经获得了适当的突破。一旦律师在刑事诉讼的阅卷权得到无折扣地实现,相应的,证据展示制度就有了落实的基础和前提,检控方依法将自己利用广泛的公权力收集、掌握的证据向辩护方公开,刑事诉讼中的律师作用的价值可以得到更好地展现。

---

① 本章所引用的《刑事诉讼法》,以 2012 年 3 月 14 日十一届全国人民代表大会五次会议审议通过的《关于修改〈中华人民共和国刑事诉讼法〉的决定》为依据。修改后的《中华人民共和国刑事诉讼法》2013 年 1 月 1 日起施行。

三、公益诉讼(公益律师)制度

1. 公益诉讼的基本概况

公益诉讼,并非一个既定的法律术语,其源于20世纪60年代美国,美国伴随着公益运动的展开而广泛使用了公益诉讼术语,设立了众多公益法律机构及类似的倡导制度,是为了环境、消费者、女性、有色人种及其他社会公共利益而展开活动,由此进行的诉讼概称为公益诉讼。

2. 公益律师在我国的作用

在我国,近年来公益诉讼包括公益律师这一名词及其现象悄然兴起。虽然公益诉讼在我国的发展还不规范,也没有明确的法律规定,但一些有识之士包括律师身体力行地将一种志愿精神和天下为公的气魄融于自己的行为中,例如在环保领域,在维护各类弱势群体的合法权益方面做出了许多探索,值得赞许。在中国法治图景中,他们或致力于消除乙肝歧视;或为维护妇女合法权益而四处奔走;或为春运火车票涨价状告铁道部;或为业主维权与房地产开发商打官司;或为伤残农民工争取合法权益……在公众眼中,他们是一群通过发起具有超越个案意义的公益诉讼和公益上书等法律行动,挑战不合理的法律法规以及其他规范性法律文件的律师或个人;然而私下的屡遭恐吓或者无形施压恐怕就不为公众知晓。公益之路绝非平坦顺遂,维权之举也未必都等同于守护正义。他们被有的人斥为刁民,却被有的人树为英雄;他们是复杂的,他们目睹了颠沛的众生、进退的权力、纷繁的人性,同时亦亲历法治中国的碎步向前。①

如果我国没有真正的公益诉讼制度与公益诉讼组织,他们很难算是严格的法学意义上的公益律师,但他们都是热心公益诉讼的人士,在制度尚需完善的时代背景下,他们试身其中,在争议中摸索前行,也遇到了突出的问题和各种似乎难以突破的瓶颈,身份的问题、法律地位的界定、权利义务的规制等等,从长远看,公益诉讼从理论到实践进行深入的思考和理性的规制,它变得越来越急迫,因为实践中它不能仅仅依靠几个具有一腔热血和献身精神的有识之士去完成一项事业。律师在公益诉讼中必是不可或缺的重要力量。可喜的是,2012年8月31日,第十一届全国人大常委会第二十八次会议审议通过了《关于修改〈中华人民共和国民事诉讼法〉的决定》,将于2013年1月1日和修改后的《刑事诉讼法》同日开始实施。《民事诉讼法》在进一步保障当事人诉讼权利的修改中增加了公益诉讼制度,第55条规定:"对环境污染、侵害众多消费者合法权益等损害社会公共利益的行为,法律规定的机关和有关组织可以向人民法院提起诉讼。"重点应对环境污染和食品安全事故等引发的社会诉讼需求,这是我国正式在立

---

① 《南方周末》2009年5月21日。

法中确立公益诉讼制度的标志,具有里程碑意义,但是,我们注意到,新修改的《民事诉讼法》并未就公益诉讼的具体程序作出规范,操作性有欠缺。相应的,在刑事诉讼中探讨此问题,其意义在于加强对相关刑事犯罪的打击同时,对可能涉及的很复杂的被害人权益保护问题也须高度重视,必须对代理制度给予必要的修改完善,对附带民事诉讼制度作出更多的规范,以和民事诉讼法形成互补、协调的机制。

第四节 法律实践

一、刑事辩护与代理中律师的调查取证权问题

调查取证权是指在律师在诉讼中接受委托或者指定之后对案中证据的调查权、获取权。具体方式可以包括询问各方证人、申请调取各类证据材料、查阅办案机关已经取得的证据和诉讼文书等,了解案件情况。其中,会见被追诉人(无论在押与否)、阅卷也应列在其中,因为之前已做过探讨在此不再赘述。这里仅就律师在履行职责过程中的其他方面的实务问题作出思考,以询问证人为例。

根据《刑事诉讼法》第41条规定:"辩护律师经证人或者其他有关单位和个人同意,可以向他们收集与本案有关的材料,也可以申请人民检察院、人民法院收集、调取证据,或者申请人民法院通知证人出庭作证。辩护律师经人民检察院或者人民法院许可,并且经被害人或者其近亲属、被害人提供的证人同意,可以向他们收集与本案有关的材料。"《律师法》第35条规定:"受委托的律师根据案情的需要,可以申请人民检察院、人民法院收集、调取证据或者申请人民法院通知证人出庭作证。律师自行调查取证的,凭律师执业证书和律师事务所证明,可以向有关单位或者个人调查与承办法律事务有关的情况。"

可见,《律师法》与《刑事诉讼法》比较,最大也是关键的不同在于律师可以直接向有关单位或者个人取证,不需要经过其同意,向被害人、被害人近亲属及其提供的证人收集证据,事先也不需要经过人民检察院或者法院的许可。《律师法》的规定显然针对了实践中律师在这方面的实际困难,为了解决其难,然而,关于此条款却出现争议,主要是:

第一,2012年《刑事诉讼法》第33条第1款明确规定:"犯罪嫌疑人自被侦查机关第一次讯问或者采取强制措施之日起,有权委托辩护人;在侦查期间,只能委托律师作为辩护人。被告人有权随时委托辩护人。"已经说明律师为被追诉人提供法律帮助,自侦查阶段起就具有辩护人的地位,为了履行职责应该具有调查取证的权利,如果一方面赋予其权利,又对其如何行使过度限制,就不彻底,就构不成权利。相较之下《律师法》的规定更科学。

第二,律师调查取证是否有强制取证权。依照《律师法》规定,律师取证无需经过被调查人同意或经过检察机关、法院批准,但是这并不意味律师就有强制取证权,它强调的是律师调查取证的权利。由于律师不掌握公共权力,其目的是为了特定当事人提供法律服务,因此其调查取证权的本质是一种"权利",这与行使公共权力公安司法机关行使的"权力"有本质不同。这也决定了在被调查对象不配合律师取证时,律师不能对其采取强制性手段。正因为如此,法律为了弥补律师在调查取证权方面的不足,规定律师可以通过阅卷的方式获取控方掌握的证据材料,另外,还可以申请检察机关或者法院调查取证,或者要求法院通知证人作证。

二、律师申请变更强制措施难问题

根据《刑事诉讼法》第36条规定:"辩护律师在侦查期间可以为犯罪嫌疑人提供法律帮助;代理申诉、控告;申请变更强制措施;向侦查机关了解犯罪嫌疑人涉嫌的罪名和俺就有关情况,提出意见。"第97条规定:"人民法院、人民检察院或者公安机关对被采取强制措施法定期限届满的犯罪嫌疑人、被告人,应当予以释放、解除取保候审、监视居住或者依法变更强制措施。犯罪嫌疑人、被告人以及法定代理人、近亲属或者辩护人对于人民法院、人民检察院或者公安机关采取强制措施法定期限届满的,有权要求解除强制措施。"实践中,律师无论在哪个诉讼阶段,切身的感受往往是上述规定基本上是一纸空文,几乎沦为纯粹的程序格式,法律规定了此项权利,那么律师就去申请,而办案机关如果不是囿于当前对"超期羁押"的监督压力增强了,基本上采用的对策就是不予批准。导致这一问题的原因是多方面的,但其中我国强制措施体系的不完善,对羁押性强制措施的施用条件和程序控制不力是比较重要的因素,甚至也有办案机关主观上对强制措施的性质认识错误的原因,他们认为这是带有制裁性的方法,片面强调符合法律既定条件而不根据案件的具体情况考虑。再有,即使出现超期羁押,也没有很好的法律层面上的控制。这方面的案例多有出现,也成为了一种积弊顽症。我们注意到,2012年《刑事诉讼法》第97条对原第75条的修改中将"超过法定期限"改为"法定期限届满",显然更为科学,有了一定的可操作性。我们认为,修改后的《刑事诉讼法》实施之际,应当将此与刑事诉讼中的一系列制度的改革融为一体,才能最终予以解决,或者是至少得到必要的改善,否则,它影响到律师职责的履行,也使得辩护权的落实成为空文。

三、律师刑事责任的追诉与困境

律师的职业权益保障一直是律师执业中的一大困惑,它的成败甚至关乎律师事业的发展,从一般性的共识看,所谓"律师的职业权益"[①]是指律师在实现自己的执业行为、履行自己的职业承诺和责任时所享有的权利和利益。以刑事诉讼为例,在刑事辩护领域,律师的执业权利,可以分解为律师的会见权、调查取证权、申请证人出庭和质证权、辩护意见被采纳的权利、人身安全和尊严不受侵犯权等等。[②]其中,律师在执业过程中的人身安全和尊严不受侵犯进而包括不应当受到无理或者非法的追究,职业的豁免权利等是最重要的部分,否则,不但侵犯了律师本人的合法权益,起到了糟糕的示范效应,而且,阻碍了律师业的整体发展脚步,尤其对于我国建设法治国家,体现宪法和法律规定的国家尊重和保障人权精神,是十分不利的。一个不争的事实是,尽管我国法律规范了律师执业过程中的相关保障条款,例如《律师法》第 37 条规定,律师在执业活动中的人身权利不受侵犯。律师在法庭上发表的代理、辩护意见不受法律追究。但是,发表危害国家安全、恶意诽谤他人、严重扰乱法庭秩序的言论除外。律师在参与诉讼活动中因涉嫌犯罪被依法拘留、逮捕的,拘留、逮捕机关应当在拘留、逮捕实施后的 24 小时内通知该律师的家属、所在的律师事务所以及所属的律师协会。但是,律师在司法实践中的权利受到侵犯的现象并不在少数,被以各种名义追究责任包括刑事责任的也不鲜见。

放眼考察,可以看到,律师的刑事责任是指律师在执业活动中因触犯刑事法律规范而应承担的责任,显然也是律师承担的责任中最为严重的一种,所以,世界上大多数国家对律师的大部分刑事责任的归责都采用普通规范而不是特殊规范的形式,而我国是个例外。我国《刑法》第 306 条"辩护人、诉讼代理人毁灭证据、伪造证据、妨碍作证罪"是专门针对律师职业犯罪的特殊条款(毕竟担任辩护人、诉讼代理人的人群中以律师居多),这在其他国家的立法例中是极为少见的。该条规定:在刑事诉讼中,辩护人、诉讼代理人毁灭证据、伪造证据,帮助当事人毁灭证据、伪造证据,威胁、引诱证人违背事实改变证言或者作伪证的,处 3 年以下有期徒刑或者拘役;情节严重的,处 3 年以上 7 年以下有期徒刑。这一条款进而成为对律师追究刑事责任的几乎不二选择,大部分的律师因为执业过程中的各种问题被抓、被处理,最终被追究刑事责任,均与此条款的援用有关。诚然,律师执业也应当守法和遵循职业道德的规范,但是,从刑法的立法体系看,刑法分则的 350 个条文中并没有对某一职业有如此涉嫌犯罪的针对性,特别是随后的第 307 条"妨害作证罪"已单独规定了对一般主体的类似行为的处罚,所以在立法目的上进行如此设计——将律师作为特殊主体处罚,有明显的偏见和误

---

① 《中国律师执业权益保护与发展报告策划书》(草案),转引自陈瑞华主编:《刑事辩护制度的实证考察》,北京大学出版社 2005 年版,第 186 页。

② 同上。

解之虞。从立法的表述看,"引诱"、"帮助"等语词事实上很难界定,司法实践中,尤以检察机关对于律师向法庭出示的与原证据不一致的证据材料,往往依强制力向证人施压,以求证人复核、修订证据,导致证人将伪证罪推给律师。甚至有把律师执业工作中的错误、失误或违纪行为认定为犯罪,就连正常的辩护活动也会引发刑事追究。一个"律师伪证罪"搞得人心惶惶,使得律师参与刑事诉讼尤其是在侦查阶段介入时难以适从,这种局面,应当予以重视和加以改变。

2012年《刑事诉讼法》第47条规定:"辩护人、诉讼代理人认为公安机关、人民检察院、人民法院及其工作人员阻碍其依法行使诉讼权利的,有权向同级或者上一级人民检察院申诉或者控告。人民检察院对申诉或者控告应当及时进行审查,情况属实的,通知有关机关予以纠正。"它体现了法律对辩护人、诉讼代理人履行职责的专门保障和保护。此外,在第42条也对原第38条进行了修改,并含有了对律师的相关保护性规定。第42条规定:"辩护人或者其他任何人,不得帮助犯罪嫌疑人、被告人隐匿、毁灭、伪造证据或者串供,不得威胁、引诱证人作伪证以及进行其他干扰司法机关诉讼活动的行为。违法前款规定的,应当依法追究法律责任,辩护人涉嫌犯罪的,应当由辩护人所承办案件的侦查机关以外的侦查机关办理。辩护人是律师的,应当及时通知其所在的律师事务所或者所属的律师协会。"就《刑事诉讼法》修改而言,对辩护制度予以了必要的完善,也包含了对律师执业的权利保障,期待它能够真正得到落实。

第五节 案例评析

一、杜培武案

【案情】

1998年4月20日晚,昆明市公安局民警王某(女)与昆明市石林县公安局民警王某某(男)被人枪杀,王某及王某某(以下简称"二王")的尸体被作案人从作案第一现场移至昆明市一人行道上一辆警车内,该车为王某某当日所驾车辆。案发后,警方以昆明市公安局戒毒所民警、王某丈夫杜培武因对"二王"之间存在不正当关系怀恨在心,涉嫌骗去王某某配枪将"二王"杀害为由,于案发后将杜培武羁押,1998年7月2日被刑事拘留,同年8日被批准逮捕。1999年2月5日被一审法院以故意杀人罪判处死刑,剥夺政治权利终身。1999年12月20日二审法院以"根据本案的具体情节和辩护人所提供其辩护意见有采纳之处为由"为由改判杜培武"犯故意杀人罪,判处死刑,缓期两年执行,剥夺政治权利终身"。2000年6月,昆明警方破获了一个杀人劫车特大犯罪团伙,该团伙自1999年以来,抢劫盗窃杀人作案23起,共盗抢车辆20辆,杀害19人。犯罪嫌疑人供称杀害"二王"系他们作为,并交代了作案经过。2000 年 7 月,云南省公安部门以"通稿"形式向媒体公布破获这个特大杀人抢劫团伙的情况,继之,于次日,中共云南省政法委员会又以"通稿"的形式向社会宣布:杜培武故意杀人案因有"新的证据"证实"非杜培武作为,杜培武显系无辜",而由云南省高级人民法院以(2000)云高刑再字第 9 号判决书宣告杜培武无罪。杜培武后来获得了国家赔偿。本案中的律师辩护意见主要有:(1)刑讯逼供后果严重。杜培武在一开庭就向法庭陈述了在公安机关侦查过程中遭受刑讯逼供的情况,并将手上、脚上及腿上的伤痕事实让合议庭法官和诉讼参与人过目验证,足以证实他遭刑讯逼供的客观存在;他也向辩护人及驻监检察官提供了《刑讯逼供控告书》。律师依据有关司法解释的规定请求法庭确认杜培武在侦查阶段所作的供述无效。(2)律师根据公安机关《现场勘查笔录》及《现场照片》并没有"刹车踏板"和"油门踏板"附着足迹遗留泥土的记载,认为在案发几个月后,才做出的《补充现场勘查笔录》严重违反取证的法律程序,违背了客观公正的原则,认为所谓"刹车踏板"和"油门踏板"附着泥土系虚构的证据,不足采信。(3)本案没有证据证明杜培武具有故意杀人的主观故意,由此,从犯罪构成要件的角度分析本案,指控杜培武犯有故意杀人罪缺乏主观要件,不能成立。律师认为从时间、案发地、气味鉴定、作案工具、射击残留等方面来看,在客观方面也没有证据能够证明杜培武实施了故意杀人的行为。①

【评析】

这是一起典型冤案,在此,我们不过多再重述很多书籍、资料中已经反复总结归纳的导致此案的原因,例如非法取证的问题、刑讯逼供的问题、法律监督不到位的问题、法官偏听偏信的问题等等,用本案中的辩护律师的话说:这里不存在谁故意整谁的问题,而在于公安部门罗织编造证据去推断。我们明明有刑事诉讼法,如果公检法三家都严格按照刑事诉讼法的规定办案,悲剧完全可以避免。省高级法院二审对杜培武的改判,反映了它的矛盾心态,其实它已经认识到本案事实不清,证据不足,应当将杜培武一案再认真审理,这里涉及法院的独立审判的问题,法院做不了主,无法实施法律赋予的权力。我们重点要审视的是律师的作用问题。本案中的辩护律师尽职尽责,忠实履行法律赋予自己的责任和依法行使权利,不怕困难,不惧恐吓,顶住压力,无所畏惧,他们的"无罪"辩护意见被一审法院认为"纯属主观、片面认识的推论,无充分证据予以支持,本院不予采纳",但坚持依法在二审中表达意见,尽管仍然没有得到完全的采纳,但至少他们成功地使得二审有所改变,将死刑改判为死刑缓期两年执行,而且他们的

---

① 参见王达人、曾粤兴:《正义的诉求——美国辛普森案和中国杜培武案的比较》(修订版),北京大学出版社 2012 年版。

工作也赢得了当事人的信任和尊重。

今天我们再看杜培武案件中反映出的问题,其中有些已经由新的法律规定加以预防,例如2012年《刑事诉讼法》明确规定,被告人被判处死刑的案件第二审程序应当开庭审理;死刑案件的核准由最高人民法院统一行使;设立非法证据排除制度;明确了举证责任由控方承担等,这也是包括杜培武案件在内的一些错案带来的教训给出的正面经验。由此案所引发的对刑事诉讼执法环境与质量的反思中,两位律师将发生在同时期的中美两国的案件进行了比较研究,并非就案论案,"比较不同国家刑事案件的审理机制和结果,实际上是在进行法律文化的比较和法律制度的比较。如果把认识仅仅停留在事实的比较上,是没有什么意义的。事实比较不是目的而是手段,事实比较的目的在于上升到一定高度去发现问题、分析问题并找出解决问题的方案,至少应当为解决问题提供一定的思路"①,值得一读。

二、黄静案

【案情】

2006年2月,黄静购买了一台华硕电脑,但后来发现CPU存在问题,随后黄静和其代理人周成宇要求华硕公司作出数额为500万美元的赔偿。3月7日,黄静被以涉嫌敲诈勒索带走。2006年12月26日,黄静被取保候审。2007年11月9日,海淀检察院对黄静做出不起诉决定,随后黄静向海淀检察院提出了国家赔偿。2008年11月27日,黄静收到了国家赔偿金29,197.14元。2008年12月12日,北京市海淀区人民法院已经正式受理黄静诉华硕消费欺诈一案。黄静提出索赔500万元人民币的诉讼请求。

2009年6月,北京市宣武区人民法院受理了黄静诉其华硕案原代理律师崔某、崔某所在的北京市浩光律师事务所,及保管其笔录的北京市包诚律师事务所侵犯其名誉权案。原告黄静诉称:2006年3月其因向华硕电脑公司维权被刑事拘留后,崔某受原告母亲的委托,在侦查阶段代理原告涉嫌敲诈勒索一案。侦查阶段结束后,因委托人认为崔某业务水平不精终止了委托代理协议。2008年12月3日,原告代理人与华硕电脑公司代理律师参加凤凰卫视中文台《一虎一席谈》节目录制,崔某伙同他人前往节目录制现场,以原告代理人身份在该节目录制过程中宣称掌握办案材料现场透露内幕,并当场对原告现代理人进行人身攻击。其后崔某又多次伙同他人向《北京青年报》、《新京报》、《京华时报》、《燕赵都市报》等多家媒体公开其在看守所与当事人黄静的谈话笔录原件,多次通过

---

① 参见王达人、曾粤兴:《正义的诉求——美国辛普森案和中国杜培武案的比较》(修订版),北京大学出版社2012年版。

媒体向公众散布、泄漏国家秘密及当事人隐私。按照崔某描述,原告笔录原件自2006年以来一直封存于北京市包诚律师事务所。北京市包诚律师事务所应当对该文件承担保管义务,不得随意让人调阅或者借出,但是此次该笔录原件被人借出并在媒体上公布,严重泄露国家秘密及原告隐私。崔某先后多次以北京市浩光律师事务所执业律师身份接受媒体采访,公开泄露原告隐私,北京市浩光律师事务所应当知道但并未进行制止,完全没有尽到律师事务所对律师的监督和管理义务。

原告认为原告向华硕电脑维权事件广受公众关注,在充满艰辛的维权道路上更需要得到全社会具有正义感人们的帮助。三名被告作为专业律师事务所和执业律师更应当了解相关法律规定,但是出于利益驱动因素,三被告公然在多家媒体大肆泄露原告隐私信息。因此误导舆论出现所谓"黄静代理律师反戈"、"揭穿黄静谎言看守所内外口供不符"之类的不实报道,相关内容报道被国内数百家媒体转载,造成极其恶劣的影响,严重误导舆论,并且相关报道在原告诉华硕电脑公司系列维权案件中被华硕电脑公司引用为证据,致使原告在诉讼当中处于不利地位,为原告带来严重后果,造成原告精神受到巨大伤害永远难以愈合。三被告的行为严重违反相关法律,侵权后果严重,请求法院判令三被告立即停止侵害,消除影响,删除所有涉案侵权内容;在凤凰卫视中文台公开道歉,并在《北京青年报》、《新京报》、《燕赵都市报》、《京华时报》、新浪网、搜狐网、网易网等媒体头版或首页上刊登经原告认可内容的道歉声明,为原告恢复名誉;向原告就侵犯原告名誉权行为赔偿精神损失人民币100万元;共同向原告支付本案交通费、住宿费、伙食费、取证费及其他相关费用合计人民币3万元。①

【评析】

本案是曾经具有较大影响的案例。在此,仅就黄静起诉律师的缘由看,是因为在她看来律师非法公布了会见的笔录。我们要思考和讨论的是辩护律师是否有权利公布会见笔录?就公布笔录的缘由,律师说是为了保护黄静,澄清公众对黄静的误解,也为了不使这个闹剧和骗局继续下去,浪费太多的媒体和司法资源,他们最终决定公之于众:"我们公布笔录,出于良知。也希望黄静能站出来,不要再沉默下去。"②对此,也有不同观点认为,除非这个举动经过黄静本人同意,否则律师的举动没有任何法律依据,而且违背律师职业道德。因为作为受托为当事人提供刑事辩护的律师,有义务为委托人的有关信息保密,非经许可不得擅自散布,会见笔录更属于委托人基于对律师的信任而形成的,只能用于委托事

---

① 参见:《黄静起诉华硕案代理律师及律所侵犯名誉权》,载"浙江在线"网,访问日期:2009年6月25日,http://china.zjol.com.cn/05china/system/2009/06/25/015621807.shtml。郭天力:《黄静诉华硕案之两年前笔录爆出黄静诸多疑点》,载《燕赵都市报》2008年12月25日。

② 《两年前笔录爆出"黄静案"诸多疑点》,载《燕赵都市报》2008年12月25日。

项。而文中律师所称良知不能成为违反职业纪律的理由。根据《律师法》第 38 条规定:"律师应当保守在执业活动中知悉的国家秘密、商业秘密,不得泄露当事人的隐私。"因此,在下列情况下,律师真实义务才能优先于保密义务:

其一,当事人明示或默示同意律师公开有关案情秘密。如果当事人起诉自己的律师,法律就可以推定其默示放弃要求律师保密的权利,律师可以向有关机关透露从当事人处获得的有关案情。

其二,法律规定律师在一定条件下必须如实向有关机关提供有关案情和资料。比如,当事人利用律师提供的法律服务从事违法活动时与律师的通信,如果有关司法机关索取,律师必须提供,拒不提供者可依犯罪论处。再如,根据《国家安全法》第 26 条规定,律师明知他人有间谍犯罪行为,在国家安全机关向其调查有关情况,收集有关证据时,律师即可免除保密义务,履行真实义务,向国家安全机关提供有关情况,拒不提供的,依此条规定处罚。

其三,在诉讼活动中证明自己无辜时,律师可以公开有关案情秘密。例如在刑事诉讼中,当律师被控从事不法活动时,可以利用在职业活动中从当事人处获取的案情秘密来证明自己无罪。

第六节 问题与建议

一、辩护律师会见权(在场权)的保障

2012 年《刑事诉讼法》有关辩护律师会见犯罪嫌疑人的程序方面有所完善,包括律师持有效证件即可要求会见,由看守所及时安排;将侦查阶段律师会见案件涉及国家秘密的应经侦查机关批准修改为危害国家安全、恐怖活动、特别重大贿赂犯罪案件应经侦查机关许可;规定辩护律师会见犯罪嫌疑人、被告人不被监听。这些与《律师法》的精神和规定更趋一致,将大大减少实践中的矛盾和困难。此外,《刑事诉讼法》第 11 条第 2 款还规定:"犯罪嫌疑人被送交看守所羁押以后,侦查人员都其进行讯问,应当在看守所内进行。"第 121 条规定:"侦查人员在讯问犯罪嫌疑人的时候,可以对讯问过程进行录音或者录像;对于可能判处无期徒刑、死刑的案件或者其他重大犯罪案件,应当对讯问过程进行录音和录像。录音和录像应当全程进行,保持完整性。"

基于法律的最新修改,我们认为,之前比较突出的辩护律师会见权实施过程中保障不足的问题会得以缓解,一般而言,律师申请会见得不到回应的现象有望减少,如果能够贯彻有力,是值得欣慰的。但是,还存在以下的担忧,一是"不被监听"能否落实。应当明确"不被监听"的含义和违反此规定的后果。二是讯问时的录音录像制度应用对象和情形依然没有实现完全覆盖,仍存在因为法律规

定"可以"而使得侦查机关权力过大，影响被追诉人的权利行使的可能。三是根据《刑事诉讼法》第 83 条规定："拘留后，应当立即将被拘留人送看守所羁押，至迟不得超过 24 小时。"在最多长达 24 小时的期间内，如果侦查机关实施了讯问，如何保障被拘留人的权利。四是对于执行拘留、逮捕后因为法定原因而没有及时通知被追诉人家属的，如何保障其权益。五是对于侦查阶段律师会见需要经过侦查机关批准的"三类案件"中的第三类，"特别重大贿赂犯罪案件"，"较之前两类无论在犯罪性质、社会危害程度上，还是在侦破案件、打击犯罪的紧迫性上，都不能与前两类案件相提并论，并且，'特别重大'又含糊不清，不易界定掌握，可能会被随意解释，扩大适用"。① 因而，对于会见权的保障应有之义的讯问在场权问题，依然存在应予重视和多方考量的必要性。同时，如果有录音、录像，是否律师仍有在场权，也是值得思考的，它关乎律师的在场是保障被追诉人权利的需要，而非仅为防止侦查机关等违法行为的工具。

总之，应当还原立法的本意，会见应当是犯罪嫌疑人、被告人有效行使辩护权的应有之义，它是一种"双向"权利，既是被追诉人实现自己辩护权的有效方法，也是律师履行职责的必要形式。无法想象，如果一方面在法律上确认被追诉人为自己的权益保护可以委托律师为其提供帮助，或者律师依法对其进行法律援助，另一方面却又在诉讼的进程中不允许律师与被追诉人会面和谈话，如此做法，何以解释辩护权是一项宪法性的权利，如何评介法律是充分给予被追诉人诉讼保障的法律？除极个别的情形可以在法律之中列出例外，律师会见在押的被追诉人应当是不加限制的，包括在会见阶段、次数和时间等各个方面和环节上，并且应当是不受任何形式的监听的。这是落实法律规定的基本精神的最低要求，而不应视为是一种法外的施舍。

二、确立适当的律师履责豁免制度

鉴于我国律师在执法过程中重要而不可或缺的作用，尤其是为了促进国家法治建设，落实宪法和法律规定的国家尊重和保障人权，法律面前人人平等的原则，应当在宪法和基本法的层面上明确规定律师在执业过程中的履责豁免制度，一如《律师法》已经写明了的那样。2012 年《刑事诉讼法》第 42 条第 1 款"辩护人或者其他任何人，不得帮助犯罪嫌疑人、被告人隐匿、毁灭、伪造证据或者串供，不得威胁、引诱证人作伪证以及进行其他干扰司法机关实施活动的行为"，立法的考量是减少对律师的歧视，回应了之前的有关指责：首先，将该条对应的主体作了"扩大"，将"辩护律师和其他辩护人"修改为"辩护人或者其他任何

---

① 陈光中主编：《〈中华人民共和国刑事诉讼法〉修改条文释义与点评》，人民法院出版社 2012 年版，第 34—35 页。

人",以期减轻"歧视";其次,将原第38条中的"不得威胁、引诱证人改变证言或者作伪证"修改为"不得威胁、引诱证人作伪证",有利于避免对"改变证言"的内容应当予以分析还是只要证言发生变化一律追究的争论和实践中的难于操作;此外,还另行增加规定了第47条:"辩护人、诉讼代理人认为公安机关、人民检察院、人民法院及其工作人员阻碍其依法行使诉讼权利的,有权向同级或者上一级人民检察院申诉或者控告。人民检察院对申诉或者控告应当及时进行审查,情况属实的,通知有关机关予以纠正。"但是,"其他任何人"的范围究竟何所指?本章是"辩护与代理",除却辩护人、代理人又怎么可能还有旁人?所以"其他任何人"的增加规定,无法从根本上解决本条规定可能在实践中为以律师为主力的辩护人、诉讼代理人带来的困境,如果没有《刑事诉讼法》第42条,《刑法》第306条则失去前提。所以,建议法律对有关规定进一步完善,并取消《刑法》第306条的规定,增加律师依法执行职务的免责条款,既有利于律师积极参与诉讼活动,也并不影响刑法打击例如伪证类犯罪的力度,起码,不会产生法律有歧视的误解,消除社会偏见,减少职业报复的可能性。

三、完善刑事诉讼中的代理制度

目前法律中关于刑事诉讼中的代理制度,仅有《刑事诉讼法》第44条、第45条两项非常简单的规定,对何人可以聘请委托诉讼代理人和能够充当诉讼代理人的范围有个基本的规范,此外第47条含有少许的内容,可以说没有形成刑事诉讼代理制度的体系,实践中也基本上就是按照民事诉讼中的代理制度的原则和既往的诉讼经验办事,显然是不符合现代法治国家的需要的。为此,在刑事诉讼法中建立和健全代理制度,对诉讼代理事项的范围、代理人的地位、代理人的责任、代理人的诉讼权利和义务进行有序的规制,细化的约束,这样才能使得代理能够在诉讼中发挥更积极的作用。

此外,2012年《民事诉讼法》第55条规定:"对环境污染、侵害众多消费者合法权益等损害社会公共利益的行为,法律规定的机关和有关组织可以向人民法院提起诉讼。"这标志着我国正式在立法中确立公益诉讼制度的标志,具有里程碑意义,进一步保障了当事人诉讼权利。但是,2012年《刑事诉讼法》并未就公益诉讼问题有所体现,如果在刑事诉讼中遇有例如环境污染、食品、药品安全、侵害众多消费者合法权益所导致的犯罪时,特定或不特定的被害人尤其后者保护问题能否由公益律师代理,通过刑事程序保护实现权利的保障,这类问题缺少必要的应对,我们认为律师是完全可以有所作为的,因而,对代理制度给予必要的修改完善,对附带民事诉讼制度作出更多的规范,以和民事诉讼法形成互补、协调的机制,成为一个亟待解决的需要。

【问题与思考】

1. 刑事辩护的概念
2. 刑事代理的概念
3. 辩诉交易制度
4. 证据展示制度
5. 公益诉讼制度

第九章　民事诉讼中的律师代理

【本章内容提要】

本章介绍民事诉讼中律师代理的概念、特征、种类、范围和意义,分析民事诉讼、行政诉讼、刑事诉讼中的律师代理的关系,并就建立民事强制律师代理制度,完善民事诉讼中律师权利与义务提出建议。

【关键词】　民事诉讼　律师代理　强制律师代理

第一节　基本理论

一、民事诉讼中律师代理的概念和特征

(一)民事诉讼中律师代理的概念

代理是代理人以被代理人名义,在代理权限范围内向第三人为意思表示或者接受意思表示,产生的法律效果归第三人。

在民事诉讼中,法律规定,诉讼行为能力不足的人比如未成年人、不能辨认自己行为性质的人,进行民事诉讼需要由法定代理人代理当事人参加诉讼,这是法定代理人制度。具备诉讼行为能力的当事人可以委托符合法律规定的其他人代自己参加诉讼,这一方面可以节省当事人的时间和精力,也可以让更具有诉讼经验和懂得诉讼知识的人代理案件,从而提高获胜的把握,这是委托代理诉讼制度。按照《民事诉讼法》的规定,律师和非律师都可以作为代理人进行诉讼。本章只论述律师作为诉讼代理人参加诉讼的相关问题。

民事诉讼中的律师代理是指根据民事诉讼法的规定,律师接受民事诉讼当事人或法定代理人的委托,受律师事务所的指派,或者受政府法律援助机构的指派,为维护被代理人的合法权益,以被代理人的名义,在代理权限范围内代理被代理人进行民事诉讼的行为。根据《律师法》、《民事诉讼法》有关规定,律师接受当事人的委托,参与民事和经济案件的代理活动,是律师的主要业务之一。

(二)民事诉讼中律师代理的特征:

律师接受当事人的委托,参与民事和经济案件的代理,具有以下特征:

1. 代理律师必须以被代理人的名义进行诉讼活动

律师参加诉讼活动,根本上是接受当事人及其法定代理人的授权,诉讼案件归根到底是当事人之间的权利义务之争,律师不是案件的当事人,所以律师必须

以被代理人的名义开展诉讼活动,才能产生应有的法律效力。

2. 代理律师必须在被代理人授权的范围内进行诉讼活动

所谓民事诉讼中的律师代理权,是指代理人基于法律规定或被代理人的授权而取得的实施诉讼行为的资格。代理律师实施诉讼行为必须以代理权为根据,并且只能在代理权限范围内进行,没有代理权、超越代理权或者代理权终止后实施的诉讼行为,被代理人都不承担责任。

3. 代理行为产生的法律后果由被代理人承担

由于代理人是在代理权限内,以被代理人名义实施诉讼行为,因此在法律上,代理人的行为拟制为被代理人自己的行为,由此产生的法律后果也就应由被代理人承担。但是,如果是因为代理人不履行职责而给被代理人造成损害的,则应由代理人承担责任。

4. 律师作为代理人

在民事诉讼中,当事人及其法定代理人既可以委托律师参加民事诉讼,又可以委托其近亲属、有关的社会团体或者所在单位推荐的人、经人民法院许可的其他公民参加民事诉讼。但是其他人的代理不属于律师代理,不是执业律师的人也不能以律师名义代理诉讼。

5. 民事诉讼中的律师代理具有专业性、非个人性及规范性

律师是为社会提供法律服务的专业人员,有丰富的法律专业知识和实践经验,为当事人进行民事诉讼代理,可利用所具有的专业法律知识更好的维护当事人的合法权益。当事人和律师之间的委托关系是通过当事人和律师事务所签订委托合同,由律师事务所指派或者由法援机构指派确立的,而非当事人的直接委托。律师进行民事诉讼活动要受法律、法规的规范,还要受律师执业行为规范和事务所的规章制度的约束,这些规范的约束为律师完成当事人的委托代理提供了有利的保障。

6. 代理律师在民事诉讼中是非独立的诉讼主体

律师在民事诉讼中不具有独立的诉讼地位。律师因为当事人的授权才能代理当事人进行民事诉讼活动,律师只能在被代理人授权的范围内,尽可能尊重当事人的意愿从事民事诉讼活动。但是律师在民事诉讼中应当具有相对的独立性,《律师法》第32条规定:律师接受委托后,无正当理由的,不得拒绝辩护或者代理。但是,委托事项违法、委托人利用律师提供的服务从事违法活动或者委托人故意隐瞒与案件有关的重要事实的,律师有权拒绝辩护或者代理。

二、民事诉讼中律师代理的种类

民事诉讼中的律师代理是一项复杂的法律制度,为了便于司法实践部门把握和理论界对之进行深入研究,可以根据一定的标准对其进行科学的分类。

(一) 一般代理和特别授权代理

这种分类的标准是委托人的授权是否涉及实体权利。

所谓一般代理,是指当事人是将普通的诉讼权利委托律师行使,也就是说当事人是把那些不直接涉及实体权利的诉讼权利授权代理律师去行使。在这种代理关系中,律师无权行使当事人重要的诉讼权利和实体权利,只能行使如代为陈述事实,申请回避,提出管辖权异议等不涉及当事人实体权利的一般诉讼权利。

特别授权代理,是指当事人不仅将一般的诉讼权利而且还将重要的诉讼权利和实体权利的处分权利一并交由律师行使。根据我国民事诉讼法的有关规定,需当事人特别授权的涉及当事人实体权利的包括:代为承认、放弃、变更诉讼请求,代为上诉、撤诉,进行和解,提起反诉或上诉等等。

在具体司法实践中,经常出现委托人授予律师"全权代理"的现象,《民事诉讼法》的司法解释明确规定:授权委托书仅写"全权代理"而无具体授权的,诉讼代理人无权代为承认、放弃、变更诉讼请求,进行和解,提起反诉或上诉。

(二) 一审、二审、审判监督程序和执行程序的律师代理

这种分类的标准是以代理工作所处的诉讼程序而划分的。

一审程序、二审程序、审判监督程序和执行程序是人民法院处理民事案件的四个阶段,它们都有各自特定的任务以及不同的要求和特点。与此相适应,律师在上述四种程序中担任代理人,应有不同的工作方式、方法和步骤,也应有不同的工作重点。一审程序是初审法院审理案件所适用的程序,其任务是通过对案件的审理,确认当事人之间的民事权利义务关系,解决民事纠纷。代理律师在第一审程序中,应当通过调查、阅卷等方式方法,帮助当事人举证,向法院提出有利于委托方当事人的事实根据和法律意见,要求法院作出有利于委托方当事人的判决、裁定。二审程序中,二审法院的任务是通过审查一审法院的审判是否正确,来确定当事人间的民事权利义务关系,审查一审法院的审判程序是否合法。代理律师在二审程序中,首先要了解一审判决、裁定认定的事实是否清楚,证据是否确实充分,适用的法律是否正确,然后听取委托人对一审裁判的意见以及在二审程序中的诉讼请求,提出代理意见,代理意见应包括对一审裁判评价等内容。审判监督程序是一种特殊审判程序,它所审理的案件是裁判已经发生法律效力的案件。审判监督程序中,代理律师应当就生效判决、裁定存在的错误,对委托人造成的危害以及纠正等问题,发表代理意见。在执行程序中,代理律师帮助当事人实现其裁判内容。

(三) 单独律师代理和共同律师代理

这种分类标准是以当事人委托的代理律师的人数而划分的。

所谓单独律师代理,是指 1 名律师对民事诉讼进行代理。共同律师代理,是指 2 名律师对民事诉讼进行代理。根据《民事诉讼法》第 58 条第 1 款规定:"当

事人、法定代理人可以委托一至二人作为诉讼代理人。"单独律师代理难免会出现律师个人认识上的片面性和判断上的失误,而共同律师代理又会产生意见不一致的情况,影响代理工作。

(四)涉外民事诉讼律师代理和非涉外民事诉讼律师代理

这种分类的标准是以代理的案件有无涉外因素而划分的。

涉外民事诉讼,是指具有涉外因素的民事诉讼,即作为诉讼主体的当事人一方或者双方是外国人、无国籍人、外国企业和组织或者双方当事人争议的标的物在外国或者引起双方权利义务关系发生变动的法律事实发生在外国的民事诉讼。涉外民事诉讼律师代理,是指律师代理涉外民事诉讼的当事人进行诉讼活动,提供法律服务,维护当事人的合法权益的行为。非涉外民事诉讼律师代理,只是律师代理非涉外民事诉讼的行为。

涉外民事诉讼和非涉外的民事诉讼具有不同的特点,各自应遵循一定的特有原则,例如,涉外民事诉讼必须遵循国家主权,权利义务同等或对等原则,应由国际法的一些基本原则来调整,在管辖、送达、期间、财产保全、仲裁、司法协助上都有其特定的内容。这就决定了涉外民事诉讼律师代理与非涉外民事诉讼律师代理在工作方式、方法、步骤及应注意的有关事项方面,都会存在明显差异。

(五)一般民事案件律师代理和经济、商事案件律师代理

这种分类是以诉讼标的为标准划分的。

一般民事案件的律师代理主要包括传统的继承案件、婚姻案件的诉讼代理等,经济、商事案件的律师代理主要包括商事案件的诉讼代理业务、知识产权案件的诉讼代理业务、海事海商案件的诉讼代理业务等。

随着商业活动的发达以及商事活动的专业化,必然要求诉讼代理业务的专业化,况且律师个人能力的限制使得其不可能精通所有的诉讼业务,这就必然要求律师业务出现分化。随着我国社会主义市场经济的全面确立,各种经济法律法规的健全,经济、商事案件的诉讼代理也日益呈现出专业化和多样化的特点,如出现了许多专门从事知识产权领域的知识产权律师、专利律师等。

三、民事诉讼中律师代理的范围

民事诉讼中律师代理的范围是指律师作为民事诉讼代理人参加诉讼活动的案件的范围。

(一)民事诉讼中律师代理的案件范围

我国《民事诉讼法》第3条规定:"人民法院受理公民之间、法人之间、其他组织之间以及他们相互之间因财产关系和人身关系提起的民事诉讼,适用本法规定。"据此,凡是人民法院依据民事诉讼法受理和审判的案件,律师均可接受委托,进行代理。具体有以下几方面:(1)民法所调整的财产关系、人身关系,知

识产权关系案件;(2)婚姻法所调整的婚姻家庭关系案件;(3)继承法所调整的继承关系案件;(4)经济法所调整的经济纠纷案件;(5)收养法所调整的收养关系案件;(6)劳动法所调整的因劳动问题引起的纠纷案件;(7)其他与财产关系和人身关系有关的案件。

上述案件,当事人都可以委托律师进行民事诉讼的代理,但争议或纠纷不属于人民法院的主管范围,即:依照法律规定双方当事人对合同纠纷自愿达成仲裁协议的;不能通过司法程序加以解决而只能通过法院以外的其他部门进行处理;当事人对已经发生法律效力的裁决又起诉的;依照法律规定在一定时期不准起诉的案件,而当事人在不得起诉的期限内起诉的;判决不准离婚和维持收养关系的案件,在没有新情况和新理由而原告在6个月内又起诉的,都不属于律师代理民事诉讼的范围。

(二)民事诉讼中律师代理的程序范围

根据民事诉讼法的规定,民事诉讼程序分为审判程序和执行程序两类。其中,审判程序包括第一审普通程序、简易程序、第二审程序、特别程序、审判监督程序、督促程序、公示催告程序和企业法人破产还债程序。在以上各类和各种程序中,律师均可接受当事人的委托,担任代理人参加诉讼。如《律师法》规定,律师接受民事案件当事人的委托,担任代理人,参加诉讼;律师可以接受委托,代理各类诉讼案件的申诉。

(三)民事诉讼中律师代理的对象范围

《民事诉讼法》第58条第1款规定:"当事人、法定代理人可以委托一至二人作为诉讼代理人。"可知,当事人、法定代理人可以委托律师作为诉讼代理人参加诉讼。民事诉讼当事人有广义和狭义之分,广义当事人包括原告、被告、共同诉讼人、诉讼代表人、第三人和法定代理人,狭义当事人就是我们通常所说的原告和被告。这里是指广义的当事人。

四、民事诉讼中的律师代理与其他诉讼代理的关系

为了更好地理解和把握律师民事诉讼代理的内涵,下面将它与律师代理其他诉讼的关系作一比较分析。

(一)民事诉讼中的律师代理与行政诉讼中的律师代理的关系

行政诉讼中的律师代理是指律师接受行政诉讼案件当事人的委托,担任代理人,代理他们进行一定的诉讼行为。二者之间是存在本质区别的。

1. 律师代理案件的性质和适用的法律规范不同

律师在民事诉讼中代理的是平等主体的公民、法人之间的财产关系和人身关系所发生的民事纠纷,所适用的法律规范是民法通则、合同法和民事诉讼法等实体性规范;而律师在行政诉讼中代理的则是行政管理机关和行政管理相对人之间的行政争议,所适用的法律规范是行政法和行政诉讼法,如治安管理处罚法、行政诉讼法等法律法规。

2. 代理律师在诉讼中的权限不同

民事诉讼中律师作为当事人的代理人,其代理权限有两类:一般授权和特别授权;在行政诉讼中,律师如果是作为原告(行政管理相对人的公民、法人和其他组织)的代理人可以是一般授权,也可以是特别授权,但如果作为被告行政机关的代理人,只能是一般授权,律师也只能进行一般的诉讼代理。因为,作为被告的国家行政机关,对被管理的公民、法人和其他组织,做出处罚或处理的决定行为,是国家宪法、法律赋予的权力,对这种法定权力,任何组织和个人不得放弃、变更和私自处分。

3. 代理进行诉讼行为时所遵循的诉讼原则不同

民事诉讼、行政诉讼和刑事诉讼法构成了严密、完整的诉讼法律体系,它们有一些共同适用的诉讼原则。如法律面前人人平等原则,以事实为根据、以法律为准绳原则等。但是,行政诉讼和民事诉讼也各有其特殊性,如民事诉讼中的调解原则、处分原则和当事人举证原则等是不能适用于行政诉讼的,而行政诉讼中的举证责任倒置、具体行政行为合法性原则、起诉不停止执行等则是行政诉讼的特有原则。

(二)民事诉讼中的律师代理与刑事诉讼中的律师代理的关系

刑事诉讼的律师代理与民事诉讼的律师代理有相似之处:如律师代理行为产生的前提一般都是基于当事人的委托;代理权限不能超出当事人的委托;代理行为产生的结果由被代理人承担等。但是,它们毕竟是两种不同的诉讼代理,还是存在很大的差别的:

1. 性质不同

这两种代理关系,存在于不同的诉讼之中,并且受到不同的程序法调整和制约。刑事诉讼中的律师代理是以存在刑事案件为前提条件,解决的是刑事案件的犯罪嫌疑人、被告人是否构成犯罪,以及如何通过刑事诉讼程序来维护委托人的合法权益,其代理活动的内容、期限、步骤等受刑事诉讼法的调整。民事诉讼中的律师代理是通过民事诉讼活动,来维护当事人的合法权益。代理人和被代理人缔结、解除代理关系等,都受到民事诉讼法的调整和制约。

2. 代理的内容及产生的后果不同

民事诉讼中的律师代理,律师主要是围绕当事人民事权利或义务的有无、大小为核心进行的。代理所产生的法律后果是人民法院用裁判所确定的民事权利、义务。刑事诉讼中的律师代理主要分为两类:一是刑事自诉案件中自诉人的代理律师具有指控被告人犯罪和犯了什么罪的责任及提供相应证据的举证义务;二是作为公诉案件中被害人的代理律师和刑事附带民事诉讼当事人的代理律师,往往要论证刑事被告人犯罪、罪重和因犯罪而造成的社会危害以及给被害人或民事原告人造成的直接经济损失。其中,论证被告人有罪、罪重的代理行为,履行了与公诉人相似的控诉职能,公诉人是以国家利益代表的身份参与诉讼,而代理人的代理行为是侧重于从被害人个人利益的角度,但是并不产生直接影响被代理人(自诉人和刑事公诉案件中的被害人)切身利益的法律责任。

3. 授权进行代理行为的委托人不同

在民事诉讼中,授权进行代理行为的委托人是原告、被告、共同诉讼人、代表诉讼人、第三人和法定代理人;而在刑事诉讼中,委托人是刑事自诉案件的自诉人、公诉案件被害人和附带民事诉讼的当事人。

律师代理自诉案件和公诉案件被害人从事刑事诉讼活动,属于刑事诉讼的一部分,与民事诉讼中的律师代理性质不同。但是对于律师代理附带民事诉讼当事人从事刑事附带民事诉讼活动的性质,学界持有争议。有观点认为这是刑事诉讼中的律师代理,因为它依附于刑事诉讼,也有观点认为刑事附带民事诉讼实质上是民事诉讼,只是其依附的前提是存在刑事诉讼,在审理时遵循先刑事后民事的顺序,但审理附带民事诉讼时,基本的程序还是适用民事诉讼程序。若是检察机关没有提起公诉或者刑事案件被害人没有提起自诉,若是造成财产和人身损害,被害人完全可以提起侵权的民事诉讼要求侵权人赔偿。同时依据《最高人民法院关于审理刑事附带民事诉讼赔偿范围问题的规定》,人民法院审理刑事附带民事诉讼案件,除了适用刑法、刑事诉讼法外,还应当适用民法通则、民事诉讼法的有关规定。所以律师代理刑事附带民事诉讼其本质还是民事诉讼代理活动。

五、民事诉讼中律师代理的意义

接受民事案件当事人的委托,担任代理人,参加诉讼,这是律师的一项基本业务,在我国社会生活中具有重要的作用。主要表现在:

1. 有利于当事人进行诉讼,更好的维护他们的合法权益

在现实社会生活中,民事案件纷繁多样,极为复杂,涉及社会主体生产、经营、生活的各个方面。在民事诉讼中,根据现行法律规定和司法实践,主要由当事人提出诉讼请求、提供证据以及其他诉讼理由,并由当事人承担举证责任。同时,法律赋予了当事人广泛的诉讼权利也规定了当事人需要承担一定的诉讼义务。所以,当事人的实际进行诉讼的能力,对于保护自己合法民事权益显得极为重要。而实际生活中,当事人的实际诉讼能力千差万别,有的当事人在合法权益受到不法侵犯时不知道或不敢运用法律手段予以保护;有的当事人由于诉讼行为能力的限制,如未成年、有精神病或生理缺陷等,无法亲自进行诉讼;有的当事人虽然有诉讼能力,但由于年龄过高、生病、外出或其他原因不能亲自到庭参加

诉讼；有的当事人因缺乏法律知识或不善于行使自己的权利，因而难于充分保护自己的合法权益。而律师有丰富的法律知识和办案经验，能够正确灵活地理解和应用法律，收集有利的证据，有效地展开辩论，提出有利于当事人的代理意见和证明材料。因此，当事人聘请律师担任代理人代理诉讼比聘请其他人代理诉讼，可以更好的维护自己的合法权益，实现自己的诉讼目的。同时，通过与律师接触，有助于他们增强法律意识，预防违法行为的发生，提高运用法律手段保护自己合法权益的自觉性。

2. 有利于人民法院正确处理民事案件，提高审判质量

律师凭借自己特有的权利、地位和身份，能够比较透彻地调查案情，及时掌握案件的事实真相，通过法庭辩论的渠道，协助审判人员准确地判断案情。律师的代理活动亦可从不同的角度提出问题和意见，便于法院全面了解案情，分清是非，从而正确适用法律，对案件作出公正判决。律师代理民事诉讼，不仅能够从正面协助人民法院公正判决，而且也从反面制约着人民法院的审判活动。对于错误的判决和裁定，律师还可以帮助当事人提出上诉，通过二审程序予以纠正。因此，律师代理民事诉讼，有助于增强审判人员的工作责任感，提高审判质量，同时矫正审判的失误和偏差，防止错案发生，从而有效地维护国家法律的正确统一实施。

3. 有利于经济体制改革的需要

随着经济体制改革的深入和经济发展速度的加快，头绪复杂的民事诉讼活动，无论是靠个人，还是靠法人，都是不能胜任的。为了保护国家、集体和个人的合法权益，就需要依靠律师代理诉讼。同时，社会经济生活的复杂性和有效进行的需求，也决定了不可能要求当事人事事亲力亲为，允许律师代理民事诉讼，也充分满足了社会经济发展的需要。

4. 有利于维护国家主权和促进对外开放

律师通过担任涉外民事诉讼当事人的代理人，可以有效地维护国家的主权和利益，保护我国公民、法人或其他组织的合法权益。同时，通过对外商及外国投资者提供法律服务，维护其合法权益，也有利于促进我国对外开放政策的进一步贯彻落实。

第二节 立法背景

新中国的律师制度是在摧毁旧的法律制度的基础上建立起来的。中国共产党十一届三中全会提出了发展社会主义民主、健全社会主义法制的历史任务，从此，社会主义法制建设逐步展开。如何规范民事诉讼中的律师代理，《民事诉讼法》则是其重要的依据。

一、《民事诉讼法》

1982年《民事诉讼法》是我国第一部民事诉讼法典,是我国重要的基本法之一。民事诉讼案件涉及政治、经济、社会和家庭生活的各个领域,数量居各类案件之首。而且,民事案件如果处理不当或不及时,就极易使一般的民事案件转化为危害社会极大的恶性案件。作为程序法,保障着民事法律、商事法律以及有关行政法律的贯彻执行。《民事诉讼法》作为法院审理民事案件的程序法,自试行以来,有力地保障了民事审判工作的进行。人民法院通过审理各种类型的民事案件,有力地保护了公民、法人的民事合法权益。1991年《民事诉讼法》正式出台并颁布实施,并先后于2007年和2012年进行了修改完善,这对于进一步保障公民、法人的合法民事权益,对于人民法院正确、及时地依法审理民事案件,维护社会稳定,促进社会主义商品经济秩序的健康发展,保障改革开放和社会主义现代化建设的顺利进行,都具有极为重要的意义。《民事诉讼法》[①]的修改在"诉讼代理人"一节中没有更多变化,但是围绕进一步保障当事人的诉讼权利进行多处完善,律师在履行职责时应当注意充分理解与贯彻。

公民、法人或其他组织的民事权利在受到侵犯或产生纠纷时,可以向法院提起诉讼,要求法院依据法律通过民事诉讼来解决纠纷,维护自己的法定权益不受侵犯。但是当事人因为各种原因可能不能或者不必亲自参加诉讼,法律允许其委托他人代自己进行诉讼。民事诉讼法规定了两种代理方式即法定诉讼代理和委托诉讼代理,体现了民事诉讼法的便民原则和灵活原则。《民事诉讼法》第58条规定:"当事人、法定代理人可以委托一至二人作为诉讼代理人。下列人员可以被委托为诉讼代理人:(一)律师、基层法律服务工作者;(二)当事人的近亲属或者工作人员;(三)当事人所在社区、单位以及有关社会团体推荐的公民。"《民事诉讼法》第61条规定:"代理诉讼的律师和其他诉讼代理人有权调查收集证据,可以查阅本案有关材料。查阅案件有关材料的范围和办法由最高人民法院规定。"《最高人民法院关于适用〈中华人民共和国民事诉讼法〉若干问题的意见》[②]中对律师代理民事诉讼案件的范围、程序、在代理民事诉讼时享有的权利和义务等作了较为详细的规定,在其没有规定的情况下,参照适用其他法律、法规或者规章。

二、《律师法》

1996年《律师法》比较充分地体现了律师行业的内部规定性和中国市场经

---

① 如无特殊说明,本书中"《民事诉讼法》"指2012年修改后的《民事诉讼法》。
② 围绕2012年修改后的《民事诉讼法》的落实,最高人民法院的有关司法解释亦会作出修订,应当予以继续关注。

济体制对律师业发展的现实需要,进一步增强了律师的职业独立性,促进了律师的职业化。2001年《律师法》的修正,协调了《律师法》、《法官法》和《检察官法》的相关规定,确立统一司法考试制度,强化对委托人—律师关系的维护,加强对律师执业权利的保护,促进法律职业合理流动等方面都有重要的突破。2007年《律师法》明确将维护委托人的合法权益确定为律师的使命,扩大了律师对委托人的保密义务的范围;确立了律师在法庭上的言论豁免,强化了律师调查取证权、法庭辩论意见不受法律追究,在解决诸如"会见难"、"调查取证难"等律师在执业中长期存在的难题方面,迈出了一大步,这些都更有利于律师在代理民事诉讼活动时能够更加顺畅地行使权利,更好地为委托人利益进行诉讼活动。

第三节 热点前沿问题

理论界对于律师的性质、律师协会的性质与职责、律师应该享用的权利等探讨较多,这其中很多都涉及刑事诉讼中辩护律师的辩护活动,是与刑事诉讼中的人权保障理念紧相随的。而对律师代理民事诉讼活动中的一些有争议的问题,探讨的不是很多。但是从更好地维护当事人权益、确保当事人的平等权利能得以真正实现,需要对以下问题加以探讨。

一、民事强制律师代理

民事强制律师代理制度是指法律明确规定在民事案件中当事人进行诉讼行为时,必须委托律师代理诉讼。我国《民事诉讼法》没有规定强制律师代理制度。代理人既可以是律师,也可以包括当事人近亲属在内的其他人,如此宽泛的诉讼代理人范围对维护当事人的合法权益在一定程度上是有意义的,有更多的人可以为当事人提供帮助,但是,诉讼代理毕竟是一项具有专业性的事项,对律师服务的需求明显逐渐增强,在我国目前条件下即使无法满足全部需求,是否至少应该在民事诉讼中引入强制代理制度,根据需要和可能,对于符合条件的,确定对部分案件和当事人应当提供律师帮助。我们认为,我国应当有条件地建立强制律师代理制度,理由如下:

(一) 必要性

民事诉讼的双方当事人在法律上地位是平等的,但是这种平等只是一种形式上的平等。当事人在财力、能力、法律知识等方面的不同很明显,处于经济强势地位的当事人可以聘请好的律师来从事民事诉讼;而经济条件差的一方很多情况下的法律知识和诉讼能力、经验等方面,与对方都有差距,更别说与具有丰富诉讼经验的律师来平等对抗了。而诉讼能力上的差距,将会直接导致双方在调查取证、法庭辩论能直接发现案件事实等重要问题上的差距。我国的民事诉讼越来越强调向当事人主义发展,在减少法官依职权对案件进行审理时的缺陷的同时,却没有考虑在我国当事人的经济、诉讼能力的发展不均衡的状况,会导致某种程度上的实质不公平和不正义。同时非律师代理民事诉讼活动,因其诉讼知识和能力方面的差距,不能很有效率地从事代理活动,甚至可能因代理人的问题导致当事人的实体权利得不到法律保护,比如代理人没有在诉讼时效内及时向法院提交诉状,就可能使得当事人的实体请求因无正当理由过了诉讼时效而被法院驳回诉讼请求。

(二) 可行性

建立律师强制代理诉讼制度不仅是必要的,也是可行的。首先有西方国家律师强制代理制度可供借鉴。法制较健全的国家,如德国、日本,均在一定条件下实行律师强制代理制度。日本《民事诉讼法》第54条第1款规定:"除法律规定能进行裁判上行为的代理人以外,非律师不能作诉讼代理人。"德国《德意志联邦共和国民事诉讼法》第78条第1款规定:"当事人在州法院必须由初级法院或州法院所许可的律师,在所有上级审法院必须由受诉法院所许可的律师作为诉讼代理人代行诉讼。"这些国家的立法可以为我国建立该制度提供必要的借鉴。其次,客观基础是律师数量和质量的大幅提高。我国在1991年制定《民事诉讼法》时,受当时社会经济条件的制约,律师工作人员的数量及其质量都是有限的,而随着经济发展,在如今的社会条件下,律师数量大幅度的增加。我国律师制度恢复重建以来,律师队伍迅速发展壮大,律师已经成为法律服务的主体力量。据有关的统计资料,根据2012年10月9日国务院新闻办公室发布的《中国的司法改革》白皮书披露①,自2002年起,国家司法考试每年举办一次,由国家统一组织实施,实现了法律职业准入制度由分散到统一的转变。到2011年

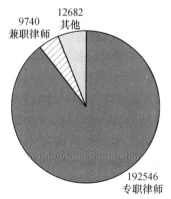

图1　2011年律师队伍结构(单位:人)

---

① 国务院新闻办公室:《中国的司法改革》白皮书,2012年10月9日。

底,全国共有近50万人通过国家司法考试,取得法律职业资格。中国借鉴国际上建立公职律师和公司律师制度的经验,2002年以来,国家推行公职律师和公司律师试点,为政府决策和公司重大经营提供法律意见,进一步完善了社会律师(包括专职律师和兼职律师)、公职律师、公司律师共同发展的律师队伍结构。2007年《律师法》完善了律师事务所组织形式。截至2011年底,中国有律师事务所1.82万家,与2008年相比,增长31.6%,其中合伙律师事务所1.35万家,国资律师事务所1325家,个人律师事务所3369家;共有律师21.5万人,其中,专职律师占89.6%,兼职律师占4.5%,公司律师、公职律师、法律援助律师和军队律师占5.9%。

2011年,全国律师共担任法律顾问39.2万家,与2008年相比,增长24.6%;办理诉讼案件超过231.5万件,与2008年相比,增长17.7%;办理非诉讼法律事务超过62.5万件,与2008年相比,增长17%;承办法律援助案件近84.5万件,与2008年相比,增长54.5%。

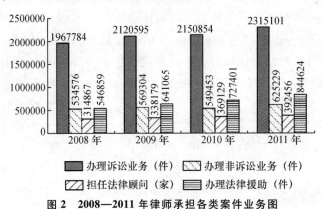

图2 2008—2011年律师承担各类案件业务图

为使律师代理民事诉讼真正发挥其有利于维护当事人权利和提高诉讼效率、节约诉讼成本的作用,需要构建我国强制律师代理诉讼制度,即首先要确立强制律师代理诉讼立法体例,为合理转移当事人的经济负担,还应在法律中明确规定律师的诉讼代理费必须由败诉方承担;其次,应明确强制代理的适用范围是涉外民商案件及海事案件,因为此类案件一般涉及经济利益较大,法律关系更为复杂,专业性要求更高,更需要律师参与协助诉讼。为了强制代理能够顺利实施,还应设定相关的辅助措施,如没有委托,则必然要承担一定的法律后果。

二、简易程序的律师代理

民事案件的当事人之所以选择律师作为代理人从事诉讼活动,缘于律师具有专门的法律知识和诉讼经验,能够帮助当事人更有效率地进行民事诉讼,或者当事人不想将时间和精力花费在冗长的诉讼程序中,以便安心地从事经济活动和生活。在普通程序中,当事人委托律师代理是很有必要的,但是在简易程序中是否亦应如此,值得讨论。

《民事诉讼法》设置简易程序的目的就是对一些事实清楚、法律适用没有多大争议的简单案件,交由基层法院或者基层法院的派出法庭适用比普通诉讼程序更简单的程序来审理,从而快速解决争议不大的纠纷,减轻法院审理的负担。

根据《民事诉讼法》、《最高人民法院关于适用〈中华人民共和国民事诉讼法〉若干问题的意见》和《最高人民法院关于适用简易程序审理民事案件的若干规定》(以下简称《简易程序规定》),人民法院适用简易程序审理案件时,可以采取电话、电子邮件等简便方式随时传唤当事人和证人,可以口头答辩,可以当即开庭审理,可以口头告知当事人诉讼权利和义务。在庭审中也不需要严格按照法律规定的诉讼程序进行。

我国法律没有禁止律师在简易程序中代理当事人进行诉讼。但是律师参与简易程序审理的案件,可能不仅无助于当事人,有时还会损害当事人的合法利益,增加人民法院调解结案的难度。

设立简易程序是为了减少诉讼制度运行成本,包括社会成本和当事人的诉讼成本。如果允许当事人聘请律师,相对案件本身不大的标的来说,律师费会提高双方当事人的诉讼成本。禁止律师代理简易程序,则因为无需承担律师费,不仅原告从中受益,不致因高成本而放弃自己的诉讼权利,也使被告的负担得以减轻。简易程序的审判多以简便方式进行,证据一般较简单,起诉及举证质证程序简便,斟酌具体情形可采用书面间接审理,不以当事人言辞辩论为必要,当事人不依靠律师的帮助完全可以胜任。

简易程序的目的和价值在于快速解决诉讼,使简单的纠纷的权利人的权利能及时实现。在简易程序的案件审理过程中,一般会采取调解的纠纷解决方式。在审理过程中通过谈话的方式,让原被告直接对话、交换意见,法官也不使用诉讼术语严格按照诉讼程序要求当事人举证、质证、辩论,而是积极规劝,促成当事人和解,在听取了双方当事人的主张之后,往往会在他们争执不下时,直接提出解决纠纷的调解建议。调解最有效的方式是当事人的直接交流,律师参与简易程序,则必然影响当事人独立意见的表达。请求的费用本来就不多,律师费可能还高于或接近标的数额。在律师代理当事人参加民事诉讼时,双方都不会愿意承担律师费,想让双方通过互谅互让达成调解协议的可能性就很小了。在律师单方观点的支持下,当事人对法官告知的诉讼风险往往认识不足,造成调解中毫不让步。律师参与简易程序,往往会使诉讼复杂化,对抗加剧,造成无法调解。律师的参与也使诉讼中渗入了律师的利益,律师很可能为了律师费而让当事人一直走完所有的诉讼程序,而这些诉讼程序都是不必要的。律师参与简易程序不利于当事人达成调解协议。

简易程序在限制当事人双方的对抗的同时,强调法官的主导作用,主审法官充当积极的角色,以缩短诉讼周期,节省时间、费用和人力,促成案件的从速了结。《简易程序规定》规定:开庭前已经书面或者口头告知当事人诉讼权利义务,或者当事人各方均委托律师代理诉讼的,审判人员除告知当事人申请回避的权利外,可以不再告知当事人其他的诉讼权利义务。对没有委托律师代理诉讼的当事人,审判人员应当对回避、自认、举证责任等相关内容向其作必要的解释或者说明,并在庭审过程中适当提示当事人正确行使诉讼权利、履行诉讼义务,指导当事人进行正常的诉讼活动。在这种强调法官职权主义的制度设计下,法官主动介入诉讼,使当事人在没有律师的情况下,知晓何时应该采取何种措施来进行诉讼,权利也有相应的保障。可见简易程序法官职权主义的程序设计,保证了不需要律师代理的可行性。

律师代理民事诉讼并不一定意味着所有的程序当中都必须要有律师的参与,在诸如简易程序中没有律师代理当事人诉讼也能顺利进行,当事人的权利也能很好地得到保障。

第四节 法律实践

一、律师代理民事案件一审流程

律师接受当事人的委托,代理当事人从事诉讼活动,其具体的过程根据律师代理的诉讼程序不同而有所区别,但是在一审普通程序中律师代理民事诉讼所从事的一般过程具有代表性,律师在其他各种程序中的行为基本上都是在一审程序中所为的过程基础上有所增减的,所以本节主要介绍律师在一审中应该做的和法律允许做的各种行为。

(一) 起诉或应诉阶段

当事人在向法院提起诉讼前就聘请律师代理起诉,而被告在接到法院的应诉通知书后可以聘请律师代理答辩和领取有关诉讼材料等活动。具体来说,律师在起诉前接受原告委托的,受托后应进行以下代理工作:(1) 根据案件事实和法律规定,代写起诉状,并确定受诉法院,然后代为起诉或者告知委托人向法院递交起诉状。如果法院裁定驳回不予受理,则应当协助当事人提起上诉,请求上一级人民法院裁定受理。(2) 考虑是否需要申请人民法院采取诉前保全措施。(3) 在开庭准备前发现与案件有直接利害关系的当事人没有参加诉讼,可以申请人民法院追加这些人为本案当事人。

律师在应诉阶段接受被告人委托的,应当注意做好:(1) 代写答辩状,然后代为提交或告知委托人自收到起诉书15日内向人民法院提交答辩状。(2)考虑委托人能否提起反诉、代写反诉状,并与答辩状一起提交法院。

无论是代理原告的律师还是代理被告的律师都应注意此项代理工作:根据《民事诉讼法》第134条规定:"人民法院审理民事案件,除涉及国家秘密、个人隐私或者法律另有规定的以外,应当公开进行。离婚案件,涉及商业秘密的案件,当事人申请不公开审理的,可以不公开审理。"据此,代理律师在接到开庭通知的前后,可根据案件的性质和当事人的申请,及时向人民法院申请不公开审理。

(二) 开庭前的准备工作

律师接受委托后至出庭前是律师代理民事诉讼最重要的一个诉讼阶段,这一阶段准备工作的好坏直接关系到整个代理活动的成败,律师必须认真、细致地做好各项准备工作。律师在出庭前通常做好以下准备工作:

1. 确定举证期限

举证期限对于民事诉讼具有十分重要的意义,很多诉讼活动必须在举证期限内完成,否则将承担不利的法律后果。如当事人必须在举证时限内向人民法院提交证据材料,当事人在举证期限内不提交的,视为放弃举证权利。对于当事人逾期提交的证据材料,人民法院审理时不组织质证,但对方当事人同意的除外。当事人在举证期限内提交证据材料确有困难的,应当在举证期限内向人民法院申请延期举证,经人民法院准许,可以适当延长举证期限。当事人在延长的举证期限内提交证据材料仍有困难的,可以再次提出延期申请,是否准许由人民法院决定。

2. 查阅案卷材料,了解熟悉案情

阅卷既是代理律师的一项基本权利又是律师了解案情的一条重要的途径。案卷材料是法院掌握的关于本案的各项材料,其来源有三个方面:一是原告方当事人以及代理人提供的;二是被告方当事人及其代理人提供的;三是法院通过自行调查收集到的。案卷材料包含了当事人制作并提交法院的各项诉讼文书如起诉状和答辩状,以及各种证据材料,这里的证据材料既包括双方当事人的举证材料,又包括法院调查或鉴定得来的证据材料,能够比较客观、全面地反映案件事实以及当事人双方的诉讼请求和主张。

3. 与委托人谈话,听取委托人的意见

在了解基本案情和双方争执焦点的基础上,代理律师应与委托人进行一次有针对性的谈话,要求他详细地介绍有关案件的发生、经过和结果的事实,并向委托人说明本案争论的焦点以及对其有利和不利的方面,听取当事人的意见,以便确定是否还需要委托人再提供新的证据和线索。同时,要注意避免矛盾激化,向委托人介绍举证及参加诉讼应注意的事项。

4. 调查收集证据

除当事人客观上无法收集的证据,人民法院要依职权收集外,根据《民事诉讼法》规定的谁主张谁举证的原则,当事人对自己提出的主张,必须承担举证责任。这对代理律师提出了很高的要求。为全面弄清案件的事实真相分清是非,明确责任,有效维护当事人的合法权益,代理律师应深入实际调查研究,全面而认真审查证据。因此,向有关单位和个人调查、取证,既是代理律师的一项基本诉讼权利,也是代理工作的一项重要内容。代理律师调查取证,侧重点在于收集和掌握有利于委托方当事人的事实和证据,但对于不利于委托方当事人的事实和证据也应予以足够的重视,这样能够形成正确的令人信服的代理意见,真正起到维护委托方当事人合法权益的目的。代理律师对于在调查中了解到的不利于委托方当事人的事实和证据,不应向法院提供,只可作为自己发表代理意见时的参考资料。

《民事诉讼法》第 64 条第 2 款规定:"当事人及其诉讼代理人因客观原因不能自行收集的证据,或者人民法院认为审理案件需要的证据,人民法院应当调查收集。"当事人及其律师申请人民法院调查收集证据,应当提交书面申请。申请书应当载明被调查人的姓名或者单位名称、住所地等基本情况、所要调查收集的证据的内容、需要由人民法院调查收集证据的原因及其要证明的事实。

5. 申请保全和先予执行

诉讼过程过程中,为了避免证据的灭失,或者因情况紧急及办理案件的需要,有关当事人可以依法申请证据保全、诉前保全或者有人民法院主动依职权进行保全,《民事诉讼法》第 81 条、第 100 条至 108 条规定了上述有关事项和先予执行制度,其中保全包括财产保全和行为保全。

根据《民事诉讼法》第 81 条规定:"在证据可能灭失或者以后难以取得的情况下,当事人可以在诉讼过程中向人民法院申请保全证据,人民法院也可以主动采取保全措施。"

根据《民事诉讼法》第 100 条规定:"人民法院对于可能因当事人一方的行为或者其他原因,使判决难以执行或者造成当事人其他损害的案件,根据对方当事人的申请,可以裁定对其财产进行保全、责令作出一定行为或者禁止其作出一定行为;当事人没有提出申请的,人民法院在必要时也可以裁定采取保全措施。人民法院采取保全措施,可以责令申请人提供担保,申请人不提供担保的,裁定驳回申请。人民法院接受申请后,对情况紧急的,必须在四十八小时内作出裁定;裁定采取保全措施的,应当立即开始执行。"代理律师根据案件情况和需要,应当给予有需要的当事人相关的积极建议。被申请人的代理律师可以建议其提供担保以解除财产保全。当财产保全申请错误时,被申请人的代理律师可以告知被申请人向申请人要求赔偿。对于行为保全方面,亦为同理。

如果代理的是追索赡养费、抚养费、抚育费、抚恤费、医疗费用以及劳动报酬等案件,则代理律师应考虑是否建议当事人向人民法院提出先予执行的申请。

作为对方当事人的代理律师,如果认为人民法院作出的保全或者先予执行裁定不当的,应建议当事人或在其授权的情况下申请复议。

6. 申请或参加庭前证据交换

庭前证据交换有两种情况:经当事人申请,人民法院可以组织当事人在开庭审理前交换证据;人民法院对于证据较多或者疑难复杂的案件,应当组织当事人在答辩期满后、开庭审理前交换证据。交换证据的时间可以由当事人协商一致并经人民法院认可,也可以由人民法院指定。

7. 申请司法鉴定

对于需要鉴定的事项,当事人或者其诉讼代理人可以向人民法院申请鉴定。对需要鉴定的事项负有举证责任的当事人,在人民法院指定的期限内无正当理由不提出鉴定申请或者不预交鉴定费用或者拒不提供相关材料,致使对案件争议的事实无法通过鉴定结论予以认定的,应当对该事实承担举证不能的法律后果。

8. 准备代理意见

代理意见是代理律师在开庭审理中,根据法庭调查的情况,对案件事实与法律适用发表的见解。

9. 庭前准备过程中的其他工作

根据代理律师的工作经验,庭前准备工作主要包括:促使当事人互让互谅,达成和解协议;提出回避申请;申请法院采用简易程序;注意法院有没有程序违法或者侵犯委托人合法权益的行为要求法院予以纠正等。

(三)法庭审理过程中的律师代理工作

根据法律规定,人民法院审理第一审案件通常采用普通程序。普通程序是民事诉讼的基础性程序,其开庭审理分为宣布开庭、法庭调查、法庭辩论、评议与宣判四个阶段。每个阶段都有该阶段的特点与任务;相应的,代理律师也各有其业务活动。

1. 宣布开庭阶段的律师代理活动

在宣布开庭阶段,律师可以根据实际需要和案情,申请法院延期审理、申请有关人员回避并对回避决定申请复议。代理律师此时也应注意核对对方当事人的身份以及当事人的代理人的代理权限。

2. 法庭调查阶段的律师代理活动

法庭调查是开庭审理的中心环节,代理律师或者委托人宣读起诉状或者答辩状。

进入法庭举证、质证阶段后,律师应当在法庭调查中举证,出示已经在举证时限内向法院提交的证据。质证时,当事人应当围绕证据的真实性、关联性、合法性,针对证据证明力有无以及证明力大小,进行质疑、说明与辩驳。在法庭调查过程中,律师可以提出新的证据,也可以要求重新进行调查、鉴定或者勘验,由法院决定。

通过双方分别提出诉讼请求和答辩意见,在质证的基础上,要确定双方争议的焦点。争议焦点可以由审判人员在双方主张的基础上总结,对于审判人员的总结,律师认为不正确的或不全面的,应当及时向法庭提出。

3. 法庭辩论阶段的律师代理

法庭辩论是指在审判人员的主持下,双方当事人或其诉讼代理人根据法庭调查的证据、事实和相关法律的规定,当庭就双方所争议的事实问题和法律问题进行辩驳和论证的诉讼活动。法庭辩论,既是双方当事人及其诉讼代理人辨明事实,发表意见的主要阶段,又是审判人员听取双方意见,作到兼听则明的重要环节。代理律师在这一阶段,应通过发表代理词和与对方辩论,阐明对本案的基本看法和法律见解,协助法官做出公正审判,从而维护委托人的合法权益。

代理律师应当根据法律规定,利用辩论发言的机会,充分论证己方观点的正确和对方观点的错误。为了充分发挥代理律师在法庭辩论中的作用,通过辩论达到维护被告人合法权益的目的,代理律师在法庭辩论过程中,要注意以下几个问题:第一,要明确辩论的目的和对象。辩论的目的是说服审判人员,让他相信并采纳代理律师的意见。辩论的表面对象是对方当事人及其代理人,实际上是审判人员。代理律师通过辩论,只要使审判人员认为其主张合理合法就能达到预期目的,否则,即使通过辩论驳倒了对方当事人及其代理人,但未说服审判人员,审判人员也不会采纳代理律师的意见,不能最终使法院的判决、裁定有利于委托方当事人。第二,在法庭辩论过程中,要做到有理有利有节,不要重复。第三,律师在反驳对方观点时,要以理服人,切忌讽刺挖苦、人身攻击。

另外,《民事诉讼法》第141条第2款规定:"法庭辩论终结,由审判长按照原告、被告、第三人的先后顺序征询各方最后意见。"代理律师应注意协助委托人行使这最后发表意见的权利。

4. 评议与宣判阶段的律师代理

评议与宣判阶段,代理律师的主要工作是认真听取审判,向当事人说明和解释判决或者裁定的内容,并就上诉等问题向当事人提供咨询意见,询问当事人是否提出上诉,可以根据当事人的授权,接受法院送达裁判。

如果代理律师认为裁判正确,而当事人要求上诉的,代理律师可以向当事人提出裁判正确合法的意见,但是不能强迫当事人放弃上诉的诉讼权利。如果判决确有错误,则应该根据当事人的请求,再办理委托手续,代理上诉。

5. 律师代理民事诉讼的其他问题

我国《民事诉讼法》第142条规定:"法庭辩论终结,应当依法作出判决。判决前能够调解的,还可以进行调解,调解不成的,应当及时判决。"法庭调解遵循自愿、合法原则。代理律师在判决前调解阶段的主要工作是:配合法院促成调解,监督法院依法调解,向委托人说明有关法律事项。代理律师要向委托人详细说明达成调解协议的法律后果和调解书的法律效力。代理律师应当从维护当事人利益的最大化出发参加法庭调解,包括对协议的执行要作出正确的评估。

在诉讼进行中,代理律师可以根据案件审理的实际情况,与对方在协商的基础上,达成和解协议,从而申请撤诉,以结束诉讼。

需要注意的是,上述诉讼调解和诉讼和解都不得违背当事人的意愿,都需要根据当事人的特别授权进行。没有当事人的特别授权,律师不得进行调解或者和解。

代理律师应当阅读庭审笔录。发现笔录有误的,应当及时要求补正。特别是涉及事实自认、证据认可,质证记录或诉讼请求表述的记录出现错误,将直接影响到当事人的利益,对此,代理人应当加以特别注意。

二、代理律师调解、和解的效力

律师代理委托人从事诉讼行为,可以分为一般授权和特别授权。一般授权是指律师只要有委托人的授权委托书,就可以代为提起诉讼、提出回避申请、提出管辖权异议、申请延期审理等纯粹程序性质的事项,这些事项与委托人的实体权利义务关系不是很大,只是促进诉讼程序的进展。而对于是否和解、调解、撤诉、上诉、申诉等涉及委托人实体权利义务的事项,则必须要有委托人的特别授权。

代理律师即使获得了当事人的特别授权,代理当事人与对方当事人或其委托的律师商谈和解问题,或者解释法院的调解,也只是代表当事人的意愿,了解对方的有关情况,最终让步与否、让步多少、是否接受等都只能由当事人自己决定。律师在这个过程中,充当的是传声筒、观察和分析者的角色,一边将所代理的当事人的意思向对方传递,同时从对方的言行和准备中分析对方当事人掌握的证据、是真的有和解或者调解的意愿还是仅仅为了拖延时间、自己掌握的证据与对方相比有无优势、不调解或者和解对己方是否不利、己方的诉讼请求是否有法律依据、对方会在多大程度上让步、己方可以在多大限度内接受调解或者和解的结果,然后向自己的委托人提出符合实际的对己方最有利的建议。然后由当事人决定是否接受调解、和解的结果。

如果律师在没有授权的情况下,虽然接受了调解、和解,即使该结果比法院判决对委托人更有利,也不能直接发生法律效力。此时是坚决地否定律师无权代理的后果,还是考虑实际情况然后由委托人决定是否接受该调解、和解结果,法律上没有作出明确规定。我们认为对于这种情况,可以参照民法中代理人无权代理时,只要委托人承认该项代理,代理就变成了有权代理,对双方产生效力。律师代理委托人从事诉讼活动,只要是为了更好地实现委托人的利益,律师作为专业人士应该从各个方面考虑最佳的解决方式,如只是因为在调解、和解时没有委托人的授权,就不论实际结果而一概不予承认的做法有失偏颇。只要委托人在签字时予以认可的,法院就应该承认此项调解、和解的效力。

三、代理律师调查取证权利的行使

律师代理民事诉讼,不仅要行使各项程序权利,最重要的是要调查取证,因为法院认定事实的依据是经过质证的证据。当事人自己可能不知道如何调查取证,其调查取证权的范围也没有律师的广泛。民事诉讼中除当事人客观上无法收集的证据,人民法院要依职权收集外,根据民事诉讼法规定的谁主张谁举证的原则,当事人对自己提出的主张,必须承担举证责任。这对代理律师提出了很高的要求。为全面弄清案件的事实真相分清是非,明确责任,有效维护当事人的合法权益,代理律师应深入实际调查研究,全面而认真审查证据。因此,向有关单位和个人调查、取证,既是代理律师的一项基本诉讼权利,也是代理工作的一项重要内容。代理律师调查取证,侧重点在于收集和掌握有利于委托方当事人的事实和证据,但对于不利于委托方当事人的事实和证据也应予以足够的重视,这样能够形成正确的令人信服的代理意见,真正起到维护委托方当事人合法权益的目的。代理律师对于在调查中了解到的不利于委托方当事人的事实和证据,不应向法院提供,只可作为自己发表代理意见时的参考资料。

《律师法》第 34 条规定,受委托的律师根据案情的需要,可以申请人民法院收集、调取证据或者申请人民法院通知证人出庭作证。实践中,律师调查取证权的行使受到的最大挑战是有关人员的不配合问题,如果法律对有关人员配合律师的调查取证义务不作规定,则律师自行调查取证很难落实。《律师法》第 35 条第 2 款有了积极的回应:"律师自行调查取证的,凭律师执业证书和律师事务所证明,可以向有关单位或者个人调查与承办法律事务有关的情况。"遗憾的是,这样的规定只是简化了律师自行调查取证时的手续,或者还是仅从一方权利的角度规定,难于达成调查取证的目的。因而,律师还是需要依赖法院的帮助来进行调查取证。因为,《民事诉讼法》第 67 条第 1 款规定:"人民法院有权向有关单位和个人调取证据,有关单位和个人不得拒绝",我们认为这不失为也是一种对当事人有利的方式,对于各方依法行使和维护自己的权利并无不利,代理律师应当积极运用。

《民事诉讼法》第 64 条第 2 款规定:"当事人及其诉讼代理人因客观原因不能自行收集的证据,或者人民法院认为审理案件需要的证据,人民法院应当调查收集。"根据《最高人民法院关于民事诉讼证据的若干规定》,符合下列条件的,当事人及其诉讼代理人可以申请人民法院调查收集证据:(1)申请调查收集的证据属于国家有关部门保存并须人民法院依职权调取的档案材料;(2)涉及国家秘密、商业秘密、个人隐私的材料;(3)当事人及其诉讼代理人确因客观原因不能自行收集的其他材料。当事人及其诉讼代理人申请人民法院调查收集证据,不得迟于举证期限届满前7日。

当事人及其诉讼代理人申请人民法院调查收集证据,应当提交书面申请。申请书应当载明被调查人的姓名或者单位名称、住所地等基本情况、所要调查收集的证据的内容、需要由人民法院调查收集证据的原因及其要证明的事实。

人民法院对当事人及其诉讼代理人的申请不予准许的,应当向当事人或其诉讼代理人送达通知书。当事人及其诉讼代理人可以在收到通知书的次日起3日内向受理申请的人民法院书面申请复议一次。人民法院应当在收到复议申请之日起5日内作出答复。

第五节 案例评析

一、离婚案件中律师可否代委托人进行调解

【案情】

张三和李四于2007年结婚,婚后因生活习惯有差异并且不能容忍,张三遂于2008年年底向法院提起离婚诉讼。但是李四因为出国工作两年而不能回来参加诉讼,遂委托其好友甲律师作为其代理人参加诉讼,甲有李四的"全权代理授权书",在审理过程中,因李四未出庭,甲全权代表李四参加了质证、辩论,在庭审结束前张三提出调解的意思,甲同意代李四进行调解。但是法院要甲重新提供李四授权其代为进行调解的授权委托书。李四认为自己已经出具了一份"全权代理授权书",甲就可以在诉讼中全权代理自己的一切事情,法院还要求自己在重新出具一份授权委托书,是没有必要的,就没有出具。结果法院不同意张三和甲进行调解。

【评析】

本案例涉及离婚案件中律师是否可以代委托人进行调解的问题。在民事诉讼中,当事人对律师的授权有两种,一是纯粹程序性的事项只需一般授权即可,即一般的授权委托;另一是涉及当事人实体权利义务的事项,如撤诉等就必须要有当事人的特别授权。上文对这两种授权作了详细解说,在此不再赘述。

在一般的民事案件诉讼中,只要有委托人的特别授权,律师就可以代委托人进行调解、和解等活动。但是对于离婚案件而言,因其具有的特殊性,法律对律

师的代理活动有特殊规定。离婚案件需要查清双方是否确实已经感情破裂，通过一般的书面材料是难以看出的，并且法律规定对于离婚案件，要先行调解，调解不成再进行法庭审理。审理过程中，需要双方出席，对感情是否已经破裂进行辩论，法官可以从当事人的言辞辩论中分析双方的感情现在处于何种状况，最终判定是否符合离婚的要件从而判决离婚与否。如果当事人不出席庭审，仅由律师代理出庭，法官就难以判断双方的感情的状况，难以断定是否应当判处离婚。所以法律明确规定，离婚案件的双方应当出席法庭审理。对于特殊情况确实不能亲自参加庭审的，应当向法院提交书面的说明。本案被告因身处国外不能亲自出庭，需要出具一份书面的说明材料由甲提交给法庭，然后由甲代理被告进行诉讼活动。在甲代理李四的诉讼过程中，甲要想获得调解等特别授权，就必须要由李四出具特别的授权委托书。

因此本案例中李四首先要向法院提交一份不能亲自出庭的书面说明，然后再出具一份特别的授权委托书，甲才可以代李四进行调解活动。在没有特别授权委托书的情况下，法院不允许甲代李四进行调解是正确的。

二、刑事附带民事诉讼案件的律师如何进行代理

【案情】

老马在今年年初因醉酒与小王产生争执，将小王打伤，经鉴定为轻伤。检察院提起公诉时，告知小王可以提起附带民事诉讼要求老马对小王的医疗费进行赔偿。小马不知道该如何提起刑事附带民事诉讼，遂找田律师作为自己的代理人，参加刑事附带民事诉讼的审理。可是小王对律师在刑事附带民事诉讼案件中如何代理的程序很不了解，认为律师在刑事附带民事诉讼案件中的代理活动与民事诉讼中的代理活动应该截然不同。但是田律师告知小王二者相差无几。

【评析】

刑事附带民事诉讼应依附于刑事诉讼，从而具有特殊性。律师接受附带民事诉讼当事人的委托，在所受委托的权限内，担任代理人参加诉讼，为附带民事诉讼当事人提供法律帮助的行为。律师代理刑事附带民事诉讼实质上是代理民事诉讼，只是其依附的前提是存在刑事诉讼，在审理时遵循先刑事后民事的顺序，但审理附带民事诉讼时，基本的程序还是适用民事诉讼程序。依据《最高人民法院关于审理刑事附带民事诉讼赔偿范围问题的规定》，人民法院审理刑事附带民事诉讼案件，除了适用刑法、刑事诉讼法外，还应当适用民法通则、民事诉讼法的有关规定。所以律师代理刑事附带民事诉讼其本质还是民事诉讼代理活动。

本案小王被老马故意伤害导致轻伤，花去若干医疗费，他可以通过两种途径得到救济。一是在检察院提起公诉后向法院提起刑事附带民事诉讼，然后参加

法院审理。法院合并审理，只是在顺序上先进行刑事案件的审理。通过这种途径，被害人只能获得直接物质损失的赔偿，而无法获得精神损害赔偿。但是被害人一般无需证明被告人伤害的故意，举证责任较小。另一种途径就是单独提起民事诉讼，这样可以请求精神损害赔偿，但是需要证明被告老马有伤害的故意。小王可以考虑证明伤害故意的难易，然后选择是否提起刑事附带民事诉讼。

被害人小王可以在刑事按案件立案以后第一审判决宣告前提起附带民事诉讼，其提起附带民事诉讼的方法有两种，一是向公安机关、检察院提出赔偿请求并经公安机关、检察院记录在案的，刑事案件起诉后，法院应当按照刑事附带民事诉讼案件受理；二是直接向法院提起刑事附带民事诉讼。法院审理刑事附带民事诉讼案件，除了检察院提起的以外，可以调解，刑事附带民事诉讼的原告人及其代理人应当提供证据证明自己的主张。如果法院认定公诉案件被告人的行为不构成犯罪，刑事附带民事诉讼的原告与被告不能达成调解协议的，法院应当作出刑事附带民事判决。

小王的代理律师田律师在代理这起刑事附带民事诉讼案件时，仍然需要准备起诉材料、调查取证、参加庭审、提供证据并参与质证、与刑事附带民事诉讼的被告人进行辩论，按照小王的授权参加调解和提起上诉，流程和诉讼行为与代理民事诉讼相差不大。

三、涉外民事诉讼案件律师代理的特别规定

【案情】

外国人甲2008年某日在中国某一旅游胜地游玩，与中国人乙产生摩擦，被乙打伤。甲向人民法院提起诉讼，要求乙赔偿其医疗费及其他相关损失。甲想聘请的一外国律师为自己的诉讼代理人，但是听人说外国人在中国进行诉讼必须要聘请中国的律师代理进行诉讼。甲产生疑问，为何自己在中国进行诉讼时不能聘请自己信得过的律师来代理自己的诉讼。

【评析】

本案例涉及涉外民事诉讼案件中律师代理的特别规定。涉外民事诉讼，是指具有涉外因素的民事诉讼，即作为诉讼主体的当事人一方或者双方是外国人、无国籍人、外国企业和组织或者双方当事人争议的标的物在外国或者引起双方权利义务关系发生变动的法律事实发生在外国的民事诉讼。

外国当事人需要委托律师的，必须委托中国律师，外国律师不得在我国代理诉讼和出庭。这代表了我国的司法权的完整性。当然外国当事人可以聘请外国律师作为普通的诉讼代理人而非以律师身份代理诉讼，只是律师所享有的调查取证权等不是普通诉讼代理人能享有的。

我国律师代理涉外民事诉讼，除必须遵守民事诉讼的基本原则以外，还应当

遵守我国民事诉讼法规定的涉外民事诉讼的基本原则,即诉讼权利义务同等、对等原则;优先适用特别规定原则;适用我国缔结或参加的国际条约原则;使用我国通用的语言、文字的原则。律师代理涉外民事诉讼,除要遵守代理民事诉讼的一般程序外,还应注意以下问题:

1. 委托授权手续问题

我国律师接受外国当事人的委托,亦应与其签订委托代理合同。《民事诉讼法》规定,在我国领域内没有住所的外国人、无国籍人、外国企业和组织委托我国的律师代理诉讼的,其从国外寄交或者托交的授权委托书,必须经所在国公证机关证明,并经我国驻该国使领馆认证,或者履行我国与该所在国订立的有关条约中的证明手续后,才具有效力。如果该外国人所属国与我国没有外交关系的,应当将经过公证机关证明的委托授权手续交与我国有外交关系的国家驻该国使领馆,再由该外国使领馆转交我国驻该国使领馆认证。

2. 期间问题

被告在中华人民共和国领域内没有住所的,人民法院应当将起诉状副本送达被告,并通知被告在收到起诉状副本内 30 日内提出答辩状。被告申请延期的,是否准许,由人民法院决定。在中华人民共和国领域内没有住所的当事人,不服第一审人民法院判决、裁定的,有权在判决书、裁定书送达之日起 30 内提起上诉。被上诉人在收到上诉状副本后,应当在 30 日内提出答辩状。当事人不能在法定期间提起上诉或者提出答辩状的,申请延期的,是否准许,由人民法院决定。

3. 法律文书的送达问题

根据《民事诉讼法》第 267 条的规定,人民法院对不在我国领域内居住的外国当事人送达诉讼文书,可以采用下列方式:(1) 依照受送达人所在国与中华人民共和国缔结或者共同参加的国际条约中规定的方式送达;(2) 通过外交途径送达;(3) 对具有中华人民共和国国籍的受送达人,可以委托中华人民共和国驻受送达人所在国的使领馆代为送达;(4) 向受送达人委托的有权代其接受送达的诉讼代理人送达;(5) 向受送达人在中华人民共和国领域内设立的代表机构或者有权接受送达的分支机构、业务代办人送达;(6) 受送达人所在国的法律允许邮寄送达的,可以邮寄送达,自邮寄之日起满 6 个月,送达回证没有退回,但根据各种情况足以认定已经送达的,期间届满之日视为送达;(7) 采用传真、电子邮件等能够确认受送达人收悉的方式送达;(8) 不能用上述方式送达的,公告送达,自公告之日起满 6 个月,即视为送达。

在上述 8 种送达方式中,第 4 种即向诉讼代理人送达,是最为普遍、最为可靠的一种送达方式。律师一经接受送达即视为人民法院送达完成,并对委托人产生法律上的效力。此外,2012 年《民事诉讼法》删除了涉外程序中财产保全的规定,说明涉外财产保全与普通财产保全程序相同。

第六节 问题与建议

一、立法问题

《律师法》作为专门规范律师执业行为的一部法律,不仅要对律师的违法行为加以惩处,更需要做的是对律师的保护。律师在被有关机构追究行政责任、民事责任和刑事责任时,律师同其他的人一样处于弱者的地位,需要有救济的途径。律师法虽然规定律师协会受理律师的申诉、调解律师执业活动中发生的纠纷,但是律师法在这方面的规定不够具体和明确。对律师权利的规定采取"宣言"式的,仅有"行为模式"的规定,没有"法律后果"的规定,而法律后果对于法律规则的有效执行至关重要。同为组织法的法官法和检察官法,都专设一章"申诉、控告",以解决法官或者检察官的权利受到侵犯或对处罚不服的救济问题,但原律师法和新律师法中都没有律师权利救济的内容。

律师的权利也应当受到保障。这是律师法的一个重大缺失,也不符合"有权利就有救济"的一般法理要求。

二、修法建议

针对律师法以上仍然存在不足的问题,需要立法机关在适当时候加以更改和完善,增加权利救济的规定。

在律师代理民事诉讼的过程中,不能排除法官不给代理律师充分发表意见和辩论的机会的情况,实际中也确实有法官因为审理时间很短,根本没有时间认真听取当事人及其代理律师的意见和建议,只是从双方提交的书面材料中形成心证;或者法官行使诉讼指挥权,认为代理律师的意见与案件无关就不准律师继续发表意见。所以法律应该对法官随意剥夺或者限制律师发表代理意见的行为加以适当规制,让律师能够充分表达自己对案件的看法和对适用法律的意见。

在律师受到律师协会的惩戒、司法行政机关和法院追究行政责任和民事责任、刑事责任时,应给予被处罚律师申诉的权利。在执业过程中受到的人身侵害、权利被剥夺或者限制的状况有向有关机关提出控告的权利。

最重要的是在法律设置对律师权利的救济途径时,需要从细节处着眼,不仅赋予权利,更要设置行使权利的具体制度和方法,让法律的规定落到实处,真正保护律师在民事代理中享有的权利能够充分行使,更好地维护委托人的利益,也让律师能够在一个良好的执业环境中,在法律规定的范围内依法从事代理活动。

【问题与思考】

1. 民事诉讼中律师代理的概念和特征
2. 民事诉讼中律师代理的种类和范围
3. 民事诉讼、行政诉讼、刑事诉讼中的律师代理的关系
4. 民事诉讼中律师代理的意义
5. 民事强制律师代理制度
6. 简易程序的律师代理

第十章　行政诉讼中的律师代理

【本章内容提要】

本章介绍律师代理行政诉讼的特征、地位和作用，分析律师代理行政诉讼的受案范围、对象范围和程序范围，重点分析可以提起行政诉讼的行政行为的特点，并就完善行政诉讼中律师代理提出建议。

【关键词】　行政诉讼　行政行为　律师代理

第一节　基本理论

一、行政诉讼的概念与特征

（一）行政诉讼的概念

1989年4月4日，第七届全国人民代表大会第二次会议审议通过了《中华人民共和国行政诉讼法》（以下简称《行政诉讼法》），并于1990年10月1日生效施行。这一法律的颁布，结束了我国长期以来政府行政行为缺乏司法程序监督的权力至上的时代，完善了我国权力监督体系，是我国行政诉讼制度全面建立的标志，是我国建设法治过程中的重要里程碑。

《行政诉讼法》第2条规定："公民、法人或者其他组织认为行政机关和行政机关工作人员的具体行政行为侵犯其合法权益，有权依照本法向人民法院起诉。"因此，行政诉讼是指公民、法人或其他组织认为行政机关或法律法规授权的其他组织或个人在行使行政职权过程中侵犯了自己的合法权益，向国家审判机关提起诉讼，由国家审判机关行使行政审判权解决行政争议的司法活动。[1]

（二）行政诉讼的主要特征

1. 原被告的恒定性。在行政诉讼中，原告只能是在行政管理中接受行政行为的公民、法人或其他组织；被告只能是作出具体行政行为的行政主体。这种原、被告关系在行政诉讼中是不能变换的，并且与民事诉讼不同，被告不能对原告提出反诉。当然，当行政机关作为普通机关法人而受到另一行政机关的行政行为约束时，它和普通的行政相对人就没有什么本质区别了，它就可以成为行政诉讼的原告。如某财政局在财务检查时对违反有关财务制度的某公安局作出行

---

[1]　马怀德：《行政诉讼法学》，北京大学出版社2004年版，第1页。

政处罚时,该公安局如对该行政处罚不服,就可以以原告身份对该财政局提起行政诉讼。①

2. 行政诉讼目的的双重性。我国《行政诉讼法》第 1 条规定:"为保证人民法院正确、及时审理行政案件,保护公民、法人和其他组织的合法权益,维护和监督行政机关依法行使行政职权,根据宪法制定本法。"因此,行政诉讼的根本目的是通过司法权对行政权的有力监督,确保行政机关依法行政,保障相对人的合法权益。因此,行政诉讼既是一种行政救济,也是一种行政监督。

3. 行政诉讼的核心是对具体行政行为的合法性进行审查。审查对象上,行政诉讼审查的对象是行政机关的具体行政行为而不是抽象行政行为。审查内容上,以合法性审查为原则,合理性审查为例外。只有对行政处罚显失公正的,人民法院才可以判决变更。

4. 行政诉讼解决的是行政争议案件,是行政主体在行政管理中与行政相对人之间所发生的各种争议。这是行政诉讼在受理、裁判案件上与其他诉讼的区别。民事诉讼要解决的是平等主体间的民事权利义务纠纷,而刑事诉讼要解决的则是刑事争议,是要对犯罪人定罪量刑作出裁判。

5. 行政诉讼程序的特殊性。行政诉讼不适用调解,因为行政机关行使的行政管理权是公权力,行政机关无权自行决定放弃行使或停止行使。在行政诉讼中,一般由行政主体就其在作出具体行政行为时所采用的证据,以及所依据的规范性文件承担举证责任。

二、律师代理行政诉讼概述

(一)律师代理行政诉讼的概念与特征

根据《行政诉讼法》第 29 条规定:"当事人、法定代理人,可以委托一至二人代为诉讼。律师、社会团体、提起诉讼的公民的近亲属或者所在单位推荐的人,以及经人民法院许可的其他公民,可以受委托为诉讼代理人。"律师代理行政诉讼,就是指在行政诉讼中,律师接受当事人或其法定代理人的委托,依照法律规定,以被代理人的名义,在被授权的权限范围内,代理当事人参加行政诉讼,维护被代理人的合法权益,并由被代理人承受诉讼法律结果的代理活动。

律师代理行政诉讼的特征主要有:

1. 代理主体的特定性。行政诉讼的被告是作出具体行政行为的行政主体,主要是行政机关,而原告则是与具体行政行为有法律上利害关系的公民、法人和其他组织。这两方在行政法律关系中处于管理与被管理的不平等地位,但是当这种关系发生纠纷而诉诸人民法院时,这种行政管理中的不平等关系就转化为

---

① 马怀德:《行政诉讼法学》,北京大学出版社 2004 年版,第 209 页。

行政机关同管理相对人之间的平等的诉讼法律地位和权利关系,且被告恒定为相应的行政机关。① 律师在行政诉讼代理中,既可以代理原告,也可以代理被告,但不管怎样都必须首先考虑主体是否适格的问题。

2. 代理权限的差异性。律师代理的是行政诉讼的原告还是被告,这决定了其代理权限的差异性。因为在行政管理活动中,行政机关处于管理者的优势地位,因此为了保护行政相对人作为原告的合法权益,《行政诉讼法》对行政机关作为被告时的诉讼权利作了一定限制。比如被告代理律师没有起诉权和反诉权,不能自行收集证据,也无权提请和解。而作为原告的代理律师,则享有一般律师代理的全部权利。

3. 代理程序的特殊性。律师在代理行政诉讼案件时,应当注意与民事诉讼、刑事诉讼案件在程序上的区别。例如,人民法院审理行政案件不适用简易程序,对行政诉讼案件的被告也不适用拘传。在行政诉讼期间,除有特殊情况外,一般不停止具体行政行为的执行。在举证责任分配上,与民事诉讼中的"谁主张,谁举证"不同,在行政诉讼中,由被告,即作出具体行政行为的行政主体就其在作出行政行为过程中所采用的证据和所依据的规范性法律文件承担举证责任;而原告一般只要仅就具体行政行为的存在和侵害事实的存在承担举证责任即可。律师代理行政诉讼时的工作重点也因此变化。人民法院审理行政案件不适用调解。此外,在庭审的安排、诉前保全等方面行政诉讼也都有特殊规定。律师应当注意这种特殊性,在代理中履行相关代理职责。

4. 适用法律法规的复杂性与广泛性。在我国的行政管理实践中,行政主体作出具体行政行为的依据既有法律,又有规章,还有规范性文件,并且法规、规章还会不断增加。因此作为代理律师,不仅要掌握丰富的行政法规规章,还要准确把握不同规范性文件之间的效力等级,这样才能更好地维护当事人合法权益。

(二) 律师在代理行政诉讼中的地位

明确律师在行政诉讼中的地位,是保证律师顺利参与行政诉讼活动的前提条件。律师在行政诉讼中既具有相对独立性,又具有一定从属性。

首先,律师在诉讼中的相对独立性。在行政诉讼过程中,律师在维护被代理人的合法权益的同时,并不受被代理人或其他人的意志左右。律师在其权限范围内有独立进行意思表示的权利,有权自行选择表达方式和诉讼策略,对当事人的主张和要求,律师并不能无条件地支持和迁就。律师是根据案件客观事实和有关法律法规,而不是根据被代理人的意志,来提出有利于被代理人的代理意见。此外,律师在诉讼中除享有当事人委托给他的权利外,还享有法律赋予他的权利。例如,如何进行诉讼活动、查阅案卷、调查取证、参加庭审等,都是按律师

---

① 肖胜喜主编:《律师与公证制度教程》,中国政法大学出版社1996年版,第198页。

的意志和法律赋予的权利进行的。①

其次,律师在行政诉讼中的代理权限来自于当事人的授权,律师代理当事人为诉讼行为,必须在委托的权限范围内。因此,律师在一定程度上从属于被代理人。这主要表现在:当律师与当事人对同一问题出现意见不一致时,法院将以当事人本人的意见为准。并且,在诉讼过程中,当事人可以随时撤销对律师的委托。可见,在行政诉讼中,律师作为诉讼代理人的某些权利是从被代理人的权利派生出来的,受到当事人意志的限制和约束。②

(三) 律师在代理行政诉讼中的作用

在行政诉讼案件中,被告经常处于明显的强势地位,与其他类型的案件相比,律师代理原告参加行政诉讼的工作环境通常都很不理想,行政诉讼案件立案难、执行难的问题非常普遍。"民告官"的艰难,加上行政法规的浩繁复杂,律师代理行政诉讼就显得越发重要。总的来说,律师代理行政诉讼的作用主要体现在:

首先,对作为行政管理者的行政主体而言,有利于监督其依法行政,提高其行政执法水平。行政诉讼是监督和维护行政机关依法行使职权的重要手段,律师代理行政诉讼既是对"官重民轻"等旧观念的有力冲击,也在另一方面协助行政机关维护其合法的行政行为,树立了行政管理的权威。

其次,对公民、法人和其他组织等行政相对人而言,律师代理行政诉讼在我国这样一个"官本位"传统的国家显得尤为重要。通过行政诉讼这一司法保护和救济程序,通过专业法律工作者在行政诉讼中所提供的专业法律帮助,弥补当事人法律知识的不足,减少他们的讼累,切实保护了处于弱者地位的行政相对人的合法权益。

第二节 立法背景

一、立法的政治、经济和文化背景

产生于西方资本主义国家的行政诉讼制度,是民主、宪政的产物,且受不同国家的政治制度、经济环境与文化氛围的影响。从其产生的基础来看:首先,从政治条件看,行政诉讼的产生是宪政发展的必然。宪政的基本价值在于通过规范政府权力来保障与维护人民的尊严与权利。而行政诉讼作为一种通过司法审查来解决政治问题的司法解决方式,权力分工与制约的宪政要求是其产生的首要政治条件。其次,从经济基础来看,资本主义社会高度发达的商品经济要求从

---

① 时显群、刘国涛主编:《律师与公证学》,重庆大学出版社2005年版,第212页。
② 田文昌主编:《律师制度》,中国政法大学出版社2007年版,第232页。

法律上确立商品所有者独立的人格权、财产权及平等权,也在客观上要求政府对复杂的经济活动进行干预与调控。最后,从思想文化来看,人民主权观念的勃兴、有限政府的观念以及法治至上观念的普遍化都是行政诉讼赖以产生的思想基础。

因此,行政诉讼在各国呈现出不同的特点。大陆法系国家的行政诉讼制度普遍采用司法二元体制,即在普通法院之外设置专门的行政法院。而英美法系国家的行政诉讼制度采用司法一元体制,没有独立于普通法院之外的行政法院系统,由普通法院受理行政案件。

二、《行政诉讼法》

《行政诉讼法》是我国行政诉讼制度全面建立的标志,是我国建设法治过程中的重要里程碑,是我国立法史上的又一大创举。在《行政诉讼法》颁布之后,政府的行政职能得到了很大的丰富和扩展,同时通过司法审查对政府行政行为加以约束的趋势也愈渐明显。随着公民民主意识的觉醒,实践中,行政诉讼案件的数量日益增多,这也为律师代理行政诉讼案件打开了一道阀门。《律师法》第28条规定:"律师可以从事下列业务:……(二)接受民事案件、行政案件当事人的委托,担任代理人,参加诉讼",这明确将行政诉讼代理列入律师的业务范围。

律师从事行政诉讼代理业务的背景是中国特色社会主义的行政法律制度已经初步建立。《国务院组织法》、《地方各级人民代表大会和地方各级人民政府组织法》和《公务员法》等法律法规的先后制定,表明我国行政组织与人员法律制度框架已经确立;《行政诉讼法》、《行政复议法》、《国家赔偿法》、《行政监察法》、《审计法》等法律法规相继出台并不断完善,标志着我国行政监督与救济法律制度框架已经建立;《行政处罚法》、《行政许可法》、《立法法》、《行政强制法》、《政府信息公开条例》等规范行政机关共同行政行为的综合性法律法规以及大量规范行政机关某一管理领域行政行为的专门性法律法规的颁布实施,昭示着我国行政行为与程序法律制度框架已经形成。

第三节　热点前沿问题

一、律师代理行政诉讼的受案范围

根据法律规定,律师代理行政诉讼的受案范围即人民法院受理行政诉讼的案件范围。确定行政诉讼受案范围,对行政管理者来说,是接受司法审查的范围;对行政相对人来说,是寻求司法保护的范围;对法院来说,是能够审查行政机关行为的范围。与其他类型的诉讼不同,并不是所有行政争议都可以由行政相对人向人民法院提起行政诉讼。属于行政机关自行决定的事项或者政治问题、尚未演化成法律争议的事项,都不适宜由法院审查。

律师代理行政诉讼的案件范围,除了包括《行政诉讼法》规定的人民法院受理公民、法人和其他组织对具体行政行为不服而提起的行政诉讼的受案范围外,还包括其他法律法规中规定的可诉行政案件。

(一)律师可以代理的行政案件

《行政诉讼法》第 2 条规定:"公民、法人或者其他组织认为行政机关和行政机关工作人员的具体行政行为侵犯其合法权益,有权依照本法向人民法院提起诉讼。"根据我国《行政诉讼法》第 11 条规定和其他法律、法规规定,律师可以代理的行政案件范围主要有:

1. 对拘留、罚款、吊销许可证和执照、责令停产停业、没收财物等行政处罚不服的;

2. 对限制人身自由或者财产的查封、扣押、冻结等行政强制措施不服的;

3. 认为行政机关侵犯法律规定的经营自主权的。在市场经济条件下,行政相对人是享有经营自主权的经济主体,依法享有组织生产经营的自主权,任何机关和个人都不得侵犯;

4. 认为符合法定条件申请行政机关颁发许可证和执照,行政机关拒绝颁发或者不予答复的。许可证和执照是国家行政机关依法对行政相对人进行管理的一种手段。行政机关必须严格按照法定条件、法定程序予以审核,并在法定期限内予以答复,决定是否赋予相对人从事某种活动的权利和资格;

5. 申请行政机关履行保护人身权、财产权的法定职责,行政机关拒绝履行或者不予答复的;

6. 认为行政机关没有依法发给抚恤金的。国家对于革命军人、职工因伤亡或病故而向其家属或伤残者发放一定的金钱作为抚慰性补偿,以维护其正常生活。但是,国家法律严格规定了发放抚恤金的条件;

7. 认为行政机关违法要求履行义务的。作为管理相对人有责任履行法律、法规规定的各种义务。作为行政机关有权力要求相对人履行法律、法规范围内的各项义务,其要求管理相对人履行法律、法规规定的以外的义务的要求,则是对管理相对人合法权益的一种侵犯[①];

8. 认为行政机关侵犯其他人身权、财产权的。《行政诉讼法》以概括性的立法形式赋予了行政相对人更广泛的诉权;

9. 其他法律、行政法规规定可以提起行政诉讼的案件。

根据法律法规,下列案件也可以由律师代理行政诉讼:根据《律师法》规定

---

① 肖胜喜主编:《律师与公证制度教程》,中国政法大学出版社 1996 年版,第 201 页。

对不予颁发律师资格证书、律师执业证书、对律师警告、停止、执业、吊销律师执业证书的处罚不服以及对律师事务所违反《律师法》的处理不服的案件;根据《土地管理法》、《森林法》、《草原法》等法律法规不服行政机关确认土地、山岭、滩涂、荒地、草原、森林等所有权和使用权归属的处理决定的案件;根据《专利法》不服确认专利权等处理决定的案件。

(二) 律师不能代理的行政案件

根据《行政诉讼法》第 12 条以及《最高人民法院关于执行〈中华人民共和国行政诉讼法〉若干问题的解释》,律师不能代理的行政案件包括:(1) 国防、外交等国家行为;(2) 行政法规、规章或者行政机关制定、发布的具有普遍约束力的决定、命令;(3) 行政机关对行政工作人员的奖惩、任免的决定;(4) 法律规定由行政机关最终裁决的具体行政行为;(5) 公安、国家安全等机关依照刑事诉讼法的明确授权实施的行为;(6) 调解行为以及法律规定的仲裁行为;(7) 不具有强制力的行政指导行为;(8) 驳回当事人对行政行为提起申诉的重复处理行为;(9) 对公民、法人或者其他组织的权利义务不产生实际影响的行为。

(三) 可以提起行政诉讼的行政行为的特点

根据《行政诉讼法》及其司法解释对行政诉讼受案范围的规定,并结合行政法相关基本原理,律师在判断一个行为能否提起行政诉讼时,首先要确认其行为是否有如下几个特点:

1. 行政性:应是在行政管理活动中,基于行政职权,以行政主体的名义作出,排除了行政机关为了正常运作所进行的民事行为;

2. 具体性:应是一个具体的行为,对特定相对人产生影响,排除了抽象行政行为;

3. 强制性:应是一个具有强制性和法律后果的行政行为,排除了宣传、号召等行政指导行为;

4. 有效性:应是一个成熟的、已经发生效力的行政行为,排除了尚未公布和实施的行政行为。①

二、律师代理行政诉讼的对象范围和程序范围

(一) 律师代理行政诉讼的对象范围

《行政诉讼法》第 29 条第 1 款明确规定:"当事人、决定代理人,可以委托一至二人代为诉讼。"而这里的当事人,包括原告、被告、共同诉讼人和第三人,属于广义上的当事人。所以下列当事人均可以委托律师代理行政诉讼:

1. 原告,即因对具有国家行政职权的机关和组织及其工作人员的行政行为

---

① 陈宜、王进喜主编:《律师公证制度与实务》,中国政法大学出版社 2008 年版,第 222 页。

不服依法提起诉讼的人或组织。原告须是与具体行政行为之间具备法律上的利害关系。原告既可以是行政相对人,也可以是相邻权人、竞争者和受害者。

2. 被告,是指行政诉讼的原告起诉其作出的具体行政行为侵犯了其合法权益,并由法院通知应诉的行使行政职权的组织。

3. 共同诉讼人。《行政诉讼法》第26条规定:"当事人一方或者双方为二人以上,因同一具体行政行为发生的行政案件,或者因同样的具体行政行为发生的行政案件,人民法院认为可以合并审理的,为共同诉讼。"在这种案件中,共同原告或共同被告都可以委托律师代为诉讼。

4. 第三人。行政诉讼第三人是指因与被诉具体行政行为有利害关系,为维护自己的利益而参加诉讼的人。《行政诉讼法》第27条规定:"同提起诉讼的具体行政行为有利害关系的其他公民、法人或者其他组织,可以作为第三人申请参加诉讼,或者由人民法院通知参加诉讼。"

(二) 律师代理行政诉讼的程序范围

律师可担任一审、二审、再审以及强制执行程序中任何程序的诉讼代理人。

第四节 法律实践

一、律师代理行政诉讼的程序

律师在各种程序行政诉讼中代理工作肯定有所不同,但大体一致。以下以一审程序为例。

(一) 对有关事项的审查

1. 审查诉讼主体资格。行政诉讼当事人的情形比较复杂,由于原被告双方的特殊性,律师要对当事人的诉讼主体资格进行审查。

(1) 原告资格问题。根据《行政诉讼法》有关规定,与被诉具体行政行为有直接利害关系的公民、法人和其他组织都有权作为原告提起行政诉讼。原告资格的确认,既有利于对当事人诉权的保护,也能防止当事人滥用诉权。如果与被诉具体行政行为没有直接的利害关系,则不能作为原告。因此,行政诉讼中的原告一般有两种:行政处理决定的对象和行政处理对象的被侵害人。第三人以行政行为利害关系人的身份提起行政诉讼,前者很好理解,后者比如治安处罚中,被害人不服公安机关对侵害人作出的行政处罚决定时,被害人本身就可以作为原告提起行政诉讼。再比如,被侵害人不服行政机关关于赔偿的裁决时,也可以作为原告提起行政诉讼。根据《最高人民法院关于执行〈中华人民共和国行政诉讼法〉若干问题的解释》第13条的规定,有下列情形之一的,公民、法人或其他组织可以依法提起行政诉讼:被诉的具体行政行为涉及其相邻权或者公平竞争权的;与被诉的行政复议决定有法律上的利害关系或者在复议程序中被追加为第三人的;要求主管行政机关依法追究加害人法律责任的;与撤销或者变更的具体行政行为有法律上的利害关系的。

有关原告资格的确认,这里还涉及到一个原告资格的转移问题。如果原告资格确定后,发生了法定事由致使原告客观上不复存在时,就可以由其他相关的人或组织接替进行诉讼。根据《行政诉讼法》及其司法解释,有权提起诉讼的公民死亡,由其近亲属提起诉讼。有权提起诉讼的法人或其他组织终止的,由承受其权利的法人或其他组织提起诉讼。

(2) 行政诉讼中的被告

根据《行政诉讼法》第25条规定,公民、法人或者其他组织直接向人民法院提起诉讼的,作出具体行政行为的行政机关是被告。经复议的案件,复议机关决定维持原具体行政行为的,作出原具体行政行为的行政机关是被告;复议机关改变原具体行政行为的,复议机关是被告。两个以上行政机关作出同一具体行政行为的,共同作出具体行政行为的行政机关是共同被告。由法律、法规授权的组织所作的具体行政行为,该组织是被告。由行政机关委托的组织所作的具体行政行为,委托的行政机关是被告。行政机关被撤销的,继续行使其职权的行政机关是被告。

另外,根据《最高人民法院关于执行〈中华人民共和国行政诉讼法〉若干问题的解释》有关规定,当事人不服经上级行政机关批准的具体行政行为,向人民法院提起诉讼的,应当以在对外发生法律效力的文书上署名的机关为被告。行政机关组建并赋予行政管理职能但不具有独立承担法律责任能力的机构,以自己的名义作出具体行政行为,当事人不服提起诉讼的,应当以组建该机构的行政机关为被告。行政机关的内设机构或者派出机构在没有法律、法规或者规章授权的情况下,以自己的名义作出具体行政行为,当事人不服提起诉讼的,应当以该行政机关为被告。法律、法规或者规章授权行使职权的行政机关内设机构、派出机构或者其他组织,超出法定授权范围实施行政行为,当事人不服提起诉讼的,应当以实施该行为的机构或者组织为被告。行政机关在没有法律、法规或者规章规定的情况下,授权其内设机构、派出机构或者其他组织行使行政职权的,应当视为委托。当事人不服提起诉讼的,应当以该行政机关为被告。复议机关在法定期间内不作复议决定,当事人对原具体行政行为不服提起诉讼的,应当以作出原具体行政行为的行政机关为被告;当事人对复议机关不作为不服提起诉讼的,应当以复议机关为被告。

2. 审查案件是否属于行政诉讼受案范围

本章第三节已有详细论述,只有属于法院受理的行政案件,律师才可以接受委托。

3. 审查是否必须复议前置

根据有关法律法规规定，某些行政案件必须先行向行政机关申请复议，只有不服复议决定的才能再起诉。如果相关法律法规规定既可以申请行政复议，又可以提起行政诉讼，则当事人可以自由选择救济途径。但律师还应注意，有些行政复议决定是终局裁决，这时当事人如果选择了行政复议，就不能再提起行政诉讼了。《行政复议法》中对最终裁决的行政复议决定作出规定的有：《行政复议法》第14条规定，依法向国务院申请裁决的，国务院依法作出的决定是最终裁决；第30条规定，根据国务院或者省、自治区、直辖市人民政府对行政区划的勘定、调整或者征用土地的决定，省级人民政府确认土地、矿藏、水流、森林、山岭、草原、荒地、滩涂、海域等自然资源的所有权或者使用权的行政复议决定是最终裁决。并且，如果公民、法人或者其他组织已经申请行政复议，在法定复议期间内又向人民法院起诉的，人民法院不予受理。

4. 审查诉讼期限

关于行政诉讼中的诉讼期限的性质，对于其究竟属于诉讼时效还是属于除斥期间，学术界意见不一。但是律师代理行政诉必须严格按照诉讼时效的规定。根据我国《行政诉讼法规定》：（1）申请人不服复议决定的，可以在收到复议决定书之日起15日内向人民法院提起诉讼。（2）复议机关逾期不作决定的，申请人可以在复议期满之日起15日内向人民法院提起诉讼。（3）公民、法人或者其他组织直接向人民法院提起诉讼的，应当在知道作出具体行政行为之日起3个月内提出。

由于行政活动以及行政诉讼的复杂性，上述诉讼时效只适用于一般情况。但是当出现特殊情况时，如一味机械地适用《行政诉讼法》的规定将可能导致对当事人不公平的情形，因此，单行法律法规及最高人民法院的司法解释规定了特殊诉讼时效。当有特殊诉讼时效规定时，就要遵从特殊诉讼时效的规定。比如，行政机关作出具体行政行为时，未告知公民、法人或者其他组织诉权或者起诉期限的，起诉期限从公民、法人或者其他组织知道或者应当知道诉权或者起诉期限之日起计算。但从知道或者应当知道具体行政行为内容之日起最长不得超过2年。公民、法人或者其他组织不知道行政机关作出的具体行政行为的内容的，其起诉期限从知道或者应当知道该具体行政行为之日起计算。对涉及不动产的具体行政行为从作出之日起算最长不得超过20年，涉及其他财产的，最长不得超过5年。等等。

《行政诉讼法》还规定了起诉期限延长的情况：公民、法人或者其他组织因不可抗力或者其他特殊情况耽误法定期限的，在障碍消除后10日内可以申请延长期限，由人民法院决定。

(二) 庭前准备工作

1. 原告代理律师确定具体的诉讼请求,被告代理律师提出准确的答辩意见

根据委托人在行政诉讼中的诉讼地位不同,律师代理工作重点也有所不同。原告代理律师在代理行政案件的时候,应该知道行政诉讼的诉讼请求是法定的,主要有:撤销之诉、确认之诉、责令履行法定职责之诉、变更之诉和赔偿之诉。如果提出的诉讼请求超出了法院的职权范围,是会被法院驳回的。此外,由于行政诉讼在确立司法权对行政权的审查监督的时候,关键在于对具体行政行为合法性的审查,基本不解决行政行为的合理性问题。因此,律师在代理行政诉讼时,应当本着合法、有利的原则,正确提出诉讼请求。而且当存在多个诉讼请求时,要注意诉讼请求之间不能发生逻辑矛盾。

根据《行政诉讼法》规定,被告应当在收到人民法院送达的起诉书副本10日内,向人民法院提交答辩状。因此,被告代理律师应当在法律规定的答辩期内确定答辩思路进行答辩。包括案件是否属于行政诉讼受案范围,原告是否有诉权,原告是否在法定期限内起诉等等。

2. 查阅资料,调查取证

客观全面地了解案情,律师才能更好地维护当事人的合法权益。因此,除了通过听取被代理人对案情的详细叙述以了解案情外,向法院查阅案卷材料也是了解案情的重要途径。法院在受理行政诉讼后,会通知被告在收到行政起诉状之日起10日内提交相关证据。这时,原告代理律师就应当在被告提交证据的法定期限届满之日尽早去法院阅卷,可以根据有关规定,复制、摘抄被告提交的相关证据依据以及其他有关案卷材料,并制作相应的阅卷笔录。

同时,律师也应该迅速向有关单位或个人进行调查取证。但必须明确强调的一点是,由于律师所代理的被告的特殊地位,被告代理律师不得进行调查取证。行政主体做出具体行政行为应该遵循"先取证后裁定"的原则,因此在行政诉讼中,被告不得自行向原告和证人收集证据。代理被告的律师的代理权限的基础来源于被告,因此,被告代理律师也就不得自行向原告和证人调查取证。

行政诉讼案件中举证责任分配的特殊性,要求原告承担有限的举证责任。但这并不是说原告代理律师就可以因此忽略了证据的收集。根据目前的证据规则,行政诉讼的原告在某些类型的案件中承担举证责任,并且即使原告依法并不承担举证责任,收集对原告有利的证据,仍然有助于原告诉讼请求的成立和被支持[1],使得代理原告的工作不会陷于被动。原告代理律师有权向当事人、证人或有关知情人调查、收集证据。原告代理律师因客观原因无法自行收集证据的,应当及时申请人民法院调取该证据,必要时还可以协助法院一同调查。

---

[1] 田文昌主编:《律师制度》,中国政法大学出版社2007年版,第244页。

（三）参加法庭审理

律师积极参加法庭审理，对于维护委托人合法权益有着直接重要的意义。

1. 参与法庭调查

法庭调查的主要工作就是在审判长的主持下核实证据。在这一阶段，律师应当积极向对方当事人、证人、鉴定人发问，或者申请审判长发问；并可以依法提交新的证据。通过法庭调查，查明事实，核实证据，找出行政主体作出的具体行政行为在认定事实，使用法律、依据的证据的确实、充分程度及具体行政行为是否违反法定职责，是否超越职权或滥用职权等方面所存在的问题。作为原告代理律师[①]，原告代理律师必须注意被告方证据的取得时间，只有在作出具体行政行为之前所取得的证据，才能被采用，否则为非法证据。

2. 参与法庭辩论

这一阶段律师的代理工作的核心主要就是围绕具体行政行为的合法性与否，从事实和法律两个方面来进行论证。第一，事实问题。主要有作出具体行政行为的主体是否为合法有权的主体，作出程序是否合法，相对人的责任能力问题等；第二，适用法律问题。首先考察行政主体的具体行政行为有无法律依据，以及该依据是否有效，然后还应论证对某一对象适用这一条款是否适当。

3. 协助委托人行使某些程序性权利

如申请回避、申请延期审理、诉讼中止、诉讼终止等。律师应视情况协助委托人行使好这些权利，保证案件公正审判。

二、律师代理行政附带民事诉讼的程序

我国《行政诉讼法》对行政附带民事诉讼并无明确的规定。为了切实保护行政相对人的合法权益免遭侵害，并有效监督行政主体依法作出具体行政行为，《最高人民法院关于执行〈中华人民共和国行政诉讼法〉若干问题的解释》中，首次确立了行政附带民事诉讼制度。

所谓行政附带民事诉讼，是指人民法院在审理行政案件的同时，对与引起该案件的行政争议相关的民事纠纷一并审理的诉讼活动和诉讼关系的总称。实质上，行政附带民事诉讼是两个性质完全不同的诉讼的，合并审理是为了诉讼经济。但是我们应该看到，这两个分属于不同诉讼系列的诉讼请求之间具有内在联系，行政行为合法性的解决是民事争议解决的前提。因此，一般来说，在行政附带民事诉讼中，我们要遵循"先行后民"的程序。

行政附带民事诉讼的代理律师一般需注意以下几个问题：

1. 行政附带民事诉讼的提起，必须以行政诉讼的存在为前提。民事争议与

---

① 时显群、刘国涛主编：《律师与公证学》，重庆大学出版社2005年版，第216页。

行政争议之间需要存在内在联系。这也要求提起行政附带民事诉讼必须同时符合《行政诉讼法》第41条和《民事诉讼法》第119条有关起诉条件的具体规定。

2. 行政附带民事诉讼中的民事诉讼只能在行政诉讼过程中提起,如果行政诉讼提起之前或者已经审理完毕,则不能再提起行政附带民事诉讼,而只能对该民事争议单独提起民事诉讼。

3. 在行政附带民事诉讼中,被诉具体行政行为须是被告对平等主体之间民事争议所作的行政裁决,原告提起附带民事诉讼的标的须是该行政裁决行为所针对的民事争议。如果原告提起行政诉讼的标的不是行政裁决行为的,即使涉及民事纠纷,法院一般也不能一并审理。

对行政附带民事诉讼案件由于存在两种不同性质的诉,因此既适用民事诉讼程序又适用行政诉讼程序。人民法院在审理过程中应当区别两种不同案件的性质。行政附带民事诉讼中的代理律师享有《民事诉讼法》规定的权利义务,其代理工作程序遵循《民事诉讼法》的有关规定。

三、律师代理涉外行政案件

涉外行政诉讼是指外国人、无国籍人和外国组织对具体行政行为不服起诉到法院或参与到他人已经提起的行政诉讼中,由法院依法进行审判的法律制度。需要说明的是,港、澳、台地区居民或组织作为原告或第三人提起或参与的行政诉讼虽不属于涉外行政诉讼的范畴,但是鉴于它们的政治、经济、社会制度等与祖国大陆有着巨大差异,因此在行政诉讼中涉及的一些比如代理、期间、送达等的具体制度,可参照涉外行政诉讼的规定。

由于我国行政诉讼制度起步较晚,加上行政诉讼的性质较为特殊,直接影响国家主权,因此较之于我国比较发达的涉外民事诉讼、刑事诉讼的司法协助制度,涉外行政诉讼的司法协助还没有全面规定。由于行政诉讼直接对抗政府,影响国家主权,因此其原则也较为特殊,除了普通行政诉讼要适用的原则外,还要特别重视国家主权原则、对等原则和同等原则等。

律师制度是一个国家司法制度的重要组成部分,任何主权国家都不许外国律师在本国以律师的身份代理诉讼。根据我国《行政诉讼法》第73条规定:"外国人、无国籍人、外国组织在中华人民共和国进行行政诉讼,委托律师代理诉讼的,应当委托中华人民共和国律师机构的律师。"也就是说,外国人、无国籍人、外国组织在我国进行行政诉讼,可以委托律师,也可以不委托律师。如果决定委托律师的以律师身份代理诉讼的,则只能委托我国律师机构的律师;如果委托外国律师的话只能以该律师个人的名义代理行政诉讼,而不能以律师的身份进行代理。此外,外国人、无国籍人、外国组织还可以委托律师以外的其他人,如外国人的近亲属、社会团体、外国驻华使领馆官员等作为诉讼代理人。

外国人委托我国律师机构的律师代理行政诉讼的,如果该外国人、无国籍人、外国组织在国内没有住所的,其委托书要通过域外寄交或托交的,应当经所在国公证机关证明,并且经我国驻外使领馆认证,或者在履行我国与该国订立的有关条约中规定的证明手续以后,该委托书在我国境内才具有效力。

律师在代理涉外行政诉讼中,应当注意一系列的具体诉讼制度。如在管辖制度问题上,我国《行政诉讼法》没有对涉外行政诉讼的管辖作专门规定,但是最高人民法院相关司法解释对涉外案件的行政诉讼管辖作了具体规定,律师对此应有所了解。在期间制度方面,由于外籍当事人大多在我国国内没有住所,而期间又直接涉及当事人的诉讼权利义务,而《行政诉讼法》没有涉及涉外期间制度,因此,律师在代理时可参照《民事诉讼法》以及《最高人民法院关于适用〈中华人民共和国民事诉讼法〉若干问题的意见》的有关规定。《行政诉讼法》对涉外送达问题也没有规定,可参照《民事诉讼法》的有关规定执行。另外,最高人民法院办公厅《关于向外国送达涉外行政案件司法文书的通知》规定,对于需要向海牙民商事送达公约成员国送达涉外行政案件司法文书的,可参照1965年订立于海牙的《关于向国外送达民事或商事司法文书和司法外文书公约》和我国国内相关程序向有关国家提出司法协助请求,通过公约规定的途径送达。代理律师应就司法解释中规定的涉外送达方式与委托人协商并达成一致意见。① 涉外行政诉讼的法律适用,对我国缔结或者参加的国际条约与《行政诉讼法》有不同规定的,适用国际条约的规定,但我国声明保留的除外。

第五节 案例分析

一、铁道部春运涨价案

【案情】

2006年1月21日,郝劲松购买了当日从北京南站驶往石景山南的7095次列车车票一张,发现票价由以前的1.5元上涨到2元,涨幅高达33%。郝劲松称,铁道部在调整列车票价时作出的《春运通知》应当报国务院批准,同时应向国务院有关部门申请召开价格听证会。而铁道部并没有按照这些规定办理,属于程序上违法,遂起诉至法院,请求认定铁道部《春运通知》在程序上违法,并判令铁道部赔偿其经济损失0.5元。市一中院判决郝劲松败诉。

在二审中,铁道部认为,自己只是价格的执行部门,并没有价格制定的权力和职能,也没有义务去申请听证。对于郝劲松要求的0.5元赔偿,铁道部也认为

---

① 陈宜、王进喜主编:《律师公证制度与实务》,中国政法大学出版社2008年版,第243页。

不存在损害郝劲松合法权益的事实。市高院认为,铁道部作出的《春运通知》并不具有价格制定的性质,仅仅是对《方案》相关内容进一步明确。因此,被诉的《春运通知》并不需要满足履行批准及听证程序的条件,铁道部也不具有申请听证的法定义务。法院判决驳回上诉,维持一审判决。郝劲松表示:"我要继续向最高人民法院申诉。"

【评析】

律师在现代司法体制中的核心价值在于律师应当凭着裁判活动之协力及防止纠纷或诉讼的咨询意见而促进"法的实现与执行",实现社会正义。所谓促进"法的实现与执行"是指在现代司法体制中,人民同样对律师抱有促成法律政策的角色期待。其原因在于,由于律师在涉及或者代理某些特殊案件时认识到现有法律法规难以保障当事人的权益,而立法的疏漏或滞后加之行政体制的僵化以及司法体制的保守、被动难以纠正当事人利益受损的状况。置身僵化的行政官僚体制及保守被动的司法裁判体制中的律师群体对上述情况感受颇深。因此,在现实生活的类似情况下,某些有社会责任感的律师不再拘泥于具体的案件,而是瞄准了现行的法律及制度缺失,力图从根本上解决问题。当代社会的纠纷形态呈现出新的特点,由于环境问题、消费者权益保护问题、产品质量问题以及其他特殊问题的存在,律师看到企业和政府推诿责任、文过饰非,而受害者又无力实现权利,因此自告奋勇为受害人提起行政公益诉讼。律师将日常所见的立法、司法或行政之缺失,积极为受害人代言,经过有效抗争,促使上述机关改弦更张,形成新的政策,实现社会正义。在本案中,郝劲松针对铁道部提出行政诉讼,其请求认定铁道部的行政行为违法。尽管最终郝劲松没有胜诉,但是该案本身就具有公益性,是公民对于行政权力进行监督的一种有效的方式,是律师价值实现的一种有益的形式。

总之,律师职业价值的核心正如日本司法制度改革审议会意见书所说:律师作为"可依赖的伸张正义者",无论在法庭内外,都是国民"可靠的权利保护者",因此,他们应该具有超出一般的业务活动,具有在"公共性空间"实现社会正义的社会责任感。

二、山东公务员录用第一案

【案情】

临沂市人事局、临沂市公安局联合发布招考简章,招用警察53人。2007年12月21日,录用人员名单公示,黄廷伟名落孙山,相关部门给出的解释是,黄廷伟中学学籍卡和入团申请书两份材料上填写的出生日期、父母姓名和家庭情况,均与他的其他档案有出入,他没有通过政审。

原来,1992年7月,14岁的黄廷伟初中毕业考中专失利,便借用了别人的学籍,到一个乡镇中学复读。第二年,黄廷伟考上了临沂一所中专。正是因为这个"污点",他在成年后考警察没有被录取。黄廷伟认为,当时借用学籍考学是迫于无奈,自己不应为此再承担责任。在申诉无果后,2008年2月,他将招考单位告上法庭。这也是山东首例公务员录用行政诉讼案,省高院裁定此案由莱芜市中级法院审理。莱芜市中级法院经审理,认为黄廷伟在升中专过程中,冒用他人学籍和姓名参加了考试,并一直沿用至今,确系弄虚作假,违反了报考公务员诚信承诺书,被告为此不予录用符合有关规定,是准确的。因此,驳回了黄廷伟的诉讼请求。黄廷伟不服,向省高院提起上诉。省高院的终审判决维持了一审法院关于招考机关不予录用黄廷伟符合法律规定的判决。

黄廷伟的代理律师认为,目前,国内就"未成年刑事污点消灭制度的构建"已有专门探讨和小范围法律实践。"未成年人犯罪"这样的污点都可以消灭的话,类似黄廷伟这类少年时期道德或民事"污点",涉及一个庞大的群体,也应该引起全社会的高度关注。

【评析】

律师办理行政诉讼案件,只能通过法律途径、就法律问题履行职责。律师介入行政诉讼案件,有助于政府、企业等相对方依法行事,有助于推动司法、立法活动和依法行政。律师办理行政诉讼案件,应着力于化解矛盾纠纷,帮助争议各方选择合法、适当、平和与稳妥的争议解决路径和方式。倡导调解解决纠纷;律师应注意处理好与当事人、司法机关、政府、媒体和公众等方面的关系。

在办理行政诉讼过程中,律师不鼓动、不参与案件当事人或其代表人、代理人的上访活动。不得参与或建议当事人以违反社会治安、干扰国家机关正常工作等手段促使案件的解决。律师应该正确处理与政府的关系,应通过正当渠道及时向政府相关部门反映情况,发现有可能激化矛盾扩大事态的问题和苗头应当立即报告司法行政主管机关。律师也应注意处理与媒体的关系,恰当把握与媒体(包括网络媒体)的关系,实事求是,谨慎评论。不炒作新闻,不搞有偿新闻。

在山东首例公务员录用行政诉讼案中,依据现行法律规定,虽然法院最终没有支持当事人的诉讼请求,但是律师全程代理当事人提起行政诉讼,维护当事人的合法权益。

第六节 问题与建议

《律师法》直接决定着律师的权利状况,关系着行政诉讼案件代理过程中的律师的权利义务状况。《律师法》规定有利于保障律师在执业过程中的权利,有利于律师更好地履行职责、维护法律的正确实施以及维护委托人的合法权益。

一、律师的行政诉讼的法律地位亟待完善

然而目前律师在行政诉讼中的地位仍然存在着两个主要方面的问题:第一,在立法上,目前法律对于律师在行政诉讼中的地位的规定很不完善,《行政诉讼法》第9条、第29条、第30条虽然对我国律师参与行政诉讼时的地位作了一些规定,赋予了律师在行政诉讼活动中一定的法律地位,律师在行政诉讼中是受当事人委托而为其代理诉讼的委托代理人,具有相对独立的诉讼主体资格,但是,行政诉讼立法中对律师的地位问题的规定还不详尽,有许多问题有待研究。另外,在我国律师立法中对律师的业务范围的规定也显得过于狭窄,不适应行政诉讼法实施的需要;第二,在司法实践中,不重视律师地位的现象更是较普遍地存在,有些地方还相当严重,并且律师本身参与行政诉讼的畏难情绪也比较大,这些都必然影响到律师在行政诉讼中作用的充分发挥。

二、《律师法》与《行政诉讼法》等的衔接问题

根据《律师法》的有关规定与《行政诉讼法》、《民事诉讼法》及《刑事诉讼法》三大诉讼法及公、检、法各机关的有关解释和规定,我们不难发现,《律师法》与有关机关的法律性文件不能很好地衔接配套,甚至出现了相互矛盾的情况,给司法实践带来了一定的困难。出现这样的立法技术问题,其实主要原因在于,2007年《律师法》的修订依然由司法部门主导,对律师的意见征集不够,律师的民主参与不够,这就使得该法的科学性大打折扣。

我国现行《行政诉讼法》实施十多年以来,随着我国法治建设的加快与司法实践经验的积累,行政审判工作总的趋势是健康、稳步前进的。行政案件数量稳中有升,新型案件不断出现,行政审判制度总体真实有效,并在我国民主政治中发挥着越来越重要的作用。然而随着我国加入世贸组织等新时代背景与法律环境的要求,《行政诉讼法》在实施过程中也暴露了越来越多的问题。比如:行政诉讼的受案范围过于狭窄,对保护原告诉权不利;法外干预现象日益严重,法院对行政机关在财政上的依附性往往降低了法院独立审判的能力与勇气等等。而在律师代理行政诉讼案件过程中,老百姓"畏诉"心理严重。近年来,虽然行政诉讼案件数量逐步增多,但是人们的诉讼意识仍然很淡薄。老百姓不敢告、不会告,告后怕报复,撤诉率高。而且行政机关不愿当被告,羞于当被告的意识也依然很强,对行政诉讼有较强的抵触情绪,总是极力阻止发生诉讼案件。一旦案件被受理,行政机关不应诉、不出庭,法院判决后不执行判决的现象依然严重。而由于我国《行政诉讼法》规定的执行条款不够严厉,法定措施又过于简单化,所以被告对不利于自己的判决往往拒不执行。另外,上级单位或有关领导批条子、打招呼、通过各种方式施加压力使得法院也很难做到独立审判,这都让律师在代

理行政诉讼案件时困难倍增。这就要求以后在修订行政诉讼法时,有关机关得设置相关制度来保证法院与行政机关之间真正的相互制约的独立性,也应该通过法律条文的明确规定消除行政相对人的"畏诉"心理,也让律师在代理行政诉讼案件中拥有与行政机关相对抗的勇气。

【问题与思考】

1. 律师代理行政诉讼的特征
2. 律师在代理行政诉讼中的地位
3. 律师在代理行政诉讼中的作用
4. 律师代理行政诉讼的受案范围

第十一章　申诉和再审中的律师代理

【本章内容提要】

本章介绍了申诉和再审的概念,结合律师实务介绍律师代理申诉案件和律师代理再审案件的情况,并就审判监督程序中实行强制律师代理制度提出建议。

【关键词】　申诉　再审　审判监督　律师代理

第一节　基本理论

申诉有广义和狭义之分,广义上的申诉是指我国公民基本权利中的申诉权及行使申诉权的行为。我国《宪法》第41条规定:中华人民共和国公民对于任何国家机关和国家工作人员的违法失职行为,有向有关国家机关提出申诉、控告或者检举的权利,但是不得捏造或者歪曲事实进行诬告陷害。公民行使宪法赋予的申诉权的行为即是广义上的申诉。广义上的申诉是公民对国家机关的申诉,其中可以分为对国家权力机关、国家行政机关、国家司法机关和国家工作人员的申诉。受理申诉的机关应当依照法律规定予以查清事实,负责处理。如果公民的申诉符合法定的期限、条件和程序,则受理的机关应当依法处理。例如在法定期限内向司法机关申诉,请求对已经生效的判决进行监督,如果符合法定条件,则司法机关应当启动审判监督程序,这就是再审,也即是狭义的申诉。我国三大诉讼法中都有明确规定,当事人对于已经生效的判决、裁定,如果认为确有错误,可以向法定机关申请启动审判监督程序。《行政诉讼法》第62条规定:当事人对已经发生法律效力的判决、裁定,认为确有错误的,可以向原审人民法院或者上一级人民法院提出申诉,但判决、裁定不停止执行。

纵观我国三大诉讼法,启动再审的主体有三个,即人民法院、人民检察院和当事人。但当事人的申请权并不必然会启动再审,再审的最终决定权仍然在人民法院,对于人民检察院再审抗诉的案件,人民法院应当再审。因此,我国的再审案件可以分为职权再审、申诉的再审和抗诉的再审。从这可以看出,申诉和再审存在相互交叉的部分,狭义的申诉是再审启动的一个条件。本文所述的律师代理申诉和再审系指狭义的申诉和再审范围内。

一、律师代理申诉概述

(一) 申诉代理的概念和特征

《律师法》第 28 条第 4 款规定:"律师可以接受委托,代理各类诉讼案件的申诉。"所谓申诉是指当事人或其法定代理人、近亲属,认为已经发生法律效力的判决、裁定有错误,向人民法院或者人民检察院提出请求要求重新处理的行为。申诉代理是指律师接受刑事、民事、行政诉讼案件当事人的委托,代理其进行申诉的活动。① 申诉代理主要具有以下几个特征:

1. 律师代理的只是各类诉讼案件的申诉,而不包括非诉讼案件的申诉。根据我国法律的规定,诉讼案件分为刑事案件、民事案件、行政案件三类。对此,律师均可接受当事人的委托代理申诉。

2. 各类诉讼案件当事人需要委托申诉的,只能委托律师代为申诉。根据我国《刑事诉讼法》、《民事诉讼法》、《行政诉讼法》的有关规定,诉讼案件的当事人需要委托他人代理诉讼的,既可以委托律师,也可以委托律师以外的人。但诉讼案件的当事人需要委托他人代理申诉的,则只能委托律师,而不能委托律师以外的人。这是因为,《律师法》对律师代理申诉有明确规定,而我国三大诉讼法均没有对律师以外的人可以接受委托代理申诉作出规定。因此,律师以外的人代理申诉于法无据。

3. 律师必须是认为已经发生法律效力的判决和裁定确有错误才能代理申诉。我国人民法院无论是审判刑事案件,还是审判民事案件或行政案件,均实行两审终审制,地方各级人民法院作出一审判决或裁定后,在上诉期间,律师只能接受当事人的委托代理上诉。只有人民法院的判决和裁定发生法律效力后,律师认为确有错误的,才能接受当事人的委托,代理申诉。如果判决和裁定尚未生效,或者虽然生效但没有错误,律师均不能接受当事人的委托代理申诉。

4. 律师代理申诉只能向人民法院或者人民检察院提出。因为根据《刑事诉讼法》、《民事诉讼法》、《行政诉讼法》的规定,人民法院的判决、裁定发生法律效力以后,只有本级人民法院、最高人民法院和上级人民法院有权决定再审,以及只有最高人民检察院和上级人民检察院有权按照审判监督程序提出抗诉从而引起再审。因此,律师接受当事人的委托代理申诉只能向上述人民法院或人民检察院提出,否则均无法引起审判监督程序的发生,从而也无法使原案件得到重新处理。

5. 律师代理申诉只能在判决、裁定发生法律效力后至审判监督程序开始之前进行。如果人民法院对原案件已决定进行再审或人民检察院已经按照审判监

---

① 朱立恒、彭海清主编:《律师法教程》,中国人民公安大学出版社 2008 年版,第 213 页。

督程序提出抗诉,则该案件便已经进入再审程序,那么律师所做的只能是接受当事人的委托进行辩护或代理诉讼,而不是接受委托进行申诉。

(二)申诉代理的分类

依照不同的标准,申诉代理可以具有不同的分类:

1. 依据代理的案件种类的不同,可以分为民事案件申诉代理、刑事案件申诉代理和行政案件申诉代理。律师参与代理不同种类的案件,所享有的权利和义务及应承担的职责也存在差别。同时,由于三大诉讼法中对于申诉的事由存在差异,律师在接受代理案件之前需要审查事由也不同。

2. 根据代理的当事人不同,可以分为原告方申诉代理和被告方申诉代理。申诉权作为公民的一项基本权利,平等享有。我国三大诉讼法对申诉的事由予以规定,如果诉讼当事人一方认为判决裁定违反法律规定,就可以依法提起申诉,律师根据不同的当事人的委托,代理进行申诉,享有不同的权利和承担一定的义务。

二、律师代理再审概述

(一)律师代理再审的概念和特征

再审有广义和狭义之分。"广义上的再审程序,是指对已经生效的裁判的错误进行纠正的特殊救济程序,是再审发动、再审立案与复查、再审审理等一系列程序的总称。狭义上的再审程序,是指人民法院对自己发现的在认定事实或适用法律上确有错误但已经发生法律效力的案件,或者对人民检察院提起抗诉的案件依法进行再审重审的程序。"[①]律师代理再审一般在广义再审中的再审审理阶段或者是狭义的再审程序中。律师代理再审具有以下几个特征:

1. 律师代理再审的期限只能在人民法院启动再审程序之后。律师代理再审有期限限制,只有在人民法院启动再审程序之后,才能成为真正意义上的再审代理律师,否则,只能属于申诉代理律师或者是提供再审法律咨询的律师。

2. 律师代理再审应当经过当事人的聘请委托。律师参加再审程序需要经过当事人的聘请,取得当事人及其法定代理人、近亲属的授权委托。在民事案件和行政案件的再审代理、刑事案件自诉人和附带民事诉讼当事人的代理中,再审代理律师只能在委托的授权范围内行使代理权,刑事案件被告人(生效判决的被执行人)的再审辩护律师应当根据事实和法律,维护被告人的法定权益,具有独立的诉讼地位。

3. 再审代理律师享有广泛的诉讼权利和义务。根据法律规定,再审代理律师享有获得出庭通知权、参与法庭调查、法庭辩论的权利,申请证人出庭、申请调

---

① 虞政平主编:《再审程序》,法律出版社2007年版,第3页。

查取证,经当事人授权可以申请回避、上诉的权利等,再审代理律师同样享有。人民法院应当予以保障,人民检察院也应当依法履行法律监督职责。

第二节 立法背景

一、申诉和再审制度确立的指导思想

任何一种制度的建立和完善都有其指导思想,指导思想是制度建立的基础,也是制度完善的方向。

(一)历史唯物主义

历史唯物主义要求我们要客观地看待这个世界,世界是由物质组成的,通过人的主观能动性,人民能够客观地认识和改造世界。历史唯物主义坚持认识能够实现,而且通过科技的发展、人的认识能够不断地深化。在历史唯物主义的指导下,我国司法实践坚持客观真实的裁判原则,认为裁判的事实是能够达到客观真实的,能够跟实际发生的一致。在证据裁判运用上表现为证据的三性:客观性、合法性和关联性。于是在我国申诉和再审制度的设计中,对于有新的证据证明案件确有错误是必然的再审事由,无论是民事诉讼法、行政诉讼法还是刑事诉讼法,在证据运用上的错误成为是错案再审的必然要件。在历史唯物主义的指导下,我国司法实践中坚持"有错必究"的原则,发现错误,除了通过人民法院自身的审查、人民检察院的司法监督以外,群众的申诉也是发现案件错误的一个重要途径,于是,当事人申诉是人民法院再审、人民检察院提起再审抗诉的一个重要来源。

(二)辩证唯物主义

辩证唯物主义的认识论是申诉和再审制度的理论基础之一,辩证唯物主义要求我们认识事物应当辩证的,任何事物都有其两面性,要全面地看问题。而由于立场或利益的原因,有时人民看待问题的角度会出现偏差,为达到全面、客观地认识世界,应当听取各个利益群体的不同看法。以辩证唯物主义为指导,要求在司法实践中人民法院不仅要听取人民检察院的意见,而且也应当积极听取当事人的观点,使双方在法庭上处于平等的地位,保障全面客观地发现案件真实。在审判结束后,虽然案件已经结束,判决、裁定已经生效,立法者所追求的法律的效果已经实现,但是对于当事人自身而言,对于判决、裁定是否客观真实,有自己的切身感受,当事人对已经生效的判决、裁定是否有意见应当允许在法律规定的范围内向法定机关表达,这种表达只要符合法定的条件和期限人民法院就应当启动再审程序。申诉和再审制度正是辩证唯物主义在司法制度中的一个具体体现。

（三）民主监督的思想

新中国成立后，中国共产党成为执政党，党制定的方针、政策正确与否，直接关系到社会主义事业的成败和国家的兴衰，非常需要听到来自各方面的意见和批评，接受监督。邓小平同志指出：一个党，一个国家，最怕鸦雀无声。在对中国共产党的监督中，人民群众的监督是一个重要内容。而作为人民民主专政的司法机关，接受人民群众的监督，对于已经发生法律效力的判决、裁定由人民群众根据法定的条件和程序来提出，也是民主监督的重要表现，可以说，申诉和再审制度的确立是民主监督思想在司法领域的一个具体体现。

但是，民主监督毕竟是政治制度的内容，而司法虽然是政治制度的一个方面，但又与其他制度相比具有专业性，而且司法应当具有被动性、权威性，过多的监督和过于频繁的改判，不仅不能加强司法的作用，不仅不能通过法律、司法加强党的领导，还易使人民对法律的权威性产生怀疑，对行政权力过于信赖。十年浩劫对法制的践踏应当引起我们的警示。因此，群众对司法的监督也应当有一定的限制，应当在法律规定的条件和程序内实施，监督是为了更好地维护法律的权威，使法律更能得到群众的信任，而不能以牺牲权威为目的。通过立法，将申诉和再审制度在法律中予以确立正是对监督与法律权威关系的平衡。

二、申诉和再审制度的立法历程

1954年《宪法》第97条规定："中华人民共和国公民对于任何违法失职的国家机关工作人员，有向各级国家机关提出书面控告或者口头控告的权利。由于国家机关工作人员侵犯公民权利而受到损失的人，有取得赔偿的权利。"这是申诉制度在我国宪法中的首次确立。同年颁布的《人民法院组织法》与《人民检察院组织法》之中，均纳入了实行纠正错案的再审制度，规定最高人民法院，各级人民法院院长，最高人民检察院、上一级人民检察院的权限，没有从当事人的角度提到申诉权利。

之后，我国的申诉和再审制度在曲折中发展。1956年9月13日，最高人民法院为改进人民来信来访工作，给各级法院发出《关于改进处理申诉的工作和加强人民接待室工作的指示》，这个指示对各级人民法院审判庭和接待室的分工作了调整，对于当事人不服已经发生法律效力的判决、裁定而提出的申诉由审判庭处理。这个指示可以说是法院系统通过自身的调整进行申诉和再审的尝试。"文革"十年，法制受到践踏，申诉、再审的制度建设受到阻碍。"文革"结束，党中央对在此期间以及历次政治运动中造成的冤假错案提出实事求是、有错必纠的方针，对于错判的案件给予平反。自此，受害者及其家属纷纷向各级人民法院提出申诉。由于来信来访数量巨大，而且大部分是属于诉讼性质的，采用行政方法去处理告诉、申诉，使信访工作越来越陷入被动。1979年《人民法院组织法》明文规定了当事人就法院生效裁判有申诉的权利,即各级人民法院对于当事人提出的对已经发生法律效力的判决和裁定的申诉,应当认真负责处理。至于能否引发案件再审,并未作出明确规定。1987年各级法院逐步设立了告诉申诉审判庭,并承担了申诉的审查立案工作和审判监督工作。1996年实行立审分立,审监分立。1979年《刑事诉讼法》的颁布全面规定了我国的审判监督程序,包括刑事申诉制度,其后经过1996年、2012年两次重大修改,此项制度得以不断完善。1989年《行政诉讼法》同时规定了当事人的申诉权和再审制度。1991年《民事诉讼法》正式颁布施行,将之前"试行"中的"申诉"修改为"申请再审",即"当事人对已经发生法律效力的判决、裁定,认为有错误的,可以向原审人民法院或者上一级人民法院申请再审,但不停止判决、裁定的执行"。随后,2007年《民事诉讼法》重点修改了审判监督程序,2012年再次修改中完善审判监督程序仍然是重点之一,并通过增加监督方式,强化法律监督。至此,我国三大诉讼法共同确立了申诉制度和再审制度,使我国的法制建设又向前迈进了一步。

第三节 热点前沿问题

一、律师代理申诉和再审的作用

我国《律师法》在规定律师可以接受民事案件、行政案件当事人以及刑事自诉案件自诉人、公诉案件被害人或者其近亲属的委托,担任代理人,参加诉讼的同时,又将律师接受各类诉讼案件当事人的委托代理申诉作为律师的一项业务单独加以规定,具有十分重要的意义。主要表现在:

(一)有利于切实维护法律的正确实施

我国人民法院审判案件实行两审终审制,经过两级人民法院的审判,绝大多数案件的处理是正确的。但审判实践中,由于案件情况的复杂性和认识的局限性,人民法院在审查事实、适用法律时出现错误又是不可避免的,从而使生效的判决、裁定缺乏合法性和公正性。为了维护法律的严肃性,我国三大诉讼法在一审、二审程序之后设立了一种纠正错误的补救程序即审判监督程序。生效判决、裁定中的错误,既可以由人民法院或者人民检察院自己发现,也可以由当事人或者曾经亲自参加过一审、二审诉讼的辩护律师或者代理律师发现。在后一种情况下,律师接受当事人的委托或者在征得当事人同意并授权的情况下代理申诉,无疑有助于引起人民法院或人民检察院的重视,进而促使这两个机关发动审判监督程序,纠正原判决、裁定中的错误,从而贯彻实事求是、有错必纠的工作方针,切实维护法律的正确实施。

(二)有利于充分维护当事人的合法权益

某些判决、裁定确有错误,但当事人由于有害怕心理、不懂法律或者患有疾病或生理缺陷,以至于不敢、不能或者不善于行使法律赋予的申诉权利。如能获得精通法律、经验丰富的律师的帮助,则当事人必定能依法大胆申诉,并提出新的证据或新的法律意见,进而促使人民法院对原案进行重新审理,依法纠正判决、裁定中的错误,从而充分维护当事人的合法权益。另外,律师在代理申诉中,如果发现判决、裁定没有错误,经过向申诉人说明、解释,对其进行法制宣传教育,也有助于犯罪分子认罪服法,积极进行改造,重新做人;或者有利于当事人服判息讼,主动履行生效判决,从而变消极因素为积极因素。

(三) 有利于节约申诉成本,提高对错误判决的纠正功能

当前,我国公民法律意识仍比较淡薄,法律观念仍有待加强,而申诉和再审程序是法律规定性较强的,具有法定的程序和期限,当事人往往会由于法制水平不高,对于法律的规定不熟悉,而在申诉过程中劳财劳力却没有满意的结果,从而容易导致对法律、对社会的不满,但是律师介入申诉和再审,能够帮助当事人解决法律认识的问题,充分地为当事人分析法律的有关规定,并代替当事人在规定的时间、依照法定的程序进行申诉和参与再审程序。这对国家法制的健全、法律权威的树立都具有重要意义。

(四) 有利于节约司法资源,维护法律权威

在我国,当事人由于法律认识的不足和天然地对于权力的信任情感而不断上访、申诉的情形不少,于是,往往一个案件已经经过了多次再审,但是当事人仍然不服,继续不断的上访、申诉,这不仅对于当事人的家庭、工作和生活造成严重的影响,也造成司法资源和社会公共服务资源的极大浪费。但由于我国宪法规定人民法院、人民检察院或者其他国家机关对于公民的申诉材料应当予以审查,而且,作为一方主体的人民法院、人民检察院由于已经处于当事人不信任的地位,更加难于说服当事人遵守裁判。但是,作为中立的律师,其职责是维护当事人的合法权利,对于确实存在错误的裁判,应当积极为当事人收集证据,代理进行申诉、再审,但是对于审查认为案件没有错误,只是当事人认识上存在偏差的案件,则应当向当事人解释法律规定和继续上访、申诉可能产生的结果,使当事人对自己的行为有一个明确的预期,说服当事人息讼,遵守、维护法律的权威。

二、律师接受申诉、再审案件积极性问题

当事人申诉的案件,一般都是重大、疑难、复杂案件,由于这类案件已经经过人民法院的审理,法律规定申诉也需符合法律规定的条件和期限,而且新的证据的收集也存在较大的难度,往往胜诉的希望比较小,而律师虽然是法律公正的追求者,但对于日益竞争的市场来说,胜诉或者胜诉率是律师成功的一个重要条件,也是得到当事人信任的一个重要标准。为此,律师接受申诉、再审案件的积极性就存在较大的问号。对于裁判"适用法律存在错误"情形的申诉和再审,律

师可以根据法律的具体规定,充分阐释法律的有关精神来达到维护当事人合法权利的目的,但是,对于认定事实错误的案件,由于需要新的证据证明原裁判确有错误,而证据的保存、收集经过较长的时间后难于取得,为此,这类案件需要得到更专业的法律工作者的帮助,但是,这些难度较大的案件也正是律师们比较不愿意代理的。这类案件一方面当事人由于能力的限制需要律师的帮助,但是另一方面律师由于自身因素和案件实际情况的考虑却并不积极,从而导致在申诉、再审案件中,更需要律师帮助的案件却比较难于请到合适的律师。而且,在我国当前上访人数众多,律师队伍对于这个群体的也刻意保持着一定的距离,律师事务所并不希望变成一个上访接待室,而且,上访、申诉的群体也较少到律师事务所进行咨询,相反倒更信任民间的法律机构,如高校的法律援助机构等。为此,申诉案件聘请律师的情况在现实中并不多。① 这不仅与律师对于自身业务的考虑和当前我国上访、申诉的现状有关,同时还与我国申诉业务律师收费缺乏规定有关。

三、律师参与申诉、再审案件中的问题

在辩护实践中,根据辩护律师与被告人签订的委托协议,通常在承办案件的一审或二审终结之后,辩护律师的工作也随即结束。至于被告人或者其法定代理人、近亲属不服判决或裁定,意欲提出上诉或申诉的,则由他们自行处理或另行委托律师等人处理。但在特殊情况下,如辩护律师认为判决或裁定不当,或被告人等要求辩护律师帮助时,辩护律师可以依法继续参与案件的上诉或申诉工作。在此过程中,辩护律师应注意防止发生的失误主要有两种:一是混淆不同主体的上诉权性质。按照法律规定,被告人享有独立的上诉权,其他任何人的意见均对其行使上诉权不构成影响;被告人的法定代理人,即未成年或患精神疾病的被告人的父母、养父母、监护人等,享有独立的上诉权,被告人的态度如何不影响其上诉权的行使,被告人的辩护人和不属于法定代理人的近亲属,享有附条件的上诉权,即他们只有经被告人同意,才可以提出上诉。如果辩护律师混淆这几类人的上诉权性质,则极有可能导致上诉无效,甚至因此而延误上诉的有效期限。二是混淆申诉活动和辩护活动的界限。按照我国现行法律规定,辩护律师参与刑事案件的申诉只限于提出申诉要求或者代写刑事申诉状的范围,无权在申诉阶段行使辩护人的权利。只有法院依照审判监督程序对案件重新审判时,辩护律师才能接受被告人的委托或法律援助机构的指派,参与刑事诉讼,行使法律赋

---

① 邓颖博士在其博士论文的实证研究考察的 60 个案件中,委托律师进行申诉的只有 4 件。参见邓颖:《刑事生效裁判申诉制度研究》,中国政法大学 2006 年博士论文。

予辩护人的权利。①

第四节　法　律　实　践

一、律师代理申诉案件实务

(一) 刑事诉讼案件的申诉代理

1. 刑事案件申诉的概念、特点

审判监督程序中的申诉,是指申诉权人对人民法院的生效裁判不服,以书状或口头形式向人民法院或者人民检察院提出该裁判在认定事实或者适用法律上的错误并要求重新审判的行为。②《刑事诉讼法》第241条、第242条对申诉人的主体范围及申诉的效力、因申诉而重新审判的情形作了具体规定。

刑事案件的申诉具有以下几个特点：

(1) 申诉的主体,我国刑事案件申诉的主体只能由当事人及其法定代理人、近亲属提出。

(2) 申诉的事由,法律未作明确规定,但符合《刑事诉讼法》第242条规定的情形之一,人民法院依法应当重新审判。

(3) 申诉的受理主体,根据《刑事诉讼法》第241条规定,可以是人民法院,也可以是人民检察院。

(4) 申诉的效力,需要经过审查,申诉不能停止判决、裁定的执行。《刑事诉讼法》第246条第2款规定,人民法院按照审判监督程序审判的案件,可以决定中止原判决、裁定的执行。因此,申诉并不必然引起审判监督程序。

2. 刑事案件申诉的条件

如前所述,法律并未规定申诉必须具备的条件,但规定了人民法院"应当重新审判"的法定情形。鉴于申诉的目的在于引起对案件的重新审判,所以,可是认为《刑事诉讼法》第242条规定的情形就是申诉的条件。具体包括以下几个方面：

(1) 有新的证据证明原判决、裁定认定的事实确有错误,可能影响定罪量刑的。新的证据,是指判决、裁定发生法律效力后,发现了原审判过程中没有掌握的证据。它起到的证明作用不但说明原裁判认定的事实有误,还应达到可能影响定罪量刑的程度。

(2) 据以定罪的证据不确实、不充分、依法应当予以排除,或者证明案件事实的主要证据之间存在矛盾的。申诉理由要能够说明原审定罪量刑的证据未能

---

① 陈光中主编:《律师学》,中国法制出版社2008年版,第299页。
② 陈光中主编:《刑事诉讼法》(第四版),北京大学出版社、高等教育出版社2012年版,第368页。

达到证明标准，或者在审判时未能收集到的证据或者未被采信的证据，根据当事人的申诉可能推翻原定罪量刑的。

（3）原判决、裁定适用法律确有错误的。这主要是指定罪上有错误和量刑上有错误两种情况。前者包括：引用法律条文错误或者适用失效的法律的，错误地认定了案件性质，将无罪作为有罪判处或者将有罪作为无罪判处，错定罪名，混淆了此罪与彼罪或一罪与数罪的界限，违反法律关于溯及力规定的；后者则包括：量刑明显不当，畸轻畸重，轻罪重判或重罪轻判，如在没有法定加重情节的情况下判处的刑罚超出法定刑。

（4）违反法律规定的诉讼程序，可能影响公正审判的。刑事诉讼程序的独立价值已经越发被人们所认识和理解，违反法定的诉讼程序，同样可能影响判决的公正，因而，法律对此作出特别规定，将其列为引起重新审判的法定情形之一。

（5）审判人员在审理该案件的时候，有贪污受贿、徇私舞弊、枉法裁判行为的。这种情况，是指参与原判决、裁定的审判人员在审理该案件时有贪污受贿、徇私舞弊、枉法裁判行为并且此种行为已经法定程序得到证明的。

此外，根据《刑事诉讼法》第243条规定，人民检察院对人民法院已经发生法律效力的判决和裁定，"如果发现确有错误"，有权提出抗诉，人民法院应当进行重新审理。申诉依法可以向人民检察院提出，并应符合法定的人民法院应当进行再审的情形，才有利于达到申诉的目的。

3. 刑事案件申诉代理的律师

刑事案件申诉代理中的律师根据委托人的不同分为原审原告人的申诉代理律师和原审被告人的申诉代理律师、附带民事诉讼当事人的申诉代理律师。刑事案件申诉代理律师接受当事人的委托需要注意：

（1）《刑事诉讼法》第241条明确规定刑事案件的申诉主体只能是当事人及其法定代理人、近亲属，因此，律师代理申诉只能接受刑事案件当事人及其法定代理人、近亲属的委托，而不能接受除此以外其他人的委托。对于当事人及其法定代理人、近亲属的委托，律师一般无需进行实质性审查，只要查明判决、裁定已经发生法律效力即可。因为对于判决、裁定是否确有错误，律师要在接受委托后通过一定的调查分析工作才能判明。

（2）根据《最高人民法院关于规范人民法院再审立案的若干意见（试行）》第10条的规定：人民法院对刑事案件的申诉人在刑罚执行完毕后两年内提出申诉的，应当受理；超过两年提出申诉的，具有下列情形之一的，应当受理：① 可能对原审被告人宣告无罪的；② 原审被告人在本条规定的期限内向人民法院提出申诉，人民法院未受理的；③ 属于疑难、复杂、重大案件的。因此，刑事案件申诉代理的律师应遵守法律的规定，在接受代理前审查委托案件是否符合法定期限。

（3）对于刑事附带民事当事人的委托，律师应向当事人予以说明，人民法院对于刑事附带民事诉讼案件中仅就民事部分提出申诉的,一般不予再审立案,但有证据证明民事部分明显失当且原审被告人有赔偿能力的除外。

(4) 律师决定接受当事人及其法定代理人、近亲属的委托代理申诉的,应与其签订委托代理合同,并由当事人等出具授权委托书,以明确代理事项、权限和期限,使律师能够据以向人民法院或者人民检察院提出申诉。

(5) 律师代理申诉的主要任务是查明当事人及其法定代理人、近亲属的申诉是否符合法定条件。根据《刑事诉讼法》第 242 条的规定,只要当事人及其法定代理人、近亲属的申诉符合法定情形之一,其申诉就能够当然地引起审判监督程序的发生。为此,代理律师应当进行调查工作,收集证据予以证明或进行分析研究予以判定。

(6) 律师经审查认为当事人及其法定代理人、近亲属的申诉符合法定条件的,应代写申诉状,向有关的人民法院或者人民检察院提交并提供有关证据材料;律师经审查认为当事人及其法定代理人、近亲属的申诉不符合法定条件的,则应向其进行解释,动员其放弃申诉,但当事人及其法定代理人、近亲属仍然固执己见的,则律师应遵循以事实为根据、以法律为准绳的原则,辞去代理。

(7) 代理律师代为提交申诉状后,应尽可能约见人民法院或者人民检察院的承办人员,向其说明申诉的事实和理由,必要时还应当补充有关证据材料。一旦人民法院决定再审或驳回申诉,或者人民检察院决定提出抗诉或不予抗诉,律师的代理任务即告完成。如当事人及其法定代理人、近亲属决定继续委托律师进行辩护或代理诉讼,则应另行办理辩护或代理委托手续。

(二) 民事诉讼案件的申诉代理

1. 民事案件申诉的概念和特点

民事案件的申诉,是指当事人认为已经发生法律效力的民事判决、裁定有错误,而向人民法院申请重新审理的行为。《民事诉讼法》第 199 条、第 200 条、第 201 条对民事申诉的主体、效力及申诉的事由作了具体规定。民事案件的申诉具有如下特点:

(1) 申诉的主体,只能由当事人提出,其中包括当事人一方人数众多或者当事人双方为公民的案件。

(2) 申诉的受理主体,是生效判决、裁定的上一级人民法院。但是,进行再审的法院可以包括作出生效裁判的法院本身,这也体现了我国再审程序的特点之一,法院可以本着实事求是、有错必究的精神,对自身的错误进行纠正,或者根据最高人民法院、上级法院的指令进行再审。

(3) 申诉的对象,包括已经发生法律效力的判决、裁定。对于调解书,因为是双方自愿达成,不应作为申诉的对象,但是,根据《民事诉讼法》第 201 条规定,当事人对已经发生法律效力的调解书,提出证据证明调解违法自愿原则或者调解协议的内容违反法律的,可以申请再审。经人民法院审查属实的,应当再审。此外,应当注意,一般而言调解书不能作为当事人申请再审的理由,但可以作为法院主动纠正错误的对象或者人民检察院提起抗诉的事由,进而体现了法律设立审判监督程序的深层追求。

(4) 申诉的原因和事由,对于原因,只需当事人"认为有错误",具体事由法律未作明确规定,但只要符合《民事诉讼法》第200条规定的情形之一,或者第201条的规定,"人民法院应当再审"。鉴于申诉系为了引起审判监督程序的进行,因而当事人的申诉应当具备法律情形才有利于达成目标。

(5) 申诉的效力,能否引起审判监督程序的进行,需要经过审查。《民事诉讼法》第199条中规定,"当事人申请再审的,不停止判决、裁定的执行",因而,人民法院认为符合《民事诉讼法》第200条规定的情形之一,或者第201条的规定,才能决定进行再审;根据《民事诉讼法》第206条的规定:"按照审判监督程序决定再审的案件,裁定中止原判决、裁定、调解书的执行,但追索赡养费、扶养费、抚育费、抚恤金、医疗费用、劳动报酬等案件,可以不中止执行。"申诉对人民法院、人民检察院不具有约束力,只有符合法定条件的申诉人民法院才会启动审判监督程序,人民检察院才会提起再审抗诉。

(6) 申诉的期限,根据《民事诉讼法》第205条规定,当事人申请再审,应当在判决、裁定发生法律效力后6个月内提出。符合《民事诉讼法》第200条第1项、第3项、第12项、第13项规定情形的,自知道或者应当知道之日起6个月内提出。

2. 民事案件再审的法定情形

《民事诉讼法》第199条、第200条和《最高人民法院关于规范人民法院再审立案的若干意见(试行)》第8条的规定,针对已经发生法律效力的判决、裁定,当事人认为有错误,可以向上一级人民法院申请再审,符合下列情形之一,人民法院应当再审:

(1) 有新的证据,足以推翻原判决、裁定的;(2) 原判决、裁定认定的基本事实缺乏证据证明的;(3) 原判决、裁定认定事实的主要证据是伪造的;(4) 原判决、裁定认定事实的主要证据未经质证的;(5) 对审理案件需要的主要证据,当事人因客观原因不能自行收集,书面申请人民法院调查收集,人民法院未调查收集的;6) 原判决、裁定适用法律确有错误的;(7) 审判组织的组成不合法或者依法应当回避的审判人员没有回避的;(8) 无诉讼行为能力人未经法定代理人代为诉讼或者应当参加诉讼的当事人,因不能归责于本人或者其诉讼代理人的事由,未参加诉讼的;(9) 违反法律规定,剥夺当事人辩论权利的;(10) 未经传票传唤,缺席判决的;(11) 原判决、裁定遗漏或者超出诉讼请求的;(12) 据以作出原判决、裁定的法律文书被撤销或者变更的;(13) 审判人员在审理该案件时有贪污受贿,徇私舞弊,枉法裁判行为的。

《民事诉讼法》第 201 条规定,当事人对已经发生法律效力的调解书,提出证据证明调解违反自愿原则或者调解协议的内容违反法律的,可以申请再审。经人民法院审查属实的,应当再审。《民事诉讼法》第 202 条规定,当事人对已经发生法律效力的解除婚姻关系的判决、调解书,不得申请再审。此外,根据《民事诉讼法》第 208 条规定,人民检察院对人民法院已经发生法律效力的判决、裁定有《民事诉讼法》第 200 条规定的情形之一,或者发现调解书损害国家利益、社会公共利益的,应当提出抗诉,人民法院应当进行重新审理。申诉依法可以向人民检察院提出,并应符合法定情形,才有利于达到申诉的目的。

3. 民事案件申诉代理的律师

民事案件申诉代理的律师应注意:

(1) 民事申诉代理的律师应当明确有权进行民事申诉委托人的范围。相对于刑事案件申诉委托人的范围,代理民事案件申诉,律师只能接受当事人及其法定代理人的委托,而不能接受当事人近亲属和其他人的委托,委托人的范围更小。

(2) 律师代理民事案件申诉,既可以根据《民事诉讼法》第 199 条向作出生效判决、裁定的人民法院的上一级人民法院提出,也可以根据《民事诉讼法》第 208 条向最高人民检察院或者作出生效裁判的人民法院的上级人民检察院提出,以期人民检察院按照审判监督程序提出抗诉。

(3) 申诉应当符合法定的时间期限。根据《民事诉讼法》第 205 条的规定,律师代理民事案件的申诉,应当在判决、裁定发生法律效力后 6 个月内提出。符合《民事诉讼法》第 200 条第 1 项、第 3 项、第 12 项、第 13 项规定情形的,律师也可以自当事人知道或者应当知道之日起 6 个月内提出。

(4) 根据《民事诉讼法》第 202 条的规定,当事人对已经发生法律效力的解除婚姻关系的判决,不得申请再审,因此律师亦不应接受其委托代理申诉。

(三) 行政案件的申诉代理

1. 行政案件申诉的概念和特点

行政案件的申诉,是指当事人认为已经发生法律效力的行政判决、裁定确有错误,而向人民法院申请再审的行为。

行政案件的申诉具有如下特点:(1) 申诉的主体,只能由当事人提出;(2) 受理申诉的主体,既可以是作出生效判决的原审人民法院,也可以是上一级人民法院;(3) 申诉的范围适用于经过调解结案的行政赔偿案件。1999 年《最高人民法院关于执行〈行政诉讼法〉若干问题的解释》第 73 条规定:如果当事人提出证据证明调解违反自愿原则或者调解协议的内容违反法律规定,也可以申请再审;(4) 申诉的事由特定,具体指《最高人民法院关于执行〈行政诉讼法〉若干问题的解释》第72条违反法律、法规规定的情形;(5)申诉的效力需要经过审查,申诉并不能确定地使已经发生法律效力的判决、裁定停止执行,只有经过审查由人民法院经过开庭审理,认为确有必要才能停止原判决、裁定的执行;(6)申诉对人民法院、人民检察院不具有约束力,只有符合法定条件的申诉人民法院才会启动审判监督程序,人民检察院才会提起再审抗诉。

2. 行政案件申诉的条件

根据《行政诉讼法》第62条的规定,当事人对已经发生法律效力的判决、裁定,认为确有错误的,可以提出申诉。根据《最高人民法院关于执行〈中华人民共和国行政诉讼法〉若干问题的解释》和《最高人民法院关于规范人民法院再审立案的若干意见(试行)》的有关规定,行政案件判决、裁定确有错误具体是指以下几种情况:(1)原判决、裁定认定事实不清或主要证据不充分或不具有证明力的;(2)适用法律法规有错误的,引用法律条文错误或者适用失效、尚未生效法律的,或者违反法律关于溯及力规定的;(3)原审人民法院违反法定程序,可能影响案件正确判决、裁定的;(4)审判人员在审理该案件时有贪污受贿、徇私舞弊、枉法裁判行为的;(5)依法应当受理而不予受理或驳回起诉的;(6)有新的证据可能改变原裁判的;(7)原裁判的主要事实依据被依法变更或者撤销的;(8)行政赔偿调解协议违反自愿原则,内容违反法律或者损害国家利益、公共利益和他人利益的。

3. 行政案件申诉代理的律师

律师代理行政案件申诉需要注意:

(1)行政申诉代理的律师只能接受当事人的委托进行申诉,当事人包括行政诉讼原告、被告和第三人,只有接受有权对已经生效的行政判决、裁定进行申诉的主体的委托,律师才能进行申诉活动。

(2)律师代理民事案件申诉,既可以向作出生效判决、裁定的人民法院的上一级人民法院提出,也可以向作出生效裁判的人民法院的上级人民检察院提出。因为根据《民事诉讼法》第187条的规定,最高人民检察院和上级人民检察院亦有权按照审判监督程序提出抗诉。

(3)申诉应当符合法定的时间期限。根据《最高人民法院关于执行〈中华人民共和国行政诉讼法〉若干问题的解释》第73条的规定,律师代理行政案件的申诉,应当在行政判决、裁定发生法律效力后的2年内提出。判决、裁定发生法律效力的时间超过2年的,当事人即丧失申诉的权利,律师不应接受其委托代理申诉。

(4)律师接受当事人委托后的调查分析工作,应围绕行政诉讼法的具体规定进行。为此,代理律师必须注意审查原判决、裁定的合法性,更多地从法理、法律上分析研究原判决、裁定是否违反法律、法规,以确定向人民法院提出申诉,人民法院是否应当再审。

二、律师代理再审案件实务

（一）律师代理刑事再审案件

1. 概念和特点

律师代理刑事再审案件是指律师接受当事人（原审被告人、原审上诉人）及其法定代理人、近亲属的委托，参加刑事再审案件，维护当事人合法权利的活动。根据委托人的不同，代理律师可以为原审自诉人代理作诉讼代理人；也可以为原审被告人作辩护人；还可以成为附带民事诉讼当事人的申诉代理人。律师代理刑事再审案件有以下特点：（1）律师接受当事人（原审被告人、原审上诉人）及其法定代理人、近亲属的委托代为参加诉讼，只有在人民法院决定再审之后，才能成为再审案件的代理律师。否则，之前接受委托只是当事人（原审被告人、原审上诉人）的申诉代理律师；（2）根据不同的委托人，刑事案件再审代理律师的地位和享有的权利义务也存在差别，再审诉讼代理人只能在当事人（原审被告人、原审上诉人）等的授权范围内进行诉讼活动，参加再审前应当向法院提交授权委托书，而再审辩护律师则具有独立的诉讼地位，根据《刑事诉讼法》第35条的规定，辩护律师的责任是依据事实和法律，提出当事人（原审被告人、原审上诉人）无罪、罪轻、减轻或者应当免除刑事责任的材料和意见，维护其诉讼权利和其他合法权益。

2. 刑事再审案件中的律师

审判监督程序启动之后，律师的辩护与代理活动应当根据法律的规定和相关的司法解释进行，无具体规定的则参照普通程序的规定。2012年《刑事诉讼法》修改后，既有的司法解释也会作出相应的调整，应当注意理解。目前，依据最高人民法院2001年颁布的《关于刑事再审案件开庭审理程序的具体规定》，我国刑事再审案件分为开庭审理和不开庭审理，因此，刑事再审代理律师应根据代理的再审案件的不同情况提出律师意见，以维护当事人的合法权益。代理律师应当明确，如果存在下列情况，人民法院将开庭审理再审刑事案件：依照第一审程序审理的；依照第二审程序需要对事实或者证据进行审理的；人民检察院按照审判监督程序提出抗诉的；其他应当开庭审理的情形。如果再审代理律师代理的案件存在上述情形，应当积极做好出庭的准备，认真查阅卷宗，充分准备相关证据材料，熟悉案件情况，并在人民法院通知开庭之日前，向人民法院提交新的证据。在开庭审理过程中，代理律师同样享有广泛的权利和应当承担一定的义务，如获得通知的权利，参加法庭调查、法庭辩论的权利等，对于案件涉及的国家秘密、商业秘密、个人隐私有保密的义务等。对于不开庭审理的案件，代理律师也应当在人民法院决定再审后，认真查阅卷宗，审查案件证据是否确实充分，适用法律有无错误,量刑是否适当等,并按照法定期限及时将代理律师意见提交法庭。

(二)律师代理民事再审案件

1. 概念和特点

律师代理民事再审案件是指律师接受当事人的委托,参加人民法院决定对已经生效的民事案件重新审判,维护当事人合法权益的活动。根据委托人的不同,再审代理律师分为再审案件原告代理律师和再审案件被告代理律师,因民事诉讼中原被告双方的诉讼地位平等,双方代理律师的权利义务也是对等的,但代理律师具体的权限来源于当事人的委托授权。

律师代理民事再审案件有以下特点:(1)民事再审代理律师只能接受当事人的委托,而且只有在人民法院已经决定再审之后,才能成为再审案件的代理律师;(2)民事案件再审代理律师的代理权限来源于委托人的授权,对于代为承认、放弃、变更诉讼请求,进行和解,提起反诉或者上诉等事项,代理律师需要得到委托人的特别授权;(3)代理律师可以调查收集证据,查阅案件的有关材料。民事诉讼实行"谁主张谁举证"的证明原则,因此,对于诉讼主张需要提出证据予以证明,否则将承担举证不能的后果。代理律师参与民事再审案件,将大大提高当事人收集、提出证据的能力,维护其合法权益。

2. 民事再审案件中的律师

根据我国《民事诉讼法》的规定,依审判监督程序提起再审的案件,依据原生效判决作出的程序不同,以及是否属于上级人民法院提审,分别适用第一审民事诉讼程序或者第二审民事诉讼程序。所以,此处仅阐述再审程序中律师代理的特殊部分,其他内容可以参照前述第一审程序或第二审程序的代理。

律师可以以委托人的名义,代表委托人的合法意志,依据案件的事实和有关法律,代委托人书写再审申请书。但当事人委托律师申请再审时,代理律师一定要掌握以下原则:(1)审查是否属于可以申请再审的范围;(2)审查申请再审的主体是否合法;(3)审查申请再审的对象是否合法;(4)审查申请再审是否具有法定的事实和理由;(5)审查调解是否违反自愿原则或调解协议内容是否违法;(6)审查申请再审是否超出法定期限。

根据《民事诉讼法》第198条的规定,再审案件分为自行再审案件、指令再审案件和上级法院提审的案件。因再审案件的类型不同,根据《民事诉讼法》第207条规定,所适用的诉讼程序也有所不同。

1. 自行再审案件依原审判程序进行,但是应当另行组成合议庭,曾经参加此案审理的法官不能参加再审。按一审程序进行的再审,当事人可对再审的判决、裁定提起上诉,律师经特别授权后也可代为提出上诉;按二审程序进行的再审,所作的判决、裁定是发生法律效力的判决、裁定,当事人不能上诉,律师应劝说当事人服判息诉。

2. 指令再审案件,如系指令一审法院再审的,适用一审程序,对再审的判决、程序,可由经当事人特别授权的律师代为上诉;如系指令二审法院再审,适用二审程序,所作的判决、裁定为发生法律效力的判决、裁定,不能上诉。

3. 上级人民法院提审的再审案件,适用二审程序,由合议庭进行审理,所作的判决、裁定为发生法律效力的判决、裁定,不能上诉。

(三) 律师代理行政再审案件

律师代理行政再审案件是指律师接受行政诉讼当事人的委托,参加人民法院已经决定重新审理的行政案件,在再审过程中维护当事人合法权利的活动。律师可以根据原审当事人的委托,代其撰写、并向有管辖权的人民法院或人民检察院递交申诉状。

律师接受申诉委托,应当着重审核是否具备下列情形:(1)发现了新的重要证据,使原判决、裁定的基础丧失。(2)原判决、裁定认定事实的主要证据不足。(3)原判决、裁定适用法律、法规有错误。(4)原审的审判人员、书记员应当回避而未回避,依法应当开庭审理而未经开庭即作出判决;未经合法传唤当事人而缺席判决,遗漏必须参加诉讼的当事人,对与本案有关的诉讼请求未予裁判以及其他违反法定程序可能影响案件正确裁判的情形。(5)有足够证据证明行政赔偿调解违反自愿原则或者调解协议的内容违反法律规定。

律师代理当事人在递交申诉状或再审申请书的同时,可以向人民法院提出中止执行的申请。

第五节 案例评析

一、山东省安丘市检察院实行"律师代理申诉"制度

【案情】

"全国模范检察院"——山东省安丘市人民检察院近年来大胆创新民事行政检察工作,针对群众法律知识缺乏、取证难、服判息诉难的突出问题,不断探索申诉模式,积极推行"律师代理申诉"制度,有利地提高了抗诉质量。

三年来,该院共受理民事(经济)、行政申诉案132件,其中律师代理申诉的101件,占受理总数的76.5%,经审查提请抗诉及建议提请抗诉64件,其中51件是律师带当事人或律师到检察机关申诉,占提请抗诉总数的79.7%。

无论对案件的认识,还是对案件的证据链条把握上,群众自己取证与律师相比尚有一定的难度。针对这一难点,该院一方面积极与司法局联系,让律师帮助群众取证;另一方面开展法律送下乡活动,让群众了解为什么要打官司、证

在打官司中的地位与作用,较好地弥补了群众有理但不会取证的"盲点"。

2002年10月,该院受理了一起陈某借款纠纷申诉一案,在审查过程中,民行科发现案件证据缺乏证人证言,形不成证据链条,达不到抗诉条件,便与申诉人的律师李某交换了意见。凭着对法律知识的积累,李某在离申诉期还有差48小时时便取来三份关键的证人证言,证实了陈某的申诉理由充分。于是,依法立案审查,从受理到提请抗诉仅用了4天时间。经法院再审后认为,检察机关抗诉理由成立,最后改判陈某胜8万元。[①]

【评析】

律师代理申诉、再审的作用在于为缺乏专业法律知识的当事人解决法律认识的不足,突出解决申诉、再审案件中的取证难、服判息诉难的问题,能够提高申诉、再审的效率,节约当事人的财力精力,同时也有利于节约有限的司法资源。律师介入申诉、再审不仅是当事人的代理人,同时也为人民检察院、人民法院发现案件真实提供一双眼睛,使社会正义得到最终实现。

二、昆明西山区启动律师代理申诉制度

【案情】

2006年9月12日,西山区人民检察院和区司法局联合在云南省首家推出律师代理民事、经济、行政案件申诉制度,这对那些纠纷缠身、诉讼乏术的人来讲,无疑是个好消息:今后打官司的路好走多了。

【评析】

所谓律师代理申诉制度,是指律师(包括法律工作者)在代理民事、经济、行政诉讼案件过程中,对人民法院已经生效的判决、裁定,认为其认定事实的主要证据不足,或适用法律确有错误,或违反法定程序,影响案件正确裁判的,可向当事人说明检察机关有法律监督权,经当事人授权,向检察机关民事行政部门申诉并配合检察机关审查的制度。实行这个制度,其有利之处在于:第一,律师是绝大多数民事、经济、行政案件的参与者,实行代理制度后,可以将确有问题的判决、裁定向检察机关提出申诉,大大扩大检察机关民行工作的案源。第二,律师的法律素质较高,他们提供的申诉案件线索质量较高,提请、建议提请或提出抗诉的成案率也较高。第三,律师熟悉他所代理的案件的整个过程,能够讲明案件发生的前因后果,能够从案件的事实、适用法律和法定程序等方面指出错误所在,对检察机关正确办理案件有参考意义,有助于提高检察人员的工作效率。第四,对于法院的判决、裁定基本正确,当事人又不能接受的,由律师做好当事人心

[①] 载"最高人民检察院"网站,http://www.spp.gov.cn/site2006/2006-03-27/001466304.html,访问日期:2012年11月27日。

理转化工作,让其服判息诉,维护法院的正确的判决、裁定。此外,还要让当事人知道,申诉并不必然引起抗诉,抗诉也不必然导致法院改判,以避免无休止的申诉,减少讼累,维护社会稳定。①

第六节　问题与建议

我国的《刑事诉讼法》、《民事诉讼法》、《行政诉讼法》中均规定了律师的参与,无论是辩护还是代理,对于保障当事人等的诉讼权利和其他合法权益,完善法律规范,促进国家的法制建设都有极大的积极作用。实事求是、有错必纠是我国法律规范中坚持的重要理念之一,为此,各诉讼法中都明确规定了审判监督程序,对人民法院已经发生法律效力的判决、裁定等,如果认为或者发现有错误,允许通过法定程序由当事人等申请或者由人民法院、人民检察院主动依照职权启动再审,予以纠正,这是具有重要意义的程序,是保证司法权威,尊重和保障人权的体现。近年进行的《刑事诉讼法》、《民事诉讼法》的修改,始终将审判监督程序的完善列为重要的部分,而且从2012年上述两部基本法律的修改内容中都可以明显体现,但是,对于律师如何在这一特殊程序中发挥作用缺少更有针对性的回应,是为不足。

如前论述,申诉与代理制度是相互存在部分交集又不完全相同的制度,角度不同,但都是审判监督程序法律规范的组成部分,本节就二者统一讨论,结合我们的思考,提出对立法的有关完善建议,即:在各诉讼法中明确规定再审程序中的律师代理制度。具体理由有:

第一,我国《律师法》第28条第4项将"接受委托,代理各类诉讼案件的申诉"确定为律师的业务之一,而申诉的目的正是为了纠正人民法院已经发生法律效力的判决、裁定中的错误,启动审判监督程序,所以,应当将律师在审判监督程序中的参与更明确地规定在各诉讼法中。

第二,审判监督程序的启动针对的是人民法院已经发生法律效力的判决、裁定中可能存在的错误,为了保证立法纠正错误、维护司法权威的目标得以实现,它的启动必须具有严格的条件和程序,因此,需要司法机关以外具有专业能力的人帮助相关权利人即法律规定的申诉权人行使权利,提高效率,也防止申诉的随意性和司法资源的浪费。律师是完成此项任务的上佳人选。

第三,我国的律师队伍总体综合素质是比较高的,有严格的执业资格考试和考核,有行业协会的监督管理,有所在律师事务所的日常督促,对于有关需要是

---

①　载"人民网",http://www.people.com.cn/GB/channel4/989/20000925/248902.html,访问日期:2012年11月27日。

有能力胜任的。

第四,进入再审程序审理的案件数量是有限的,如果说目前我国尚不能完全满足诉讼中对律师服务的全部需求,至少,除了目前法律规定必须有律师帮助的案件之外,对于申诉的代理是必要的,尤其对于已经启动再审程序的案件及时担任代理,给予必要的法律帮助,是有可行性的。

第五,我国的法律援助制度近年受到高度重视,有了长足的发展,法律援助机构的建立和健全,为通过法律援助方式获得诉讼中的律师帮助提供了极好的平台,所以,再审程序中的律师作用完全有必要也有可能得以更好地发挥,进而体现我国法制建设的发展成果。

综上,建议将审判监督程序中的律师代理确定为一项强制性的制度,即对于已经启动的再审程序,如果当事人没有委托代理人,人民法院应当通知法律援助机构指派律师为其提供法律帮助。

相应的,在相关的法律规章例如国务院的《法律援助条例》中,明确将上述制度予以体现,法律援助不只针对经济困难以及其他法律规定的情形,还应包括再审程序中的当事人(申诉权人)等。

【问题与思考】

1. 申诉的概念
2. 再审的概念
3. 律师代理申诉的概念
4. 律师代理再审的概念

第十二章　仲裁中的律师代理

【本章内容提要】

本章介绍律师代理仲裁概念、基本原则，我国律师代理仲裁制度的立法历程，介绍律师代理国内、国际仲裁的步骤和程序，并就完善律师代理仲裁提出建议。

【关键词】　仲裁　律师代理　自愿原则

第一节　基本理论

一、仲裁概述

仲裁是我国纠纷解决方式中的一种重要形式。"仲裁是指发生争议的双方当事人，根据其在争议发生前或争议发生后所达成的协议，自愿将该争议提交中立的第三者进行裁判的争议解决制度和方式。"[①]我国《仲裁法》第2条的规定：平等主体的公民、法人和其他组织之间发生的合同纠纷和其他财产权益纠纷，可以仲裁。由此可知，仲裁是解决人们相互之间所发生的合同纠纷和其他财产权益纠纷的重要方式。

仲裁与诉讼、调解、和解都是解决民事纠纷的重要方式，三者各具特色，共同构成了我国民事纠纷解决方式机制。各自启动都需具备一定的条件，当事人申请仲裁需要具备以下条件：(1)当事人之间的纠纷属于可以申请仲裁的范围；(2)当事人在纠纷发生前已经签订了仲裁协议或者纠纷发生后共同同意将纠纷通过仲裁的方式解决并形成了书面协议；(3)当事人签订仲裁协议是双方自愿达成的，不存在一方胁迫、引诱、欺骗的情形。具备以上条件，则满足了申请仲裁的前提条件，否则，当事人只能通过诉讼或者和解的方式处理双方之间的争议。

依据不同的标准，可以将仲裁划分为不同的类型。对仲裁进行分类研究，对仲裁理论发展和实践研究均具有重要意义：(1)国内仲裁与国际仲裁。主要依据仲裁当事人、仲裁所针对的纠纷等要素是否具有涉外因素。依据《最高人民法院关于适用〈中华人民共和国民事诉讼法〉若干问题的意见》第304条规定：当事人一方或双方是外国人、无国籍人、外国企业或组织，或者当事人之间民事

[①]　江伟主编：《仲裁法》，中国人民大学出版社2009年版，第12页。

法律关系的设立、变更、终止的法律事实发生在外国,或者诉讼标的物在外国的民事案件,为涉外民事案件。国际仲裁是指处理具有涉外因素的民事纠纷争议或国际性民商事纠纷的仲裁。国内仲裁指解决本国当事人之间没有涉外因素的国内民事纠纷的仲裁。(2)机构仲裁和临时仲裁。这种分类主要依据仲裁组织产生和存续的状态。机构仲裁是指当事人签订仲裁协议将双方之间产生的纠纷提交某一常设仲裁机构进行裁决的活动。临时仲裁是双方当事人签订协议时,仲裁机构还不存在,为解决双方之间的纠纷,需要临时组成仲裁庭进行审理并裁决,解决本次纠纷之后,仲裁庭即宣告解散的活动。(3)依法仲裁和友好仲裁。这种分类主要以裁决的依据为标准。依法仲裁是指仲裁庭必须依据一定的法律对提交仲裁的纠纷进行裁决。友好仲裁是指仲裁庭根据当事人的授权,不根据严格的法律,而是按照它所公认的公序良俗原则或形成的商业惯例来进行裁决的仲裁。

二、律师代理仲裁概述

我国《律师法》第28条对律师的业务作了规定,其中第(五)项"接受委托,参加调解、仲裁活动"的规定为我国律师代理仲裁提供了法律依据,同时《仲裁法》第29条规定:"当事人、法定代理人可以委托律师或其他代理人进行仲裁活动。委托律师和其他代理人进行仲裁活动的应当向仲裁委员会提交授权委托书。"律师代理仲裁是律师为社会提供法律服务、是律师业务的重要内容。律师代理仲裁是指律师接受当事人的委托,代理当事人向仲裁机构申请仲裁,参加仲裁活动,以维护当事人合法权益的活动。

律师代理仲裁需要具备以下条件:(1)当事人双方已经产生纠纷,而且纠纷属于仲裁受理的范围;(2)当事人双方已经签订仲裁协议或者书面同意将纠纷通过仲裁解决;(3)律师代理仲裁,成为当事人的代理人需要经过当事人的委托,并授予律师一定的代理权限;(4)当事人委托律师代理参加仲裁的授权委托书应当向仲裁委员会提交,以方便仲裁庭确认律师的身份和及时通知律师参加仲裁活动。

律师代理仲裁相对于诉讼代理和非诉讼代理而言,具有自身的特点:(1)仲裁代理,律师接受当事人委托代理当事人进行的是仲裁活动;而诉讼代理,律师代理当事人进行的则是诉讼活动;非诉讼活动则是提供法律意见或审计等咨询活动。仲裁代理与其他代理在业务范围上存在差异;(2)仲裁代理,应当遵守仲裁法律及仲裁规则的规定,而律师代理诉讼则应当遵守有关诉讼法的规定。律师在进行其他非诉讼法律事务代理活动时,并无专门程序性规范约束,其代理活动只要符合国家法律规定并且不损害委托人的利益即可。这就决定了仲裁与其他代理在活动的方式、方法、步骤等方面存在着明显的区别。

根据仲裁的分类,律师代理仲裁也可以分为国内仲裁代理和国际仲裁代理,机构仲裁代理和临时仲裁代理,依法仲裁代理和友好仲裁代理。根据不同的分类,要求代理律师需要具备不同的专业知识,可能付出的精力和时间成本也不同。如国内仲裁代理,主要涉及国内当事人和国内法,对于律师国际私法或外国法知识要求不高,但如果是国际仲裁代理,则要求代理律师需要具备较为丰富的国际私法知识或涉外诉讼和仲裁代理的经验。又如机构仲裁代理和临时仲裁代理,由于机构仲裁代理中选定的仲裁机构是常设的,因此,律师只需要帮助当事人选择恰当的仲裁委员会组成人员即可,而临时仲裁代理,律师需要付出更大的精力与对方当事人协商确定仲裁庭。律师工作业务和承担的责任不同在律师收费方面会存在差异,如国际仲裁代理相对国内仲裁代理收取的费用就相对更高,临时仲裁代理比机构仲裁代理相对更高。当然仲裁代理收费还与其他案件因素有关系。

第二节 立 法 背 景

有关律师代理仲裁的法律条文涉及《民事诉讼法》、《仲裁法》和《律师法》,因此,考察律师代理仲裁的立法背景离不开这三部法律背景的分析。从新中国建立起,可以将我国的法律制度的发展分为三个阶段:初期的社会主义法制初建阶段、"文革"时期的法制混乱阶段和改革开放之后的法治重建时期。而仲裁制度的完善是在我国改革开放特别是1994年《仲裁法》公布之后,因此,可以说律师代理仲裁制度的立法背景是在我国改革开放之后随着我国法律制度的逐渐建立健全而发展和完善起来的。

一、我国律师代理仲裁制度的立法历程

中央人民政府于1956年和1959年分别设立了中国国际经济贸易仲裁委员会为和中国海事仲裁委员会。以这两个涉外仲裁机构的设立为标志,我国开始了内地的涉外仲裁事业。但这时期受我国计划经济的影响,对于合同的仲裁带有明显的行政干预色彩,这时期的仲裁制度并没有遵循制度本身的要求。"文化大革命"期间,中国的法制遭到了严重的践踏,仲裁法律建设和仲裁工作也处于停滞状态。"文化大革命"结束后,国家开始注重法制的建设和恢复,仲裁制度作为法律体系的重要部分也受到重视。

随着1982年《经济合同法》的施行和1983年国务院《经济合同仲裁条例》的发布,内地才正式成立了经济合同仲裁机关,确立了经济合同仲裁制度。但直到1991年《民事诉讼法》、1993年修正后的《经济合同法》的颁布,协议仲裁才得以肯定。1994年《仲裁法》颁布后,我国的仲裁制度和仲裁程序才真正形成体

系。1996年《律师法》正式将律师代理仲裁活动作为律师执业的一项重要业务确定下来。《仲裁法》的实施和《律师法》的颁布为我国律师参与仲裁活动最终确立了依据,也使我国的律师制度更加完善。

二、我国有关律师代理仲裁的法律规定

我国现行法律规定中有关律师代理仲裁的规定主要散见于《律师法》、《仲裁法》和《民事诉讼法》。

《民事诉讼法》在第27章对涉外仲裁作了有关规定,但在总则编中对律师作为民事案件的委托代理人提供了法律依据,《民事诉讼法》第58条规定:律师、当事人的近亲属、有关的社会团体或者所在单位推荐的人、经人民法院许可的其他公民,都可以被委托为诉讼代理人。依据法律体系解释,律师可以作为涉外仲裁案件的委托代理人,代理当事人参与仲裁。

《律师法》在对律师从事的业务方面没有变动,其中第28条规定:"律师可以从事下列业务:……(五)接受委托,参加调解、仲裁活动。"至于"仲裁活动"具体有哪些内容,则应结合《仲裁法》和《民事诉讼法》的相关规定来具体实施,在活动中律师享有法律规定的权利,同时也承担相应的义务。依据《仲裁法》的规定,律师代理仲裁活动不仅可以在仲裁过程中,如协助当事人选择仲裁庭、出席仲裁庭审、发表辩论意见等,同时还可以在争议出现之前就已经参与了仲裁活动,如律师参与当事人之间合同的起草、成立和生效,对于仲裁条款的选择和确定等。但要完整地研究律师代理仲裁,还应从整体上把握我国仲裁法律制度的特点和规定。

分析我国仲裁有关法律规定,《仲裁法》具有以下特点:

(1)明确规定当事人自愿选择仲裁原则,这也是律师参与仲裁活动所应把握的一个准则。《仲裁法》第4条规定:当事人采用仲裁方式解决纠纷,应当双方自愿,达成仲裁协议。这是国际仲裁最基本的原则,我国在总结多年的仲裁立法经验的基础上,在破除计划经济体制影响的背景下,还仲裁的原来面目,这是我国仲裁制度的一个重大进步。

(2)规定仲裁与调解相结合。当事人选择仲裁而放弃诉讼的途径解决纠纷时有着多重因素考虑的,其中有大部分是为了保持继续的合作关系而采取双方都能接受的仲裁方式,因此,律师代理仲裁也应本着解决纠纷,互利共赢的目的进行。在此目的下律师在仲裁过程中就可以充分运用调解的方式让双方当事人都能满意于仲裁结果。调解被誉为是东方经验,而将仲裁与调解相结合是我党在战争时期一个重要的经验,在《仲裁法》中予以规定表明我国仲裁立法对历史有益经验的借鉴。《仲裁法》第51和52条对调解的效力和调解书的制作作了规定。

（3）规定机构仲裁，未有临时仲裁的规定。《仲裁法》规定,当事人选择仲裁解决双方之间的纠纷,应当签订仲裁协议并选定具体的仲裁机构,如果对仲裁委员会没有约定或者约定不明确的,可以补充协议,但如果达不成补充协议,则仲裁协议无效。因此,可知我国法律并不承认临时仲裁的效力。这在当前我国仲裁制度发展还不是很完善的背景下,对临时仲裁采取较为谨慎的态度可以理解,但随着仲裁理论的发展和我国法律制度的完善,吸收国外对临时仲裁的有益经验,规定临时仲裁制度,建立我国完整的仲裁制度将是经济建设发展的需要。

（4）对涉外仲裁进行特别规定。这给我国律师代理仲裁制度的发展设置了一定的障碍。由于我国采取二元制的立法体例,对国内仲裁制度和国际仲裁制度分别规定。基于国际仲裁的特点,仲裁法和民事诉讼法以专章规定国际仲裁制度,包括仲裁机构的设立、仲裁员资格、采取财产保全措施的人民法院、涉外仲裁裁决的撤销、不予执行等。

三、我国律师代理仲裁制度的发展瓶颈

虽然我国已经对律师代理仲裁有了明确的法律规定,但由于当时"对仲裁的认识和理解水平不够高,行政主导的观念未破除,思想不够解放未能大胆吸收国际经验","更多的是出于体制的原因,为了平衡各部门的既得利益",因此,我国《仲裁法》"没有实现最初的良好愿望,在许多方面仍不能完全适应市场经济的需要,仍与国际通行做法存在相当的距离"①,我国现行仲裁制度存在较大的缺陷,这些缺陷不仅制约了仲裁制度的发展,同时也影响律师代理仲裁制度的完善。这些缺陷主要表现：

（一）行政干预仲裁的问题并未从根本上得到解决,仲裁的民间性受到损害

仲裁作为解决争议的一种方式起源于民间,它是适应人民群众在生产和生活中解决纠纷的需要而自发产生和发展起来的,其性质属于"私力救济"的范畴,而非"公力救济"手段。如果把仲裁解决纠纷同行政和司法解决纠纷混为一谈,不加区分,则仲裁制度便没有独立存在的必要,即使仲裁制度独立存在也不能充分发挥其在解决争议方面的特殊作用。西方各国的民间仲裁制度,无一不是以仲裁属于"私力救济"手段的认识论为基础而建立起来的。我国《仲裁法》也试图改变原有行政仲裁体制,树立民间仲裁的形象。除前面所述,在第8条、第10条第1款、第14条中对此作了一些相关规定外,还在第12条第2款规定："仲裁委员会的主任、副主任和委员由法律、经济贸易专家和有实际工作经验的人员担任。仲裁委员会的组成人员中,法律、经济贸易专家不得少于三分之二。"等等。但《仲裁法》又同时在第10条第2款中规定："仲裁委员会由前款规

---

① 赵健：《回顾与展望：世纪之交的中国国际商事仲裁》，载《仲裁与法律》2001年第1期。

定的市的人民政府组织有关部门和商会统一组建。"这一规定,为政府主导和包揽仲裁机构的组建以及随后过多地介入仲裁机构的管理和干预仲裁制度的运作,提供了机会和理由。据了解,实践中,不但一些地方的仲裁机构按行政模式定级定编,确定主管部门和由政府提供经费补贴、办公用房,而且仲裁委员会的组成人员大多数为政府各有关部门的官员,仲裁委员会主任一般也由政府分管领导或其法制部门的主要领导兼任,每年的全国仲裁工作会议由国务院有关机构主持召开。还有的地方,由政府或者政府有关部门发文推行仲裁制度。更有甚者,有的地方,重大疑难或者社会关注的仲裁案件,在仲裁庭作出裁决之前,仲裁委员会或者仲裁庭还要向政府部门的有关领导汇报,听取意见,等等。所有这些做法只能说明,我国现行的仲裁制度仍然具有较强的行政色彩,而不是真正意义上的民间仲裁。如不彻底改变,仲裁机构的独立性将会成为一句空话,仲裁活动的公正性将会受到社会的怀疑,仲裁制度将难以充分发挥作用。律师在仲裁活动中也难以充分发挥自己应有的作用。

(二) 当事人意思自治原则未得到充分体现,不少规定有较强的诉讼化色彩

意思自治的本义是指,每一社会成员依自己的理性进行判断,管理自己的事务,自主选择,自主参与,自主行为,自主负责。在仲裁活动中实行当事人意思自治原则,至少应当包括以下三个方面的内容:一是应将仲裁协议视为仲裁的基石,有效的仲裁协议是仲裁机构受理案件的依据;二是仲裁适用的程序规则和实体规范原则上应当由双方当事人约定;三是决定仲裁程序中的主要事项,如仲裁庭的组成、仲裁审理的方式和结案方式以及仲裁保护的范围等,应当尊重当事人的意愿。可以说,当事人意思自治是整个仲裁制度的基石和核心,也是仲裁与诉讼最根本的区别。离开了当事人意思自治,仲裁就会变味,仲裁就会成为诉讼的翻版。西方国家无不十分推崇当事人意思自治原则,并使之在仲裁立法和仲裁程序的运作过程中充分地得到体现。

我国《仲裁法》虽然也在贯彻当事人自愿原则方面作了一些规定,但由于思想保守,对当事人意思自治原则的重要性认识不足,离当事人意思自治原则的要求尚有较大的差距,主要表现在:一是对仲裁范围的规定过窄。有关仲裁的主要国际公约和西方一些国家的仲裁立法,一般均将"契约性与非契约性争议"作为仲裁的范围,而我国仲裁法则将仲裁的范围限定在平等主体之间发生的"合同纠纷和其他财产权益纠纷"较窄的范围之内,这显然不利于我国仲裁制度的发展。二是对仲裁协议的要件要求过高。国际上对仲裁协议的要件一般是只要求当事人有提交仲裁的意思表示即可,而我国《仲裁法》则在第 16 条第 2 款中规定,仲裁协议应当具备"请求仲裁的意思表示"、"仲裁事项"和"选定的仲裁委员会"等三个要件。三是程序规定过于严格和死板,缺乏应有的灵活性。仲裁程序不同于诉讼程序的一个重要方面,就在于它具有简便、灵活、快捷的特点。有

关仲裁的主要国际公约以及西方一些国家的仲裁立法和仲裁规则还允许当事人通过仲裁协议自行选择仲裁程序,甚至可以选择仲裁所适用的实体规范。而我国《仲裁法》对仲裁程序如何进行则作了严格和繁琐的规定,没有赋予仲裁庭和当事人灵活进行仲裁程序的权利。例如,《仲裁法》第45条关于"证据应当在开庭时出示,当事人可以质证"的规定,就过于死板,它不仅在仲裁活动中排斥了其他质证方式,而且为采用书面方式审理案件设置了障碍。这种完全雷同于诉讼程序的做法,体现不出仲裁的灵活性特点。当然,《仲裁法》更没有赋予当事人选择仲裁规则和仲裁所适用的实体规范的权利。四是当事人对仲裁员的选择受到仲裁员强制名册制的限制。虽然有关仲裁的主要国际公约和西方一些国家的仲裁立法也实行仲裁员名册制,但他们所实行的仲裁员名册制是推荐性的,不是强制性的,当事人既可以在仲裁员名册的范围内选择仲裁员,也可以在仲裁员名册范围之外选择仲裁员。而我国《仲裁法》则是实行仲裁员强制名册制,只允许当事人在仲裁员名册的范围内选择仲裁员,不允许当事人超出仲裁员名册的范围另行选择仲裁员。以上凡此种种,说明当事人意思自治原则在我国《仲裁法》中还没有充分得到体现。如不改变,无疑将影响我国仲裁制度发挥作用,违背立法的初衷。

(三)对仲裁进行司法监督的制度设计不合理

仲裁活动应当接受司法的监督,这是世界各国仲裁立法处理仲裁与司法关系的通例,但各国的情况不同,司法监督仲裁的程度和具体方式也不完全相同。我国《仲裁法》同时设置了不予执行仲裁裁决和撤销仲裁裁决的双重司法监督制度。立法者这样做的目的,主要是为了"保护当事人的合法权益,减少仲裁工作中的失误"。[①] 但从《仲裁法》实施以来情况看,这种制度设计产生了诸多弊端,并没有完全实现立法时的初衷。

(1)仲裁司法监督制度重复设置,使仲裁裁决的效力长期处于不确定的状态,并有损于司法的权威。不予执行仲裁裁决与撤销仲裁裁决制度的同时设立,一方面为当事人恶意对抗不利于自己的仲裁裁决提供了可乘之机,当其申请法院撤销仲裁裁决被驳回后,还可以寻求第二次司法救济,申请法院不予执行仲裁裁决。这势必使仲裁裁决长期处于效力不确定的状态,不利于实现仲裁追求效益的价值目标。另一方面,由于同一法院或者不同法院要对同一仲裁裁决进行两次司法审查,有可能得出前后完全不同的两种结论,这将会损害法院的威信。

(2)在撤销仲裁裁决的程序中,没有规定法院在撤销仲裁裁决之前应当听取仲裁机构或者仲裁组织的意见,不利于法院正确行使裁决撤销权。

[①] 顾昂然:《关于〈中华人民共和国仲裁法(草案)〉的说明》,载《中华人民共和国仲裁法全书》,法律出版社1995年版,第152页。

（3）没有对重新仲裁制度作出具体规定，缺乏可操作性。我国《仲裁法》第61条规定："人民法院受理撤销仲裁裁决的申请后，认为可以由仲裁庭重新仲裁的，通知仲裁庭在一定期限内重新重裁，并裁定中止撤销程序。仲裁庭拒绝重新仲裁的，人民法院应当恢复撤销程序。"这一规定的本意是给仲裁组织一次自行纠正仲裁裁决失误的机会，以维护仲裁的声誉。但由于对重新仲裁的范围、法院决定重新仲裁的条件、重新仲裁的期限、重新仲裁的仲裁组织以及重新仲裁作出的仲裁裁决与原仲裁裁决的关系等一些具体问题未作出规定，导致了各地法院对此在理解上的不同和操作中的各行其是。

（4）对国内仲裁与涉外仲裁的司法审查实行双重标准，不利于我国建立统一的仲裁制度和我国仲裁制度同国际接轨。根据我国《仲裁法》的规定，法院对涉外仲裁裁决只从程序方面进行审查，而对国内仲裁裁决的审查，既包括程序问题，也包括实体问题。这种做法，显然不利于我国建立统一的仲裁制度，同时也与国际上对国内仲裁与涉外仲裁实行并轨的发展趋势不相符合。

（四）仲裁组织和仲裁机构之间的职权划分不明确和不科学

根据《仲裁法》规定，仲裁机构是指仲裁委员会。此外，各地仲裁委员会制定的仲裁委员会章程均规定，在仲裁委员会之下设秘书处作为仲裁委员会的日常办事机构，负责办理仲裁案件的受理、仲裁文书的送达、收取和管理仲裁费用以及管理仲裁档案等程序性事务。仲裁组织，则是指具体办理仲裁案件的仲裁庭或者独任仲裁员。如何正确和明确划分仲裁庭或者独任仲裁员与仲裁委员会的权限，处理好两者的关系，直接关系到仲裁制度的正常高效运作。然而，《仲裁法》对这方面的规定却存在一些问题：

一是将仲裁管辖有确认权即仲裁"自裁管辖权"赋予仲裁委员会行使，而不是归属于仲裁庭。《仲裁法》第20条第1款规定："当事人对仲裁协议的效力有异议的，可以请求仲裁委员会作出决定或者请求人民法院作出裁定。"该规定明确把对仲裁管辖的确认权赋予了仲裁委员会，而不是仲裁庭。这与国际上将仲裁中的自裁管辖赋予仲裁庭，而不是仲裁委员会的通行作法有明显差距。例如，联合国《国际商事仲裁示范法》第16条规定，仲裁庭可以对自己的管辖权包括对仲裁协议的存在或效力的任何异议作出裁定。此外，英国、瑞典、法国、瑞士、德国、比利时、荷兰等国也都确立了由仲裁庭"自裁管辖"的原则。仲裁庭的自裁管辖权来源于双方当事人的仲裁协议和对仲裁员的选任，仲裁委员会并未得到当事人的任何授权，却可以对管辖问题进行确认，不太符合逻辑。

二是仲裁案件的处理权不是由仲裁庭独立行使，而是由仲裁庭与仲裁委员会共同行使。《仲裁法》第52条和54条分别规定，仲裁调解书和仲裁裁决书应当由仲裁员签名，加盖仲裁委员会印章。这说明，对仲裁案件的处理权是由仲裁庭和仲裁委员会共同行使。

三是仲裁庭对仲裁程序的决定权体现不充分。仲裁权一般包括案件受理权、案件审理权和案件裁决权或者案件调解权。仲裁委员会只应行使其中的案件受理权,有关仲裁程序的其他事项,在仲裁庭组成之后,应当由仲裁庭决定,而不应由仲裁委员会替代。只有这样,才能更好地体现当事人意思自治原则,充分发挥仲裁庭的作用。但《仲裁法》却将接受被申请人的答辩书、向申请人送达被申请人的答辩书副本、向法院转交当事人关于财产保全和证据保全的申请书、决定仲裁员应否回避等程序性事项交给仲裁委员会负责办理。实践中,仲裁委员会及其秘书处更是对仲裁程序事项的安排大包大揽,甚至某些重要的程序性事项还要报请仲裁委员会主任审批后才能进行。这种制度设计上的偏差,应当从立法的指导思想上去寻找原因。

（五）条文过于简单,立法技术不够严谨,存在一些制度性的空白和漏洞

一方面,不少国家在仲裁法中普遍实行的一些重要程序制度,如临时仲裁、简易程序和司法监督的救济机制等,《仲裁法》均没有规定,使得我国的仲裁程序制度不完整和不成熟。另一方面,《仲裁法》仅有的80个条文中还规定了一些不该规定的内容,使我国的仲裁制度带有明显的诉讼化色彩。加之立法技术上的不够严谨,导致《仲裁法》的某些规定不合理,并存在一定的漏洞。

上述问题的存在,被有的同志批评为:《仲裁法》"在一定程度上悖离了仲裁的契约性本质,有仲裁之'形',而缺仲裁之'神',缺市场经济之'神',是一部'先天不足'的法律"。同时,我国《仲裁法》生效之后,"在贯彻实施过程中,由于行政机关的过多介入和干预,实践中的《仲裁法》更加偏离了立法的初衷。《仲裁法》还是一部'后天发育不良'的法律"。[①] 这些缺陷也同时给律师代理仲裁制度带来了种种限制,变成了律师代理仲裁制度发展的瓶颈。

第三节 热点前沿问题

对于从事仲裁代理业务的律师来说,既要熟悉律师制度的有关规定,同时也应掌握仲裁制度的有关前沿理论。

一、律师代理仲裁的基本原则

律师代理仲裁的基本原则是律师参与仲裁活动的指导方针,是律师在仲裁活动中应当遵守的行为准则。律师代理仲裁的基本原则与仲裁的原则既有联系,又有区别。仲裁的原则是对仲裁制度和程序起指导作用的行为准则,贯穿整个仲裁制度和仲裁程序,对仲裁委员会、负责某个具体案件的仲裁员、仲裁案件

---

① 赵健:《回顾与展望:世纪之交的中国国际商事仲裁》,载《仲裁与法律》2000年第1期。

的当事人都具有指导和约束作用。律师代理仲裁的基本原则既要受仲裁制度基本原则的约束,同时又基于律师代理业务的特殊性而具有自身特点。律师代理仲裁的基本原则应当具备以下两个特征:首先,基本原则是应当具有概括性,是律师参与仲裁活动立法精神的凝练;其次,基本原则应当能够体现仲裁制度和律师制度结合的特点,能够贯穿指导律师参与整个仲裁活动和仲裁程序。

依照《仲裁法》和《律师法》的有关规定,我国律师代理仲裁的基本原则主要有:

(一) 自愿原则

自愿原则是仲裁最本质的原则,也是仲裁赖以生存和获得权威的保证,同时也是律师代理仲裁活动的基本原则,如果仲裁加入行政或强制的干预,都是对仲裁的扭曲,也必将阻碍仲裁制度的发展。仲裁产生的背景是随着商业的发展,为寻求共同的利益,以求快速解决双方之间纠纷,双方自愿将纠纷提交于在商业领域享有较高信誉和威信的第三者,通过中立的第三方个人的威信解决纠纷。可以说,仲裁产生的基础是商业合作者平等的身份和自愿协商的结果。我国在计划经济体制下对仲裁的歪曲理解使仲裁的作用受到限制,直到《仲裁法》的颁布才将自愿原则确立为仲裁制度的一个基本原则。《仲裁法》第4条规定:当事人采取仲裁方式解决纠纷,应当双方自愿,达成仲裁协议。没有仲裁协议,一方申请仲裁的,仲裁委员会不予受理。自愿原则的体现主要有:

(1) 律师接受当事人的委托依据双方意思表示自愿达成。律师要参与仲裁活动首先要接受当事人的委托,由当事人出具授权委托书。在律师与当事人协商代理仲裁活动的过程中,应遵循自愿原则,由律师和双方当事人在真实意思表示的基础上,自愿达成委托协议,并由当事人出具授权委托书,律师根据当事人的授权在授权范围内为当事人的利益从事代理活动。

(2) 双方当事人应当自愿协商是否将纠纷提交仲裁解决。如果一方当事人不同意适用仲裁解决双方纠纷,则只能通过诉讼方式进行。律师接受当事人的委托后,对于是否应当将纠纷提交仲裁解决可以提出专业性的意见,但应当尊重当事人自己的真实意思。通过诉讼解决纠纷,不需要双方当事人自愿协商同意,一方当事人依照诉讼法关于管辖的规定向有管辖权的人民法院起诉,即能启动诉讼程序。人民法院依据法律的规定当然地享有对起诉事项的管辖权,并不需要当事人的授权,而仲裁对纠纷的管辖来源于当事人之间的同意授权,也正是因为双方的同意,使仲裁裁决对双方具有约束力。

(3) 仲裁委员会的选定由双方当事人自愿协商。双方当事人不仅需要具有希望通过仲裁解决纠纷的共同合意,还需要自愿协商具体的仲裁委员会。《仲裁法》第6条规定:"仲裁委员会应当由当事人协议选定。仲裁委员会不实行级别管辖和地域管辖。"当事人可以选定共同信任的仲裁委员会,不受地域、案件标的额、难易度或是否具有涉外因素的影响。选择仲裁委员会是律师参与仲裁活动的一项重要内容,也是帮助当事人行驶仲裁权利的重要体现。

(4) 当事人双方自愿协商仲裁庭的组成形式和仲裁员的选任。双方当事人在选定具体的仲裁委员会后,仲裁庭的组成形式和仲裁员的选任也需要双方当事人协商。《仲裁法》第 30 条规定:"仲裁庭可以由三名仲裁员或者一名仲裁员组成。由三名仲裁员组成的,设首席仲裁员。"第 31 条规定:"当事人约定由三名仲裁员组成仲裁庭的,应当各自选定或者各自委托仲裁委员会主任制定一名仲裁员,第三名仲裁员由当事人共同选定或者共同委托仲裁委员会主任制定。第三名仲裁员是首席仲裁员。当事人约定由一名仲裁员成立仲裁庭的,应当由当事人共同选定或者共同委托仲裁委员会主任指定仲裁员。"从中可以看出,当事人不仅可以选任仲裁庭的组成形式,也同样可以选任自己信任的仲裁员。在这种情形下,一般当事人缺乏专业的法律训练,或者对于仲裁员的资历和本纠纷所需的专业知识不太熟悉,律师在选择仲裁员时可以弥补当事人在这方面的缺陷,从而帮助当事人选择最适合解决本纠纷的仲裁员。

(5) 双方当事人可以协商确定仲裁庭审理的范围,律师对于仲裁审理的范围应当向在尊重当事人意愿的基础上提出专业的意见。仲裁庭审理的范围由双方当事人通过仲裁协议确定,仲裁协议对仲裁事项没有约定或者约定不明确的,当事人可以补充协议,达不成补充协议的,仲裁协议无效。仲裁庭超出仲裁协议约定的范围或者法律规定的仲裁范围作出裁决的,当事人可以申请人民法院撤销裁决或不予执行裁决。

(6) 律师协助双方当事人约定仲裁开庭审理的方式、开庭的形式等事项。《仲裁法》有关规定双方当事人可以自愿协商是否开庭审理,协议不开庭的,仲裁庭可以根据仲裁申请书、答辩书以及其他材料作出裁决。双方当事人可以协商是否公开审理,协议公开的,可以公开进行,但是涉及国家秘密的除外。

(二) 根据事实和法律仲裁原则

《仲裁法》第 7 条规定:"仲裁应当根据事实,符合法律规定,公平合理地解决纠纷。"以事实为根据,以法律为准绳是我国法制建设的一个基本原则,这项原则不仅适用于三大诉讼法中,同样对仲裁制度具有重要影响。这一原则体现在仲裁制度和仲裁程序的各个方面,如有关证据的收集、对专门问题的鉴定、证据的保全、证据的提交、质证、当事人之间的辩论、当事人最后陈述的权利等。律师参与仲裁活动,接受当事人的委托,应当根据事实和法律维护当事人的合法权益。

根据事实和法律仲裁原则虽然是在我国"以事实为根据、以法律为准绳"原则的指导下在仲裁制度中的具体原则,但是又与三大诉讼法中的原则相区别。首先,仲裁强调的是双方当事人的自愿,依照民法理论,当事人双方的合意即是当事人之间的法律,对双方具有约束力,因此,仲裁的法律和事实是在当事人没有约定或者约定违反法律的强制性规定的情形下才能作为仲裁的指导原则,如果当事人有约定则仲裁应当遵循当事人的约定进行。其次,我国仲裁制度中的根据事实和法律仲裁原则同时吸收了友好仲裁的有关规定,要求仲裁庭在符合法律规定的前提下,应公平合理地解决纠纷。再次,三大诉讼法中的以事实为依据,以法律为准绳,要求事实清楚,证据确实充分,即使在调解中,也要求查明案件事实,在事实的基础上进行调解,仲裁法也规定了仲裁前可以进行调解,但此时的调解是在商业惯例规则和仲裁规则的指导下进行,更注重当事人的意愿,当事人申请仲裁后可以随时进行和解或请求仲裁庭调解,仲裁员在不违背法律和当事人自愿原则的前提下,可以不在裁决书中写明当事人争议的事实和作出裁决的理由。

二、律师代理仲裁的基本制度

律师代理仲裁的基本制度是仲裁基本制度的一个重要内容。仲裁的基本制度是由仲裁程序和规则形成的,具有指导性的制度,是基本原则的具体体现。结合《仲裁法》的有关规定和仲裁制度的特点,我国律师代理仲裁的基本制度包括:

(一) 协议制度

在我国,自愿原则是仲裁制度的灵魂,自愿原则体现在具体制度中就是协议仲裁制度。当事人双方自愿,需要通过一定的方式和程序表现出来,这就是协议仲裁制度。当事人双方仲裁需要以自愿为基础,律师和当事人之间同样需要以自愿为基础。协议仲裁制度也是各国奉行的基本制度,也是我国经历几十年的仲裁实践后向科学的仲裁立法和实践回归的表现。仲裁协议是双方当事人选择仲裁解决纠纷最主要的依据,而委托协议则是律师参与仲裁活动最主要的内容,也是律师代理仲裁的前提。协议仲裁制度要求当事人通过协议体现当事人的真实意愿,没有自愿就没有仲裁,没有仲裁协议,就没有仲裁制度,当事人是否通过仲裁解决纠纷,提交仲裁解决的纠纷的范围,由哪个仲裁委员会审理,都应该通过仲裁协议予以确定。委托协议则是解决律师参与仲裁活动的依据和范围问题。

(二) 授权制度

律师与当事人签订了委托合同,律师享有了参与仲裁活动的依据,但如何参加,还需要得到当事人的明确授权,这就是授权制度。依据我国《民事诉讼法》、《仲裁法》和《律师法》的规定,当事人委托他人代为进行仲裁活动的,必须向仲裁机构提交由委托人签名或者盖章的授权委托书。授权委托书必须记明委托事项和权限。代理人代为承认、放弃、变更诉讼请求,进行和解,提起反诉的,必须有委托人的特别授权。律师参与仲裁活动的依据来源于当事人的委托,接受当事人委托后,律师可以进行一般的仲裁活动,如调查取证、收集证据、帮助当事人选择仲裁机构和仲裁庭等,但对于涉及当事人权益的有关事项,应具备当事人的特别授权才能行使代理权,否则就是无权代理。

(三) 执业保障制度

律师参与仲裁活动,以自己的专业知识给当事人提供法律帮助,维护当事人的合法权益。法律为保障律师履行职责,建立了较为完善的律师执业保障制度,赋予代理仲裁的律师广泛的权利,但同时也规定了相应的义务。律师代理仲裁活动享有的权利主要有调查取证权、获得开庭通知的权利、出席仲裁庭审活动和发表意见的权利、获得仲裁文书等。律师在仲裁活动中应当履行的义务主要有保守当事人秘密、勤勉尽责维护当事人利益等。这些内容在本书第五章律师的权利中已有详细论述。

第四节 法律实践

在实务中,律师代理仲裁需要经过一定的步骤和掌握一定的方法,这些步骤和方法既与律师办理的其他业务有相同点,但又具有仲裁制度的自身特点。律师接受委托,代理仲裁案件需要经过以下步骤和程序。

一、律师代理国内仲裁的步骤和程序

(一) 对仲裁案件的审查

当事人产生纠纷后,希望聘请律师参与仲裁。律师事务所在确定接受委托前应当对案件进行审查,以决定是否接受代理。审查的内容主要是当事人之间是不是合同纠纷或其他财产权益纠纷,有无仲裁协议,仲裁协议的形式是否合法,协议的内容是否完备、明确,有无导致协议无效的情形等。经过审查,如果不符合仲裁代理的条件,则应及时告知当事人采取其他方式维护自身权利。如果符合仲裁代理的受理案件范围,则与当事人进一步协商代理的权限,签订委托代理合同,并由当事人出具授权委托书,及时向仲裁庭提交。

(二) 代理申请仲裁或代理答辩

1. 代理申请仲裁

仲裁程序的开始,以当事人向仲裁机构提出仲裁申请,仲裁机构决定受理为标志。因此,律师接受委托后,即应对委托人提供的材料进行审查,并根据《仲裁法》的有关规定,代理当事人向仲裁机构申请仲裁。这期间,律师主要应进行以下工作:

(1) 向仲裁委员会递交仲裁协议、仲裁申请书及副本。仲裁协议应当提交原件,原件无法提交的,可以提交复印件。仲裁申请书应当载明:当事人的姓名、性别、年龄、职业、工作单位和住所,法人或其他组织的名称、住所和法定代表人或者主要负责人的姓名、职务;仲裁请求及其根据的事实、理由;证据和证据来源、证人姓名和住所等内容。仲裁申请书应当提交正本和副本,副本的份数应按对方当事人的人数提交。在代理申请仲裁的同时,代理律师还应当向仲裁委员会递交当事人的授权委托书。授权委托书应当载明:委托人及被委托律师的姓名、住所及工作单位、代理权限等。

(2)在仲裁委员会决定受理仲裁申请,并向当事人送达仲裁规则及仲裁员名册后,应及时选定或委托仲裁委员会主任指定1名仲裁员,并及时与对方当事人约定第三名仲裁员以组成仲裁庭。

(3)在仲裁委员会决定受理仲裁申请后,应根据案件具体情况和委托人的意愿,在因对方当事人的行为或者其他原因,可能使裁决不能执行或难以执行时,向仲裁委员会申请财产保全。申请财产保全应向仲裁委员会提交书面申请,写明申请人、被申请人的姓名、住所及请求财产保全的内容、理由和被保全财产的线索。同时,在仲裁委员会将财产保全申请提交人民法院后,应根据人民法院的要求,提供充分的担保。

2. 代理仲裁答辩

律师接受被申请人的委托后,在答辩阶段,主要应进行以下几项工作:

(1)在被申请人收到仲裁委员会送达的仲裁申请书副本、仲裁规则及仲裁员名册后,应在仲裁规则规定的期限内向仲裁委员会提交答辩书及副本。答辩书应写明:被申请人及申请人的姓名、性别、年龄、职业、住所等基本情况;答辩主张及根据的事实和理由;证据和证据来源、证人姓名和住所等。根据案件情况和委托人的意愿,还可以提出对申请人的反请求。答辩书也应提交正本和副本,副本的份数应当按对方当事人的人数提交。在向仲裁委员会提交答辩书的同时,代理律师应向仲裁委员会提交被申请人的授权委托书。应当明确,是否提交答辩书属于被申请人的权利。根据我国《仲裁法》的有关规定,被申请人未提交答辩书的,不影响仲裁程序的进行。

(2)代理律师应当按照仲裁规则规定的期限,及时选定或委托仲裁委员会主任指定1名仲裁员,并及时与对方当事人约定第三名仲裁员以组成仲裁庭。

(3)在提出反请求的情况下,代理律师还应当根据委托人的意愿和案件情况,申请财产保全。

(三)调查、收集并提交有关证据

律师代理仲裁,无论是代理申请人还是被申请人,都有责任向仲裁机构为其主张提供证据。因此,调查取证是贯穿仲裁程序全过程的重要的代理活动。律师代理仲裁,凭律师执业证书和律师事务所证明,可以向有关单位或者个人调查

与仲裁案件有关的情况。根据《律师法》的规定,律师自行调查取证的活动主要有:

1. 收集物证、书证。物证、书证是客观存在的实物,对证明案件真实情况具有十分重要的作用,因此,收集物证、书证是调查取证工作的重点。律师收集物证、书证时,应注意尽量收集原物、原件,在向有关单位收集时,应向提供者说明用途。若持有物证、书证的单位、个人不愿意提供,律师可以仲裁代理人的身份,依《仲裁法》第46条的规定,向仲裁委员会申请证据保全。

2. 询问证人。询问证人,一般应当制作询问笔录,同时应尽量说服证人出庭作证。证人确实不愿出庭作证的,应将情况告知仲裁庭,由仲裁庭决定是否自行收集证人证言。

3. 收集其他证据。律师代理仲裁,除调查收集物证、书证、证人证言外,还应当注意调查收集其他证据材料,如鉴定结论、视听资料等。

代理律师在调查收集证据材料时,除应当遵守有关的法律、法规之外,对于在调查过程中接触到的国家秘密、当事人的商业秘密、个人隐私有保密的责任,不得泄露。

（四）代理参加仲裁庭审活动

仲裁庭审是仲裁活动的中心环节,也是仲裁的必经程序。当事人主张的提出和证明,仲裁庭对案件的审理和裁决等,都在这一阶段进行并完成。因此,代理律师应将代理活动的重心放在仲裁庭审上。在这一阶段,代理律师应认真做好以下几项工作:

1. 代理当事人行使申请回避权。根据《仲裁法》第34条、第35条的规定,在仲裁庭组成后至首次开庭前,若仲裁员是本案当事人或者当事人、代理人的近亲属;仲裁员与本案有利害关系;仲裁员与本案当事人、代理人有其他关系,可能影响公正仲裁的;仲裁员私自会见当事人、代理人或者接受当事人、代理人的请客送礼的,当事人有权申请其回避,律师可以代理当事人行使这一权利。回避的事由是在首次开庭后知道的,可以在最后一次开庭终结前提出。

2. 代理当事人确定仲裁庭审方式。根据《仲裁法》第39条的规定,仲裁应当开庭进行;当事人协议不开庭的,仲裁庭可以根据仲裁申请书、答辩书以及其他书面材料作出裁决。因此,在代理进行仲裁庭审活动时,代理律师应当根据委托人的意愿及案件具体情况,并结合委托人与对方当事人的相互关系等多种因素,代理委托人与对方当事人或其代理人协商确定是否进行开庭审理,以便迅速及时地解决纠纷。同时,《仲裁法》第40条规定,仲裁不公开进行;当事人协议公开的,可以公开进行。这就是说,仲裁庭审活动依法是不公开进行的,若当事人认为有必要,并已由双方协商同意时,除涉及国家秘密的案件外,仲裁庭审也可以公开进行。因此,律师代理参加仲裁庭审,应当根据案件具体情况,与对方当事人或其代理人协商确定庭审是否公开进行。这是律师代理参加仲裁庭审活动不同于代理参加法庭审判活动的两个重要特点。

3. 代理当事人参加仲裁庭审调查活动。如上所述，仲裁庭审是仲裁活动的中心环节。在仲裁庭审活动中，最重要的是调查核实案件的事实和证据，这是客观、公正处理案件的前提。在这一活动中，代理律师的活动内容主要有两个方面：一是代理委托人履行举证责任，以证明提出的主张；二是在仲裁庭上与对方当事人进行质证，帮助仲裁庭准确认定案件事实。律师在仲裁庭上举证、质证的方法与其在民事法庭上举证、质证的方法大致相同，不再赘述。

4. 代理当事人进行仲裁辩论。仲裁庭辩论的目的，在于使双方当事人各自陈述自己的主张及其事实和法律依据，反驳对方的主张，促使仲裁庭对案件作出公正处理。因此，律师代理进行仲裁庭辩论，应当注意：（1）是辩论发言应针对双方争议的焦点问题进行，不能漫无边际；（2）辩论发言应根据仲裁庭审中查明的案件事实进行，而不能以尚未查证的"事实"作为辩论发言的根据；（3）辩论发言应有理有节地进行。在发言中，不能有人身攻击、侮辱或挑衅性的言词；（4）辩论发言时，观点必须明确，主张必须直截了当，不能进行有悖于法律规定以及其他有损于委托人利益的发言；（5）辩论发言应在仲裁庭主持下有序地进行，不能把辩论变为争吵；（6）辩论发言应简洁、明了，避免啰嗦、杂乱。

5. 代理当事人申请、参加仲裁调解。在仲裁庭作出裁决前，当事人可以申请调解，仲裁庭也可以先行调解。律师代理申请、参加调解，都必须根据委托人的意愿进行，不能超越代理权限与对方当事人或其代理人达成有损于委托人合法权益的调解协议，更不能与对方达成违反法律、损害国家和社会以及第三人利益的调解协议。调解协议达成后，对于仲裁庭制作的调解书，原则上应由委托人亲自签收，因为调解书一经双方当事人签收，立即发生法律效力。尤其是委托人是个人，且授权委托书中未明确载明代理律师有权签收各种法律文书的，更应当注意。代理律师代为签收调解书的，签收后应及时向委托人转达调解协议的内容，并向其说明调解书签收后的法律后果，以避免出现因委托人不了解法律而作出错误决定的情况发生。

（五）代理参加仲裁裁决执行

根据《仲裁法》的规定，仲裁机构对仲裁案件的裁决自作出之日起发生法律效力。但仲裁裁决作出后，并不标志着仲裁程序的终结，仲裁裁决书以及仲裁调解书的执行仍然是整个仲裁程序的一部分。在这一阶段，律师同样可以接受委托进行代理活动。

律师代理参加仲裁裁决的执行，主要是进行两个方面的活动：一是代理律师发现已生效的仲裁裁决确有错误，依法申请撤销该裁决；二是代理律师认为已生效的仲裁裁决并无错误，对方当事人未予履行，而申请人民法院强制执行，或者

代理委托人履行裁决。在这一阶段,代理律师应当注意:

1. 代理律师依法申请撤销已生效的仲裁裁决的,必须有证据证明已生效的裁决具有《仲裁法》第58条规定的六种情形之一:(1) 没有仲裁协议的;(2) 裁决的事项不属于仲裁协议的范围或者仲裁委员会无权仲裁的;(3) 仲裁庭的组成或者仲裁的程序违反法定程序的;(4) 裁决所根据的证据是伪造的;(5) 对方当事人隐瞒了足以影响公正裁决的证据的;(6) 仲裁员在仲裁该案时有索贿受贿,徇私舞弊,枉法裁决行为的。代理律师认为仲裁裁决具有上述六种情形之一的,应当向人民法院提出撤销已生效的仲裁裁决的申请,人民法院经组成合议庭审查核实仲裁裁决有上述情形之一的,应当裁定撤销;同时,人民法院认定该裁决违背社会公共利益的,也应当裁定撤销。代理律师在提出撤销仲裁裁决申请时,必须是向仲裁委员会所在地的中级人民法院提出,其期限为收到仲裁裁决书之日起6个月内。

2. 代理律师依法申请执行已生效的仲裁裁决的,必须是向被执行人住所地或者被执行人财产所在地的人民法院申请执行。根据《民事诉讼法》第215条的规定,申请执行的期限为2年,从裁决书规定的履行期间的最后一日起计算。如果裁决书规定分期履行的,则从规定的每次履行期间的最后一日起计算。此外,代理律师申请执行时应向人民法院提交执行申请书、仲裁裁决书以及有关被执行人的财产状况的书面报告,并依照最高人民法院诉讼收费办法的有关规定,预交申请执行费用等。

3. 律师代理履行已生效的仲裁裁决的,必须全面严格地履行裁决书规定的义务,不能借故拖延、推诿或者拒不履行;对于人民法院的强制执行活动,不能抗拒。如果人民法院的执行活动确有错误或违法之处,代理律师应依法向有关部门反映或者请求司法赔偿。

二、律师代理涉外仲裁的步骤和程序

(一) 律师代理涉外仲裁的概念

涉外仲裁律师代理,是指律师接受涉外纠纷当事人的委托,以代理人的身份,代理当事人向涉外仲裁机构申请仲裁,参加仲裁活动,以维护其合法利益的一种法律活动。由于涉外仲裁在仲裁对象、仲裁机构、仲裁程序等方面与一般国内仲裁有较大区别,所以涉外仲裁中的律师代理活动,也应有不同的要求。

(二) 涉外仲裁律师代理的基本要求

根据我国《仲裁法》及有关涉外仲裁的特别规定,律师代理参加涉外仲裁活动,有以下基本要求:

1. 确定仲裁管辖

律师代理参加涉外仲裁活动,首先应当确定涉外仲裁案件的管辖机构。根据《仲裁法》第6条的规定，无论是国内仲裁，还是涉外仲裁，都不实行级别管辖和地域管辖原则，而实行协议管辖原则。因此，律师应当确认当事人仲裁协议选定的涉外仲裁机构为仲裁管辖机构，并要注意审查发生争议的纠纷是否属于涉外仲裁机构管辖的案件范围，即是否属于中国国际经济贸易仲裁委员会和中国海事仲裁委员会管辖的涉外经济贸易、运输和海事活动中发生的纠纷案件。其中涉外经济贸易、运输纠纷案件，是指产生于国际或涉外的契约性或非契约性的经济贸易、运输争议的案件。具体包括：有关中外合资经营企业、外国来华投资兴办企业、中外银行相互信贷等各种对外经济合作方面发生的争议；对外贸易合同（包括补偿贸易、来料加工、来件装配等）以及委托买卖合同发生的争议；有关国际性的、涉外的商品运输（海上运输除外）、保险、保管等方面发生的争议以及其他对外经济贸易业务方面发生的争议。对于上述四个方面的对外经济贸易、运输争议，当事人在争议发生前或发生后达成协议的，应当向中国国际经济贸易仲裁委员会申请仲裁。而海事纠纷案件则是指产生于远洋、沿海和与海相通的水域的运输、生产和航行过程中的契约性或非契约性的海事争议的案件，具体包括：关于船舶救助以及共同海损所产生的争议；关于船舶碰撞或者船舶损坏海上、通海水域、港口建筑物和设施以及海底、水下设施所产生的争议；关于海上、水上船舶经营、作业、租用、抵押、代理、拖带、打捞、买卖、修理、建造、拆解业务以及根据运输合同、提单或者其他文件办理的海上、水上运输业务和海上、水上保险发生的争议；关于海洋资源开发利用及海洋环境污染损害的争议；关于货运代理合同、船舶物料供应合同、涉外船员劳务合同、渔业生产及捕捞合同引起的争议以及双方当事人协议仲裁的其他海事争议。这些争议，当事人事先或事后达成仲裁协议的，应当向中国海事仲裁委员会申请仲裁。

2. 提出仲裁申请或答辩

提出仲裁申请或答辩，是律师代理参加涉外仲裁的开始阶段。仲裁申请书应载明：申请人、被申请人的名称和住所；申请人依据的仲裁协议；案情和争议的要点；申请人的请求和所依据的事实、证据等。仲裁答辩书也应当载明相应的基本内容。若被申请人对申请人有所请求，应在收到仲裁通知之日起60天内书面提出，答辩书则应在收到仲裁通知之日起45天内提交。仲裁申请书或答辩书及有关证据材料，一般应一式五份，并且在提交上述文件时，应同时提交当事人出具的授权委托书。

在收到仲裁机构发出的仲裁通知后20天内，争议双方当事人均应从仲裁员名册中选定或委托仲裁委员会主任指定1名仲裁员。

在涉外仲裁申请或答辩这一阶段，代理律师还可以根据案件的具体情况，申请财产保全或证据保全。财产保全由仲裁委员会提交被申请人住所地或其财产所在地的中级人民法院作出裁定；证据保全则由仲裁委员会提交证据所在地的中级人民法院作出裁定。如果是海事仲裁,则分别提交上述地域的海事法院作出裁定。

3. 申请仲裁员回避

涉外仲裁的仲裁庭组成后,双方当事人对被选定或指定的仲裁员的公正性和独立性产生具有正当理由的怀疑时,可以以书面形式向仲裁委员会提出要求该仲裁员回避的请求。回避请求应在第一次开庭之前提出,并应说明回避请求所依据的具体事实和理由,同时提交有关证据。若回避事由的发生和得知是在第一次开庭审理之后,则可以在最后一次开庭终结前提出。

4. 参加仲裁审理

涉外仲裁,仲裁庭应当开庭进行;但经双方当事人申请或者征得双方当事人同意,仲裁庭也认为不必开庭进行的,仲裁庭可以只根据仲裁申请书、答辩书以及其他书面材料作出裁决。涉外仲裁,应当不公开进行。如果双方当事人要求公开进行的,除涉及国家秘密和个人隐私之外,由仲裁庭决定是否公开进行。

在仲裁庭仲裁案件时,双方当事人均有责任对自己提出的主张提供证据。同时,对于对方当事人提出的证据,有权进行质证。

5. 自行和解、申请或参加调解

在仲裁过程中,双方当事人可以在仲裁庭外自行达成和解。在仲裁庭外双方达成和解的,可以请求仲裁庭根据和解协议的内容作出裁决书结案,也可以由当事人申请撤销案件。仲裁庭在仲裁过程中,可以根据双方当事人自愿的原则,进行调解。在仲裁调解过程中,当事人无论是在仲裁庭内,还是在仲裁庭外达成和解,均视为在仲裁庭调解下达成的和解。对于和解,双方当事人应签订书面和解协议。除当事人另有约定外,仲裁庭应当根据当事人书面和解协议的内容作出裁决书结案。应当注意的是,涉外仲裁虽有调解形式,但没有以调解书结案的方式。

6. 执行仲裁裁决

涉外仲裁,其裁决也是终局裁决,任何一方当事人都不得向人民法院起诉,也不得向其他任何机关提出变更仲裁裁决的请求。但是,与国内仲裁一样,如果发现裁决书上有书写、打印、计算上错误或其他类似性质的错误,以及裁决书中有漏裁事项,在收到裁决书之日起30日内代理律师可以代为提出申请,由涉外仲裁机构以书面形式进行更正或补充裁决。

对于仲裁裁决,双方当事人均应按裁决书写明的期限自动履行;裁决书未写明期限的,应立即履行。若一方当事人不履行的,代理律师可以代理当事人依照中国法律的规定,向中国法院申请执行。若被执行人或被执行财产不在中国境内,代理律师则可以代理当事人依照1985年《承认及执行外国仲裁裁决公约》或者中国缔结或参加的其他国际条约,直接向外国有管辖权的法院申请执行。

根据《仲裁法》的有关规定,当事人如果有证据证明涉外仲裁机构作出的裁决有《民事诉讼法》第274条第1款规定的四种情形之一的,即:(1)当事人在合同中没有订有仲裁条款或者事后没有达成书面仲裁协议的;(2)被申请人没有得到指定仲裁员或者进行仲裁程序的通知,或者由于其他不属于被申请人负责的原因未能陈述意见的;(3)仲裁庭的组成或者仲裁的程序与仲裁规则不符的;(4)裁决的事项不属于仲裁协议的范围或者仲裁机构无权仲裁的,代理律师均可以向人民法院提出申请,人民法院经组成合议庭审查核实,应当裁定撤销裁决。同样的道理,如果被申请人有证据证明涉外仲裁机构作出的仲裁裁决有上述四种情形之一的,代理律师也可以向人民法院提出申请,人民法院经组成合议庭审查核实,应当裁定不予执行。

三、律师代理仲裁案件的职责与权限

律师代理仲裁案件的职责和权限,体现在律师代理仲裁活动的全过程和具体工作事项中。我们将依据律师代理仲裁活动的程序和工作事项顺序,择其要者进行叙述。[①]

1. 律师审查仲裁协议

(1)律师事务所接受委托后,代理律师应首先审查当事人有无仲裁协议。当事人之间若没有仲裁协议,仲裁机构则不受理仲裁申请,律师也就无法代理。如果当事人之间有仲裁协议,律师应对仲裁协议进行审查。

(2)律师应审查仲裁协议的形式是否合法。根据《仲裁法》第16条第1款规定,仲裁协议主要有合同中规定的仲裁条款和当事人双方以其他形式达成的书面协议。书面协议既可在纠纷发生前达成,也可在纠纷发生后达成。

(3)律师应审查仲裁协议是否具备法律规定的必备内容。根据《仲裁法》第16条第2款规定,仲裁协议应当具备请求仲裁的意思表示、仲裁事项、选定的仲裁委员会三项内容。请求仲裁的意思表示,是指当事人请求仲裁的意愿非常明确,并且以书面形式表示,即应明确表示将今后可能发生的争执或已经发生的争执提交仲裁机构仲裁,并愿意遵守一裁终局制,积极履行仲裁协议。仲裁事项,是指提交仲裁的范围,一般来说,仲裁事项应尽可能订得广泛。仲裁机构的选定必须是具备两方面的内容,即仲裁地点和仲裁委员会。根据仲裁实践,仲裁协议一般还应包括以下两项内容:第一,仲裁条款必须规定仲裁裁决具有终局的效力;第二,仲裁条款一般应规定仲裁费用由败诉方承担。

(4)律师应审查仲裁协议的内容是否明确。仲裁协议的内容不全,约定的内容不明确,协议内容与仲裁原则相背等情形构成仲裁协议内容不明情形。律

---

① 陈光中主编:《律师学》,中国法制出版社2008年版,第373页。

师应说服当事人补充协议。否则,仲裁协议无效。

（5）律师应审查是否具有法定无效仲裁协议的情形。根据《仲裁法》第17条规定,约定的仲裁事项超过法律规定的仲裁范围,无民事行为能力人或者限制民事行为能力人订立的仲裁协议,一方采取胁迫手段迫使对方订立的仲裁协议系无效协议。

2. 律师代理提起仲裁申请或代理答辩

当事人要通过仲裁解决争议,必须提交仲裁申请书,律师代理仲裁申请人时应代理当事人向仲裁委员会提交仲裁申请书和仲裁协议书。仲裁委员会收到仲裁申请书之日起5日内,认为符合受理条件的,应当受理,并通知申请人；认为不符合申请条件的,应当书面通知申请人不予受理,并说明理由。仲裁委员会受理仲裁后,应当在仲裁规则规定期限内将仲裁规则和仲裁员名册送达申请人,并将仲裁申请书副本及仲裁规则、仲裁员名册送达被申请人。《仲裁法》第27条对仲裁申请书内容有明确规定,如果律师代理被申请人一方,当被申请人接到申请书副本后,律师应当阅读和分析申请书,了解申请人的要求和理由,然后向被申请人了解争议情况,写出答辩书。律师在写答辩书时要紧紧围绕违约的事实是否成立、谁有过错、谁应承担违约责任,用法律进行全面分析,力争维护被申请人的合法权益。被申请人应在仲裁规则规定的期限内将答辩书及其副本、有关证据材料和委托书提交仲裁委员会。

3. 代理律师应进行调查,收集证据材料

调查取证是贯穿整个仲裁程序全过程的重要代理活动。律师代理仲裁时可以独立的身份进行调查取证。律师调查取证的主要范围包括：(1)律师应当收集对证明案件的真实情况的书证、物证等客观存在的实物,；(2)对知情的证人应进行调查,尽量安排证人出庭作证；(3)律师也应当收集其他有助于查明争议事实的证据。

4. 律师代理参加仲裁活动过程的主要工作

仲裁委员会受理申请人的申请后,律师应做好以下工作：(1)代理当事人选定仲裁员；(2)代理当事人行使申请回避权；(3)代理当事人选择公开仲裁审理或者不公开仲裁审理,如果律师和当事人认为不公开审理更有利于当事人或为了保守当事人的商业秘密,当事人双方可以协议不公开仲裁审理；(4)代理当事人向仲裁庭提供证据并就证据进行质证；(5)律师在证据可能丢失或以后难以取得的情形下,向仲裁庭申请证据保全；(6)在仲裁过程中,为避免造成更严重的损失或防止裁决的执行困难,律师可代为向仲裁庭申请财产保全；(7)根据当事人的特别授权,律师可代理当事人达成和解协议,或参加调解达成协议；(8)代理当事人行使其他权利。律师在仲裁活动中,除上述主要代理活动外,凡当事人享有的其他一切程序上和实体上的权利,律师均可在授权范围内予以代理。

5. 律师代理仲裁裁决执行

仲裁裁决自仲裁机构作出之日起发生法律效力。若当事人和律师认为仲裁裁决事实清楚、证据确实充分、适用法律正确,在对方当事人不履行裁决时,律师经当事人授权可代理仲裁裁决执行。申请执行期限的起算自裁决书规定的履行期限届满时起。申请应向被执行人住所地或被执行人财产所在地的人民法院申请执行。代理律师可代为提交申请执行书。

若律师和当事人有证据证明仲裁裁决有《仲裁法》第58条规定的情形的,可向仲裁委员会所在地的中级人民法院申请撤销裁决,撤销裁决的申请应在当事人收到裁决书6个月内提出,人民法院的裁定应在受理申请后2个月内作出。如果一方当事人申请执行仲裁裁决,被申请人和律师若能证明裁决有下列情形之一的,则可请求人民法院裁定不予执行:(1)当事人在合同中没有订立仲裁条款或事后没有达成仲裁协议的;(2)仲裁的事项不属于仲裁协议的范围的;(3)仲裁庭的组成或者仲裁的程序违反法定程序的;(4)认定事实的主要证据不足的;(5)适用法律确有错误的;(6)仲裁员在仲裁该案时有贪污受贿、徇私舞弊、枉法裁决行为的;(7)裁决违背社会公共利益的。

第五节 案例评析

一、仲裁范围案

【案情】

本仲裁案件的申请人为广州某律师事务所,被申请人李某。案外人罗某曾以原告的身份于2002年11月向广州市某区人民法院起诉被申请人,向被申请人主张位于广州某单元房的一半产权及35000元租金,并被该法院受理。被申请人李某得知被起诉后,于2002年11月与申请人签订一份《委托合同》,约定:被申请人与罗某的房屋纠纷一案,请求被申请人派律师担任被申请人的代理人参加一审诉讼活动。

关于律师代理费,《委托合同》第3条规定:本合同生效时,被申请人应向申请人支付一审签约费500元,如发生二审及执行,被申请人另行支付签约费250元。本案终结后被申请人应按照向债务人收回资产数(或减少损失)的30%的比例向申请人支付律师费。《委托合同》第4条规定:在申请人委派的律师因故中途不能执行职务,应负责另行委派律师接替。此外,合同还对申请人的过错责任、争议解决的方式作了约定。

《委托合同》生效后,申请人指派王某律师作为被申请人的代理人参加与原告罗某因房屋纠纷的诉讼活动。后因王律师因故不能参加,申请人依约另行指派吴律师作为被申请人的代理人继续行使代理权。2003年6月5日,广州市某区人民法院作出一审判决,驳回原告的诉讼请求,且在判决书中确认了吴律师为被申请人的代理人。被申请人在诉讼活动中胜诉后,除签约时支付200元外,未按合同约定支付剩余的律师费。

申请人的仲裁请求为:裁决被申请人向申请人支付代理费63952元;裁决被申请人支付违约金;由被申请人承担本案仲裁费用。仲裁庭裁决支持了申请人的所有请求。①

【评析】

此案主要涉及仲裁的范围。我国《仲裁法》第2条规定:平等主体的公民、法人和其他组织之间发生的合同纠纷和其他财产权益纠纷,可以仲裁。仲裁由于是以秘密仲裁为原则,可以保证双方当事人之间的商业秘密,维护双方的声誉,同时也为以后继续合作提供机会。尤其是在我国传统的息讼观念影响的文化背景下,双方对簿公堂意味着把以后的合作的机会减少到了最小的程度,而仲裁更多的是体现双方自愿、真实的意思表示,而且选择双方信任的仲裁员,对于仲裁的程序、仲裁的事项双方都可以进行充分的协商,对于恢复双方之间的合作关系具有比诉讼更大的优势。但是,仲裁委员会没有法院具有国家强制力的保障,仲裁裁决也只能通过申请法院执行,本身并不具有强制执行的权力。仲裁的性质也决定了其审理的范围不可能与法院审理案件的范围相同,因此,法律规定,对于关涉人身权利或行政争议的事项不是仲裁的范围。我国《仲裁法》第3条规定:"下列纠纷不能仲裁:(一)婚姻、收养、监护、抚养、继承纠纷;(二)依法应当由行政机关处理的行政争议。"代理仲裁的律师在接受当事人委托前应对案件的性质是否符合仲裁的范围进行审查,在法律规定代理当事人参加仲裁活动或通过其他途径维护当事人合法权益。

二、仲裁代理权限案

【案情】

位于武汉的华兴公司与大地公司发生钢材购销往来业务。两公司于1994年12月订立合同,对双方的权利义务作了明确的规定。合同解决争议的条款写明:双方如由于本合同发生纠纷,则应提交武汉仲裁委员会仲裁。在履行合同过程中,大地公司的经营状况每况愈下,货款一直不能按期交付,华兴公司决定申请仲裁,于是聘请某律师事务所李律师作为其仲裁代理人,双方签订了委托代理合同,华兴公司委托李律师代理其与大地公司的货款纠纷的仲裁活动。李律师

---

① 案情来源广州仲裁委员会编:《仲裁案例选编》(第一辑),法律出版社2005年版,第180—183页。

接受委托后，审查了华兴公司与大地公司订立的合同，认为该合同约定的仲裁条款有效，遂于 1995 年 3 月 1 日以华兴公司为申请人向武汉仲裁委员会提出了仲裁申请，并提交了仲裁申请书。在开庭过程中，被申请人提出和解要求，李律师认为与对方和解对华兴公司有利，遂代表申请人向仲裁庭提出了同意和解的要求，经双方协商达成了书面和解协议，李律师向仲裁庭撤回仲裁的申请，仲裁庭作出了同意撤回仲裁申请的裁决，终结了此案的仲裁。①

【评析】

仲裁代理的权限在我国《仲裁法》中并没有明确规定，《仲裁法》只在第 29 条规定："当事人、法定代理人可以委托律师和其他代理进行仲裁活动。委托律师和其他代理人进行仲裁活动的，应当向仲裁委员会提交授权委托书。"一般来讲，律师代理仲裁，其代理权限来源于当事人的授权，其权限的范围不能超过当事人提交给仲裁庭的授权委托书。但是，当事人一般并不具有专业的法律知识，在进行授权时同样需要律师的帮助，律师应该综合审查案件的复杂程度、当事人对案件目标如何等，经与当事人协商是否需要获得更多的授权，以方便律师更好地开展工作。但是，对于涉及当事人切身利益的权利，如和解、放弃诉讼请求，则应吸收民事诉讼法中关于律师代理的有关规定，取得当事人的特别授权。1991 年《民事诉讼法》第 59 条第 2 款规定："授权委托书必须记明委托事项和权限。诉讼代理人代为承认、放弃、变更诉讼请求、进行和解，提起反诉或者上诉，必须有委托人的特别授权。"律师在希望获得当事人的特别授权时，应当向当事人详细解释可能产生的后果，负有充分告知的义务。而且，仲裁代理律师从当事人获得的授权越大，所承担的义务和责任也越大，因此，代理律师应当在充分认识自身能力和结合案件情况作出合理的选择。

在本案中，代理律师在没有获得当事人特别授权的情形下与对方当事人进行和解，违反了当事人与代理人之间的合同规定，容易导致仲裁之后当事人与律师事务所之间的纠纷。仲裁庭没有审查代理人与当事人之间的授权委托书，径行作出同意撤销仲裁申请的裁决，未尽审查义务，也违反了我国仲裁法的规定，此仲裁裁决如果申请人没有异议将具有法定效力，如果当事人不服或者不同意代理律师拥有进行和解的权利，则将产生新的纠纷，从而造成资源的浪费。因此，代理律师在代理活动中，对于自己的代理权限应当明确，从事代理活动应当谨慎、勤勉尽职，最大限度保障当事人的合法权利。

---

① 杨荣新主编：《仲裁法学案例教程》，知识产权出版社 2004 年版，第 51 页。

第六节 问题与建议

由于我国有关的律师代理仲裁的规定主要散见于《民事诉讼法》、《仲裁法》和《律师法》中,对于完善我国的律师代理仲裁制度应以健全我国仲裁制度为基础,给律师参与仲裁活动一个良好的制度环境,同时结合律师法的完善和民事诉讼制度的发展不断改进。健全我国仲裁制度,首要的是要保证仲裁权能得以实现,仲裁权的实质是一种公正的裁决权,当事人把争议交付仲裁,就意味着他们把通过实现仲裁权来实现解决纠纷的公正性作为最崇高之价值。仲裁权之实现也就成为仲裁公正价值的最充分保障。其次是要建立完善的仲裁监督体系,因为《仲裁法》规定仲裁委员会既无上级行政主管部门,而且仲裁委员会之间也无隶属关系。如果不对其予以适当监督的话,那么仲裁权就有可能被滥用而失控,因此,加强仲裁监督实属必要。律师在参与仲裁活动中可以也应该为仲裁制度的完善作出应有的贡献。

一、建立更加体系化的律师参与仲裁活动的法律规范

当前我国律师代理仲裁的有关法律散见于三部法律,但真正明确规定仲裁作为律师代理业务的只有《律师法》,律师参与仲裁活动的具体操作细则只能参照其他律师业务和法律法规。这不仅阻碍了律师参与仲裁活动的发展,也未能使我国的律师行业更加健康地发展。为此,可以在修改《仲裁法》的时候结合律师代理仲裁的特殊性规定更加详细的操作流程。对于律师代理仲裁活动所应当享有的权利应当予以明确规定,同时规定所应承担的义务,应结合律师代理仲裁的特点,既有利于律师充分发挥专业特长保障当事人的合法权益,又能促进律师业务健康发展。

二、仲裁权实现的法律保障

仲裁权得到更好的实现也有利于律师代理仲裁业务的发展,而法律保障是仲裁权实现的最根本的保障。提供仲裁权实现的法律保障首选是要具有完备的法律规范。仲裁法律规范对仲裁权实现的保障主要就体现在:

1. 保障仲裁作为解决经济纠纷方式的法定性。仲裁权能否成为一种公正的裁决权,与仲裁能否成为一种法定的解决纠纷的方式密切相关。市场经济的发展,使人们主体性意识不断增强,这就需要有更多的反映当事人意思自治原则的法律来保障当事人自主意愿包括选择解决纠纷方式的意愿的实现。因此,用仲裁法律规定仲裁方式的法定性是保障仲裁权实现的重要前提。在解决纠纷的诸多方式中,仲裁已被公认为是能体现当事人意愿的纠纷解决方式之一,这就要

求在保障仲裁作为解决纠纷方式的法定性的同时,给其更多的优先性的法律保障,特别是对于当事人的授权这种重要的仲裁权取得方式更应如此。比如只要当事人表明了仲裁的意愿,尽管仲裁协议有瑕疵,也应首先肯定用仲裁解决纠纷的方式,在此基础上完善仲裁协议。否则如果缺少这种保障,一味地认为仲裁协议有瑕疵,就可以通过诉讼方式解决纠纷,不仅违背了当事人的真实意愿,也不利于保障仲裁权的实现。

2. 保障仲裁权实现过程中仲裁庭拥有充分的权利。仲裁权实现过程是仲裁庭运用仲裁权解决纠纷的过程。充分的仲裁权力是仲裁权实现的必不可少的内容。仲裁权来自于当事人授权和法律授权,法律授权是更高层次的授权。要保障仲裁权的实现,就必须通过法律授权使仲裁机构在拥有案件受理权等基本权力的同时,拥有在当事人授权范围内的,符合仲裁原则基础上的自由裁量权,包括调查取证权、对争议事实的判断权、对证据的认定权以及最终的裁决权。

3. 保障仲裁裁决具有强制执行的法律效力。仲裁裁决的执行是仲裁权实现的体现,赋予仲裁裁决强制执行的法律效力是保障仲裁权实现的方式之一。这种保障首先体现在明确仲裁庭具有一裁终局的效力,当事人不得将已经仲裁裁决的案件重新请求法院审理、其他仲裁机构再次裁决。其次,当事人既然选择了仲裁来解决纠纷,并授予根据自己意愿组成的仲裁庭以仲裁权,他就应当服从仲裁裁决,自动履行该裁决所规定的义务。否则法院可经当事人申请强制执行。

三、仲裁监督体系的完善

俗话说,阳光是最好的防腐剂,同样仲裁监督体系的完善对于律师代理仲裁活动的健康发展具有非常重要的作用,而完善我国的仲裁监督体系,可以从以下方面来考虑:

首先,必须严格依照《仲裁法》的规定来办事。从总体上而言,《仲裁法》确立了一系列符合国际上通行做法的原则和制度,它的颁布实施,标志着我国仲裁制度的进一步健全和完善,是我国的仲裁制度走向现代化和国际化的重要举措。《仲裁法》总结了我国涉外仲裁的成功经验,吸取了世界各国仲裁实践和仲裁立法中的很多成熟的原则和制度,是一部好法律。我们必须严格按照《仲裁法》的规定,重新组建国内仲裁机构,严格依法仲裁,使我国的仲裁事业在《仲裁法》的规范下迅速走上正轨。即使我们认为《仲裁法》有些规定不尽合理,在它作出修改之前,也必须严格予以遵守。

其次,必须尽快建立健全仲裁机构和中国仲裁协会,如前所述,《仲裁法》中确立的我国的仲裁监督体系中,包括内部监督和行业监督,实施这两种监督的分别是仲裁委员会和中国仲裁协会。国内仲裁委员会有些刚刚重组完毕,有些还在重组之中,而中国仲裁协会也在筹建之中。由于这两种形式的监督主要侧重程序事项的监督,且监督发生于仲裁程序进行过程中作出裁决前,所以它们更好地体现了独立仲裁的原则,更能保证裁决的公正性。因此,这两种形式的监督是司法监督不可代替的,相反如果这两种监督的作用发挥得好,就能减少错误或不当仲裁的出现,提高仲裁质量,从而在很大程度上就减少了司法监督而进一步显示出仲裁的独立和尊严。为此,各仲裁委员会应设置专司监督职能的机构,如惩戒委员会或纪律检查委员会,应该尽快成立中国仲裁协会,成立后应该尽快制定有关行业自律的规则,确定行业监督范围、查处程序和处理措施的规范。

再次,在仲裁实践中注意总结经验发现问题,仲裁制度和其他的任何法律制度一样,会随着社会物质生活条件的发展而不断地发展变化,而每一次的发展变化都会在总结以前经验的基础上进一步完善。在仲裁实践中,我们应该结合我国的国情,考察和研究现行仲裁法关于仲裁监督的规定哪些是比较成熟的,适合我国国情的,能促进仲裁事业顺利发展的;哪些不够成熟,在哪些方面对仲裁实践产生了一些什么不良影响。这样就能为今后修改、完善仲裁法提供宝贵的第一手材料。

四、推进我国仲裁事业的建议

只有仲裁事业的发展才能带动律师代理仲裁业务的发展,因此,要促进律师代理仲裁业务的发展应推进我国仲裁事业的发展。我国仲裁事业虽然已经有了十数年的发展历史,但以前的仲裁主要集中于国际经济贸易领域,以及由工商行政管理机关进行的经济合同仲裁,前者的范围过于狭窄,后者的程序及实质规定居然不同于国际惯例。与国际并轨的《仲裁法》的全面实施以及仲裁机关在较大的市的普遍建立,才标志着我国仲裁事业进入了一个全新的阶段。由于仲裁制度具有着上述的种种优越性,必然具有美好的发展前景,但是,我们也应该看到仲裁事业在我国毕竟是一新生事物,还需要人们的关心和爱护。为了大力推进我国仲裁事业之发展,为律师代理仲裁业务提供基础,这里提出若干建议。

1. 大力宣传仲裁制度的优越性,让当事人耳熟能详。仲裁制度与诉讼制度相比,确实有很多优越性,但这种优越仅仅是停留在理论上的,当事人如果不知道仲裁制度的种种优越性,他是不会在发生纠纷之前,就想到签订仲裁协议的。只有当事人了解仲裁制度的种种优点,他才能够首先想到仲裁。大力宣传仲裁制度,可以有两个渠道:其一,仲裁委员会是由地方政府法制局和商会联合组建的,政府法制局和地方商会都应该在其相关领域内加大宣传力度;其二,仲裁员都是某一领域的专业人才,尤其以专家学者和成功律师为多,专家学者可以利用其讲学机会向社会普及仲裁法知识,律师可以以其所在律师事务所为单位,对其所在律师事务所的顾问单位宣传介绍仲裁制度,并利用审查合同的机会向顾问单位推荐列入仲裁条款。

2. 在政策上给予仲裁制度一定优惠,以发挥其迅速解决纠纷之功能,为仲裁事业的大力发展打下良好基础。各地的仲裁委员会不是国家机关,而是事业单位,这就要求仲裁委员会能够在一定程度上自收自支,以缓解国家财政之巨大压力,如果仲裁事业发展迅速的话,有大量业务的话,实现该目标并非难事,但在其发展初期,必须给予一定的政策优惠,如几年内国家负担仲裁机构的经费开支,对仲裁委员会所取得收入在税收政上给予一定程度的减免。这样做的目的其实在于能够让仲裁机构在发展初期通过减少仲裁费用,来吸引当事人选择仲裁,因为当事人最关心费用。通过给予优惠政策,达到仲裁机构减少费用的目的,这样做的好处在于发挥仲裁制度的优越性,迅速排解纠纷,从而对整个社会经济的发展有好处,失小利而得大利。

3. 严格发展仲裁员,确保仲裁案件质量,为当事人提供优质服务。什么事情都是人来做的,事情做的质量,首先要看人的素质。我国目前存在的诉讼难、诉讼不公、司法腐败等问题,不能不认为司法队伍的素质问题是原因之一。为了确保仲裁员的素质,首先应该严格控制仲裁员的质量,决不能为了追求仲裁员队伍的扩张而盲目发展以至于忽略了仲裁员的任职资格。仲裁机构一定要确保案件的质量,以逐步得到当事人的信赖。

4. 多方协作配合,以弥补仲裁制度一定的不足。诉讼和仲裁的根本目的都在于解决纠纷,而纠纷的解决又涉及到一个执行的问题。如今,在全国各地执行都是老大难的问题,一是各地存在地方保护的倾向,对外地法院执行设置种种障碍;二是当事人往往在判决下达之前,转移财产,使得执行非常困难。人民法院自身判决的案件尚且执行非常困难,更不要说仲裁机构在仲裁裁决下达后,当事人还要委托人民法院去执行。在诉讼保全与证据保全中也存在这一问题。仲裁制度也存在其他一些不足,为了弥补这些不足,就需要多方协调,确保做好工作。

【问题与思考】

1. 律师代理仲裁的概念
2. 律师代理仲裁的基本原则
3. 律师代理国内仲裁的步骤和程序
4. 律师代理涉外仲裁的步骤和程序

第十三章　律师的非诉讼法律事务

【本章内容提要】

本章介绍律师非诉讼法律事务的概念、范围和分类,阐释我国市场经济发展与律师非诉讼业务的产生,重点研究律师专业化问题和非诉讼律师的职业精神问题,并对完善律师非诉讼法律事务的立法提出建议。

【关键词】　律师非诉讼法律实务　替代性纠纷解决　非诉讼纠纷解决机制

第一节　基本理论

我国律师制度恢复三十多年来,律师业务的类型和范围随着社会主义法制建设的不断进步而逐渐丰富。20世纪90年代,律师非诉讼法律服务的兴起使我国律师行业摆脱了传统的诉讼服务这一单一的法律服务模式,并逐步与国际接轨,成为了律师业务的重要构筑部分。对于非诉讼法律服务这一新兴业务领域,我国律师行业经过二十余年的培育和耕耘已取得一定发展,并在律师业务量中占据越来越大的份额,但相对发达国家还存在很大差距。

一、律师非诉讼法律事务的概念

传统的律师业务主要集中在诉讼业务的办理过程中,包括刑事诉讼、民事诉讼、行政诉讼和仲裁程序,这种局面的形成有其一定的社会现实环境,也是律师行业发展的必经阶段。我们并不否认诉讼业务是律师赖以生存的基本技能,诉讼过程特别是刑事辩护最能体现律师的专业素质和人格魅力,但随着社会政治、经济、文化等方面的改革和发展,律师作为一种职业其业务范围必然要随着市场的需求进行相应的拓展和调整,社会各个阶层也对律师行业提出了更高的要求和多层次法律服务的需求。在这种情况下,律师传统单一的诉讼业务已经不能适应社会发展的需要,非诉讼业务因此应运而生。

非诉讼业务,顾名思义是指除诉讼业务之外的其他律师业务,以往人们往往理解为调解、谈判、协商等非诉讼途径的业务,将其涵义与 ADR(Alternative Dispute Resolution)即"替代性纠纷解决机制"(又称"非诉讼纠纷解决机制")的兴起联系在一起,认为律师的非诉讼法律事务就是律师在替代性(非诉讼)纠纷解决方式中开拓的法律服务业务。其实这种理解有失偏颇,因为在实践中大量的调解、谈判仍然是为诉讼业务服务的,或者是为诉讼做准备,或者是在诉讼过程中进行,这种意义上的调解谈判其实是诉讼业务的合理延伸,是诉讼业务的必要辅助手段,并非严格意义上的非诉讼业务。律师行业和其他社会行业一样,都是社会化大分工出现的结果,律师职业和其他职业一样,都有其一定的内涵和外延。律师能干什么不能干什么,原则上应该由国家法律政策予以规范,和其他任何职业一样,凡是法律没有禁止的领域,原则上律师都可以拓展其业务,这是律师自身发展的需要,也是社会发展的趋势。因此,对律师非诉讼业务的定位,应该为:除诉讼业务之外,法律不禁止且律师能够从事的其他相关业务,诸如房地产开发、专利代理、公司企业改制、股票上市、对外贸易等领域中的法律服务业务。

二、律师非诉讼法律事务的范围及分类

需要指出的是,律师非诉讼业务范围受到一定时期的政治、经济、文化等因素的制约,处于一种动态的变化过程中。因此对律师非诉讼业务的具体范围,应结合社会诸多因素来认定,也要适应不断变化的各种形势,与时俱进拓展律师非诉讼业务的范围。

(一) 律师非诉讼法律事务的范围

在我国目前进行政治经济体制改革、建立和谐社会的现实环境下,律师非诉讼业务已经渗透到社会生活的方方面面,律师的工作也逐渐受到社会各界广泛的认同,因此非诉讼业务已经成为律师施展才能的又一舞台,这也是我们律师业务发展的方向。

广义地讲,不经过第三方(裁判机构)审理的案件,都属于非诉讼律师业务。非诉讼律师事务主要包含:

1. 解答法律咨询及代写诉讼文书。这是每个律师都会涉及的非诉讼业务,但往往被众多律师忽视。解答好法律咨询,既需要律师具备深厚的法律功底,更需要丰富的实践经验,否则,只会给当事人带来误导。律师要把法律咨询当做自己的律师事务来重视,它会影响自己的声誉与前程。律师代书包括诉讼文书(如起诉状、答辩状、上诉状、申诉状等)、有关法律事务文书(如委托书、遗嘱等)以及非法律事务文书。

2. 个人、法人和其他组织的法律顾问。既为法律顾问,主要负责的还是非诉讼事务,公民个人、法人和其他组织之所以聘请法律顾问,就是为了避免诉讼事务的产生,使自身的行为更加符合法律规定。例如,律师作为企业的法律顾问,既要对企业的生产、经营提供法律建议,还要协助企业进行完善的法制化管理,制定章程、合同管理规定、员工手册等,这些都需要律师同时具备经济及管理知识。

3. 合同、协议的谈判、协商、草拟、审查、修改等。合同、协议在律师的参与下，制订得将更为规范，有利于最大限度地维护委托人合法权益，也为将来的纠纷提前打下预防针。合同方面的律师事务分为三阶段：

（1）备约阶段。此阶段，律师可从委托人处获取尽可能多的信息，包含委托人、合同对方，并拟制出谈判方案。同时，还应为委托人讲解现有相关法律、法规规定。

（2）缔约阶段。此阶段，合同双方会就相关事项进行谈判协商，律师参与谈判，亦可向对方说明己方要求法律依据之所在。

（3）履约阶段。合同生效后，并不意味着必然能够履行完毕，实际情况需要合同中止、变更、解除时，律师可以代表委托人与对方协商解决意见。

4. 律师见证。律师见证是由香港地区传入的，在中国内地尚处于初始阶段，也越来越为当事人意识到。律师见证相比公证，具有费用低廉、办理快捷之优势。律师见证，是指律师受当事人委托，根据亲眼所见，以律师事务所名义依照法律规定，对委托人发生的法律事件或者法律行为的真实性、合法性进行证明的一种律师事务。

5. 律师代办公证。律师代办公证是指律师接受当事人的委托，代为办理有关公证事宜的一种非讼法律事务。

6. 律师尽职调查。律师尽职调查是指律师接受当事人的委托，以律师事务所的名义，对被调查人的商业信誉、经营状况等所进行的调查活动。比如，针对某企业的资信调查报告一般应包含如下多方面内容：公司概况、公司简历及组织结构、负责人情况、财务状况、往来银行、付款记录、经营情况、现场调查情况等。

7. 出具法律意见书和律师函。法律意见书是指律师应当事人之委托，以律师事务所的名义，根据委托人所提供的事实材料，正确运用法律进行分析和阐述，对相关事实及行为提出的书面法律意见。律师函是指受当事人之委托，以律师事务所的名义，向委托人指定的当事人发送就相关事务进行声明的函件。

（二）律师非诉讼法律事务的分类

随着社会经济的繁荣发展和法制建设的不断深化，非诉讼法律服务已呈现出细化和多元的趋势，广义来看，在法律允许的范围内，除通过诉讼或仲裁方式处理和解决的事务以外的其他法律事务都可包含在非诉讼法律服务范畴之内。在此概念下，非诉讼法律服务可以理解为三类：

1. 基础服务类。包括日常法律及政策咨询、法律文件起草、商业谈判、债务催收、诉前和解、律师见证、律师声明、尽职调查、出具法律意见书、企业规范建制、置业与投资、版权登记、工商登记、代理保险投保等。这类法律服务既可包含在常年法律顾问工作内容中，也可独立作为单项非诉讼法律服务。与诉讼业务相同，此类非诉讼律师业务大多是每位律师的基本功，也是律师每天都在从事和开展的基本法律服务。

2. 高端项目类。包括公司设立、企业改制、收购重组、破产清算、上市融资、房地产开发及项目转让、基础设施建设、建设工程及政府采购招投标、企业重大资产处置、连锁经营、金融债权或资产包转受让、银行贷款审查、商标专利申请、转让与许可使用、股票债券发行、股权激励机制设计等。这类服务专业化要求高,律师执业风险和工作量大,且通常需要律师团队协作进行。

3. 居间类。此类服务是律师以通过向委托人提供订立交易合同的媒介服务为对象的非诉讼法律服务,也是非诉讼法律业务的新领域,主要表现为诸如在金融机构存贷款、联营联建、房地产项目转让、企业收购兼并、资产处置、介绍引进投资等过程中为委托人提供交易对象信息并促成合同订立的中介服务活动。

从上述分析可以得出两个结论:一是非诉讼法律业务范围广泛,律师深度开发和继续细化的空间很大,借鉴国外先进模式并结合本地实际情况广开思路,积极挖掘,应能大有作为;二是非诉讼法律业务存在不同层次,并非有些律师所想象的仅限于高端项目,每位律师都可以在不同层次的非诉讼法律业务中找到适合自身的位置。

第二节 立法背景

一、我国市场经济发展与律师非诉讼业务的产生

律师作为社会历史发展的产物,其自身的存在和发展不能脱离一定的社会经济、政治和文化背景。中国传统的法律文化因采纳"无讼"和"讼则凶"的观念,因此使律师制度难以产生和发展。

我国律师制度恢复二十多年来,律师业务的类型和范围随着社会主义法制建设的不断进步而逐渐丰富。20世纪90年代,律师非诉讼法律服务的兴起使我国律师行业摆脱了传统的诉讼服务这一单一的法律服务模式,并逐步与国际接轨,成为了律师业务的重要组成部分。

改革开放初期,经济活动受政策、计划的约束和限制多于受法律约束和限制。律师为数不多,业务以代理诉讼为主。随着我国市场经济的发展,律师不再只是以讼师的身份出现,而是已经越来越多地参与到市场经济各种活动的运行中,其身份逐渐定位于一种"法律人"的社会角色。律师大展身手的业务领域已覆盖到社会的各个领域——在依法治国方略中举足轻重、同国民经济发展息息相关、与百姓社会生活密不可分、为商人的商业贸易活动保驾护航。《律师法》也从法律的角度明确扩大了律师的业务范围,《律师法》第28条规定:律师可以从事下列非诉讼法律业务:(一)接受自然人、法人或者其他组织的委托,担任法

律顾问;……(三)接受刑事案件犯罪嫌疑人的委托,为其提供法律咨询、代理申诉、控告,为被逮捕的犯罪嫌疑人申请取保候审,接受犯罪嫌疑人、被告人的委托或者人民法院的指定,担任辩护人,接受自诉案件自诉人、公诉案件被害人或者其近亲属的委托,担任代理人,参加诉讼;……(五)接受委托,参加调解、仲裁活动;(六)接受委托,提供非诉讼法律服务;(七)解答有关法律的询问、代写诉讼文书和有关法律事务的其他文书。

正如《律师法》中对律师业务范围的规定,律师介入市场经济最早是由企业法律顾问入手的。据有关部门抽样调查显示,我国目前已有一半的企业设有专、兼职法律人员或外聘律师处理企业法律事务,其工作内容最大的变化是从事后的矛盾处理转为事前的防范。他们为企业股份制改造、公司上市、企业联营、兼并、参股控股、组建公司、企业破产等提供了及时有效的法律服务,为建立现代企业制度作出了重要贡献。随着经济的发展,竞争的加剧,企业间的合并联盟日渐增多,形成各种形式的联合体。国外大型跨国公司也将陆续进入中国抢占市场。这些大型企业都要求有现代化的大型国际性律师所为其在企业的设立、生产、经销、投资、融资、内部管理、合并分离、破产清算、知识产权保护等各个方面提供优质服务,这也是我国律师在我国市场经济迅速发展过程中开拓非诉业务的大好时机。

目前在我国律师法律服务领域内,诉讼与非诉讼业务同样重要,但比较而言,后者在律师业务中所占数量正逐年增加,企业并购、金融、证券、股票上市、社会保障以及重大项目招标投标等领域的非诉业务逐渐成为主导业务,显示了我国律师业务走向成熟并与国际社会接轨的一种趋势。

二、经济全球化带动法律全球化

经济全球化是指生产要素跨越国界,在全球范围内自由流动,各国、各地区相互融合成整体的历史过程,即世界经济活动通过对外贸易、资本流动、技术转移、提供服务、相互依存、相互联系而形成的全球范围的有机经济整体,其实质上即是贸易、投资、金融、生产等活动的全球化。

经济全球化是当代世界经济的重要特征之一,也是世界经济发展的重要趋势。经济全球化的过程早已开始,尤其是20世纪80年代以后,特别是进入90年代,世界经济全球化的进程大大加快了。经济全球化,有利于资源和生产要素在全球的合理配置,有利于资本和产品在全球性流动,有利于科技在全球性的扩张,有利于促进不发达地区经济的发展,是人类发展进步的表现,是世界经济发展的必然结果。

进入21世纪后,世界经济、信息及环境的全球化进程明显加快,经济全球化引发了信息传播全球化、法律全球化、文化全球化以及其他领域的全球化。在人们对"经济全球化"已经达到共识的情况下,对外投资、贸易、技术转让、海外上市融资乃至知识产权的国际保护、反垄断和竞争法的国际协调、产品责任的国际集团诉讼等等,日益汇成法律全球化的滚滚洪流,成为广大律师和法学研究者必须正视的重要课题。

在经济全球化的背景下,美国、英国等发达国家凭借其傲视群雄的经济力量和先发优势,深深影响着法律全球化的过程。原因不外乎它们首先牢牢掌控着全世界绝大部分金融资本,主导涉外投资的流向并且在国际贸易中具有无比强大的影响力,这其中美国扮演的角色尤其关键。另一个原因是普通法对于合同法和国际商法灵活的吸收和转化能力令人惊叹。在欧洲人们则普遍相信,欧洲大陆各国有利可图的法律业务正在源源不断的流向伦敦和纽约,道理很简单,美、英两国受过普通法洗礼的律师比起大陆法系国家培养的律师更加灵活,法律创新的能力更强,在跨国商业交易上游刃有余,成功地充当起国际商务谈判的润滑剂。此外,现在人们一致认为英语已成为国际商业和国际商事法律最流行的语言,美国商法逐渐向全球普通法的方向演进——或明确地或含蓄地被纳入到跨国合同文本中,并且开始被纳入到各国判例法。而美国行政法中各项具体法律制度——行政程序法的信息自由公开与行政处分的司法审查向各国全面渗透,甚至融入许多转型国家的经济立法之中。

三、中国加入 WTO 与法律服务市场的开放

在法律全球化过程中,影响范围最广的应该是世界贸易组织体系的建立。1994 年世界贸易组织(World Trade Organization,WTO)成立后,已经初步建立了世界范围内的自由贸易体制,各国在法律服务市场的开放程度空前提高,律师业务国际化和全球化趋势越发明显。

WTO 的最高宗旨是实现贸易的自由化,2001 年 11 月 10 日起,中国成为了 WTO 的成员国,享受一揽子协定项下的权利,同时也须承担相应的义务。中国入世后,随着产品与服务贸易的全球化与自由化,我国开始大幅度削减、消除原有的高关税及其他非关税壁垒,一个拥有世界五分之一人口和经济总量超万亿美元的巨大市场吸引着全世界企业家纷至沓来。在 WTO 的各协定协议中,与中国律师直接相关的当属《服务贸易总协定》(General Agreement on Trade in Service,GATS),法律服务市场的进一步国际化也是中国在 GATS 中承诺的一部分。《服务贸易总协定》是乌拉圭回合一揽子结果中的最新成果,也是多边贸易体制在单一领域内取得的最重要的进展。它第一次将类似《关税及贸易总协定》(General Agreement on Tariffs and Trade,GATT)的国际公认的规则和承诺扩展到了一个规模巨大并且发展迅速的国际贸易新领域。

加入 WTO 在给我国整个经济、社会生活带来巨大变化,法律服务的重要性

日益为人们所认识,这也将对我国法律服务业的主体——律师业产生巨大而深远的影响。GATS 意味着中国法律服务市场的开放,它将在 WTO 构架下逐步完成自由化。如何实现我国对 WTO 的承诺,如何在全球化的过程中发展本国的法律服务业,法律服务的全球化如何更好地促进国际贸易和投资,是一个非常重要的课题。这其中法律服务市场的开放与管理;法律服务的国际化与专业化、规模化;法律服务的国际交流与合作;法律服务的国际化与全球范围内的人才竞争;法律服务国际化与法律服务行业的优胜劣汰;法律服务的国际化与法律服务体系的构成;政府在推动和规范法律服务国际化方面的作用等等,值得中国律师界严肃面对和认真解决。

过去中国政府规定外国律师事务所只能在北京、上海、广州、深圳等十几个城市以代表处的形式提供法律服务,从事营利性活动。2001 年 11 月中国政府在宣布加入世界贸易组织时承诺,将取消关于外国律师事务所以代表处形式提供法律服务的地域、数量等方面的限制。一方面,GATS 为中国律师业的发展提供了更广阔的舞台,身临其境地感受国际法律文化和贸易领域的魅力,加入 GATS 后,律师的双向流动将更为自由、更为频繁,无疑为我国律师提供更多的学习机会,从而有利于审视、反思并改进和完善我国律师业的业务发展和经营管理工作。另一方面,GATS 也会给中国律师业带来强烈的冲击和挑战:传统的律师职业理念与现代法律服务商业化倾向的鲜明反差,律师职业协会管理制度的深层缺陷,人才流失的严重隐患以及律师素质亟待重塑的巨大压力,尤其是加入 WTO 以来,境外(含港澳台地区,下同)律师所的市场准入,竞争必然空前激烈,机遇稍纵即逝,大幅度提高中国律师的素质迫在眉睫。

机会和挑战并存,是中国律师所面对的现实。在中国经济面临一个新的发展时期的今天,律师业务需要一个新的腾飞起点。

第三节 热点前沿问题

一谈到全球化对国内法律服务业的影响,大多数人就会想到国内法律服务业由此将面临全球化课题——一种机遇和挑战并存的境地。一方面,国内的法律服务行业将因国际同业的市场准入而面临全球化竞争的压力;另一方面,国内的法律服务行业有望在 WTO 成员间的开放的国际法律服务市场分得一杯羹。

我国律师业必须抓住机会,以现代化的服务理念为指导,掌握现代化的服务方式和手段,成为高素质的法律服务人才,积累大型复杂项目的法律服务经验,提高服务能力的适应性,利用后发优势和利用本土优势在国内、国际法律服务市场展开竞争,以求进一步发展。

一、律师专业化问题

长期以来,围绕着律师是否应该专业化的问题,一直争论不休,但随着争论的逐渐深入,大家越来越明确,如果想做一个高层次的律师,就必须专业化。

其实在谈到专业化的问题时,很多人都是矛盾的,因为一方面,随着现在社会的发展,分工越来越细,专业化是未来发展的必然趋势,另一方面,很多律师也担心一旦专业化,就会失去很多业务,尤其是在专业化的起步阶段,在专业领域没有成为专家,不会有很多案源主动找上门,而其他找上门的业务又不去涉足,势必会直接影响到律师的案件数量,特别是对于刚刚执业的律师来说,专业化可能会使其连生存都存在问题。

但是,众所周知律师业是专业服务行业,作为市场法律服务中介其发展必然受市场规律的影响。入世后的中国律师业在维护当事人的合法权益的同时,应适应市场主体的不同需求提供相应的优质服务,这是律师法律服务现代化的宗旨。实现这一宗旨,律师必须坚定地走"职业化、专业化、市场化和国际化"的道路。

(一) 律师专业化存在的问题

1. 可能会失去很多业务

律师专业化首先面临的就是会失去很多业务的机会,在案子的选择上,就没有了很多的余地,毕竟这种案子复杂,专业化程度高,但适合的案件可能就非常少,即使遇到了也未必能接得到。所以一旦定位专业化后,面临的就是失去了很多业务的机会,随之而来的就是失去了很多赚钱的机会。

2. 可能会失去很多客户

律师做案子,具有滚雪球的作用,具有广告宣传作用,一旦通过一个案子得到了这个客户的认可,这个客户以及他朋友以后碰到案子,可能都会来找你。也许你今天做的案子不是你专业方向的案子,但得到了他的认可,以后与你专业有关的案子,他也会找你,如果你没有去做与你专业无关的案子,也就意味着你失去了这个客户及他们朋友,以后他及他的朋友碰到与你专业有关的案子,可能也找不到你。

3. 会错过很多学习的机会,不利于自己综合素质的提高

作为一个律师,按说应该与法律甚至整个社会文化方面的书都应该多读些,只有具有很高的综合素质,才能得到当事人的认可。现在很多律师都以做非诉业务为荣,甚至很多非诉业务做得非常有名的律师,竟然从来没有进过法庭。律师接触的案源多,综合素质就会比较强,学习的机会也会比较多,有利于自身全面的提高。相反,如果非常的专业化,成天只研究公司相关业务,可能会也很难相信,一个从没有进过法庭的律师,能够成为一名合格的非诉律师,一个只懂公

司相关法律制度的律师能很好地为当事人预防法律风险。

(二)律师专业化存在的优势

1. 有利于自身知识迅速的提高,对本专业的知识掌握较深

随着社会的发展,分工越来越细,对知识的要求越来越高,而人的精力都是有限的,不可能成为每个行业的专家,只能把有限的精力集中在有限的部分上。如果一个律师什么方面的案子都想做,他就不能将每个问题都研究的很透,也就很难做到专家级的水平。相反,如果一个律师能及早地给自己定位,潜心研究与自己专业有关的知识,可能自身的知识会提高很多。

2. 有利于在自身领域及早的成名,并带来更多的客户

如果一个律师潜心的钻研某一领域的知识,自身提高很多,可以很快地成为这一领域的专家,有利于他在这一领域做出较好的成绩,如果他做得很出色,就会为他带来更多的客户。

3. 有利于成为一名高层次的律师

一个律师,如果什么样的案子都做,虽然一时可能案子比较多,业务收入比较多,但随着时间的推移,他的不利的因素就会体现出来了,就是由于知识更新太快,他的精力又是有限的,很难赶上所有知识的更新速度,后期发展会越来越慢。相反,定位专业化的律师,由于只专注某一领域,可以很快地更新知识,随着时间的积累,业务会越来越多,由于做到较高的层次,其他律师很难与之竞争。

(三)律师专业化的必然性

随着经济全球化发展的客观要求,外资的进入和本国经济的持续增长客观上促进交易的活跃和繁荣。由此产生的各类经济摩擦不可避免地增多,法制环境的进一步完善和企业的对法律服务的需求都会导致法律事务服务量需求的不断增加。传统诉讼业务稳步增长,国际贸易纠纷、国际运输纠纷、投资纠纷、劳资纠纷、知识产权纠纷、反倾销、反不正当竞争诉讼将在长时间呈现出专业律师供不应求的局面。同时,国际贸易量的增长和国内经济的持续繁荣使国内企业对新兴的法律事务如在生产、销售、投资、融资、合并和分离、知识产权保护、企业内部管理等诸方面的非诉讼法律服务需求将从质和量上出现大幅度的提升。国际商业交往的复杂性,法律关系的复杂性从量上、难度上、时间要求上都要求专业的法律服务,过去那种"万金油"式泛而不精的律师必将在竞争中被淘汰。律师和律师所在发展规划时应根据自己的特点培养每个领域的法律专家,通过各个领域的专家律师的团体协作,保证服务质量,提高竞争力。

可见,律师的专业化是发展的必然趋势。当然,律师的专业化与复合型律师人才的发展是不矛盾的,而且现在也越来越强调律师的一专多能,比如律师在某一法律领域已经很专业,同时英语很好,或者懂会计、金融、财务,或是有理工背景,这都是现在市场上紧缺的人才。

二、非诉讼律师的职业精神

职业精神是指事务所群体的共同心理定势和价值取向,反映了全体律师的共同追求和共同的认识,其核心内容都是激发律师的工作热情,发挥自觉性、明确责任感。主要包括:法治追求、服务精神、创业精神、风险精神、竞争精神、民主精神、主人翁精神、集体主义精神、创新精神等。良好的律师职业精神促使律师这个职业产生、存在和健康发展。

非诉律师对商事领域法律规则的形成和完善、商事交易的促进以及效率的提高、商事主体依法办事习惯的培养、商事领域争端的和平解决、商人权利意识的增强、正义的维护、经济民主和政治民主进程的推进发挥着非常重要的作用。那么,非诉律师在勤勉尽责、不懈学习和创新、忠实于法律的工作中实践着的律师职业精神为什么会被忽略呢?这在当前是一个比概括律师的职业精神在非诉律师身上的具体表达更加迫切的课题。

人们谈论律师职业精神时商事领域非诉律师的缺席,首先与专业性的工作内容和团队性的工作方式有关。商事领域非诉律师工作的专业性与复杂性,使得他们在运用法律进行思维的过程中和在最终的工作成果中所展现出的智慧,以及对法律正义的特有表达难以为社会公众分享。由于难以为非专业人士理解,非诉讼律师的工作很少被现今的媒体关注,更不用说成为社会热议的焦点。非诉律师多以团队的方式展开工作,不像在诉讼律师中那样容易涌现个人英雄。

非诉律师身上职业精神光芒的暗淡,与长久以来人们对律师职业精神的概括来自诉讼律师有关,这种概括反过来又在评价非诉律师的职业精神时起到了一种负面影响。这些负面影响至少反映在以下几个方面:首先,在正义已经被破坏引起诉讼时,律师恢复正义的工作更加神圣,而非诉律师的大量工作发生在事前,是自始做一种遵守法律使得正义得以贯彻的工作。其次,在弱势群体等相关领域案件中,当双方当事人的地位不平等,弱势一方的律师因其加入而使得双方能够平等对抗而价值得到张扬,而在非诉律师服务的投资、商业交易等领域,其所代表一方通常与对方在经济、社会地位上相当或者居于优势。也就是说,当律师的服务对象是社会中掌握经济资源较多者时,无论其工作的价值有多大,人们都不会给予服务于贫困者、弱者的律师那样高度的评价。再次,与诉讼律师身上的"正义、人权、斗争"等光环相比,非诉律师的"智慧、效率、创造性、合作和共赢"多少转移了人们对他们身上正义精神的注意。

非诉律师服务于商人并非由于商人能支付更多的律师费,而是他们对商人的智慧、创新精神和对社会的贡献有更深刻的感知以及自身的执业兴趣和知识结构所决定的。在非诉律师看来,商人(更准确地说是商人所需要的非诉法律业务),同诉讼中的刑事被告人、弱势群体、行政诉讼中的老百姓一样,应该受到律师的关注。非诉律师在执业中保持着独立性的品格,忠实于法律,不会为了所服务客户的利益而亵渎法律的神圣。正是职业精神,决定了非诉律师是律师而不是商人,也不能被简单地看作是商人的合作。律师职业的服务性要注意:

1. 律师服务的有偿性不是完全的商业性、经营性。商业性、经营性追求的是最大限度地获取利润,而律师职业的法治性决定了它不能以追求最大利润作为唯一价值。所以现代法治国家对律师的职业道德、执业纪律、社会责任另外提出了较高的要求。

2. 自律性和自治性,是律师职业服务性的自身要求,律师职业为社会提供法律服务的方式是自谋生路、自谋发展的"自由职业",那么,政府就不过多地干预律师职业,而律师职业为了取得社会的信任以求生存和发展,自律和自治规范也是必不可少。

第四节 法 律 实 践

近些年,我国律师非诉讼法律业务急速增加,已经占据越来越大的份额,但较之发达国家在非诉法律事务发展的广度和深度,以及业务专业化程度上都尚有很大差距,以下仅论及非诉讼律师业务的市场定位及业务开拓。

一、律师从事非诉讼法律业务应具备的条件

非诉讼法律事务和传统的诉讼事务一样,都属于律师的执业范围,因此对执业律师所提出的要求也大致相同。但是,由于非诉讼法律事务有其专业化、复杂化、国际化等独特特点,所以对从事非诉讼法律事务的律师也提出了更高的要求。

(一)对当事人高度负责的态度

做一个好的律师,首先必须要对当事人高度负责的态度,对当事人负责就要求律师应当诚实守信,实事求是。所谓诚实是指对当事人委托的事项能做什么,不能做什么,能做到什么程度,什么时间能做完一定要跟当事人讲清楚。所谓守信是指对当事人的承诺一定要兑现,绝不能失信,所以对当事人委托的事项也应按自己的能力决定是否接受委托。实事求是要求律师在处理当事人委托的事项时,一定要按照客观事实和法律规定完成法律业务。非诉讼法律事务律师并不是当事人的下属职员,更不能沦为当事人的爪牙,接受委托的事务要从当事人的利益出发,并不代表一切事物按照当事人的意愿来做。比如律师在做尽职调查时要出具法律意见书,并不是当事人想听好话想看好的结果,律师就出具一份天花乱坠、完美无瑕的法律意见。律师一定要忠于事实,如实地出具法律意见书,描述已经现实存在或潜在的各种法律风险,这才是对客户真正的诚实和负责任。

(二)宏观和综合处理问题的能力

律师素质要高,不仅法律功底要扎实,有丰富的知识,还要有良好的学习能力。因为非诉讼法律事务要求律师有综合的运用法律的能力,要综合考虑法律法规规章和税收、劳资、政府审批等。另外,非诉讼法律服务涉及到的知识很多,除了要求非诉讼法律事务律师精通法律知识外,一般还要拥有其他学科的专业知识,最基础的就是会计知识和企业管理知识。为此,律师必须具有良好的学习能力,能在最短的时间内掌握最新的知识。

与传统诉讼完全从法律角度考虑问题不同,非诉讼法律服务更多的时候要注重从商业的角度考虑问题。做好非诉讼法律服务,不能仅仅从法律角度考虑问题,一定要从当事人商业目标的角度出发,为其商业目标的实现铺平道路,这就要求非诉讼律师除了要有扎实的法律功底之外,还要拥有很多其他的专业知识,更要有商人的头脑,能够从法律、商业等多角度宏观考虑问题。

(三)团结协作,相互配合的意识

传统的诉讼业务由于流程明确,一般一名律师即可办理,所以形成现在的个体户式的运作方式,一个律师带着两三个助理或秘书就能独当一面,完全独立地办案。而且律师之间也往往因为案源问题,形成敌对关系。但现在每一项非诉讼法律服务都有自己的特点,而且涉及的法律知识和其他知识都很多,一个律师是很难独立办理,需要律师的协作和配合。比如律师做尽职调查,有时要涉及会计问题、财务问题,有时会涉及专业英语问题,若是医疗纠纷则会涉及医疗方面的问题,每个律师就不能保证自己在各个方面都很专长,往往就需要和相关领域比较擅长的律师合作。因此,做好非诉讼法律业务,一定要有合作精神。

律师工作中接触到未做过或不擅长的非诉讼律师业务,一不能缺乏信心轻言放弃,二不能大包大揽硬着头皮上,而应借助律师事务所的整体实力、依靠有经验的专业律师共同开拓共同办理,或者在本所也不能胜任情况下,与其他专业律师事务所开展所与所之间的合作,都是有利无害的选择。律师从事法律服务不能单纯追逐经济利益,还应具有集聚经验和业绩、立足未来的大气,当二者不能兼得时,舍小利而助长远,方为明智。

(四)很强的文字表达能力

如果说传统的诉讼律师的水平更多地体现为作为辩护人或代理人在法庭上的唇枪舌剑、据理力争的口头能力上的话,非诉讼法律事务律师的业务水平就更能从法律文书的写作上得以体现了。诉讼法律文书要求言简意赅,简单明了,而非诉讼法律文书则因为非诉讼业务的复杂而呈现出复杂化、详尽化、周密化的特点。这就要求非诉讼律师要有很好的文字功底,尤其在涉外业务中,律师要有很好的英语阅读、写作及翻译水平,不仅能理解、吃透外方的英语文件,更要能够自己起草、制作语意严谨的英语合同及法律文件。一份措辞严谨,形式规范的法律意见书或其他法律文件,往往能体现出律师的专业水平和职业素养。

当然,一个好的非诉讼法律事务律师除了要具备以上条件,还有很多其他的要求,比如要有很好的人际关系处理能力,因为非诉讼业务涉及到与多种客户打交道,对一个客户也往往涉及到客户各个层面的人打交道。因此,没有良好的人际关系处理能力,将大大影响律师业务的开展。同时,一个高水平的非诉律师还要注意自身形象、仪表、谈吐和行为。这是职业形象,细节之处会使客户对律师综合素质和业务水平以及专业能力产生第一印象和初步判断。

二、律师非诉讼法律事务的开拓及发展

很多律师,尤其是年轻的律师,往往会觉得非诉讼法律业务是其向往的黄金领域,又是其不敢或者无法进入的高端领域,将非诉讼业务统统理解为复杂、陌生业务。我们认为,如同诉讼业务也存在难易之分一样,非诉业务也有基础项目和高端项目之分。改制、并购重组、破产清算等高端项目类业务是传统概念中的非诉讼业务的典型代表,很多律师认为非诉讼业务复杂和陌生也正是因为此类业务对律师的专业素质和执业能力要求极高且缺乏实践经验而望而生畏。其实社会的法律服务需求就是律师经营的目标,社会不仅需要高端的非诉讼法律服务,同样也需要基础的非诉讼法律服务,长远来讲,律师业务并无高低之分,任何类型的律师业务只要做精做强,必将都是行业中的佼佼者。

非诉讼律师业务的开拓与诉讼业务的开拓,在方法与技巧上其实是大同小异的,主要包括以下方面,即律师个人水平的修炼、专业知识的积累和对社会生活的积极接触和对外交流的加强。

(一)提高业务水平

律师没有扎实的业务功底或者良好的职业素养,妄谈开拓与发展全无意义,真才实学才是经得起市场检验的核心竞争力。从事非诉律师业务首先要丰富专业知识,谙熟法律,其次还要旁通财会和企业管理,另外要有较强的外语水平,因为非诉业务的涉外性更多一些。律师不仅要善于学习新的知识,还要善于总结经验,年轻律师可以多学习其他律师的经验,学习他人总结出来的操作流程和注意事项,结合自身的理解和实践编写操作指南,为自己的工作提供指引和参考。要善于收集、整理和借鉴成熟规范的文件文本,领悟别人的经验,少走弯路,减少重复劳动。

(二)树立良好职业形象

职业形象不是非诉讼业务开拓的决定因素,但毫无疑问是赢得客户的必要条件。职业形象包括仪表、谈吐和举止,反映的是律师的综合素养,训练有素的职业形象有助于提高客户对律师的信任度,也有助于符合甚至提升客户的形象。开拓非诉讼法律业务要注意树立良好职业形象,一是指要注意自身形象、仪表,语言规范、说话得体,把握分寸。例如,商业谈判中律师用语应准确、严谨,把握尺度分寸,提出法律意见时要用法律语言,准确、清晰。二是要注意书面写作要规范,从事非诉讼法律事务的律师必然离不开大量的文案写作工作。比如非诉讼律师经常要给客户出具法律意见书、律师尽职调查报告、律师函、合同协议、法律服务工作报告、方案等正规的法律文件,还会有工作进度表、会议记录、备忘录、客户提交资料清单等工作文件等,作为律师要学会用规范的法律语言准确、严谨、完整地表达观点,避免使用模棱两可、含糊不清的用词。客户也能通过律师提供的法律文件判断、评估律师的业务水平和职业素养。

(三) 加强社会活动

成功的律师都是出色的社会活动家。律师的社会活动不应是盲目的,应有相应的针对性,从非诉讼律师业务开拓角度看,其范围主要为政界和商圈。其实从某种意义上讲,涉足政界及商圈的高度和深度决定着律师的地位和层次。显而易见的是,层次大致相当的律师与客户才可能有近于平等对话的机会与前提,很难想象相差悬殊的律师与客户能在法律事务本身以外找到可以深入沟通的共同话题或者可以对等交流的讯息。另一角度来看,律师与政界和商圈的交往还有其他现实的意义,例如丰富了法律服务信息的来源,或者获得强有力的介绍与推荐,再或者,学会用政治和商业的眼光来看待问题,这对于从事非诉讼法律业务的律师来讲因思想更加成熟而已是胜人一筹。

现在有很多律师已经充分认识到其重要性,往往会通过参加政协、人大、民主党派,积极参与政治生活;以参加各种行业协会、商会、论坛、俱乐部、进修班广结商界朋友;或是积极开展对外交流以达到自我提高和自我推广,例如参加全国性的研讨会、研讨班、学术论坛、讲座及其他类型的律师交流活动,或在学术刊物上发表专业文章,这些社会活动的积极开展必能对律师业务的拓展产生极大的推动和促进作用。

律师应该在客观评价自身综合能力的基础上,勇于在非诉讼法律服务市场上寻找现阶段适合自己发挥的层面以及将来存在发展潜力的目标层面,积极参与非诉讼法律服务的市场开发,使得社会需求得以满足,律师行业得以平衡与活跃。

第五节 案例评析

一、关于法律意见书

法律意见书在实践中是典型的非诉讼业务。法律意见书作为律师非诉业务的一种,是律师执业中的重要文书,也是律师就当事人进行的法律活动中有关的法律问题,向当事人提交的具有建设性意见,并解答当事人咨询的一种法律文书,作为当事人确定法律行为的法律依据。

【案情】

法律意见书

致:×××董事长

北京市×××律师事务所(以下简称"本所")接受您的委托,2009年9月23日与10月19日,与您就有关问题进行了相应的接洽,又根据您暂时向我们提供的与本案有关的材料(我们假设本案资料已包括已知与本案有关的所有材料),进行了仔细的研究和分析,现就您与安徽×××设备有限公司、巢湖×××汽车销售有限公司专利侵权一案纠纷发表如下法律意见,现将结果呈上,供您参考。

(一) 本案基本事实

(略)以已书写提交的民事诉状所述的事实为准。

(二) 本案涉及的法律问题

基于以上事实及您对本案的要求,在对本案进行综合分析的基础上,我们认为本案的焦点有如下几点:

1. 被告因其侵权行为应当承担哪些责任?
2. 本案是否可以进行证据保全和财产保全?如何进行?
3. 本案应当适应何种法律?
4. 如何确定损失额?
5. 本案中可能出现的其他问题。

(三) 法律分析

1. 被告因其侵权行为应当承担哪些责任?

就本案而言,从您所提供的相关材料来看,您已经取得了涉案的发明专利权,是合法的专利权人。根据《中华人民共和国专利法》第11条规定:发明和实用新型专利权被授予后,除本法另有规定的以外,任何单位或者个人未经专利权人许可,都不得实施其专利,即不得为生产经营目的制造、使用、许诺销售、销售、进口其专利产品,或者使用其专利方法以及使用、许诺销售、销售、进口依照该专利方法直接获得的产品。现在就目前所有的资料来看,我们暂时不能完全判定对方行为是否已经构成对您的侵权,但是从与您的交谈中,您已经对此予以了明确的肯定。因此,对于对方当事人没有经过您的许可而生产、销售依照您所拥有的专利方法直接获得的产品的行为,已经构成的侵权。

在此基础上,关于侵犯专利权的民事责任问题。根据专利法的规定,侵犯专利权的民事责任形式就是停止侵权行为,赔偿损失,这是由专利权的财产权的法律性质所决定的。专利权是一种财产权,侵犯专利权不涉及上述权利问题。所以,对于侵犯专利权不会适用赔礼道歉、消除影响的民事责任。其中,对于要求赔偿损失问题,就涉及到您因对方当事人侵权行为造成的损失及调查、制止侵权所支付的合理费用两项内容。

2. 本案是否可以进行申请法院责令停止对方有关行为的措施和证据保全和财产保全措施?如何进行?

根据《专利法》的有关规定,以上几种措施都是作为权利人在诉讼过程当中可以享有的权利,但是正确的行使以上权利,将会对案件产生相应的关键的作用,反之,如果权利使用不当,将亦会承担相应的责任,因此,应当从措施进行的收益及风险方面进行考虑。

(1) 关于申请法院责令对方停止有关行为的措施

申请法院责令对方停止侵权行为的条件是如不及时制止会使申请人合法权益受到难以弥补的损害。因此,一方面,法院在作出此措施的时候会谨慎考虑,另一方面,因为是涉及对对方当事人行为的约束,有可能会使其利益受到损害,因此,您必须提供相应的担保,并且如果因为申请采用不全,将会由您承担相应的赔偿责任。因此,对于此项申请,应当谨慎行使。

(2) 关于申请证据保全

证据保全是指证据可能灭失或者以后难以取得的情况下,由有关机关或部门通过相应的途径将证据确定保全。本案中,您已经由公证部门对自己的购买行为进行了证据保全,通过法院进行证据将可以对对方当事人的生产行为进行保全,这对诉讼将更加有利。

进行证据保全应当注意的事项:第一,法院在您申请证据保全的时候,可以要求您提供相应的担保。这里是"可以",而不是"必须",因此,要不要求提供担保,将会由法院根据具体情况来决定;第二,对于证据保全不得迟于举证期限届满前7日。

(3) 关于申请财产保全措施

财产保全措施是人民法院对于可能因当事人一方的行为或者其他原因,使判决不能执行或者难以执行的案件,可以根据对方当事人的申请,作出财产保全的裁定。在诉讼中,财产保全措施的正确行使将会对案件的执行产生关键的作用。本案中,因为对方为外地当事人,因此,对于财产保全将会为今后的执行工作带来很大的便利。

财产保全行为当中应当注意的事项:法院可以要求您提供相应的担保。在审判实践中,法院一般都是要求当事人对此提供担保的。担保的数额是以申请财产保全的数额为标准的。

3. 本案应当适用何种法律?

本案中,涉及的法律主要包括以下几种:

《中华人民共和国专利法》

《最高人民法院关于审理专利纠纷案件适用法律问题的若干规定》

《中华人民共和国民事诉讼法》

《最高人民法院关于民事诉讼证据的若干规定》

4. 如何确定损失额?

根据《最高人民法院关于审理专利纠纷案件适用法律问题的若干规定》的规定,在目前的审判实践当中,适用专利许可使用费的合理倍数来请求赔偿是一种较为合理的方式,法院判决的赔偿数额是依据法律规定的使用费的1—3倍,由人民法院根据侵权情节、专利的类别、专利许可使用费数额的大小、性质、使用范围、时间等因素予以确定。一般来说,以不低于专利许可使用费的合理数额(即使用费的1倍)仍然适用多数专利侵权案件的情况。对故意侵权、侵权情节恶劣、多次侵权等情况,应当按照1倍以上3倍以下的使用费的标准计算赔偿额。对于本案而言,如果没有其他意外因素,法院对于此项诉讼请求是会予以支持的。

另外,根据《最高人民法院关于审理专利纠纷案件适用法律问题的若干规定》第22条规定,人民法院根据权利人的请求以及具体案情,可以将权利人因调查、制止侵权所支付的合理费用计算在赔偿数额范围之内。因此,对于该项诉讼请求法院亦会予以支持。

5. 本案中可能出现的其他问题

(1) 如果对方同样申请了专利权

对于相同或者类似产品,不同的人都拥有专利权的有以下情形:一是不同的发明人对该产品所作出的发明创造的发明点不同,他们的技术方案之间有本质区别;二是在后的专利技术是对在先的专利技术的改进或者改良,它比在先的专利技术更先进,但实施该技术有赖于实施前一项专利技术,因而它属于从属专利等。在这种情况下,第一种情形由于被告发明的技术方案同原告发明的技术方案有本质的区别,故被告不构成侵权。第二种情形下,被告为了实施其从属专利而未经在先专利权人的许可,实施了在先的专利技术;或者由于前后两项实用新型专利的技术方案相同或者等同,被告对后一项重复授权专利技术的实施,均构成对原告专利权的侵犯。因此,对此种情况,在诉讼过程当中,应当注意进行分析和辨别。

(2) 如果对方在答辩期间内请求宣告该项专利权无效

根据法律规定,人民法院受理的侵犯发明专利权纠纷案件或者经专利复审委员会审查维持专利权的侵犯实用新型、外观设计专利权纠纷案件,被告在答辩期间内请求宣告该项专利权无效的,人民法院可以不中止诉讼。但是,这仅仅只是一个可以,法院将会根据具体情况来进行,因此,本案中仍存在着一定的可能被中止诉讼的风险。这样,诉讼周期将会大大的延长。

(四)声明

上述分析是我们对本案的初步法律分析,仅供您参考。该分析的前提假设您告知的情况完全与事实相符,提供的资料完整、准确、真实,资料的复印件与原件相符的基础上而作出的初步分析意见。未经本所允许,不得向第三人出示。

北京×××律师事务所
律师:×××
二〇〇九年十一月四日

【评析】

这是一份有关发明专利侵权纠纷而出具的法律意见书。委托人在自己向法院提起民事诉讼前向律师咨询的涉案法律问题。由于委托人尚未向法院提起诉讼,该法律意见书主要就专利侵权中遇到的法律问题进行分析。该法律意见书的主要内容是有关被告承担可能承担的侵权责任、财产保全、证据保全、适用的法律、赔偿数额的确定的相关法律规定对委托人进行解答。该法律意见书的核心在于法律分析部分,该律师在法律分析部分以法律为准绳、有针对性地衡量案件事实。法律意见书作为律师非诉业务的一种,律师在着手写法律分析部分之前,首要任务是要对本案有关的法律、法规、规章、立法解释、司法解释乃至相关的判例等进行查询。由于专利纠纷涉及的法律法规比较多,特别是最高人民法院的司法解释,因此需要办案律师进行深入查询,出具该法律意见书的律师在这一点上做得比较好,而且分析的比较全面。

就本案而言,律师从委托人提供的所提供的相关材料来和与其交谈中,经过分析得出了一个结论,即安徽×××设备有限公司、巢湖×××电器有限公司的行为侵犯了委托人的知识产权,这是律师对本案的宏观认识,总体判断,以帮助委托人对本案有一全面理解。法律分析部分在该法律意见书中是介乎事实部分与措施(意见)、操作流程部分之间一个承前启后的内容,既体现了律师为委托人出谋划策,又可以使本案的委托人在对有关专利的法律知识上从不知到知、从不懂到懂,最后从虚到实,理解法律,在律师的指导下进行诉讼实务活动。该法律意见书是在假设委托人告知的情况完全与事实相符,提供的资料完整、准确、真实,资料的复印件与原件相符的基础上而作出的初步分析意见,假设性分析是法律意见书中技巧运用最突出的表现,有利于将各种可能性结果穷尽,得出几种结论,在证据材料成就时得以运用。法律分析部分用词准确,言简意赅,通俗明了,没有出现绝对化的用词,保证了该法律意见书的科学性。

律师事务所是为公民、法人或其他组织提供法律服务的机构,法律意见书是为委托人提供法律支持的文书;因此无论从哪一角度,法律分析部分均应依法制作,出具该法律意见书的律师应全心全意的为委托人着想,从法律上寻求保护权益的方法和措施,可见本案的律师事务所是负责的律师事务所,可以说本法律意见书是严格依法、求实进行分析的典范。该法律意见书在法律分析部分结尾提出了可能在诉讼中遇到对方当事人申请了同样的专利权或者申请委托人的发明专利无效的问题及存在的风险,提醒委托人做好准备,这也体现了该法律意见书考虑问题比较全面,尽最大的可能性维护当事人的合法权益,将当事人的风险降到最低。

二、关于起草合同

【案情】

某律师接受甲方的委托,全程参与了甲方与乙方关于就乙方持有的目标公司的股权转让给甲方的谈判工作,现双方已经就合同主要条款达成一致,需要律师据此起草合同。

【分析】

起草合同也是典型的非诉业务。通过合同的撰写将双方的真实意思表达落实于文字,是律师专业性的法律服务活动。起草合同时,应当注意如下问题:

1. 与委托人进行充分的沟通。为了实现合同的目的,律师在起草合同之前,需要与委托人进行充分的沟通,了解并且以列表的方式列明交易的要点,特别是首先确定的交易的框架。律师需要协助客户了解交易可能发生的诸多情况,清楚地描述各种情况中合同各方的立场。在起草合同时,律师最好向委托人说明订立合同需要承担的风险和能够得到的利益。

2. 寻找可供参考的合同。律师可以请求委托人提供类似的合同,通常情况下,委托人都保留以往交易记录或者是类似合同。典型的合同范本在一些范例书中都可能找到。起草合同时,可以把这些范本当做原始资料,利用其中某些典型的条款和措词,但是一定要注意,不能简单的替换,而应充分考虑委托人需求,特别是要注意的是名称的替换问题。

3. 高度重视合同的首部。合同首先要写清楚合同各方的名称,一个字甚至一个字符都不能错。如果是自然人,要写清姓和名,对于非中文字符需要注意字母的大小写,并且应与当事人提供的居民身份证、护照等文件的复印件相核对。如果是法人或者其他组织需要进行查询进行核实。为了便于阅读,一般要在合同首部确定合同各方当事人的别称,如:简写为"甲方"、"出租人"、"股权转让方"等,不要使用法定术语作为当事人的别称,如"代理人",以免发生歧义。

4. 学会善用"鉴于"条款。此类条款的目的是为了让读者(通常指合同各方、纠纷的裁判者)很快地了解到合同的主要内容、合同双方、签订合同的原因,合同中会涉及的专用术语的含义等等。这样既可以让合同行文简约,也防止将来因为语词歧义而引发的争议。

5. 按逻辑顺序编排条款。合同的段落是按一定的逻辑顺序组织起来的,例如产品销售合同就是合同标的、合同对价、标的交付、违约责任等基本逻辑结构。合同的逻辑结构往往是以合同各段落的标题词来表明的。这些标题词要力求总结出每个段落或相关段落的内容。例如:履行期限、货物交付、价款支付、不可抗力、违约责任等。

6. 注意用语、语态、标点等基本问题。合同应尽可能使用短句子,以便于理解;应该使用符合中文表达习惯的主动语态,而不用被动语态。需要避免语词可能产生的歧义,例如使用"包括"这个词,就要考虑在其后加上"但不限于……"的分句。除非能够列出所有被包括的项,否则最好用"但不限于……"的分句,来说明只是想举个例子。

7. 加入必要的法律条款。合同撰写时候,律师可以在合同中加入准据法、审判地、律师费等条款。有了这些条款,一旦合同引起诉讼,律师就已经为自己的委托人打这场诉讼战做好准备。

8. 谨慎校对合同初稿。合同初稿完成后,律师可以亲自动手来核实合同的拼写情况、段落序号以及上下文的注解,但是千万不能依赖或者指望文字编辑软件中的拼写和语法检查功能来避免错误。让合同撰写者的秘书、助手、同事阅读草拟的合同,也可以发现撰写者自己不易察觉到的矛盾和混淆之处。律师可以让委托人阅读草拟的合同初稿,以确保律师起草的文件和委托人的愿望相符。

9. 养成良好工作习惯。律师应保存每一版修改稿,并在电子文件名称和内容中均注明稿件的版本、起草的时间、编排的序号,在每一版本的封面上注明"草稿"字样,也能够避免急躁的委托人不等到最后的定稿文本就急于签字。草稿的电子文件名称不能简单用"合同"、"协议"来命名,建议采用"委托人简称+合同类别+修改人+修改时间+版本号"的方式来命名。在收到委托人或者对方律师发来的修订后的电子文件时,首先就要另存一份,并且的另存文件上进行修改;修改时也应使用文字编辑软件中的类似"修订"功能,以方便委托人或者对方律师很快了解合同最新的修改之处;如有需要,也可以使用文字编辑软件中的类似"批注"功能,来对委托人进行提示或者说明。

10. 不能忽视合同文本的制作和签订。如有可能尽可能使用质量较好的复印纸来打印合同;最好用蓝色或者黑色墨水来签署合同,以便于合同正本和影印副本;律师需要让合同各方在让双方在每页合同上都签字,避免更改或者替换。

第六节　问题与建议

一、律师的非诉讼法律事务立法现状

我国律师的诉讼法律事务，如代理、辩护制度已经比较完善，在《律师法》、《民事诉讼法》、《刑事诉讼法》、《行政诉讼法》中都有较为详细的规定。但对于日益增长并在一些发达城市已经赶超律师诉讼业务的律师非诉讼法律事务，规范内容却是很少，这与目前律师业务的发展状况是不符合的。

律师管理是律师业健康发展的重要因素，我们应加快律师管理体制与国际管理体制接轨的步伐，突出行政管理的宏观性，强化律师协会管理的行业性，增强律师事务所内部自律管理的规范性，逐步建立起与国际法律服务相适应的律师管理体制。如中华全国律师协会 2000 年制定了《律师法律顾问工作规则》和 2003 年制定了《律师从事证券法律业务规范》。北京市律师协会 2001 年制定出台了《北京市律师执业规范（试行）》，对律师执业行为的各个环节进行了明确规定。而我国大型、专业化的律师事务所内部业务部门也都在逐步完善其标准化建设，加强律师事务所内部自律管理，逐步实现管理的标准化、规范化。

目前，虽然律师的性质、职能已经在立法中得到明确，但律师职业在整个制度构建中应有的地位尚未得到完全确定，由此带来许多问题，例如律师在从事新的法律事务的服务时，常常因为法律没有明确规定或是没有相应执业指引而限制律师正常执业活动的情况屡有发生；律师参与国家及社会事务管理的机会和途径较少，律师的作用和影响尚未得到应有的重视和关注，律师高层次的职业功能未能得到有效的发挥；法律服务主体多样，鱼龙混杂，影响了统一的法律服务市场的形成。随着律师行业竞争的加剧，为避免无序竞争，法律服务市场的秩序也亟待规范。

二、完善律师非诉讼法律事务的执业规范

可见，目前非诉讼业务日益成为律师的主要业务之一，在经济发达地区的大型律师事务所中，非诉讼业务占到绝大部分比例，因此有必要对非诉讼业务中的行为进行规范。我国管理、约束、指导律师非诉讼法律事务的规范、指引、管理办法也在不断完善过程中，但其也存在着完善进度慢、规范业务不全面、规范文件效力级别低等种种问题。这无疑也在不同程度上阻碍着律师积极开拓非诉讼法律业务的发展。

随着中国律师业的发展，律师业的职业性质日益明确，律师业的公共服务性和行业自治性日益凸显，行为规范应当作为律师职业自治的一种手段，并体现律

师业的自我约束和公共服务导向。从这个角度出发,应该改变传统的以执业活动过程为中心的规范格局,强调以"委托人—律师关系"为核心、以律师各种角色为外围来规范律师行为,强调律师的"职业性"。[①] 早有专家提出应该从对"执业"领域的规范拓展到律师"职业"全过程,推动律师职业的发展。

【问题与思考】

1. 律师非诉讼法律事务的概念
2. 律师非诉讼法律事务的范围
3. 律师非诉讼法律事务及分类
4. 律师专业化

[①] 李洪雷、刘海波:课题报告《律师职业行为规范》(专家建议稿及论证),载《法制日报》2008年1月13日。

第十四章　律师的调解业务

【本章内容提要】

本章介绍调解、律师调解的概念、收费、范围和程序以及非诉讼纠纷解决机制,重点分析律师调解书的法律效力、调解书的执行效力。

【关键词】　调解　调解书效力　非诉讼纠纷解决

第一节　基本理论

一、调解

（一）调解的概念与特征

1. 调解的概念

调解是指第三者依据一定的社会规范（包括习惯、道德、法律规范等），在纠纷主体之间沟通信息,摆事实明道理,促成纠纷主体相互谅解和妥协,达成解决纠纷的合意。调解的形式多样,在我国自古至今,调解的运用非常普遍。我国古代就有官府调解和民间调解,而民间调解又有乡保、族长、亲友、相邻、缙绅调解等,可以说调解对于调节社会关系,促进社会稳定起到了不可低估的积极作用。

而在当今世界,调解形式更是多样,大致有:其一,民间（组织）调解。其二,行政（机关）调解。其三,律师调解。律师主要是通过向当事人提供法律意见,预测判决结果,分析诉讼的利弊,使得当事人考虑是否放弃诉讼而达成调解协议。其四,法院附设的诉讼前调解,比如日本的调停、美国的法院附设调解等,其重要性在于,尽管纠纷已经到达法院,但是仍然有可能将其解决在诉讼程序之外,这种调解把调解和诉讼严格区别开来,分别按照各自的运作原理进行。

2. 调解的特征

在我国,纠纷的解决有多种途径,从具体的解决方式上看有诉讼、仲裁、行政处理、民间调解、和解等方式。调解虽然是一种传统非诉讼纠纷解决制度,但在当前,它也在世界各国都被广泛应用。而其具体的形式和运作方式又发展出很多差异。有些国家通过立法建立了较系统的调解组织,构成司法体系的一个重要组成部分;而有些国家的调解则只是作了非正式的民间性组织或活动而存在;有些国家的调解是一种区别于其他纠纷解决方式的特定制度;有些国家则把调解作为一系列非诉讼程序的总称;在有些国家,调解应用广泛,并区分为诸如民间调解、行政调解、律师调解、法院调解等形式;有些国家的调解在形式和范围上则比较单纯和狭窄。可见,因为国家制度、历史传统和实践发展中的差异,对调解的含义在理解上存在差异。但是可以看出,调解在实质上是应当具备以下三个最基本的特点:

其一,第三者的中立性。第三者(调解人)可以是国家机关、社会组织和个人,但是在调解中他们都是中立的第三方。这一点使调解与和解区别开来,和解没有第三者。

其二,纠纷主体的合意性。当事人在调解过程中始终起决定作用,表现在调解程序的启动、适用的规则、调解员的选定、调解程序、调解结果以及结果的履行均取决于当事人的合意。而调解人只是以沟通、说服、协调等方式促成纠纷主体达成解决纠纷的合意,起协助作用。其间,调解人的高尚人格、较强的能力、较高的社会地位等,均有助于合意的形成,但这些并不构成一种强制力。

其三,规则的灵活性。与仲裁和诉讼相比,调解并非严格依据程序规范和实体规范来进行的,而具有很大程度上的灵活性和随意性。相对于诉讼和仲裁而言,调解所内含的制度、规范的因素较少。调解在程序方面,其开始、步骤、结果常常伴随着纠纷主体的意志而变动、确定。调解在纠纷解决的实体依据方面,除现行的法律法规外,还可以依据当事人认为适当的各种社会规范,如地方惯例、行业标准、乡规民约、公共道德准则、通行的公平原则等。因此,调解往往是在一种非对抗性的、和谐的气氛中进行的,争议双方完全可以自由地阐述自己的观点和意见。

(二) 调解的分类

历史传统以及调解实践的差异注定了世界各国的调解形式多种多样,且会不断创新。对于调解的划分,按照不同的标准,可以划分出不同的类型。

1. 以调解人的身份和性质为标准,可划分为法院调解、民间调解、行政机关调解、律师调解和仲裁调解。

2. 以达成的协议是否具有强制执行力为标准,分为有强制执行力的调解和无强制执行力的调解。前者指达成的调解协议对当事人具有法律约束力,当事人必须执行,权利人可据此获得人民法院强制执行申请权。在我国,这类调解指的是法院调解和仲裁调解。

3. 以调解协议是否具有法律效力为标准,分为有效调解和无效调解。一类是人民法院、仲裁机构作出的调解书具有法律强制执行力,是当然的有效调解。还有一类是赋予其民事合同效力的调解协议,可视为准效力调解,其最终的效力要经过司法审查确定。第三类是在显失公平的情况下达成调解协议且一方当事人拒绝接受,该调解即为当然的无效。

二、律师调解的优势

党中央明确提出构建和谐社会的理念,其中民主与法治是构建和谐社会最基本的特征,而律师职业的本质要求是公平、正义、平等、自由,一切以法律为准绳,与一切不法行为进行抗争,这恰恰是民主法治、公平正义所要追求的目标,也就是说律师职业本身是与和谐社会的本质特征相吻合的。作为承载着推进国家民主法治建设进程使命的法律职业人员,律师参与和谐社会建设的作用是毋庸置疑的。可以说,调解方式的大量运用正是建设和谐社会的要求。而律师大量介入我国调解机制,更是有利于我国调解制度的良性发展。在此,律师调解体现出其不可替代的优越性:

1. 较之民间调解组织,律师具备专业的法律素养,熟知法律和政策,具有丰富的办案经验,能对纠纷产生的原因,问题的焦点及是非曲直等做出基本的预测和判断,并通过对纠纷进行法律上的限定和评价,最终将纠纷转化为法定模式,从而确定权利的救济方式。

2. 诉讼制度存在一个潜在的缺陷,即有理的一方可能会败诉。特别在输赢的博弈中,一些当事人可能利用各种规则遮掩原始证据,或暗地里破坏证据,或向专家证人施加压力,使案件的结果充满变数,难以预料。由于律师地位属于非官方的中介服务机构,没有必须调解成功的压力,也没有作出具有强制法律效力文书的权力,因此其地位超然,所以当事人更容易坦诚面对律师,较少顾虑还原案件客观事实可能产生的压力。因此,调解律师往往比法官掌握更多的客观事实。

3. 律师职业有其显著的特征,即执业活动的广泛性和在执业过程中的相对中立性。这些职业特征,使律师在社会成员中具有较强的公信力和亲和力。律师独立的"民间性"中介身份,与纠纷当事人具有平等的地位,可以打消群众"官官相护"的顾虑,使他们易于和当事人交流,其法律意见也易于为群众接受。

4. "迟到的正义是非正义",案件迟延对纠纷当事人来说是一件难以忍受的创伤。伤害案件的迟延补偿可能导致伤害的加剧,经济案件的迟延救济可能导致生意的毁灭等等。而律师调解程序方式灵活多样,律师参与调解的高效率和接近正义,往往是纠纷当事群众追求的目标。

5. 解决纠纷的成本较低,节省当事人费用,节省社会司法资源。诉讼费、律师费往往成为当事人负担不起的高额费用,仲裁也是要收取费用的,同时,律师的介入使得司法的成本也相应增加,而调解则不然,调解组织一般不收费,当事人也不必请律师,当事人省了钱,国家减少了司法成本。

6. 律师参与调解有利于当事人化解纠纷不激化矛盾。随着各类纠纷数量不断增加,涉及的问题也越发复杂,迫切需要得到及时有效的解决。而我国现行的纠纷处理机制还存在诸多问题,许多纠纷不能得到及时有效解决,往往导致矛盾激化,甚至引发各种社会问题,不利于维护社会稳定,构建和谐社会。特别是,诉讼机制往往对程序要求较为严格,周期较长,以至于解决纠纷的数量有限,而且,许多纠纷所反映的是当事人间复杂的利益对立与矛盾,而不是简单的非此即彼的问题,机械地通过"法律规定＋事实认定＝处理结果"的方式作出裁断并不利于妥当处理纠纷和化解矛盾。而且,诉讼程序中,由于双方当事人严重对立导致的法院认定的法律事实往往与客观事实有一定的差距,反而导致原有矛盾的进一步激化。而律师"权威"地宣讲法律法规和政策,可以引导群众理性客观地认识各种利益关系,培养理性合法表达诉求的意识,善于通过法定程序表达利益要求,保证群众矛盾纠纷得到及时化解,合法利益得到及时维护。调解也会因双方的互谅互让相互妥协,或许有可能从矛盾的对立面转化成相互的理解,有利于社会关系的和谐和创造法律和平。

第二节 立法背景

一、我国的调解制度

中国古代传统民间调解制度有着悠久的历史。调解制度在我国的产生与发展有着深厚的思想和社会基础,它建立在我国和合文化与无讼观念的基础之上,并与道家"无为而治"的政治理念也有着内在的关联,它的建立和发展寄托着人们对建立和谐社会的美好理想,在数千年的历史进程中,它既是稳定社会关系的基石,同时也在客观上推动了社会的进步与发展。

在封建社会,调解则始终被我国封建统治阶级作为推行礼治和德化的工具。孔子的无讼的理念得到进一步的推广和发展,调解制度也进一步得到了发展,形式更多样化,一般有民间的自行调解,宗族调解,乡治调解,官府调解。民间自行调解是纠纷双方当事人各自邀请乡邻、亲友、长辈、或在当地民众中威望的人出面说合、劝导、调停,从而消除纷争。宗族调解是指宗族成员之间发生纠纷时,族长依照法族规进行调解。乡治调解则是一种半官司半民的性质的调解,自周代起,我国就有了乡治组织。春秋战国乡时期的"调人",就是当时乡治组织的负责人,秦汉的"乡强夫",南北朝时的"里长"、"里正",元代的"社长",清初的"里老"、"甲长"、"保正"等,都是乡治调解的主持人,这种调解通常是有官府批令,并应当将调解的结果报给官府,如果乡治调解成功,则请求销案,如果调解不成,则需要禀复说明两造不愿私休,从而转由官府审理。组织主持调解的主体主要是州县官和司法机关,由于我国古代行政官员兼理司法的传统,故司法机关的调解包含在官府调解形式之内。

新中国成立后,由于传统法律文化的影响和农业社会所特有的熟人社会特点的存在,以调解的方式解决民事纠纷的传统被继承了下来。在摈弃了那些体现封建伦理道德观念和封建等级观念陋习的基础上,将古代传统的民间调解制度发展成为现代的人民调解制度。

人民调解制度作为司法制度建设和社会主义基层民主政治制度建设的重要内容,得到了党和政府的关怀与支持,人民调解工作步入了新的发展阶段。1950年,周恩来总理专门指示"人民司法工作还须处理民间纠纷……应尽量采取群众调解的办法以减少人民讼争"。1953 年第二届全国司法工作会议后,开始在全国区、乡党委和基层政权组织内有领导、有步骤地建立健全人民调解组织。1954 年,政务院颁布了《人民调解委员会暂行组织通则》,在全国范围内统一了人民调解组织的性质、名称、设置,规范了人民调解的任务、工作原则和活动方式,明确规定人民调解委员会是群众自治性组织,要求人民调解必须依法及社会公德调解,遵守平等、自愿及不剥夺诉权的三原则。《通则》的颁布,是我国人民调解制度发展史上的重要里程碑,标志着人民调解制度在新中国确立。从此,人民调解工作在全国迅速发展起来。

但是后来,随着改革开放引起了社会的巨大变迁,人们的思想观念也发生了转变,过分强调调解逐渐不适应形势的发展需要,一味地强调调解,沿用古老的调解理念,使得调解不能够满足人们对自身权益的保护的需要,破坏了调解在现代社会中作为一种纠纷处理方式的内在机理,由此,带来了调解制度的一段时间内的消沉,但是即使在此阶段内,法院的民事调解案件的数量仍然是很高的,我国的"和为贵"的思想使得调解率并没有随着制度的滞后而急剧下降,这或者可以归结为一种文化底蕴和思想的彻底改变前的惯性的作用。

二、非诉讼纠纷解决机制

当前,矛盾纠纷大量涌现,而现有解决纠纷资源的不足,不能满足社会发展、公众生活和交易的需要。诉讼所面临的困境,例如诉讼程序的复杂性导致诉讼成本的增加,诉讼资源不足导致案件的积压,诉讼的迟延不可回避等,促使了人们在诉讼制度外寻找其他纠纷解决方法,并对多元化纠纷解决机制进行探究。20 世纪 70 年代中期后人们更加注意那些"补充性"或"替代性"的纠纷解决方法,而不再试图以司法尽可能取代其他纠纷解决方式,因为"无论审判能够怎样完美地实现正义,如果付出的代价过于高昂,则人们往往只能放弃通过审判来实现正义的希望"。[①] 司法 ADR,即法院附设的 ADR,正是基于这样一种社会需要应运而生。它是指在法院主导下或者在法院委托、指派人员的主导下进行的,以

[①] 转引自章武生:《简易、小额诉讼程序与替代性程序之重塑》,载《法学研究》2000 年第 4 期。

仲裁、调解、和解等非诉讼方式解决纠纷的活动。司法 ADR 中法院是纠纷的解决主体,虽不同于审理和判决,但与法院的诉讼程序有一种制度上的联系,是纠纷进入法院后的非审判解决途径,它与审判相辅相成,共同承担着解决纠纷的司法职能。从本质上讲,司法 ADR 是一种准司法性质的程序。20 世纪 70 年代美国等一些国家开始尝试运用司法 ADR 解决纠纷。

1996 年美国律师协会成立了纠纷解决处,此外一些律师事务所还设立谈判 ADR 部门。美国司法 ADR 具有以下特点:一是诉讼与非诉讼纠纷解决机制相融合;二是调解制度被灵活运用;三是 ADR 的服务质量较高。美国的"法院附设调解"是替代性纠纷解决方式中最重要的一种,它由中立方在当事人之间帮助协商。调解员找出争议的问题和各争议方的利益,并在当事人之间传递信息,找出达成一致的基础和不能解决纠纷的后果,最后提出解决问题的方法。调解员一般是由专业人士组成,如律师、退休法官等。法院对于需要调解解决的纠纷通过邀请调解或委托调解的方式邀请民间调解人员介入。调解虽非公权力行为,但是在各方当事人都认同的问题上,调解程序与判决程序无异。在需要强制的时候,法院有义务配合,如证人出庭或裁决执行等等。

调解的优势在于:第一,提出调解申请后几周内就可以进行调解,而仲裁要花上几个月,一般情况下诉讼则需要更长的时间。调解之所以在时间上占优势主要是因为争端的解决是在当事人之间进行而无须花时间找事实证据向调解人陈述或说服调解人。第二,调解与仲裁一样也是保密的,不存在诉讼中向公众公开的案情摘要和公开庭审。第三,进行调解的花费一般低于仲裁,并远远低于诉讼。第四,当事人可以不局限于法律规定的解决办法。

美国在推行 ADR 时非常注重律师专业人士的作用,通常大力鼓励律师的参与,同时退休的法官由于具有较高的职业素质和威望,也成为优秀的调解员。美国非常有名的"密歇根调解"所确立的理念就是借助律师力量的"建议性 ADR",这对于我国的法院调解制度具有一定的借鉴意义。

三、构建和谐社会新要求

党的十六届六中全会决定中明确提出:为建设和谐社会,要建立"科学有效的利益协调机制、诉求表达机制、矛盾调处机制、权益保障机制"四大机制。在当前构建和谐社会的要求下,"息纷止争"成为主旋律。社会需要更多地创新机制和方式来化解人民内部矛盾。积极预防和化解矛盾纠纷,正确处理人民内部矛盾,是构建和谐社会的重要标志。人民调解作为一项具有中国特色的法律制度,既体现了现代法治的原则,又体现了我国"和"文化的思想,已被许多发达国家所认可和借鉴,并被称之为"东方经验"和"东方一枝花",并正成为打造和谐社会的重要手段。

首先,发展人民调解符合和谐社会以人为本的基本理念。和谐社会是人本社会,是尊重权利、崇尚人文关怀的社会。人民调解在当事人自愿平等的基础上,各方当事人在调解员的主持下就如何解决争议进行协商并最终达成协议,是为解决纠纷而不是寻求以对抗为价值取向的交涉,从而解决了纠纷又不伤和气,获得双赢的结果,充分体现了以人为本的社会理念。律师作为独立的第三方中间人,应当充分发挥专业知识、专业人士解决矛盾的综合素质来使我国民间调解制度获得新的使命和活力。

其次,发展人民调解体现和谐社会的"和为贵"的文化精髓。中国的传统法律文化是一种强调和追求和谐的文化。中国人从"和谐"这一最高功利出发,解决纠纷不愿诉诸官府,往往求助于民间按照公正和人情的原则去解决,这就决定了调解在解决社会冲突方面的重要地位。人民调解作为一种促使纠纷双方互谅互让、消除纷争、不伤感情的群众自治活动,它的内核就是"和谐",因此人民在众多纠纷解决机制中将人民调解作为解决争端的首要选择。而律师调解业务,更是特别受到厌倦法院一审、二审、再审烦琐程序、不愿意耗时那么长的大企业集团及外商投资企业的青睐。

再次,发展人民调解是促进社会和谐的现实需要。我国社会正处于加快发展的战略机遇期,又处于社会矛盾凸显期,多元化的利益导致产生多元化的矛盾纠纷,建立多元化纠纷解决方式也就成为一种必然趋势,作为有着优良传统和广泛应用的人民调解更是成为了首选。而发现、调解、平息民间纠纷历来是人民调解组织的主要任务。因此,要解决社会转型期的纠纷,无论是纠纷当事人基于解决纠纷考虑,还是中国政府出于维护社会稳定的目的,人民调解这一拥有悠久历史及良好口碑的中国基层社会纠纷解决机制都必须站到前台来。

最后,律师发展调解业务也是为构建和谐社会服务的过程。随着社会主义法治理念教育及"法律服务和法律援助工作为构建社会主义和谐社会服务"主题实践活动的相继展开,律师的使命感和律师的社会责任感,在中国律师界普遍觉醒,许多律师和律师所主动参与到构建和谐社会中来。如何发挥律师自身优势,履行社会责任,也成为律师行业积极探索的问题。律师调解业务,不仅是律师服务创新、拓展非诉讼业务领域的新选择,而且律师职业的法律专业性、保密职业性、中立独立性都赋予了律师专业调解这一国内的新生事物以强大的生命力和社会可行性,同时这也是律师能够为和谐社会建设和律师事业发展取得双赢的一种好的做法。

律师调解将为律师业务发展和社会效果的统一提供新的舞台。我国的律师调解,将从以往的作为代理人"参与调解",发展到以专业调解人身份进行"居间调解",设立专门的"律师调解中心"等机构进行律师调解。

第三节 热点前沿问题

近年来,人民法院除自身发挥调解职能之外,还进行了其他调解方式的有益探索和实践,一是建立庭前调解制度;二是加大了对人民调解的指导;三是从立法上奠定了调解的地位;四是在诉讼与调解之间尝试了有效的衔接。这些探索都积极推进了我国传统调解制度在新时期的新发展,不失为很好的尝试。但目前律师调解制度的进一步发展还是缺少制度和法律上的支持,一些基本问题如律师调解的受案范围,律师调解的程序等还没有法律层面的规范,这必然影响到律师调解在实践中的迅速发展。

一、律师调解书的法律效力

自 2002 年 11 月 1 日起施行的《最高人民法院关于审理涉及人民调解协议的民事案件的若干规定》(以下简称《若干规定》)第 1 条规定:"经人民调解委员会调解达成的、有民事权利义务内容,并由双方当事人签字或者盖章的调解协议,具有民事合同性质。当事人应当按照约定履行自己的义务,不得擅自变更或者解除调解协议。"确认了人民调解协议具有合同的法律效力。

既然是合同的性质,当然就不具有法律直接执行力。这使得民间调解书不具有像法院判决书、仲裁裁决书一样的强制执行力。这是人民调解书以及律师调解书的致命弱点。律师调解书履行过程中,如果出现当事人反悔拒不履行的情况,则只好重新进入诉讼程序,在当事人寻求救济的途径上反而浪费了时间和精力,这是目前大多数当事人不愿意积极提交律师调解的一个重要原因。

《若干规定》中还规定具有债权内容的调解协议,经公证机关依法赋予强制执行效力后,债权人可以向被执行人住所地或者被执行人的财产所在地人民法院申请执行。这是因为在大陆法系国家公证债权文书不必经过诉讼程序直接具有强制执行力。虽然这种经公证的调解协议具有可以直接申请强制执行的效力,使其具有简易、迅速的便利,但其范围仅限于具有债权内容的调解协议,并不适用于全部的调解种类,具有一定的限制性。

最高人民法院、司法部于 2007 年 8 月联合下发的《关于进一步加强新时期人民调解工作的意见》第 5 项规定各级人民法院应当确认调解协议的法律效力,并以此作为确定当事人权利义务的依据,通过法院的裁判维护调解协议的法律效力。但也将范围仅限于"人民调解委员会主持下达成的调解协议",一些新型的律师调解中心所达成的调解协议和律师事务所承办调解业务所达成的调解协议似乎都不包括在内。

由此可见,我国目前的人民调解协议并不具有法律执行力,仅具有民事合同的性质,如果要求法院执行也必须要通过公证机关的公证,即使是要求法院通过裁判来维护调解协议的效力,也必须是人民调解委员会主持达成的调解协议,所受限制相当多。

我们建议能扩展司法确认律师专业调解书的效力,这样有利于通过律师调解分流纠纷,减轻法院诉讼压力,节省司法资源,有力促进和谐社会。当然,为遏制和制裁违法调解书,可以制定司法审查、律师规范等配套法规规章追究律师违法责任。

二、律师调解的案件来源

我们认为有必要把律师调解和"人民调解委员会"的人民调解区别开来,以发挥律师的专业特长,例如律师调解的主要业务可以涉外纠纷、贸易纠纷等专业性较强的案件为主。包括各级法院委托调解或邀请调解的案件;各级人民政府及其职能部门委托调解或邀请调解的事务;社会团体、行业协会、人民调解委员会委托调解的纠纷;当事人自愿来中心调解的各类纠纷。

现在律师调解中心在创设时,主要业务定位是缓解法院的审判压力,配合法院作为一种拾遗补缺,特别是对于法院委托或邀请律师调解,开辟一条新路。例如法院在立案之前或诉讼过程中,遇到符合调解的案件,可以引导当事人自愿到律师调解中心去调解。在案件审理过程中或案件执行过程中,遇到当事人能够通过和解方式或者有疑难问题或者耗时比较长的烦琐案件也可以委托律师参与调解。但是在实践中,由于法院习惯自行调解,或是法院没有做好调讼对接的工作,使得很多案件还是直接通过诉讼调解的方式加以解决,因而出现一方面法院立案排队,审判调解均称"压力大",另一方面律师调解无业务的局面。律师调解没有真正发挥缓解法院审判调解压力、疏导诉讼纠纷的职能,这是亟须解决的首要问题。

我们认为,作为专业机构的律师居间调解,不同于一般代理律师的参与调解,实践表明,没有法院调解、行政调解和律师专业调解机制的对接,就很难真正发挥律师专业调解机构的作用。建议法院推行调审分立,为法院转嫁纠纷处理压力和律师承接调解事务,提供了双赢模式。同样,仲裁机构、消费者权益保护协会、行业协会和承担行政调解职能的政府部门等有关调解机构,要考虑和律师调解对接和融通,对律师专业调解这一新生事物予以扶持和维护。

同为大陆法系的德国,在探索 ADR 的道路时,也在一步步地规范法院调审分离、调诉对接的问题,甚至引入法官决定当事人先行调解的做法,以节约诉讼资源,这一点值得我国借鉴。德国近现代以来,始终高度重视非诉纠纷解决机制的建立与完善,致力于以高质量的法律救济作为纠纷解决的基本手段。为此,德国在诉讼程序制度的设计中不仅把低成本、高效率的效益观念作为完善纠纷解决机制的出发点,而且注重通过依靠法官职权在诉讼程序中促成当事人和解,帮助当事人参与诉讼,增强公民与法院的联系和与法院的亲近感。

20世纪90年代后德国统一,出现了一些新的社会问题,同时德国也开始感受到由于诉讼量增加而产生的压力。为了更好地节省人力、物力资源,及时解决日益激增的各类民商事纠纷,自然而然地把期待的目光投向了非诉讼纠纷解决方式。近年来先后制定了《司法简便化法》和《司法负担减轻法》,鼓励当事人在向法院寻求救济之前通过庭外和解的方式解决争议,并提高小额诉讼案件适用ADR的标的额,力图进一步简化诉讼程序,减轻司法负担。德国在根据法律设立的机构中,可分为强制性机构和非强制性机构两类。强制性机构先处理是起诉前的必经阶段,包括:小额诉讼案件和邻里纠纷案件、著作权使用费纠纷、雇主与经营协会之间的纠纷等,都须经诉前调解程序调解或仲裁,后方可提起诉讼。而非强制性机构的处理方式则不是诉讼前的必须程序,主要包括仲裁、中介人调解、具有调解职能的和解所调处、行业协会的调解组织和仲裁所的调处等。

英国上诉法院一直都在积极支持ADR的实验,建立了一些由经验丰富的高级律师所组成的特别小组,为上述程序中开展调解提供帮助。在案件的初步处理阶段,法官们会要求双方当事人采取ADR方式结案,如果他们不同意,就必须说明原因。这一实验不仅使双方当事人(上诉人和被上诉人)认识到ADR是法院承认的一项正规程序,而且有利于法院了解当事人为何拒绝使用ADR,以获得ADR实际使用效果的一手资料。美国ADR的兴起也有效缓解了法院压力,提高了纠纷解决效率,所以有些州法院主动采用ADR,要求当事人在起诉后先利用某些ADR方式解决纠纷。

这些经验都值得我国借鉴,我国诉讼资源供不应求,诉讼外纠纷解决资源得不到充分利用的原因除了客观因素外,当事人对诉讼的偏爱也是一个重要原因。而后者是无法通过外力强制改变的。在当事人将案件诉诸法院,想使案件分流,就必然需通过法院强制适用ADR来实现。可见,想要保障律师调解的案源,真正起到减轻诉讼负担的作用,司法机关主动应对,采用法院附设调解是不可回避的一个问题。

三、做好律师调解与律师代理诉讼的对接

前面讲到我国现在的律师调解仍是作为一般的民间调解而存在,这使得律师调解协议对双方当事人没有强制约束力,一旦一方当事人不履行协议内容,双方间的纠纷就只能又回到诉讼程序,反而让当事人感觉调解程序不仅不能彻底解决问题,还会耽误纠纷的及早解决,当然还要为之付出额外的调解费用。另一方面,律师调解仅仅以设立律师调解中心或是作为律师事务所的一项业务而存在的状况,也使得律师调解的案源很少,不能真正起到缓解法院审判调解压力的

作用。因此,将律师调解和实施法院委托调解,真正实现调诉对接不能不说是解决这个难题的一个出口。

我们认为法院委托调解应当分两种,一种是已经由法院受理,进入诉讼程序的案件,人民法院根据不同的案件类型,本着有利于化解纠纷、提高效率的原则,将本应有法院审判的案件委托给有关部门和中立机构调解解决,调解结果以人民法院调解书的形式确定其法律效力。另一种是人民法院将某些案件先不予立案,根据原告的意思表示将案件委托有关部门和中立机构调解解决。调解的结果不以人民法院调解书的形式确定,调解协议只具有合同的效力。对于此种委托有关部门和中立机构调解达成的调解协议,如果一方当事人有证据证明在调解过程中存在非法及强制的情况,可以向法院继续提起诉讼。如果不存在,当事人原则上不能再行起诉,如果坚持起诉,如果法院经过审理基本维持调解协议的处理结果的话,那么起诉的一方应赔偿因起诉给另一方带来的经济损失。

当然,法院委托调解应当坚持一定的原则,不能以调代审,更不能只调不审。一是必须坚持当事人自愿原则;二是必须坚持对口委托原则。如劳动争议案件委托工会等部门,医疗纠纷委托给医疗鉴定委员会,环境纠纷委托给具有专业知识的专家,商业、贸易纠纷委托给律师等。三是效率原则。人民法院委托调解案件,可以限定时间,规定的时限内不能完成的,人民法院应及时纳入审判程序进行审判。

目前,各类民事纠纷日趋增加,且越来越复杂,司法资源的短缺与日益增长的司法需求的矛盾日显突出,与此同时,当事人付出的诉讼成本也越来越高。法院将案件通过委托调解、邀请调解的方式交给独立的律师或其他机构调解,将充分发挥人民调解预防纠纷,化解矛盾的优势,不但减少了诉讼量,缓解法院案多人少的矛盾,也能提高解决纠纷的效率,降低诉讼成本,减少当事人的讼累。

第四节 法律实践

我国有着悠久的调解传统,在当前构建和谐社会的大背景下,行政机关、司法机构、人民调解组织、社团组织等纷纷加大调解工作的力度、强化调解功能,各地纷纷构建调解大格局。最高人民法院出台关于人民法院民事调解工作若干问题的规定,以指导法院的具体调解工作;中国国际贸易促进委员会/中国国际商会专门制定调解规则,对贸促会系统的各地方调解中心实行统一业务指导和管理。青岛市以某律师所为依托率先成立全国第一个律师调解中心——青岛市涉外纠纷律师调解中心。少数律师也已经将调解作为其专业定位。部分地方司法主管部门力图推进当地律师调解中心的诞生和运作。但是,各律师事务所及大部分律师出于各种原因响应得不够积极主动。本节就律师调解这一新生事物中的几个问题展开讨论。

一、律师参与调解收费的问题

（一）律师调解中心的费用来源

我国《律师法》第 28 条规定，律师可以接受自然人、法人或者其他组织的委托，担任法律顾问；可以接受委托，参加调解、仲裁活动；可以接受委托，提供非诉讼法律服务。这是我国律师从事调解业务的法律依据。但是，仅仅这么一条规定已经远远不能满足律师调解发展的需要。律师如何参与调解，当事人如何聘请律师参与调解，律师如何收费，都没有规定，现实中做法也各不相同。其中较为明显的问题是律师参与调解的收费问题，如果收费太低，将打击律师参与调解业务的积极性，如果收费太高，当事人选择律师调解的热情也可能降低。调解案件本来的诉讼标的额相对于诉讼来讲都是较低的，而律师从中得到的收入更低，如果一个律师经常从事调解业务，他的经济收入是很有风险性的。这样，律师参与调解的积极性就不高。当前，在调解业务中律师所得到的收入低甚至成为律师对调解业务积极性不高的一个主要原因。当前，有些地方法院已经开始实行 ADR，但作为律师无义务向当事人告知法院 ADR 程序，法律也并未规定何时使用 ADR，除了劳动纠纷中仲裁是诉讼前置程序外，缺乏特定案件必须先使用 ADR 程序的规定。在利益的驱使下，律师也不太会建议当事人使用 ADR，大大降低 ADR 的使用率。

国内首家律师调解机构"青岛市涉外纠纷律师调解服务中心"（简称"青岛市律师调解中心"）作为一个专门的律师调解机构于 2006 年 10 月 12 日成立，为中国律师专业调解制度的建设提供了很好的探索。该中心的成立没有政府资金支持，参照律师非诉讼业务风险代理的收费办法收取调解费，采取了调解不成功不收费，调解成功减半收费制度。但是按照低标准收费，并没能吸引大量的业务，由于律师调解的收案数量跟不上，导致律师调解机构的运行出现资金紧张入不敷出的严重问题，挫伤了律师事务所和律师的积极性。

对律师参与调解业务的收费，我国可以借鉴国外的经验，如为鼓励律师在庭外促成当事人和解，德国于 1994 年 6 月 24 日颁布的《费用修正法》规定：律师如能促成当事人达成庭外和解，可在法律规定的全部律师费外再多收取 50 马克的"和解费"。1998 年 10 月，英国法律援助委员会下属的诉讼费用与上诉委员会确认，在计算报酬时应该计算作为接受法律援助的当事人之代理人的律师为参加调解而花费的时间，这有力地推动了律师参与 ADR。

通过我国的实践并借鉴国外的做法，我们建议目前我国的律师调解机构，可以产生两种非营利性生存模式，一种是在各地"法律援助中心内设模式"，依靠政府划拨法律援助经费进行"无偿调解"；另一种是律师调解机构相对独立，降低律师调解收费,采取政府拨一点、委托或邀请律师调解的机构付一点,律师调解机构自主收一点,即将前述三者混合的自收自支模式。

当然,很多律师调解机构现在还是作为一般的民间专门调解机构而存在,此时,各级司法行政机关应当积极争取同级人民政府的支持,保障律师调解中心的经费。在过去的实践中,人民调解组织由于经费问题已经严重地影响到了正常工作的开展。要解决人民调解和律师调解的工作经费和奖励经费问题,主要还在于通过立法明确国家对人民调解工作的财政投入,将人民调解组织的工作经费作为一项专项公益经费列入政府的财政预算。另外,各级人民政府还应当明确其承担的奖励经费。解决人民调解、律师调解工作的经费只依靠国家的财政支持是不够的。因此,解决人民调解工作的另一个有效可行的办法是充分发动社会的力量,倡导社会各界对人民调解的支持,有条件的地方可以设立奖励或工作基金,作为人民调解工作健康、顺利发展的保障。

(二)律师调解费用的承担

现在西方各国支持 ADR 的主要理由是它可以节约当事人的纠纷解决成本,但是这一设想并不总是正确的,在诉讼程序的前期适用 ADR,并解决了纠纷,这确实能够节省费用。但是如果诉讼外调解程序以调解失败告终,最终走入诉讼程序,则任何一个采用过 ADR 程序解决的案件都会新增 ADR 的费用,而采用传统的诉讼程序就没有这样的费用。在采用 ADR 的时候,双方当事人都在进行一场投机式的赌博——希望自己在 ADR 多花点钱,能够在更短期限内成功解决纠纷。

但是,最简单的事实是,有些当事人必定会在这场赌博中失败。不仅如此他们还在这种实验性纠纷解决方式上面浪费了时间和金钱——如果他们坚持选择使用传统的法院诉讼程序的话,这种浪费似乎是可能避免的。对于一项成功的 ADR 的赌博的风险并不是由 ADR 的仲裁者和调解员承担的,而是由当事人他们自己以及民事司法正义本身来承担的。①

在律师调解结束后,调解费用应当如何收取也是一个需要考虑的问题。是由双方当事人平均分摊,还是由提出调解申请的一方承担,或是应该由调解中获利较多的一方承担?如果双方当事人最终达成了调解协议,但在调解费用的承担问题上达不成一致意见,又应该如何裁判,是否可以仅将费用承担问题移交给法院?

另外有一个问题就是如果调解失败,费用由谁来承担。ADR 给诉讼程序增

---

① 英国上议院议长、司法大臣尔文拉格大法官在 1999 年 1 月 27 日于伦敦举行的调解与 ADR 部门的成立大会上的演讲词,http://article.chinalawinfo.com/Article_Detail.asp? ArticleID = 25754,访问日期:2012 年 4 月 30 日。

加了一项新的开支,在调解失败转而进行诉讼程序的时候,审判法官如何来决定该费用的承担?如果法官不对调解程序的实际情况作出调查,就直接作出调解费用的裁决,这是否合适?但是如果法官因为费用问题介入之前他并未参与的ADR程序,则有可能违背ADR的保密性原则,而该原则是ADR的基本原则之一。有人建议在这种情况下,可以请求法官仅就费用问题作出裁决,就如同法官在审判案件之后就诉讼费用问题作出裁决一样,这种做法真的合适吗?如果法官坚持这样做,而实际的花费并不如此,他还能作出这样的费用裁定吗?在调解失败的情况下,是否应该规定法官就费用问题要求调解员提供意见?

二、律师参与调解业务的问题

在西方国家随着ADR的发展,ADR专业知识和经验开始在法律职业中推广。在西方国家的纠纷解决过程中,当事人习惯于借助律师的作用,律师在ADR中的态度和作用往往与纠纷解决成败攸关,因此,各国在推行ADR时,通常也大力鼓励律师参与。[①]尽管我国律师有开展ADR业务的实践形式,但是其发展并不是一帆风顺的,制约律师拓展调解业务的原因有很多,主要包括:

(一) 社会观念的问题

在当前的社会思潮中,普遍认为在法治现代化的进程中,需要优先解决的问题是正式的法律体系的建立健全,而不是传统的、非正式机制的利用和发展;需要重视和加强的是公民通过正式的法律途径实现自身权利的意识,而不是通过非诉讼程序进行交易、达成妥协。这样才能保证国家法律和司法的统一和至高无上的权威。这种片面的法治观,把非诉讼方式作为法治的对立物,力图单纯倡导法律至上、大力提倡通过法律和诉讼实现权利,计划以大量增加法院和律师来解决日益增长的纠纷。在诉讼的增加被作为权利意识和法律意识提高的标志的时代,ADR的价值自然而然地会被贬低到微不足道的地位。

(二) 我国律师的知识结构单一,整体素质有待提高

ADR业务领域构成广泛,是一种综合性、专业型和实践性都很强的工作。它不仅需要律师必须具有深厚的法律专业知识,还要求律师具备其他相关专业知识,如金融、证券、房地产、知识产权、外语等方面的专业知识,同时还要具有丰富的实践经验。我国的律师队伍虽然逐年在扩大,但在他们之中,真正具有综合性知识的人才很少。因此,相当一部分律师只能在诉讼领域开展业务,很难发掘新型的ADR业务。从另一方面看,律师即使是受过专业训练,但ADR处理纠纷的灵活性决定了律师难以具备解决ADR所需要的一切知识。从实体角度看,ADR使用时未必要遵循既定的实体法,可直接依据社会风俗、习惯等处理纠纷。

---

① 范愉:《非诉讼程序(ADR)教程》,中国人民大学出版社2000年版,第109页。

而这些社会风俗、习惯在法律教科书里是难以学到的,律师如果没有丰富的实践经验,参与 ADR 过程中就无法运用这些社会风俗、习惯解决当事人之间的纷争。

(三)部分律师对 ADR 的冷淡态度

几十年来,我国律师在诉讼活动中发挥了重要的作用,律师在长期的执业活动中自然而然地形成了以"赢得诉讼"作为职业成就标准的习惯。在法治观念的支配下,诉讼制度日益精巧、复杂、繁琐,立法者与司法者在努力充实法律正义内涵的同时却使法律日渐丧失平民化品质,法律与公民的距离越来越大,包括律师在内的专业化法律家阶层形成。因而在诉讼活动中,律师在其与委托人的关系中往往居于主导地位,"一切交给我好了"的律师——委托人关系模式也慢慢形成。[①] 然而,ADR 纠纷强调当事人的程序主体地位,当事人程序参与的强化削弱了律师的主导地位,降低了律师的职业成就感,所以有一部分律师抵触 ADR 的使用。另一方面,ADR 本来的诉讼标的额都是较低的,而律师从事调解业务的收入会更低,如果一个律师经常从事调解业务,他的经济收入势必会受到影响,这必然也会影响到律师对参与调解业务的积极性。

第五节 案例评析

律师调解业务在我国尚属新鲜事物,但在实践中,律师事务所、法院、人民调解委员会和司法局都在积极探索其在我国现阶段的发展,努力使之与我国传统的人民调解制度相传承,与我国司法 ADR 制度的探索相互推进,互相衔接。比如,最高人民法院在 2002 年 9 月 5 日发布的《关于审理涉及人民调解协议的民事案件的若干规定》中,对调解协议的契约性质给予了肯定,2006 年 8 月 21 日颁布的《人民法院为建设社会主义新农村提供司法保障的意见》再次强调调解协议的效力,为诉讼外的调解工作奠定了立法基础。江苏省高级人民法院在 2005 年分别与江苏省公安厅、江苏省总工会、江苏省司法厅和江苏省社会矛盾纠纷调解工作联席会议办公室发文,就处理交通事故损害赔偿案件、劳动纠纷案件的委托调解问题予以规定,提出了加强诉讼调解与社会矛盾纠纷大调解机制衔接工作若干问题的意见,走出了一条"诉调对接"的实践之路;2005 年厦门市人大《关于完善多元化纠纷解决机制的决定》,这是我国第一个专门出台多元化纠纷解决的地方立法,其中第 13 条规定司法行政机关应当鼓励律师提供调解服务。2006 年青岛市政法委颁布了《关于在我市建立社会矛盾纠纷"大调解"工作机制的意见》,其中规定了探索设立专门的律师调解机构。这些探索从立法、理论与实践的角度分别推动和促进了律师调解业务在建立多元化文明、和谐的替

---

① 蔡从燕:《律师角色的转换与法治的可持续发展》,载《东南学术》2003 年第 5 期。

代性纠纷解决机制的大背景下得到大力发展,"青岛律师调解中心"的设立,即是该背景下的产物。

【案情】

青岛市律师调解中心经青岛市司法局批准,并办理各种手续后于2006年10月12日试点挂牌成立,其试点工作由某律师事务所承担,受青岛市司法局监督指导。作为国内首家律师调解专业服务机构成立,其成立也得到了包括省司法厅、司法部等领导的关心和支持。

青岛市律师调解中心在筹建前,专门成立了调研工作小组,进行了可行性研究和论证工作,并在可行结论的基础上进行了筹建。作为初步试点,在综合考虑各方面因素后,律师调解的主要业务在起步阶段暂时以"涉外纠纷"为主(现在已不仅限于涉外纠纷),该中心有18名通晓英、法、日、韩等外语的专业律师组成。其业务流程、服务规范、收费标准、调解纪律等均报青岛市司法局批准实施并由其监督执行。

1. 中心的定位

作为国内首家专门试点的律师调解组织,青岛市律师调解中心定位为自收自支的非营利性民间中介调解组织。

2. 中心的收案范围

包括各级法院委托调解或邀请调解的案件;各级人民政府及其职能部门委托调解或邀请调解的事务;社会团体、行业协会、人民调解委员会委托调解的纷纷;当事人自愿来中心调解的各类纠纷。

3. 调解协议的履行

对于这一点,青岛市律师调解中心在调节制度与规则的设立之初,即有了前瞻性的制度设计,即当事人达成的调解协议书后,经过调解中心协调,可向人民法院申请予以确认,要求人民法院出具生效的法律文书或者调解书,以此来确保当事人的合法权益。同时,调解中心督促当事人履行协议,并为权利人提供方便。

4. 中心的特色

第一,在专门接受司法、行政等委托调解和被邀请参加调解方面,作为律师专门调解机构开创了先例。

第二,律师调解不以营利为目的,调解不成功只收成本费不收调解费,作为自收自支的社会民间调解组织存在。

第三,开创地制定了国内律师调解的收费制度、调解规则、调解协议履行(比如调解协议申请法院确认或办理具有可强制执行效力的公证调解协议)等。

【评析】

某律师事务所在山东省司法厅和青岛市司法局的组织下结合工作实际,认真学习,积极实践,设立青岛市律师调解中心,在探索创新律师服务方式,运用律师居间调解模式参与化解社会矛盾纠纷方面进行了有益尝试。但其运行后遇到重重困难及结果也并不理想,究其原因,当然有很多方面的因素,以下几个方面较为突出:

1. 当事人、法院等对此新生事物认识不够问题

调解中心的制度设计之初,做好了配合各级行政机关及司法机关疏导纠纷的制度准备,但与各类机关的衔接工作不理想。比如法院的立案庭可以在当事人同意下,将适合调解的案件疏导至律师调解机构,但实践中很少出现此类案件,法院更趋向于在法院内部进行司法调解。

2. 律师调解书的执行力问题

律师调解书履行过程中如出现当事人反悔拒不履行的情况,则只好重新进入诉讼程序,在当事人寻求救济的途径上反而浪费了时间,这是目前大多数当事人不愿意调解的一个重要原因。目前全国承认律师调解书效力的地方法院为数很少。调解中心设立之初的前瞻性设计,在试点工作的现实情况中却频遭冷遇,无一成功。

3. 资金来源问题

作为非营利性专业机构,办公场所租赁费用、基本办公费和专职人员工资等日常开支需要资金支持。既然是非营利性,要么政府像法律援助一样给予一定资金支持;要么需要从其他渠道解决正常运转的资金问题。刚开始的设想是律师所投入启动资金,以后政府投一点,调解收一点,应该能够维持调解机构的正常运转。但虽经努力,律师调解中心未能取得政府及相关资金的支持。目前,青岛律师调解中心作为一个自收自支单位,在"非营利性"的宗旨下自谋发展。

4. 案件来源问题

作为初步试点,青岛律师中心为了发挥律师的专业特长和我国既存的人民调解委员会区别开来,将律师调解的主要业务在起步阶段定为"涉外纠纷"为主,当然在其后来运行过程中,业务已不仅限于涉外纠纷。

创设时,律师调解中心的主要业务定位是缓解法院的审判压力,配合法院作为一种拾遗补缺,特别是对于法院委托或邀请律师调解,开辟一条新路。设计其案件来源包括各级法院委托调解或邀请调解的案件;各级人民政府及其职能部门委托调解或邀请调解的事务;社会团体、行业协会、人民调解委员会委托调解的纠纷;当事人自愿来中心调解的各类纠纷。但试点工作的现实情况表明,这种设计是失败的。

5. 调解收费问题

律师调解机构作为一个自收自支单位,没有政府财政支持,要求律师不收费则涉及其生存问题,是不可行的。根据青岛市律师纠纷调解中心的收费规定,一

是调解立案费在300元至600元之间,二是律师调解服务费,将按照案件的标的以律师费标准减半收取,这个费用只有在案件调解成功后才向当事人收取。但是,按照低标准收费后,如果律师调解的收案数量跟不上,也将导致律师调解机构的运行出现困难。

总之,青岛市律师调解中心的创办,是在构建"和谐社会"的背景下产生的;是在追求律师自我业务创新发展和社会效果统一的目标下产生的;是在学习和践行社会主义法治理念的行动中产生的;也是律师开展主题实践活动,服务和谐社会建设的具体实践活动和努力方向。通过青岛律师调解中心试点工作,我们对加强社会主义法治理念的学习,深入开展主题实践活动有了更深刻的理解。

从当前社会需要和律师创新发展来看,我们应当继续坚持去探索律师专业调解中心这种机构模式,为中国律师新业务的探索、开拓和建立中国多元化纠纷解决机制提供经验和教训。

第六节 问题与建议

律师调解业务这一新生事物若要取得长足的发展,需要社会各方面的支持,如法院、行政机关、行业协会的支持,律师本身理念的转变,国家法律制度上的支持以及程序上的规范等等,才能使其获得健康、稳定的发展环境。这里,我们从某些制度建设方面论及律师调解业务的建设、发展问题。

一、规范律师调解的范围

根据《人民调解工作若干规定》,"人民调解委员会调解民间纠纷,包括发生在公民与公民之间、公民与法人和其他社会组织之间涉及民事权利义务关系争议的各种纠纷"。从这个定义可以看出,人民调解委员会除了调解公民与公民之间有关人身、财产权益和其他日常生活中发生的婚姻、家庭、赡养、抚养、继承、债务、邻里、房屋宅基地、林木权属引发的纠纷外,还可以调解公民与法人和其他社会组织之间涉及民事权利义务关系的如农村承包过程中的合同纠纷,企业在转制、租赁、兼并、破产、收购、转让过程中与职工之间的纠纷,城市街道市政建设、危旧房改造过程中拆迁、安置、施工、噪音、道路交通等引发的纠纷以及因拖欠职工工资、医疗费等发生的纠纷。实践中,人民调解委员会不得受理调解下列纠纷:(1)法律、法规规定只能由专门机关管辖处理的,或者法律、法规禁止采用民间调解方式解决的;(2)人民法院、公安机关或者其他行政机关已经受理或者解决的。这是我国目前关于人民调解委员会调解范围的规定。

而目前我国法院调解的适用范围十分广泛,在适用阶段上,无论是庭前、一审、二审还是再审阶段都可适用;在适用可调解案件范围上,除一些非诉案件外,其他一切涉及此事权益的案件和经济纠纷的案件都可适用。

我们认为,要建设我国律师调解机制,首先其调解范围就不应小于目前人民调解委员会的调解范围。而且,以前由于人民调解存在的种种局限性,其调处的范围往往限于一般民事纠纷,基本不涉及复杂的民事纠纷,而在律师调解机制中律师作为专业法律人员,有较高法律素养,其业务范围应有更大的拓展,可以延伸到许多新的领域。目前极有必要通过相应的立法对律师调解的业务范围加以明确和科学的界定,律师调解的业务范围是可以定为除了政治、行政、刑事以外的任何民间纠纷。而在法院 ADR、承担行政调解职能的政府部门、仲裁机构、消费者权益保护协会和行业协会等有关调解机构完成与律师调解对接和融通时,接受邀请或委托的律师调解范围更是要冲破目前人民调解范围的束缚。

澳大利亚有一种发展于其刑事司法系统实践的调解方式是很值得一提的,这种类型的调解主要针对那些侵犯了他人财产权利的少年犯。当青少年侵犯他人财产权利时,在各方同意的前提下,受害者、犯罪行为人和他们的法定代理人,以及来自法院之外的调解员将一起讨论此次犯罪行为对受害人带来的损失和影响,以及补救和改过自新的办法,这是将轻微刑事案件也纳入到调解范围的一种探索。另外一种做法是:轻微刑事违法行为引起的纠纷如侮辱、诽谤、损害名誉、虐待、干涉婚姻自由等人民法院可调解的案件,如果当事人不自诉或者自诉后又撤诉的,律师应当也可对之进行调解。

二、规范律师调解的程序

(一)规范当事人调解程序选择权

我国目前的调解,不论是民间调解、行政调解还是法院调解,都要求在当事人自愿的前提下才可以进行,即当事人在是否调解、如何调解,甚至在调解后是否遵守调解协议上都有很强的自主权。如我国法院调解,无论在理论上还是实践中,都强调应当充分尊重当事人的意愿,即无论案件是在进入诉讼程序之前还是已经进入诉讼程序,都应尊重当事人合意解决纠纷还是选择审判的自主权。某一个具体的案件,是否适合采用和解的方式解决,不以主审法官的意志为转移,而以当事人的意志为转移,主审法官作为一个公正、中立的第三方,只能提出建议,适时地为双方的协商、对话创造条件,实施协商、对话尤其是达成合意,完全由双方当事人自主决定。一旦当事人一方或双方不愿以这种方式解决纠纷,就应立即转入审判。法官在这个合意纠纷解决机制中始终处于中立、公正、消极的地位。

而在国外,随着司法 ADR 和调解制度的发展,为了节约法院诉讼资源,规定法院有决定当事人先行调解的决定,当事人不愿意调解的要说明理由。如澳大利亚 2000 年末随着诉讼过程中的调解方式发展成熟,所有的法院都获得了指导调解或其他争议解决程序的权力，甚至在当事人双方异议的情况下仍享有此项权力。很多法庭、委员会和其他一些争议处理机构在法院的带动下也引进了强制性调解方式。日本司法 ADR 的主要形式是调解，且调解适用范围较广，并采取调解前置主义，只有调解不成的才可以向法院起诉。而德国在《司法简便化法》和《司法负担减轻法》中也规定了强制调解机构，规定小额诉讼案件和邻里纠纷案件、著作权使用费纠纷、雇主与经营协会之间的纠纷等，都须经诉前调解程序调解或仲裁，后方可提起诉讼。这些做法，也值得我国在发展我国司法 ADR 和调解制度时加以借鉴。

（二）规范调解业务中律师的地位和义务

应当在立法上确定 ADR 中律师的法律地位和义务，规范法律服务领域中的 ADR，规定律师必须向当事人告知 ADR 程序，据此促使律师树立新型的职业成就观，并正确认识其在纠纷解决过程中的作用。如果当事人能够证明其遭受损失，并且该损失与律师没有向其提供采用 ADR 方式的建议间存在因果关系，那么当事人可以向律师主张损害赔偿。对律师参与 ADR 的收费，我国可以借鉴国外的经验，如为鼓励律师在庭外促成当事人和解，多收取"和解费"。

另一方面是规定当事人必须合理考虑使用 ADR，甚至要求法院把 ADR 规定为处理特定案件如在法律援助方面的劳资纠纷、赡养纠纷等的前置程序，以确立律师在调解业务中的地位，并间接推动律师参与 ADR。英国法律援助委员会下属的诉讼费用与上诉委员会确认，在计算报酬时应该计算作为接受法律援助的当事人之代理人的律师为参加调解而花费的时间，这有力地推动了律师参与 ADR。

三、完善律师调解书的法律效力

《最高人民法院关于审理涉及人民调解协议的民事案件的若干规定》中已经确认了人民调解协议具有合同的法律效力，当事人应当按照约定履行自己的义务，不得擅自变更或者解除调解协议。

对于一方当事人反悔而起诉到人民法院的民事案件，《关于进一步加强新时期人民调解工作的意见》中规定各级人民法院应当及时受理，凡调解协议的内容是双方当事人自愿达成的，不违反国家法律、行政法规的强制性规定，不损害国家、集体、第三人及社会公共利益，不具有无效、可撤销或者变更法定事由的，应当确认调解协议的法律效力，并以此作为确定当事人权利义务的依据，通过法院的裁判维护调解协议的法律效力。

《公证法》规定对经公证的以给付为内容并载明债务人愿意接受强制执行承诺的债权文书，债务人不履行或者履行不适当的，债权人可以依法向有管辖权的人民法院申请执行。因此，具有债权内容的人民调解协议，经双方当事人协商同意，可向公证处申请公证。经审查，认为调解协议真实合法，即可依法给予执行公证，赋予调解协议以强制执行效力。

这些规定，已经在一定程度上确认了调解协议的法律效力，但我们认为其仍然不能满足我国当前律师调解业务发展的需要。要使律师调解发挥好第一道防线的作用，真正能够分流纠纷，节省司法资源就必须首先解决好律师调解协议的法律效力问题。

首先，双方当事人在调解过程中自愿达成的协议，就相当于新契约，达成之后就应对双方当事人产生约束力。而我国《民事诉讼法》却赋予当事人在调解书签收前的反悔权，而且不附任何理由，这一规定不仅违反了契约的一般原理，而且损害了自愿原则，使调解协议长期处于不确定状态，不利于纠纷的迅速解决和社会的稳定。其次，如大家所周知的，目前各类仲裁机构的裁决已具有强制执行力，一方仲裁当事人拒不履行生效裁决确定的义务，对方仲裁当事人即可向有管辖权的人民法院申请强制执行。人民调解委员会、律师调解中心和仲裁委员会一样同属民间性、群众性组织，均无任何司法、行政权力，均须双方当事人自愿选择，故而赋予调解协议以生效法律文书效力的做法应当也是切实可行的。最后，国际上已经有一些国家的调解程序法规定，将调解书送交法院审核或进行公证，就可产生强制执行力。

根据以上分析，我们认为赋予调解协议法律执行力不仅是可行的，而且是势在必行的。而赋予诉讼外调解协议法律效力最有效、最直观的方法就是人民法院在行使司法审查权后，赋予合法调解协议的强制执行权。也就是说，人民法院在行使司法审查权后，只要当事人的协议没有违法和违背当事人的真实意思表示，该协议的内容应该有效，享受权利的一方当事人有权力依据该协议申请人民法院强制执行。因此，应取消当事人反悔权，明确规定双方自愿达成的调解协议经法院审查认可后即发生与确定判决同等的法律效力，当事人一方不按协议履行的，另一方可申请法院强制执行。

【问题与思考】

1. 律师调解的优势
2. 非诉讼纠纷解决机制
3. 律师调解书的法律效力
4. 调解书的执行效力
5. 律师调解的收费
6. 律师调解的范围

21 世纪法学系列教材书目

"21 世纪法学系列教材"是北京大学出版社继"面向 21 世纪课程教材"(即"大红皮"系列)之后,出版的又一精品法学系列教科书。本系列丛书以白色为封面底色,并冠以"未名·法律"的图标,因此也被称为"大白皮"系列教材。"大白皮"系列是法学全系列教材,目前有 15 个子系列。本系列教材延续"大红皮"图书的精良品质,皆由国内各大法学院优秀学者撰写,既有理论深度又贴合教学实践,是国内法学专业开展全系列课程教学的最佳选择。

- **法学基础理论系列**

    | 英美法概论:法律文化与法律传统 | 彭 勃 |
    | 法律方法论 | 陈金钊 |
    | 法社会学 | 何珊君 |

- **法律史系列**

    | 中国法制史 | 赵昆坡 |
    | 中国法制史 | 朱苏人 |
    | 中国法律思想史(第二版) | 李贵连 李启成 |
    | 外国法制史(第三版) | 由 嵘 |
    | 西方法律思想史(第二版) | 徐爱国 李桂林 |
    | 外国法制史 | 李秀清 |

- **民商法系列**

    | 民法总论(第三版) | 刘凯湘 |
    | 债法总论 | 刘凯湘 |
    | 物权法论 | 郑云瑞 |
    | 英美侵权行为法学 | 徐爱国 |
    | 商法学——原理·图解·实例(第三版) | 朱羿锟 |
    | 商法学 | 郭 瑜 |
    | 保险法(第三版) | 陈 欣 |
    | 保险法 | 樊启荣 |
    | 海商法教程(第二版) | 郭 瑜 |
    | 票据法教程(第二版) | 王小能 |
    | 票据法学 | 吕来明 |
    | 物权法原理与案例研究 | 王连合 |
    | 破产法(待出) | 许德风 |

- **知识产权法系列**

知识产权法学(第五版)	吴汉东
商标法	杜　颖
著作权法(待出)	刘春田
专利法(待出)	郭　禾
电子商务法	李双元　王海浪

- **宪法行政法系列**

宪法学概论(第三版)	肖蔚云
宪法学(第三版)	甘超英　傅思明　魏定仁
行政法学(第二版)	罗豪才　湛中乐
外国宪法(待出)	甘超英
国家赔偿法学(第二版)	房绍坤　毕可志

- **刑事法系列**

中国刑法论(第五版)	杨春洗　杨敦先　郭自力
现代刑法学(总论)	王世洲
外国刑法学概论	李春雷　张鸿巍
犯罪学(第三版)	康树华　张小虎
犯罪预防理论与实务	李春雷　靳高风
监狱法学(第二版)	杨殿升
刑法学各论(第二版)	刘艳红
刑法学总论(第二版)	刘艳红
刑事侦查学(第二版)	杨殿升
刑事政策学	李卫红
国际刑事实体法原论	王　新
美国刑法(第四版)	储槐植　江　溯

- **经济法系列**

经济法学(第六版)	杨紫烜　徐　杰
经济法原理(第三版)	刘瑞复
经济法概论(第七版)	刘隆亨
企业法学通论	刘瑞复
商事组织法	董学立
金融法概论(第五版)	吴志攀

银行金融法学（第六版） 刘隆亨
证券法学（第三版） 朱锦清
金融监管学原理 丁邦开 周仲飞
会计法（第二版） 刘燕
劳动法学（第二版） 贾俊玲
房地产法（第二版） 程信和 刘国臻
环境法学（第二版） 金瑞林
反垄断法 孟雁北

- **财税法系列**

  财政法学 刘剑文
  税法学（第四版） 刘剑文
  国际税法学（第二版） 刘剑文
  财税法专题研究（第二版） 刘剑文
  财税法成案研究 刘剑文 等

- **国际法系列**

  国际法（第二版） 白桂梅
  国际经济法学（第五版） 陈安
  国际私法学（第二版） 李双元
  国际贸易法 冯大同
  国际贸易法 王贵国
  国际贸易法 郭瑜
  国际贸易法原理 王慧
  国际投资法 王贵国
  国际货币金融法（第二版） 王贵国
  国际经济组织法教程（第二版） 饶戈平

- **诉讼法系列**

  民事诉讼法学教程（第三版） 刘家兴 潘剑锋
  民事诉讼法 汤维建
  刑事诉讼法学（第四版） 王国枢
  外国刑事诉讼法教程（新编本） 王以真 宋英辉
  外国刑事诉讼法 宋英辉
  民事执行法学（第二版） 谭秋桂
  仲裁法学（第二版） 蔡虹

外国刑事诉讼法	宋英辉	孙长永	朴宗根
律师法学			马宏俊
公证法学			马宏俊

- **特色课系列**

世界遗产法		刘红婴
医事法学	古津贤	强美英
法律语言学（第二版）		刘红婴
民族法学		熊文钊

- **双语系列**

普通法系合同法与侵权法导论	张新娟
Learning Anglo-American Law: A Thematic Introduction（英美法导论）（第二版）	李国利

- **专业通选课系列**

法律英语（第二版）		郭义贵
法律文书学	卓朝君	邓晓静
法律文献检索（第二版）		于丽英
英美法入门——法学资料与研究方法		杨桢
模拟审判：原理、剧本与技巧（第二版）		
	廖永安　唐东楚	陈文曲

- **通选课系列**

法学通识九讲			吕忠梅
法学概论（第三版）			张云秀
法律基础教程（第三版）（待出）			夏利民
经济法理论与实务（第三版）	於向平	邱艳	赵敏燕
人权法学			白桂梅

- **原理与案例系列**

国家赔偿法：原理与案例	沈岿
专利法：案例、学说和原理	崔国斌

2013 年 3 月更新

教师反馈及教材、课件申请表

尊敬的老师：

您好！感谢您一直以来对北大出版社图书的关爱。北京大学出版社以"教材优先、学术为本"为宗旨，主要为广大高等院校师生服务。为了更有针对性地为广大教师服务，满足教师的教学需要、提升教学质量，在您确认将本书作为教学用书后，请您填好以下表格并经系主任签字盖章后寄回，我们将免费向您提供相关的教材、思考练习题答案及教学课件。在您教学过程中，若有任何建议也都可以和我们联系。

书号/书名	
所需要的教材及教学课件	
您的姓名	
系	
院校	
您所主授课程的名称	
每学期学生人数	学时
您目前采用的教材	书名＿＿＿＿＿＿＿ 作者＿＿＿＿＿＿＿ 出版社＿＿＿＿＿＿＿
您的联系地址	
联系电话	
E-mail	
您对北大出版社及本书的建议：	系主任签字 盖章

我们的联系方式：

北京大学出版社法律事业部

地　　址：北京市海淀区成府路205号　　联系人：李铎
电　　话：010-62752027　　　　　　　　传　真：010-62556201
电子邮件：bjdxcbs1979@163.com
网　　址：http://www.pup.cn
北大出版社市场营销中心网站：www.pupbook.com